Michael Kaiser

Die Frage nach dem guten Leben im Kontext sozialer Exklusionserfahrungen unter besonderer Berücksichtigung Jugendlicher mit beruflichen Einstiegsproblemen

Michael Kaiser

Die Frage nach dem guten Leben im Kontext sozialer Exklusionserfahrungen unter besonderer Berücksichtigung Jugendlicher mit beruflichen Einstiegsproblemen

Eine deskriptiv-präskriptive Studie des Sozialen

Tectum Verlag

Michael Kaiser

Die Frage nach dem guten Leben
im Kontext sozialer Exklusionserfahrungen
unter besonderer Berücksichtigung Jugendlicher mit beruflichen
Einstiegsproblemen. Eine deskriptiv-präskriptive Studie des Sozialen
Zugl.: Konstanz, Univ. Diss. 2009

ISBN: 978-3-8288-2432-4

Umschlagabbildung: © geopaul | istockphoto.com |
Umschlaggestaltung: Susanne Bauer

© Tectum Verlag Marburg, 2010

Besuchen Sie uns im Internet
www.tectum-verlag.de

Bibliografische Informationen der Deutschen Nationalbibliothek
Die Deutsche Nationalbibliothek verzeichnet diese Publikation in der
Deutschen Nationalbibliografie; detaillierte bibliografische Angaben
sind im Internet über http://dnb.ddb.de abrufbar.

„Οὐ γὰρ ἔγωγε ἔχω τί νοήσω τἀγαθόν,
ἀφαιρῶν μὲν τὰς διὰ χυλῶν ἡδονάς,
ἀφαιρῶν δὲ τὰς δι᾽ ἀφροδίσων, ἀφαιρῶν
δὲ τὰς δι᾽ ἀκροαμάτων, ἀφαιρῶν δὲ καὶ
τὰς διὰ μορφῆς κατ᾽ ὄψιν ἡδείας
κινήσεις …"[1]

„Alles Gute aber,
das nicht auf moralisch-gute Gesinnung gepfropft ist,
ist nichts als lauter Schein und schimmerndes Elend."[2]

„Jeder Mensch hat als Mitglied der Gesellschaft
Recht auf soziale Sicherheit; er hat Anspruch darauf …,
in den Genuss der für seine Würde und
die freie Entwicklung seiner Persönlichkeit
unentbehrlichen wirtschaftlichen,
sozialen und kulturellen Rechte zu gelangen."[3]

---

[1] „Ich weiß allerdings nicht, was ich mir unter dem Guten vorstellen soll, wenn ich verzichte auf die Freuden des Gaumens, verzichte auf die Freuden der Liebe, verzichte auf die Freuden des Hörens, verzichte auf die Freuden, die als angenehme Bewegungen eines schönen Körpers mit den Augen wahrgenommen werden …" Epikur, Fragment Athen. 546 E.

[2] Kant, Immanuel (1969), S. 26.

[3] Artikel 22 der *Allgemeinen Erklärung der Menschenrechte*, Resolution 217 A (III) der Generalversammlung der Vereinten Nationen vom 10. Dezember 1948.

Vorwort

Die vorliegende Studie wurde von der Fachgruppe Soziologie der Universität Konstanz im WS 2008/2009 als Dissertation angenommen. Diese Arbeit wurde für die Drucklegung nur sehr geringfügig geändert.

Ein solches Dissertationsprojekt kann nicht ohne Unterstützung Dritter bewältigt werden. Deshalb sei an dieser Stelle einigen Personen und Institutionen gedankt.

Der erste Dank geht an meinen Doktorvater, Professor Dr. Hans Hoch, der diese Arbeit stets befürwortend und kritisch begleitet hat. Seinem Zuspruch und Ermutigung – dieses Projekt weiterzuverfolgen –, bin ich sehr dankbar. Auch Prof. Dr. Andreas Lange sei herzlich für seine Bereitschaft gedankt, diese Arbeit mit zu begutachten.

Auch meinen beiden anderen Prüfern im Doktorandenkolloquium, Prof. Dr. Angela Pabst für das Nebenfach Alte Geschichte, bin ich für die gewonnenen Einsichten in das Demokratiekonzept der attischen Polis sehr dankbar, und auch PD Dr. Kay Junge, der darüber hinaus als Prüfungsvorsitzender fungiert hat, sei hiermit herzlich gedankt.

Wichtige Impulse für diese Arbeit verdanke ich meiner Teilnahme bei den Treffen junger Sozialethiker in der „Kommende" in Dortmund, dem Sozialinstitut des Erzbistums Paderborn, für die wertvollen Diskussionen zu sozialphilosophischen Fragestellungen und der Inspiration durch die Gedanken der anderen Teilnehmenden.

Herzlich bedanken möchte ich mich auch bei der Hans-Böckler-Stiftung, die es mir ermöglicht hat, Ihre Forschungsbibliothek in Düsseldorf zu nutzen. Vor allem danke ich den dort arbeitenden Mitarbeiterinnen, die mir bereitwillig aktuelle Forschungsliteratur zur Jugenderwerbslosigkeit zur Verfügung gestellt haben. Auch den Mitarbeitern der Bibliothek des Deutschen Bundestages sei an dieser Stelle für Ihr Engagement in meiner Angelegenheit gedankt.

Weiter möchte ich meinen Interviewpartnerinnen und -partner der Jugendwerkstatt Halle a. d. Saale für das mir entgegengebrachte Vertrauen danken. Ich hoffe, dass meine jungen Gesprächspartner ihre in den Interviews geäußerten Wünsche und Ziele verwirklichen können und soziale Anerkennung erhalten. Auch der Leitung dieser Einrichtung sei hier herzlich für ihr Interesse an meinem Projekt gedankt.

Danken möchte ich an dieser Stelle auch der Friedrich-Ebert-Stiftung, die mir durch die Gewährung eines Stipendiums diesen Weg geebnet hat.

Auch meinen Freunden Karsten, Axel und Thomas danke ich herzlich für Ihre Aufmunterung und seelische Unterstützung an diesem Projekt.

Der Aufwand einer solchen Untersuchung rechtfertigt sich, wenn dieser zur kritischen Reflexion gesellschaftlicher Zusammenhänge beiträgt. Dazu möchte ich auch ermutigen.

Zum Schluss möchte ich meinen Eltern und Traudel dafür danken, dass Sie meinen Lebensweg immer liebevoll begleitet haben. Ohne sie hätte dieses Projekt nie verwirklicht werden können. Diese Arbeit widme ich Ihnen.

Inhaltsverzeichnis

4. Qualitatives empirisches Segment _____ 123

1. Introduktives Kompendium

1.a.0) Einführung

Mit dem Umbau der Industrie- zur Dienstleistungsgesellschaft ist die Arbeitswelt durch eine Vielfalt von Erwerbsformen charakterisiert, welche dem industriellen Normalarbeitsverhältnis nicht mehr entsprechen. Auch in Deutschland erleben wir – je nach Standpunkt – eine Modernisierung oder eine Demontage der Arbeitnehmergesellschaft. Aufgrund dieser Deregulierung der Arbeitsmärkte hin zur atypischer Erwerbstätigkeit und der sich zuspitzenden Individualisierung hat der Flexibilisierungsdruck auf den Arbeitsmarkt und das Arbeitsrecht zugenommen. Zwischen diesen scheinbar unausweichlichen ökonomischen und organisatorischen Anforderungen der Erwerbsarbeit und den sozialen und kulturellen Orientierungen entstehen Widersprüche, denen sich nur wenige entziehen können. Die Zahl der „Überflüssigen als transversale Kategorie" (Heinz Bude) einer aus dem Lot geratenen Gesellschaft wächst dramatisch. „Dieses Kennzeichen der Überflüssigkeit und Verlorenheit hat es in der Industriegesellschaft über 140 Jahre kaum einmal gegeben."[4]

Die Erkenntnis, nicht gebraucht zu werden und deshalb unerwünscht zu sein, wird immer mehr Menschen, vor allem im arbeitsfähigen Alter, gewahr. Es sind die Erfahrungen, des sich ausgegrenzt Fühlens aus dem Arbeitsmarkt, ökonomisch ausgegrenzt zu sein im Sinne von Armut, kulturell ausgegrenzt zu sein, also nicht mehr mithalten zu können mit den kulturellen Standards, sozial isoliert zu sein vom Rest der Gesellschaft und von Netzwerken.

Beteiligung, Inklusion und Integration sind die Begriffe, die auf dieses immer schwierigere Verhältnis zwischen Individuen und Gruppen bzw. Gesellschaft „reagieren". Mit Verwendung der genannten Begriffe wird der Blick auf diejenigen gelenkt, die in der sich verän-

---

[4] Walter, S. 111: „Einige Sozialwissenschaftler charakterisieren das dauerarbeitslose Neuproletariat gar als Klasse der ‚Überflüssigen' oder der ‚Verlorenen'. Denn anders als die vorindustriellen Unterschichten war die moderne Arbeiterklasse für die kapitalistische Produktion und Mehrwertgewinnung lange Zeit elementar. Daher war die gewerbliche Arbeiterklasse auch, gewissermaßen von 1870 bis 1970, stark, hatte Selbstbewusstsein, besaß Organisationsfähigkeit, brachte kluge, ehrgeizige, über den Status quo hinausstrebende Anführer mit ambitionierten Zukunftsideen hervor."

dernden Gesellschaft ganz oder teilweise nicht beteiligt, inkludiert und integriert sind, z. B. Behinderte, Ausländer, Langzeitarbeitslose, Alte, Frauen, Kinder und Jugendliche. Vor allem Armut – bedingt durch Erwerbslosigkeit – führt meist zum Ausschluss von sozialen Prozessen. Angesichts dieser neuen Qualität sozialer Marginalisierung wurde der Begriff der sozialen Ungleichheit[5] auf europäischer Ebene durch den Begriff der sozialen Exklusion[6] abgelöst.

---

[5]   Der Begriff (soziale) Ungleichheit bringt zum Ausdruck, dass in einer Gesellschaft soziale Positionen und sozialer Status (Ränge) wie Ressourcen (z. B. Eigentum und Einkommen, aber auch Macht und Prestige) ungleich verteilt sind, diese Verteilung negativ bewertet wird und daher ein gesellschaftliches Problem darstellt. Der Begriff der Gleichheit bzw. Ungleichheit ist ein Schlüsselbegriff der modernen Gesellschaftsgeschichte. Da der Begriff soziale Ungleichheit stark wertbehaftet ist, wurde vorgeschlagen, ihn als sozialwissenschaftlichen (soziologischen, politologischen, ökonomischen) Grundbegriff fallen zu lassen und vom Begriff soziale Differenzierung (Hondrich 1982) auszugehen. Dies ist in der Sache zweifellos richtig, weil auch jene Formen der sozialen Differenzierung, die von den Gesellschaftsmitgliedern als soziale Ungleichheit bewertet werden, unter diesen neutraleren Grundbegriff subsumierbar sind. Soziale Ungleichheit bezeichnet dann jenen Zustand der sozialen Differenzierung, in dem die ungleiche Verteilung von Ressourcen, Positionen und Rängen nicht als selbstverständlich angesehen wird und ein gesellschaftliches Problem darstellt. Vgl. dazu auch Woyke.

[6]   Das Konzept der sozialen Exklusion stammt aus der französischen Soziologie und wurde bislang überwiegend als Politikbegriff (insbesondere auf EU-Ebene) verwendet und weniger als differenziertes wissenschaftliches Konzept. „Parallel zur europäischen ‚Entdeckung' der Ausgrenzung machte in den USA der Begriff ‚Underclass' Furore, ursprünglich eine Wortschöpfung der sechziger Jahre, die aber bis in die achtziger Jahre hinein zunächst weitgehend folgenlos geblieben war. Zwischen der europäischen und der amerikanischen Diskussion gibt es nicht nur überraschende Ähnlichkeiten, sondern auch direkte Beziehungen. Vor allem in England wurde der Underclass-Begriff aufgegriffen, noch vor dem mittlerweile prominenteren der ‚social exclusion'." Kronauer (2003), S. 4. „In Frankreich heißen die Ausgeschlossenen ‚les exclus' und bilden die Parias der Nation. Der französische Exklusionsbegriff kreist um die Vorstellung eines Zentrums der Republik, das von neuen ‚gefährlichen Klassen' in Frage gestellt wird. Der hymnische Republikanismus der französischen Tradition mit seiner klassischen Verbindung von kultureller Mission und nationaler Suggestion kann namhaft gemachte Exklusion nicht dulden. Vorstadtkrawalle genauso wie Kopftuchaffären schlagen sich daher in erregten nationalen Debatten nieder. Die republikanische Synthesis ist in Gefahr. Während also der angelsächsische Begriff der Unterklasse systematische Benachteiligung aufgrund angeborener und zugeschriebener Merkmale von Aussehen, Zugehörigkeit oder Überzeugung von Thema macht, verbindet sich mit dem Exklusionsbegriff in Frankreich die Vorstellung eines gesellschaftlichen Ausschlusses, der mit einem Mangel des Französischseins, was Kultur, Bildung und Lebensart angeht, zusammenhängt. Es sind also ganz unterschiedliche Konnotationen,

1.a.1) Soziale Exklusion

Der Zusammenhang zwischen der individuellen Erfahrung von Arbeitslosigkeit und dem Risiko sozialer Ausgrenzung (sozialer Exklusion) ist bislang in der wissenschaftlichen Diskussion eher am Rande behandelt worden. Das steigende Interesse am Thema sozialer Exklusion und Arbeitslosigkeit vollzieht sich vor dem Hintergrund der Veränderung der Arbeitswelt, der zunehmenden Flexibilisierung von Arbeitsmärkten und eines spürbaren Drucks auf diejenigen, die nicht genügend persönliche Bewältigungsressourcen aufweisen, um auf die veränderten gesellschaftlichen Anforderungen angemessen reagieren zu können.

Dabei steht die Frage im Vordergrund, ob mit der dauerhaften Erfahrung von Arbeitslosigkeit soziale Exklusionsprozesse ausgelöst werden, die gesamtgesellschaftliche Auswirkungen mit sich bringen und dazu führen können, dass bestimmte Gruppen in der Gesellschaft dauerhaft zu „den Entbehrlichen" gehören.[7] Denn Erwerbslosigkeit ist heute ein Thema, das die Allgemeinheit betrifft und darüber hinaus heute in den meisten europäischen Ländern ein Massenphänomen darstellt. Darüber hinaus bindet Erwerbsarbeit Menschen in die wechselseitigen Abhängigkeiten objektivierter, arbeitsteiliger Sozialbeziehungen ein.[8] Es ist nach dem Charakter dieser Entwicklung zu fragen, nach der kulturellen Befindlichkeit und

---

die sich mit dem Exklusionsbegriff verbinden. Daran lässt sich ablesen, wie die Gefährdungsszenarien unserer Gesellschaft durch Exklusion mit variierenden kollektiven Selbstverständnissen verkoppelt sind, und dass der Resonanzboden solcher Vorstellungen in der jeweiligen ‚Mehrheitsklasse' einer Gesellschaft liegt" (Bude 2004, S. 8). Seit einigen Jahren finden sich aber sowohl international als auch national theoretische Arbeiten, empirische Studien und eine Vielzahl von Aufsätzen, die sich mit dem Themenfeld ‚soziale Exklusion' beschäftigen. Vgl. dazu: Martin Kronauer (2003, 2002); Serge Paugam (2000); Hilary Silver (1994).

[7]   Vgl. Vogel, S. 359 – 366. Soziale Ausgrenzung tritt aber nicht mehr nur ausschließlich in den klassischen Erscheinungsformen sozialer Marginalisierung auf, wie Einkommensarmut, Transferbezug, Bildungsferne und Sprachprobleme, Migrationshintergrund und Arbeitslosigkeit, sondern die Angst davor, verfestigt sich zunehmend auch bei den so genannten Mittelschichten. Siehe dazu z. B. die Analyse *Die Angst der Mittelschicht* von Thomas Fischermann, in: DIE ZEIT vom 15.02.2007, Nr. 08.

[8]   „Es ist dies von den französischen Vertretern in der Exklusionsdebatte immer wieder hervorgehobene Aspekt der organischen Solidarität im Sinne Durkheims." Kronauer (2003), S. 7.

nach der Art und der Ursache des gesellschaftlichen Leidens inmitten einer Erfolgs- und Erlebnisgesellschaft.[9]

Nicht abstrakte Analysen, sondern der Zugang zur Erfahrung der Menschen kann die kumulativen Effekte der strukturellen Herrschaft der neuen Ökonomie und einer neodarwinistichen Gesellschaftsordnung erkennen, die in den lokalen Sphären auf das ganz alltägliche Leben wirken. Dabei greift der bloße Blick auf Erwerbslosigkeit zu kurz, denn es geht nicht nur um den Ausschluss von Erwerbsarbeit, sondern auch um das Abschneiden von Perspektiven und biografischen Chancen.[10]

Von dieser Ausschließung aus der Gesellschaft sind besonders gering qualifizierte Jugendliche betroffen, so dass der Übergang von der Schule in den Arbeitsmarkt zunehmend stärker von bruchhaften Verläufen, der Notwendigkeit flexibler Anpassungsprozesse sowie der Konstituierung von Brücken von der Qualifizierung in den Arbeitsmarkt gekennzeichnet ist.

Denn letztlich bedroht die zeitliche Befristung des sozialstaatlichen Schutzes die unteren sozialen Schichten mit einer modernen Variante der „doppelten Exklusion": Mit der institutionellen Ausgrenzung derer, die am Arbeitsmarkt nicht Fuß fassen können. Formal kann die Gesellschaft ihren Anspruch, Demokratie zu sein, bewahren. Aber die Eröffnung von Möglichkeiten für alle Bürger am gesellschaftlichen Leben teilzunehmen, wird immer mehr außer Kraft gesetzt. Die verbreitete Auflösung der Normalarbeitsverhältnisse führt demnach zu einer Umschichtung der Gesellschaft, die mit neu-

---

[9]   Was für die Ausgrenzung selbst gilt, trifft gleichermaßen auf die Bewältigungsversuche der Betroffenen zu. Auch sie finden nicht jenseits einer fiktiven gesellschaftlichen „Grenze" statt, sondern arbeiten sich an den Regeln und Machtverhältnissen der herrschenden gesellschaftlichen Ordnung ab, mit der sie immer wieder konfrontiert sind. Nicht obwohl, sondern gerade weil die Menschen in den hoch entwickelten kapitalistischen Gesellschaften mehr denn je über Marktbeziehungen und staatliche Regelungen miteinander verbunden und ihnen unterworfen sind, ist Ausgrenzung möglich.

[10]   Im Produktionsprozess löst sich das Normalarbeitsverhältnis, von der Kapitalseite unter den Stichworten „Deregulierung" und „Flexibilisierung" vorangetrieben, tendenziell auf. Es wird zwar keineswegs ersetzt, aber durch eine ständig steigende Zahl atypischer, prekärer, befristeter, Leih- und (Zwangs-)Teilzeitarbeitsverhältnisse, die den so oder gar nicht (mehr) Beschäftigten weder ihnen noch Familienangehörigen weder ein ausreichendes Einkommen noch den erforderlichen Schutz bieten, in seiner Bedeutung stark relativiert. So stellt die Erwerbsarbeit immer noch den Schlüssel zu sozialen Anrechten und damit zur Teilhabe am Wohlfahrtsstaat dar. Vgl. Möhring-Hesse, S. 227 – 244.

en Vokabularien und damit neuen Klassifikationssystemen einhergeht.[11]

Die damit verbundenen gesellschaftspolitischen Auseinandersetzungen um die Zukunft unseres Sozialstaates werden vor allem in den arbeitsmarktpolitischen Entscheidungen umgesetzt und stellen die wichtigsten gesellschaftlichen Herausforderungen unserer Zeit dar, die aber leider in der öffentlichen Debatte nur langsam und nur in Teilaspekten wahrgenommen werden.

Es stellt sich nun die Frage, was das Neue an der Themenstellung ist, die sich mit sozialen Ausgrenzungsprozessen beschäftigt, welche durch die Erfahrung von Arbeitslosigkeit verursacht oder verstärkt werden, denn die möglichen gesellschaftlichen Folgen von sozialer Exklusion sind bisher kaum reflektiert. Welchen Einfluss wird das auf die gesellschaftliche Entwicklung haben und welche Lebens- und Berufserfahrungen wird eine Generation den nachfolgenden Jüngeren weitergeben? Insbesondere für die extrem gefährdeten Jugendlichen liefert das Konzept sozialer Exklusion Hinweise darauf, an welchen biographischen Bruchstellen dringend Maßnahmen zur Begrenzung des Risikos sozialer Ausgrenzung geboten sind.

Das Besondere am Ausgrenzungsproblem, gewissermaßen sein Wesensmerkmal, besteht ja gerade darin, dass es in seiner extremen Form nur eine Minderheit betrifft. Warum aber soll sich die Mehrheit um etwas kümmern, was sie scheinbar nichts angeht? Letztlich gibt es nur einen einzigen Grund, der ins Feld geführt werden kann, wenn diese Frage nicht mehr aus einem selbstverständlichen „sozialen Bewusstsein" heraus beantwortet wird: Das Draußen der Ausgrenzung liegt nicht im gesellschaftlichen Jenseits, sondern ist auf Engste mit dem Drinnen verschränkt. Denn die sozialen Rechte von Minderheiten lassen sich nicht außer Kraft setzen, ohne die Gesellschaft insgesamt zu verändern und in Mitleidenschaft zu ziehen.

Es gibt gute Gründe, die neuen Formen gesellschaftlicher Ungleichheit, die sich in den hoch entwickelten kapitalistischen Gesellschaften abzeichnen, in den Kategorien von Zugehörigkeit und Ausschluss zu begreifen.[12] Dies lässt sich angemessen allerdings nur

---

[11] Hier müssten sich meines Erachtens auch die Sozialwissenschaften weiterentwickeln, um nicht durch die Verwendung alter Begriffe das grundlegend Neue an den gegenwärtigen Prozessen eben nicht wahrnehmen zu können.

[12] In der alten „sozialen Frage" zielte die Gesellschaftskritik auf das Ausbeutungsverhältnis und die Überwindung des Kapitalismus. Dagegen dreht sich die Ausgrenzungsfrage um die Einbindung in den Kapitalismus.

tun, wenn das „Drinnen" und das „Draußen" selbst als soziales Verhältnis und damit als eine Beziehung in der Gleichzeitigkeit verstanden wird, denn es macht einen Unterschied, ob das Ausgrenzungsproblem aus der Perspektive von Sozial- und Systemintegration[13] oder der von Interdependenz und Partizipation aufgeworfen wird. Im ersten Fall steht der Zusammenhalt der Gesellschaft im Vordergrund, im zweiten dagegen ihre demokratische Qualität. Dieser zweite Gesichtspunkt ist es, der zu Recht in der Ausgrenzungsdiskussion betont wird.[14] Erst er verleiht dem Ausgrenzungsproblem seine politische Brisanz.

Die These einer Spaltung in ein Drinnen und ein Draußen führt aber meines Erachtens letztlich in die Irre: Exklusion besteht – und hier rekurriere ich auf Georg Simmel – vielmehr in der Gleichzeitigkeit von Ausgrenzung und Integration.[15] Deshalb präferiere ich für einen Exklusionsbegriff, der Interdependenz und Partizipation (vermittelt über soziale Rolle) als zwei Modi gesellschaftlicher Zugehörigkeit begreift, die aber jeweils Unterschiedliches leisten. Exklusion besteht – und hier folge ich Martin Kronauer[16], der sich gegen die theoretische Sackgasse der „Innen-Außen Dichotomie"[17] Luhmannscher Provenienz wendet – auf der Gleichzeitigkeit von Ausgrenzung und Integration.

---

[13]   So zum Beispiel bei Merten, S. 99f.

[14]   Als Beispiel sei hier auf Kronauer verwiesen.

[15]   Das gilt für zumindest für Europa, wo empirische Untersuchungen eine ‚einschließende Exklusion' diagnostizieren, da hier Sozialstaaten die Partizipation an materiellen, institutionellen und kulturellen Teilhaberechten noch gewährleisten. In den USA ist die Tendenz dagegen zu einer ‚doppelten Exklusion' vorhanden, denn bei Arbeitslosigkeit und Armut entfallen hier selbst grundlegende Bürgerrechte.

[16]   Kronauer beschreibt eine neue Qualität von Exklusion in der Wiederkehr der arbeitenden Armen und „Überflüssigen" nach einer einmaligen Phase sozialstaatlicher Expansion im 20. Jahrhundert. Er verteidigt den Begriff der Exklusion gegen seine Ambivalenzen, wie sie besonders in der Systemtheorie sowie bei der Diagnose einer Spaltung der Gesellschaft zum Vorschein kommen. Die These einer Spaltung in ein Drinnen und ein Draußen führt nach Kronauer letztlich in die Irre (vgl. Kronauer 2002).

[17]   Kronauer 2002, S. 22 „Die Vorstellung einer Innen-Außen-Spaltung der Gesellschaft, die in den Begriffspaaren ‚Integration und Ausschluss', ‚Inklusion und Exklusion' oder im Begriff ‚Underclass' mitschwingt, ist zutiefst ambivalent. Sie kann kritisch gegen ausschließende gesellschaftliche Verhältnisse gewendet werden. Sie kann aber auch affirmativ Ungleichheitsverhältnisse im gesellschaftlichen ‚Innern' als unveränderbar unterstellen und stigmatisierende Zuschreibungen rechtfertigen." Ibid., S. 3.

Die Systemtheorie vertritt zwar am entschiedensten ein dichotomisches Verständnis von Exklusion, hat aber dabei Schwierigkeiten, das Innen-Außen-Verhältnis unter den Bedingungen des „Postulats der Vollinklusion" überhaupt zu denken.

> „So bleibt die Systemtheorie hin- und hergerissen zwischen der Leugnung des Exklusionsproblems auf der einen Seite und der Überhöhung der Exklusion zur logischen – und damit zugleich unabwendbaren – Notwendigkeit andererseits."[18]

Die Krux dabei ist, dass diese Theorie der „Gesellschaft der Gesellschaft" (Luhmann), die Exkludierten zum Problem erklärt und nicht die Gesellschaft, „die Ausgrenzung erzeugt"[19]. Die Systemtheorie erhebt einen allgemeinen Erklärungsanspruch über die grundlegende Unterscheidung von Inklusion bzw. Exklusion. Sie findet sich aber in Verlegenheit, wenn sie zu Fragen sozialer Ungleichheiten Stellung beziehen soll.[20]

Daraus begründet sich die gesellschaftspolitische Relevanz dieser Untersuchung. Deshalb halte ich es für evident, auf die Gefahren hinzuweisen, die der sozialen Grundlage von Demokratie dadurch drohen, dass der eine Modus (Interdependenz der unterstützenden Nahbeziehungen) gegen den anderen (Partizipation der sozialen Rechte[21]) ausgespielt wird. Sollte ein Zusammenhang zwischen dem Kooperationsverhalten bestimmter Gruppen (hier: das der Jugendlichen) und ihren Bezug auf subjektives Exklusionsempfinden gegeben sein, dann könnte die Folge in der weiter abnehmenden Akzeptanz politischer Institutionen liegen und nicht zuletzt die Gefahr auch darin bestehen, dass die Jugendlichen anfällig werden für Ideologien der Ungleichwertigkeit als Ausweitung des rechtspopulistischen Potenzials.

---

[18]   Kronauer (1999), S. 9.

[19]   Ibid., S. 125.

[20]   Obgleich Luhmann in seinen letzten Schriften diesbezüglich einschlägige Anstrengungen unternommen hat, ist der Zusammenhang von Systemtheorie und Ungleichheitstheorie unzureichend bestimmt.

[21]   Im modernen Rechtsstaat stellt Recht einen bestimmenden Faktor in allen Bereichen des privaten und öffentlichen Lebens dar. Recht erfüllt umfassende Funktionen bei der Regulierung des gesellschaftlichen Zusammenlebens. Zu denken ist hierbei an Konfliktregelung und -vermeidung, Handlungskoordinierung, die Stabilisierung von Verhaltenserwartungen. Darüber hinaus ist es als Ressource im Kampf um die Durchsetzung konfligierender Gruppeninteressen instrumentalisierbar und damit auch ein wichtiges Mittel der Aushandlung und Gestaltung sozialen Wandels.

1.a.2) Gerechtigkeit

Die Gesellschaft entwickelt sich – so meine These – in Richtung einer Demokratie der Eliten, die sich ihrer sozialen Verantwortung entzieht und gegenüber den Abstiegsgefährdeten ihr Heil in einer Absetzbewegung in Form von Repression gegenüber den Minderheiten des bedrohlichen „Unten" sucht. Formal kann zwar die Gesellschaft ihren Anspruch, Demokratie zu sein, bewahren; deren „universalistischer Kern"[22] aber, die Eröffnung von Möglichkeiten für alle Bürger, am gesellschaftlichen Leben teilzunehmen, wird außer Kraft gesetzt.

Wenn eine bestehende soziale Ordnung (der sozialen Ungleichheit) verändert bzw. reformiert wird, muss diese neue Ordnung sozial legitimiert werden, weil in den Auseinandersetzungen unter Politikern, Parteien und Interessenvertretern immer auch die unterschiedlichen Belastungen und Begünstigungen von Bevölkerungsgruppierungen in Bezug auf Gerechtigkeit bewertet werden und diese von erheblichem Interesse sind, da sie zur Legitimation einer neuen Verteilungsordnung gebraucht werden.[23] Damit treten stets Fragen der Gerechtigkeit einer neuen Verteilungsordnung in den Vordergrund der gesellschaftlichen und politischen Diskurse und können zu erheblichen Konflikten zwischen Gewinnern und Verlierern von Reformen führen.[24]

---

[22] Habermas (1996), S. 149.

[23] „Soziale Gerechtigkeit ist so gesehen so etwas wie die geheime Geschäftsgrundlage der Demokratie. Wer daher an den Gerechtigkeitsverhältnissen herumbastelt und sie wie die Neoliberalen für überflüssig hält, gefährdet den Sozialstaat und die Demokratie", so Johano Strasser (2002), S. 19.

[24] Dass dieses Spannungsverhältnis kein neues Phänomen darstellt, macht uns das Begriffspaar Recht und Gerechtigkeit im Ersten Testament deutlich; das sich vor allem bei Jesaja und in den Psalmen findet. „Gerechtigkeit" bezeichnet dabei sowohl eine gesellschaftliche Ordnung, die niemanden unterdrückt und auch die Armen und Schwachen im Blick behält, als auch das konkrete Tun und Lassen zugunsten der Gemeinschaft, das solidarische Handeln füreinander oder zugunsten des Gemeinwohls. „Recht" meint nicht allein die Vorgabe von festen Regeln oder die richterlichen Entscheidungen im Konfliktfall, sondern den Zustand und nötigenfalls die Wiederherstellung intakter Beziehungen innerhalb der Gemeinschaft bzw. der Gesellschaft. Letzteres kann u. a. bewerkstelligt werden durch unabhängige Autoritäten, die qua sozialer Stellung oder qua Amt die Macht haben, den Unschuldigen wieder in sein Recht zu setzen und den sozialen Frieden in beschädigten Beziehungen wieder herzustellen. „Es ströme aber das Recht wie Wasser und die Gerechtigkeit wie ein nie versiegender Bach" (Amos 5,24). Vgl. die Anmerkungen von Rainer Dillmann „zum Begriff Gerechtigkeit aus biblischer Sicht", hier: S. 141 – 147.

Die aktuellen politischen Auseinandersetzungen über den richtigen Weg zur Modernisierung des Landes, zur Ankurbelung des wirtschaftlichen Motors, zur Reform des Sozialstaats und zur Bewältigung der anhaltend hohen Erwerbslosigkeit machen die unterschiedlichen Auffassungen darüber, wie dies auch am gerechtesten zu bewerkstelligen sei, überdeutlich.

Die von politischen Akteuren stellvertretend geführten Auseinandersetzungen über das sozial Gerechte setzen sich über die Medien bis in die Kapillaren der Gesellschaft fort. Und umgekehrt sind die Gerechtigkeitsvorstellungen der Menschen für die politischen Akteure relevant, da sie durch den politischen Willensbildungsprozess indirekt und direkt Einfluss auf Politik gewinnen, sei es über Interessenvertretungen, andere intermediäre Gruppierungen, Medien[25] oder unmittelbar über das Wahlverhalten. Von daher ist es verständlich, wenn politische Akteure auch aus Eigeninteresse am politischen Überleben den Gerechtigkeitsvorstellungen der Bevölkerung entsprechende Aufmerksamkeit schenken.

Während sich die Gerechtigkeit auf einen Status bezieht, beschreibt Exklusion einen Prozess, der eine Reihe von Folgeprozessen in Gang setzen kann, wie Prozesse der Isolation und Segregation, der Dequalifizierung und der Verarmung.[26] Das Kennzeichnende dieser Prozesse ist, dass sie sich gegenseitig verstärken und sich am Ende zu einem schlechteren Status verfestigen können. Und während mit der Forderung nach Gerechtigkeit die Interessen einer gesellschaftlichen Gruppe oder Klasse zum Ausdruck gebracht werden, bilden

---

[25]   Die Rolle von Medien als Mittler in Gerechtigkeitsdiskursen darf nicht unterschätzt werden. Gerechtigkeitsdiskurse werden durch Medien erheblich beschleunigt und tragen vermutlich auf diese Weise zu einer schnelleren Veränderung von Gerechtigkeitsvorstellungen der Bevölkerung bei. Allerdings wurde diesem Aspekt in der empirischen Gerechtigkeitsforschung – so mein Eindruck – bislang noch zu geringe Aufmerksamkeit geschenkt. Nach dem Medienwissenschaftler Norbert Bolz ist „Gesellschaft das, was Kommunikation ausmacht … Die moderne Gesellschaft zeichnet sich durch kommunikative Erreichbarkeit aus" (Radiovortrag am 28.12.2003 im Kulturkanal des NDR). Bezogen auf unsere Untersuchung heißt das: Der Diskurs über die neoliberale Sachzwanglogik mit der die Arbeitsmarktreformen legitimiert werden, verändert das Bewusstsein der Menschen, dem sich kaum jemand entziehen kann. Die Frage, ob der Diskurs die Realität abbildet, erübrigt sich. Der Diskurs ist die Realität.

[26]   Ihre relative Gleichgültigkeit gegenüber Determinanten des sozialen Unten und Oben hebt die Kategorie der Exklusion ab von der auf eben diese Dichotomie orientierte Formen der Gerechtigkeit.

die von der Exklusion Betroffenen lediglich eine fiktive aber keinesfalls eine sozial homogene Einheit.[27]

Diesen kategorialen Differenzen hat sich eine Politik zu stellen, die in der Vermeidung der Exklusion das oberste Ziel der Gerechtigkeit erkennt. Über Umfang und Ausgestaltung einer solchen Politik muss erst noch ein gesellschaftlicher Konsens hergestellt werden, der sich zwei widerlaufenden Bedingungen zu stellen hat. Die Entstaatlichung verlagert zwar staatliche Fürsorge zurück in die Gesellschaft, nicht jedoch den staatlichen Reichtum, der sie einst hervorgebracht hat. Mit dieser Entstaatlichung werden Lebensrisiken individualisiert und die Folgeprobleme einer Exklusion verschärft. Zugleich wirft die Entstaatlichung die Frage nach den Solidar-Ressourcen der Gesellschaft auf. Zur Antwort wird parteiübergreifend auf den Fundus an sozialem Kapital verwiesen, der dem scheinbar nicht versiegenden Quell bürgerschaftlichen Engagements entspringt. Es sind die wohlfahrtssteigernden sozialen und moralischen Kompetenzen, welche das demokratische Gemeinwesen mit Leben erfüllen sollen, wo Verteilungspolitik keine Bindungen mehr schaffen kann.[28]

1.b) Wertfreie Wissenschaft?

Antworten auf die Anschlussfrage, ob und wie eine spezifisch gerechte Ausformung einer darauf beruhenden Politik aussehen könn-

---

[27] Diese kontradiktorische Füllung wirft zunächst die Frage auf, ob Gerechtigkeit und Exklusion in den normativen Gleichklang gebracht werden können und ob eine grundlegend veränderte gesellschaftliche Lage nicht nach einem eigenen Normengefüge verlangt, das nur entwickelt werden kann, wenn wesentliche Aspekte, die sich mit dem bisherigen Leitbegriff der Gerechtigkeit verbinden, fallen gelassen werden.

[28] Weil soziales Kapital als kollektives Gut betrachtet wird, das die Schwächen des Staates auszugleichen vermag, genießt die Zivilgesellschaft bei Politikern so hohes Ansehen. Weil ihr Augenmerk dabei hauptsächlich auf dem Verhältnis von Staat und Gesellschaft liegt, entgeht ihnen eine für das Problem der Exklusion entscheidende Differenz, die in der Betrachtung sozialen Kapitals als individuelle Ressource liegt. Dieses soziale Kapital besteht in dem Vermögen, sich eines Netzes von Beziehungen, informellen Strukturen und Förderungen bedienen zu können. Von diesem sozialen Kapital, sagt Pierre Bourdieu (vgl. z. B. Bourdieu 1983) , dass es auf der Zugehörigkeit zu einer Gruppe beruhe und immer auch zum Erhalt und zur Verstärkung sozialer Ungleichheiten beitrage. Es ist das soziale Netz, das in Zeiten drohender Exklusion die erste Auffanglinie bildet. Wer über ausreichende Mengen dieses sozialen Kapitals verfügt, kann den Risiken gelassener ins Auge sehen.

te, liefern neben der Philosophie die Sozialwissenschaften. Viele Soziologen bestehen aber darauf, dass ihre Disziplin eine wertfreie Wissenschaft sei, und sehen folglich in Werturteilen eine verabscheuungswürdige Abkehr von der wissenschaftlichen Methode, die unter allen Umständen umgangen werden muss. Sie behaupten, dass moralische Wertvorstellungen wissenschaftlich nicht zugänglich seien und übersehen dabei die Tatsache, dass die wissenschaftliche Methode selbst völlig von einem moralischen Wert abhängt, nämlich von der Vertrauenswürdigkeit des Berichterstatters über seine wissenschaftlichen Beobachtungen.[29]

Der Ausgangspunkt soziologischen Nachdenkens liegt in dem Bedürfnis, zwei fundamentale Fragen zu beantworten: Warum handeln Menschen in der Interaktion so, wie sie es tun und was wäre nötig, damit sie anders handelten? Der Schlüssel zur Motivation liegt aber nun im Bereich der Werte.[30]

> „Die grundlegende Frage der Soziologie, wie soziale Ordnung möglich ist, wie sie sich entwickelt, verändert und stabilisiert, kann ohne eine Theorie empirischer Subjekte nicht beantwortet werden. Unabhängig von den wechselnden Trends in den soziologischen Debatten bleibt deshalb der Zusammenhang von Subjekt-, Sozialisations- und Gesellschaftstheorie ein zentrales Desiderat der Soziologie."[31]

Weil sich dies aber keineswegs von selbst versteht, erfordert es einen komplizierten philosophisch-analytischen Denkprozess.

Der Werturteilsfreiheit als methodisches Gebot liegt das „methodische Axiom der Wissenschaft" (Tenbruck) zugrunde, welches nur möglich ist, „wenn die Philosophie in der Wissenschaft im Spiel

---

[29] So zum Beispiel wenn jemand behauptet: „Das ist ein Werturteil; darum können wir es nicht untersuchen!" oder: „Das liegt im Bereich des Glaubens; deshalb können wir keine schlüssigen Nachweise dafür beibringen." Warum sagt ein Wissenschaftler die Wahrheit? Weil er nachweisen kann, dass er das tun sollte? Gerade die Trennung zwischen Erkenntnistheorie und Ethik muss überprüft werden. Erst ein Ethos der Wissenschaft (und des Wissenschaftlers) vermag wenigstens in mancher Beziehung die verlorengegangene Einheit der Wissenschaften wiederzustiften, da es dazu nötigt, Begründung und Ziel wissenschaftlichen Erkennens in kritischer Rationalität zusammenzudenken, und dadurch die Unzulänglichkeiten eines auf Methodologie reduzierten Wissenschaftsverständnisses freilegt.

[30] Wenn es eine Tragödie der heutigen Soziologie gibt, dann sehe ich diese darin, dass die Soziologie die Werte als einzigen Sachverhalt nachdrücklich aus ihrem Gebiet verstoßen hat.

[31] Sutter, S. 47.

bleibt" (Weber). Dieser Disjunktion zwischen normativer Prätention gesellschaftlicher Formationen und einer neutralen, da vom Standpunkt einer „wertfreien Wissenschaft" produzierten Gesellschaftsanalyse, ist nicht erst seit der Entdeckung der Unschärferelation (Heisenberg) unmöglich, denn „schon, wer Gesellschaft sagt, hat diese Distanz unweigerlich verloren"[32]. Dies fordert zur Rechenschaft über den Sinn eigenen Tuns heraus, nämlich als das Gebot der Besinnung „auf die letzten eigenen Werte" (Max Weber)[33].

Diese Bedeutung der Wissenschaft für die Gesellschaft hat zu einer Grundlagendiskussion über das Verhältnis von Theorie und Praxis und über die Wertfreiheit der Wissenschaft geführt.[34] Es ist inzwischen aber offenkundig geworden, dass die Wissenschaft die Folgen und die Anwendung ihrer Erkenntnisse mitzubedenken hat. Damit wird auch das Postulat der „Wertfreiheit der Wissenschaft" (Max Weber) zur Diskussion gestellt.[35]

Deshalb benötigt die Soziologie einen rationalen, wissenschaftlichen Moralkodex, ein Wertsystem, das auf den Fakten der Realität beruht und den Bedürfnissen des Menschenlebens auf der Erde angepasst ist. Denn allein durch die Bewusstmachung von sozialen Konflikten durch die Sozialwissenschaften wird ihre Lösung nicht garantiert. Von diesem Standpunkt aus dürfte es verständlich sein, dass Soziologen in ihrer Rolle als Wissenschaftler eine schwere moralische Verantwortung übernehmen, wenn sie erklären, dass philosophi-

---

[32]   Kneer, S. 19. Wobei Kneer den Stand der sog. ‚Kopenhagener Deutung' der Quantenphysik hier im Blickfeld hat. Einfach ausgedrückt besagt diese: Das merkwürdige Verhalten der Quanten verschwindet bei der Beobachtung. Dagegen betont die Multiversums-Theorie des Quantenphysikers Hugh Everett, dass bei einer Beobachtung nichts verschwindet, sondern, dass sich jedes Mal, wenn ein Teilchen sich in einem Zustand der Überlagerung befindet und beobachtet wird, das Universum spaltet. Das Multiversum besagt, dass alle Eventualitäten dieser Welt verwirklicht sind.

[33]   In: Tenbruck (1995), S. 73.

[34]   Nach klassischer Anschauung ist die Wissenschaft reine Theorie, interessenlose Suche nach der Wahrheit; der angewandten Wissenschaft wird das Prädikat der Wissenschaftlichkeit nur eingeschränkt zuerkannt.

[35]   Max Weber wendet sich gegen eine Vermengung zwischen Sach- und Werturteil, sodass „Werturteile sich den Schein von Sachaussagen geben konnten. ... Gegen eine solche Vermengung richtet sich die ganze Schärfe der Weberschen Kritik. Eben diese Vermengung verhindert ihm zufolge die kritische Funktion wissenschaftlichen Erkennens." Lenk, S. 993. Weber tritt zu Recht für die Objektivität wissenschaftlicher Forschung gegen ideologische Überfremdung und Interpretation ein. „Das Wertfreiheitspostulat Webers ist somit eine Norm wissenschaftlich-methodischen Vorgehens, nicht aber eine Richtlinie für praktisch-politisches Verhalten." Ibid.

sche und moralische Fragen sie nicht beträfen oder dass die „Wissenschaft" eben keine Werturteile verkünden dürfe.

Da Soziologen kein einheitliches Kollektiv bilden, die etwa nach Durkheims Konzept „mechanischer Solidarität" alle an einem Strick ziehen, herrscht vielmehr „organische Solidarität"[36], also Interdependenz und Arbeitsteilung in der sozialwissenschaftlichen Forschung vor. Das führt dazu, dass sich viele Soziologen auf das ‚Postulat der Unparteilichkeit im Weberschen Verdikt der Werturteilsfreiheit' berufen um ihre Ergebnisse als soziologisch relevant ‚vermarkten' zu können. Es bleibt aber der kritische Einwand, ob sie damit gesellschaftlich auch unbedingt anschlussfähig sind und ob es der Soziologie nicht besser erginge, wenn sie ihre Objekte als menschliche Subjekte betrachtete und mithilfe von theoretisch angeleiteter, empirischer Analyse das Schnittfeld von gesellschaftlichen Problemen und normativer Zielsetzung ganz im Sinne der „Trifunktionalität von Hüter, Wächter und Kritiker" (Hans-Peter Müller) beschriebe.[37]

Ebenfalls bei Georg Simmel (1968[38], 1977[39]) finden wir diese Weichen für einen impliziten Normativismus der Soziologie: Nach au-

---

[36] Denn für Durkheim liegt der Gegenstand der Soziologie in der Analyse der Festlegung menschlichen Verhaltens durch Institutionen und die damit zusammenhängenden äußeren Zwänge begründet. Vgl. Durkheim (1970): *Regeln der soziologischen Methode*. Unter dem Begriff Institution sammelt Durkheim alles, was zusammenhält und was die Anomie erzeugenden Begierden der Individuen bremst. Charakteristisch an diesen Institutionen ist aber, dass sie für Durkheim äußere und den Individuen übergeordnete soziale Regeln darstellen. Durkheim konturiert mit Begriffen wie ‚äußerer Zwang', ‚soziologischer Tatbestand' oder ‚soziale Tatsachen' seine Auffassung über die Regelung sozialen Handelns durch außerhalb der Reichweite des Akteurs liegende Zwänge. Soziale Tatsachen erkenne man – so Durkheim – daran, „dass sie auf das Bewusstsein der Einzelnen einen zwingenden Einfluss auszuüben vermögen". Durkheim (1970), S. 97. „Die Autorität sozialer Zwänge durch Institutionen beruhe auf deren ‚Prestige', also auf der Anerkennung von constraints." Dallinger (2007), S. 73.

[37] „Auf der Basis ihrer methodischen Forschung kann die Soziologie sodann praktische Reformen vorschlagen, beispielsweise zur Löschung der – laut Durkheim – gegenwärtig beobachtbaren gesellschaftlichen Krise. Mit einem derartigen Forschungsprogramm, das einen theoretischen Traditionsbezug, eine realwissenschaftliche Forschungsstrategie und eine umstrittene Praxisrelevanz auf sich vereinigt, ist die Soziologie nicht nur den ‚Spekulationen' der traditionellen Philosophie, sondern auch den Rezepten der praktischen Kunstlehren und Ideologien des ‚Individualismus', ‚Sozialismus', ‚Syndikalismus', usw. überlegen." Müller, Hans-Peter; Schmid, Michael, (²1996), S. 483.

[38] Simmel, Georg (1968), *Soziologie* (1908). Berlin: Duncker & Humblot.

ßen mit den faktischen Gegebenheiten der modernen Gesellschaft rechnend, richtet sich seine Phänomenologie der Bausteine des modernen Lebens nach innen auf die Selbstverwirklichungschancen des modernen Menschen.[40] Ähnlich wie Weber, stellt Simmel die Ambivalenz der Moderne in den Mittelpunkt seiner Überlegungen. Die Strukturen der modernen Gesellschaft – Arbeitsteilung, soziale Differenzierung und Geldwirtschaft – schaffen neue Chancen und Optionen, aber gehen meist mit neuen Zwängen und Restriktionen einher, wie er vor allem am Geld als „Gott" moderner Gesellschaft demonstriert.[41]

Will die Soziologie, die sich einst als eine reflexive Krisenwissenschaft als eigenständige Disziplin konstituierte[42], weiterhin ein lohnendes Unterfangen sein, so muss sie als Wissenschaft des Sozialen auch bereit sein, dem Normativen als dem Kitt des Zusammenlebens einer Gesellschaft, normativ zu begegnen, d. h. die Frage nach dem guten Leben bewusst in ihren Forschungskorpus aufzunehmen und die Ergebnisse richtungsweisend verorten.

Diese Thematik wird von den meisten Soziologen als unwissenschaftlich abgelehnt, auch im Antagonismus zu Emile Durkheim[43], der pointiert die Gegenposition einnimmt und die Soziologie auf den Dienst an einer dynamischen und gerechten Sozialordnung verpflichtet. Dieser „Moralismus" ist freilich von ganz anderer Natur als der von Weber kritisierte. Durkheim will nicht die Moral aus

---

[39]   Simmel, Georg (1977), *Philosophie des Geldes* (1900). Berlin: Duncker& Humblot.

[40]   Und das geht weder mit Strukturkonservatismus noch politischem Quietismus – im Gegenteil.

[41]   Doch diese Doppelbödigkeit der modernen Erfahrung ist kein Grund zu Resignation oder Fatalismus, sondern eröffnet Chancen zu Kritik und politischen Reformen, wie seine zahlreichen politischen Beiträge im Geiste sozialdemokratischen Engagements beweisen. In seiner späteren Lebensphilosophie und dem „individuellen Gesetz" versucht Simmel auf seine Weise eine kulturelle Einbettung und eine spirituelle Heimat zu schaffen. Vgl. Simmel, Georg (1987), *Das individuelle Gesetz*, Frankfurt am Main.

[42]   Was für die Soziologie in der Neuzeit gilt, ist auch der Philosophie widerfahren, nämlich ihre Konstituierung als Wissenschaft in einer Epoche, in der die „Konventionalität und Veränderbarkeit der Sitten, Gesetze und Lebensmuster erfahren wird und wo zugleich die Bereitschaft besteht, sich auf diese Erfahrung einzulassen" Siehe: Wolf (1996), S. 18. Wolf geht es um eine Rekonstruktion der Frage nach dem guten Leben in der Hochphase der klassischen griechischen Philosophie, deren Ansatz sie als das „zentrale Thema" der sokratischen Dialoge sieht.

[43]   Durkheim (1988; 1999).

der Wissenschaft ableiten, sondern eine Wissenschaft der Moral mit dreifacher Stoßrichtung etablieren: Normativ gilt es einen Beitrag zur Bildung einer neuen Moral zu leisten, wissenschaftlich geht es darum, aus dem empirischen Studium von Idealen und Werten, Regeln und Normen die Konturen einer zeitgenössischen Sozialmoral zu entdecken, praktisch heißt das, die Resultate der Forschung zu politischen Reformen zu nutzen, welche der Moral zur Etablierung verhelfen sollen.

> „Nur die Soziologie" – so Durkeim – „kann uns helfen, dieses Ziel zu verstehen, indem sie (...) an die sozialen Zustände knüpft, von denen es abhängt (...) oder aber sie kann uns helfen, dieses Ziel zu entdecken, wenn das getrübte und schwankende öffentliche Bewusstsein nicht mehr weiß, was es sein soll."[44]

Ich werde daran anknüpfen, indem ich das aus den Untersuchungsergebnissen gewonnene Wissen auf theoretischer Ebene wieder aufgreife und analytisch mit der Frage nach dem guten Leben assoziiere.

Trotz des Bedenkens vieler Soziologen hinsichtlich der normativ verankerten Fragestellung nach dem *guten Leben* fand der *30. Kongress der Deutschen Gesellschaft für Soziologie* unter der Erotematik *Gute Gesellschaft? Zur Konstruktion sozialer Ordnungen* im Herbst des Jahres 2000 statt.[45] Jutta Allmendinger engte den Rahmen dieser Veranstaltung in ihrer Eröffnungsrede jedoch (leider) ein, denn:

> „Sache der Soziologie ist es nicht, spezifische Ordnungsnormen aufzustellen und durchzusetzen. Vielmehr ist es ihre vordringliche Aufgabe zu analysieren, welche Ordnungsvorstellungen vorherrschen, wie sich Ideen guter Gesellschaft wandeln, ob und welche Wirksamkeit sie entfalten, welche sozialen Gruppen und Teilsysteme Träger welcher Gesellschaftsmodelle sind, ob die Tatsachenbehauptungen, die mit Ordnungsvorstellungen verbunden sind, zutreffen und schließlich, welche beabsichtigten und unbeabsichtigten Folgen die Verfolgung solcher Ziele durch Akteure haben."[46]

---

[44] Durkheim (1984), S. 53.

[45] In Köln vom 26. bis 29.09.2000.

[46] Allmendinger, S. 3. Meines Erachtens wird hier verkannt, dass der Soziologie eine normative Perspektive inhärent ist, denn bei jeder soziologischen Untersuchung – so meine schon ausgeführte Behauptung – schwingt diese explizit oder implizit latent mit.

Ich werde in dieser Arbeit auch dokumentieren, dass dies nicht im Sinne der Gründungsväter der Soziologie ist und die Soziologie – bei aller berechtigten Kritik an dieser Fragestellung – gut daran täte, wieder daran anzuknüpfen. Ich werde auch auf einzelne Plenumsbeiträge dieser Veranstaltung an entsprechender Stelle kritisch eingehen.

1.c.0) Zur Frage nach dem guten Leben

Da Gesellschaft etwas anderes ist als die Summe der sie konstituierenden Individuen[47], hätte das Thema des 30. *Kongresses der Deut-*

---

[47] Man kann dies als die Nichtsummativität der Gesellschaft bezeichnen. Ich beziehe mich hier auf eine Modifizierung des berühmten Ehrenfelskriterium durch Max Wertheimer. Christian v. Ehrenfels formulierte den Begriff der Gestalt bzw. der Gestaltqualität in seiner Schrift „Über Gestaltqualitäten" (1890) als Erster. „Von Ehrenfels versteht darunter eine seelische Ganzheit, die sich durch Übersummativität und Transponierbarkeit auszeichnet. Als Beispiel nennt er die Melodie: Sie ist übersummativ, weil sie sich nicht aus der ‚Summe' ihrer einzelnen Töne erklären lässt, und transponierbar, weil sie trotz Änderung aller Einzeltöne – etwa beim Wechsel des Tonhöhenniveaus – erhalten bleiben kann" (S. 8f. in: Kaiser, 2006). Die Gestaltpsychologie ging bei der Bestimmung des Gestaltbegriffs über die Kriterien von Ehrenfels hinaus. So zeigte Wertheimer (1912), dass bei einer Gestalt nicht nur etwas Neues hinzukommt, sondern im Gestaltzusammenhang auch Teile oder deren Eigenschaften verloren gehen, die sie als Einzelgebilde besitzen. Aus diesem Grund beruft sich die Gestaltpsychologie bei der Bestimmung des Gestaltbegriffs nicht auf die Übersummativität (das Ganze ist mehr als die Summe der Teile), sondern auf die Nichtsummativität (das Ganze ist etwas anderes als die Summe seiner Teile). Dass diese Ansätze auch für die Soziologie relevant sind, zeigt die Weiterentwicklung durch die Berliner Schule (Wertheimer, Köhler, Koffka) und einem ihrer Hauptvertreter Kurt Lewin, der mit seiner Feldtheorie gruppendynamische Prozesse sozialpsychologisch erklären konnte. Die Gestaltpsychologie ist aber keine Entdeckung der Moderne, vielmehr hat sie ihre Wurzeln im ganzheitlichen Denken, dessen erster uns überlieferter Repräsentant abendländischen Denkens Heraklit von Ephesos (ca. 536 – 470 v. Chr.) ist, da er gegenüber dem Hylozoismus der Milesier (Stoff und die den Kosmos und die Organismen bewegende Kraft sind ein und dasselbe, untrennbar miteinander verbunden) die Scheidung zwischen dem geistigen Prinzip von dem der Materie vollzieht. Nach Heraklit vermitteln die Sinneswahrnehmungen dem Menschen nur Meinungen, aber kein Wissen (vgl. fr. 107: *Schlimme Zeugen sind Augen und Ohren dem Menschen*). Nur soweit der Mensch Anteil an dem Logos hat, ist er zur wahren Erkenntnis fähig. Hierauf beziehen sich später alle Philosophen, die die Sinneswahrnehmungen auf ihre Zuverlässigkeit prüfen. Heraklit ist der erste Philosoph, der die trügerische Rolle der Sinneswahrnehmungen nachwies und klar zum Ausdruck brachte. Hieran knüpfen Empedokles und Protagoras, vor allem Parmenides und Platon an; vor al-

schen Gesellschaft für Soziologie meines Erachtens besser unter dem Motto stehen müssen: Welche weiteren Bedingungen, als das in jeder arbeitsteiligen Marktwirtschaft zum Konsum benötigte Einkommen, müssen gesellschaftlich für ein lebendiges Wesen (in diesem Kontext: Person[48]) erfüllt sein, damit jenes ein gutes Leben führen kann? Welche weiteren Voraussetzungen für ein gutes Leben müssen darüber hinaus konstituiert werden? Was ist überhaupt unter einem oder dem guten Leben zu verstehen? Ist es reine Privatsache oder öffentliche Angelegenheit? Die hier vorliegende Untersuchung ist auch von dem Bedürfnis geleitet, dies zu eruieren.

Deshalb muss eine gute Gesellschaft unter dem Aspekt eines individuell geführten guten Lebens, das nicht in einer metaphysischen Begründung desselben steht, betrachtet werden.

Ich werde nachzuweisen versuchen, dass die Beantwortung dieser Frage für das gesellschaftliche Gesamtwohl sehr evident ist, aber nur, wenn der Kern der Frage bestehen bleibt, indem auf die gesellschaftlichen Bedingungen für ein gutes Lebens reflektiert wird. Dabei ist der Standpunkt meiner Explikation der der alltäglichen normativen Reflexionen: Auf der Basis von empirischen Analysen, die das Ziel haben, die zugrunde liegenden Prinzipien und Regelmäßigkeiten zu bestimmen, wird dem alltäglichen Gebrauch des Begriffs des *guten Lebens* und der vorfindbaren Semantik normativer

---

lem Platon fußt auf Heraklit in seinem *Theatet* (siehe dazu auch: Rapp 1997, Eckstein [6]1974).

[48] Personen (v. lat. persona: Maske, Rolle des Schauspielers, auch: Persönlichkeit) sind dadurch charakterisiert, dass sie eine Entität zu sich selbst haben, also über Selbstbewusstsein verfügen. Nicht jedes Wesen der Art homo sapiens ist eine Person, denn als Kriterium ist das Wissen um die Vergangenheit, Gegenwart und Zukunft im Lichte der Introspektion ausschlaggebend und darüber können auch andere Primaten verfügen. Dahinter steht eine präferenzutilitaristische Auffassung, die wie folgt formuliert werden kann: „Interesse ist Interesse, wessen Interesse es auch sein mag", so lautet der oberste Grundsatz von Peter Singers Ethik (Singer, S. 39). Dieser Satz besagt, dass ein fremdes Interesse ebenso viel Berücksichtigung verdiene wie das eigene. Voraussetzung allen Interesses, so Singer, sei die Fähigkeit, Leid (und Freude) zu empfinden, und nur ein Wesen, das diese Fähigkeit besitze, könne deshalb als Gegenstand moralischer Rücksichtnahme in Betracht genommen werden. Aus dem Prinzip der gleichen Interessenserwägung folgt, dass, wo immer Leiden möglich ist, dieses Leidenkönnen nicht außer acht gelassen werden darf, da die Vermeidung von Schmerz und Leid als Interesse eines jeden Fühlenden, das heißt eben leidensfähigen Lebewesen anzunehmen ist.

Status zugesprochen.[49] Auf diese Weise wird zwischen der normativen und der empirischen Beschäftigung ein Rückkoppelungsprozess eingebaut.[50]

Die Frage nach dem *guten Leben* bzw. nach der *guten Gesellschaft* muss dementsprechend anders gestellt werden: Unter welchen gesellschaftlichen Bedingungen kann ein individuelles Wollen in Bezug auf ein gutes Leben als hinreichend erachtet werden, das notwendig ist, um selbiges, in Bezug auf ein Leben, als gut zu bezeich-

---

[49] Die Vorstellung eines guten Lebens spielt in der Tradition des Humanismus eine tragende Rolle. „Gedacht ist die philosophisch reflektierte Lebenskunst vor diesem Hintergrund nicht als eine Schönwetter-Lebenskunst, die ein Luxusgut für diejenigen sein könnte, die sonst schon alles haben. Vielmehr als eine existenzielle Lebenskunst, für die jegliche Ethik mit der Haltung und dem Verhalten des Individuums selbst beginnt, um am eigenen Leben und, gemeinsam mit Anderen, am gesellschaftlichen Zusammenleben zu arbeiten." Schmid, S. 10. Schmids Vorgehensweise ist phänomenologisch, die um die hermeneutische ergänzt wird. Seine Ausgangsthese lautet: Gerade in der Moderne, die die einst um sich greifende materielle Existenzangst zurückgedrängt hat, breitet sich in abstracto Lebensangst aus, nämlich die Angst, ein Leben ohne Bedeutung zu leben.

[50] Beispiele: Rawls' considered judgments sind empirisch zu bestimmen und empirisch auf Allgemeingültigkeit hin zu untersuchen, um der Idee des reflective equilibrium zu genügen. In mehreren Veröffentlichungen vertritt David Miller (zuletzt Miller 1999; Miller, David (1999), *Principles of Social Justice*. Cambridge) diesen Standpunkt eines normativ-empirischen feedbacks. Aus seiner Idee ergibt sich allerdings auch, dass Gerechtigkeit kontextabhängig, nicht universalistisch schematisiert wird. Rawls (1993; Rawls, John (1993), *Political Liberalism*. New York.) spricht von dem „Faktum des Pluralismus". Von Kontexten zu reden, heißt allerdings, dass man die Idee einer abstrakten empirischen Gerechtigkeitstheorie hat, deren situationsspezifische Anwendung man studieren muss. Wissenschaftstheoretisch spricht man hier von Kerntheorien und möglichen Erweiterungstheorien, die sich auf bestimmte intendierte Anwendungen beziehen (Sneed 1979; Sneed, Joseph D. (1979), *The Logical Structure of Mathematical Physics*. Dordrecht.) – oder in der Weiterentwicklung von Lakatos (1970; Lakatos, Imre (1970), *Falsification and the methodology of scientific research programmes*, in: Imre Lakatos/Allen Musgrave (Hrsg.): *Criticism and the Growth of Knowledge*. Cambridge: S. 91 – 195.) von *theoretischen* Forschungsprogrammen (Berger/Zelditch 1998; Berger, Joseph/Zelditch, Morris (1998), Theoretical research programs: *A reformulation*, in: Joseph Berger/Morris Zelditch (Hrsg.): Status, Power and Legitimacy. Strategies and Theories. New Brunswick: S. 71 – 93). Auf der Basis des Standpunkts der Gerechtigkeitstheorie als theoretisches Forschungsprogramm geht man davon aus, dass sich Gerechtigkeitswahrnehmungen und -urteile rational, d. h. nomologisch rekonstruieren lassen. Daraus folgt, dass die empirische Erforschung des Gerechtigkeitssinns auch normativ konstituierend wirkt, weil sie sich auf Naturgesetzmäßigkeiten des Gerechtigkeitsempfindens stützt.

nen? Aus diesem Grund finde ich das Thema des *30. Kongresses der Deutschen Gesellschaft für Soziologie* falsch gestellt.

Nach Peter Stemmer könne niemand sagen, Person X führe ein gutes Leben, weil eben der Maßstab für diese Beurteilung dazu fehlt.[51] Dies kann nur intrinsisch beantwortet werden und auch nur in Bezug auf das individuelle Wollen, das über seine Vor- und Nachteile aufgeklärt ist. Ich teile diesen Ansatz insoweit, dass auch ich den Maßstab eines guten Lebens nur einer individuellen Ebene zuschreiben würde, möchte aber dem Philosophen Stemmer in dem Punkt widersprechen, dass er meines Erachtens zu einseitig auf das individuelle Wollen von Person X rekurriert und die sozialen Gegebenheiten, in denen Person X als soziales, soziologisches Wesen existiert[52], verkennt. Gerade die Analysen von Bourdieu zeigen, dass das Individuum in einer milieubestimmten Verankerung eingebunden ist und dass „die vermeintlich schrankenlose ‚Individualisierung' viel eher ein bildungsbürgerlicher Traum und Selbsttäuschung ist"[53].

Ein häufig wiederkehrender Topos postmoderner Sinnsuche ist das Wort von der Selbstzuständigkeit des Einzelnen, seine Individualisierung, die jedem die Zuständigkeit für sich selbst, sein Leben und seine Existenz zuerkennt. Die vereinzelten Einzelnen seien – so der

---

[51] Vgl. Stemmer, S. 47 – 72. In einem weltanschaulich mulitkulturellem System kann nicht mehr von einem metaphysischen Konzept ausgegangen werden, von dem heraus definiert werden kann, was ein gutes Leben als gutes Leben auszeichnet, sondern es kann nur darum gehen, so meine Behauptung, soziologische Bedingtheiten zu formulieren, die den gesellschaftlichen Bestandteil des guten Lebens ausmachen, aber nicht das gute Leben selbst sind.

[52] Im etymologischen Sinn: exsistere (intr.: zum Vorschein kommen, sich zeigen, hervortreten). Das altgriechische Verständnis des πολίτης (polites) könnte dem zu Grunde liegen, d. h. der Mensch wird erst im eigentlichen Sinne Mensch, „indem er sich als Bürger in der Polis als Gemeinwesen und insofern eben ‚politisch' organisiert" (Wolf 2003a, S. 20) im Gegensatz zu dem, der sich aus diesem in sein privates Refugium zurückzieht, nämlich dem ἰδιώτης (idiotes); wird in der Regel übersetzt mit: Privatmann, zum unkundig Erklärten, Laie. Das dazugehörige Adjektiv ἰδιωτικός wird in der Regel übersetzt mit: „nachlässig, zum Privatmann gehörig, unwissend, ungebildet"; vgl. Menge-Güthling. Damit ist die dichotomische Intension bzw. die Konnotation des Wortpaares Polites/Idiotes im altgriechisch/europäischen Denken vorgezeichnet. So steht z. B. Epikur als der Prototyp des Unpolitischen, der sich wiederum darin politisch erweist, dass er unpolitisch ist. Marx dagegen geht es um eine direkte politische Veränderung der sozialen Wirklichkeit.

[53] In: Kaesler (1996), S. 24.

allgemeine Tenor – ohne jede Orientierung. Die Selbstzuständigkeit, die in den antiken Selbstformungsstrategien „Selbstsorge" heißt, geht

> „bei annäherndem terminologischem Gleichklang jedoch von der gerade entgegengesetzten Erfahrung aus: Ohne fest orientierende Vorgaben ist ein gelungenes Leben nicht möglich."[54]

1.c.1) Aktuelle philosophische Beiträge zur Frage nach dem guten Leben

In den neueren Debattenbeiträgen zur politischen Philosophie dient der Bezug auf das gute Leben vor allem daran, dass die Politik und die gesellschaftlichen Institutionen unserer demokratischen Rechtsstaaten zuallererst den Lebensmöglichkeiten ihrer Mitglieder gegenüber in der Verantwortung stehen. An diese klassisch-aristotelische Forderung knüpft heute vor allem Martha Nussbaum an, indem sie darauf verweist, dass jede demokratische Politik eine im Interesse aller liegenden Vorstellung von einem guten Leben besitzen müsse, wenn sie die Gesellschaft nicht den Gefahren eines antihumanistischen Relativismus oder gar eines neuen Sozialdarwinismus, der alles dem „freien Spiel der Kräfte"[55] überlässt, ausliefern will.[56] Das Problem beginnt mit dem Übergang zu den Bedingungen für die Verwirklichung dieser Prinzipien. Diese Prinzipien stellt Martha Nussbaum in Rekonstruktion der aristotelischen Staatstheorie dar. Dabei leitet sie elementare menschliche Funktionen ab, die es einem Individuum im 21. Jh. ermöglichen sollen, ein emanzipier-

---

[54] Geyer, S. 143. Epikur scheint mir einen hilfreichen Topos der ars vivendi und ihrer Methode (μέθοδος) zur Hand zu geben, in einer Zeit der Destruktion traditioneller Lebensentwürfe bis hin zu patchworkreligiösen Überzeugungen, die ohne Verankerung im sozialen Kontext nebeneinander existieren. Denn die Ausgangsfrage der epikureischen Lehre liegt meiner Meinung nach in der Frage begründet, wie man leben soll. Dabei ist zu beachten, dass das „soll" nicht in der Intension eines moralischen „soll" betrachtet wird, sondern gemeint ist vielmehr, worin ein glückliches Leben bestehen könnte, wie zu leben gut ist. Damit ist gemeint, dass „die menschlichen Belange einer erkenntniskritischen Reduktion unterworfen und ein aus der Erfahrung gewonnenes praktisches Regelwerk" etabliert wird, „dem die Organisation und Realisation eines gelungenen Lebens zugetraut werden" (ibid.) kann.

[55] Nussbaum (1999).

[56] Hinter ihrer neoaristotelischen Provenienz steht eine sozialdemokratische Auffassung von Gemeinwohl und grenzt sich dabei bewusst von liberalen, utilitaristischen und kommunitaristischen Strömungen ab.

tes, ein gutes Leben führen zu können.[57] Ihre konzeptionelle Begründung werde ich in dieser Arbeit diskutieren.

Weil die Vorstellung eines guten Lebens nicht nur der Moderne inhärent ist, sondern sich in der europäischen Denktradition – neben Aristoteles – vor allem auch in den Frühdialogen Platons[58] finden lassen, bekanntermaßen in der Weise, dass Platon ein Modell konzeptualisiert hat, auf das sich alles Philosophieren nach ihm – positiv oder kritisch – beziehen muss, werde ich an dieser Stelle kurz auf die Genese der Vorstellung von der glückseligsten Lebensweise – als dem βιός θεωρητικός (bios theoretikos[59]) – bei Platon, mittels einführender exegetischer Anmerkungen, eingehen.[60]

1.c.2) Die Frage nach dem guten Leben bei Platon

Platon hebt in seinen Frühdialogen hervor, dass Sokrates die Frage, wie zu leben gut ist, in die Philosophie eingeführt hat. Die Nachforschung des platonischen Sokrates dreht sich um die genaue und sagbare Definition von Konzepten wie Gerechtigkeit, Gutes und Tu-

---

57 Nussbaum formuliert – ausgehend von einer bestimmten „aristotelischen Auslegungstradition" (Rapp, S. 257.) – gesellschaftliche Bedingungen, die es ermöglichen sollen, grundkonstitutionelle Elemente des sozialen Lebens zu generieren. Zweifelsohne soll Nussbaums Konzeption „der Gleichheit und der Gerechtigkeit" dienen, doch hat ihre Bestimmung des ‚guten Lebens' eine ausgrenzende Kehrseite: „Welches Leben", so stellt Nussbaum ihre Frage um, „ist so verarmt, dass es nicht zu Recht ein menschliches Leben genannt werden kann?" Alte, Behinderte und verwahrloste Kinder und Jugendliche tauchen hier auf. Dieser Aspekt fordert zu einer Modifizierung ihres Ansatzes heraus, falls der sozial-ethische Kontext ihres Ansatzes aufrecht erhalten werden soll.

58 Bei Aristoteles ist die Vorstellung eines guten Lebens tendenziell gesellschaftsbezogen ausgearbeitet, bei seinem Lehrer liegt die Betonung eher auf der individuellen Ebene begründet.

59 Diesen Ansatz, der vor allem den Aspekt der vita contemplativa betont, finden wir auch bei den Vorsokratikern wie z. B. bei Anaxagoras aus Klazomenai.

60 Wenn wir aber „das Ziel nicht kennen, wird der Weg, die Methode entscheidend" Wolf (1996), S. 25. Diese Methode, der *elenchos*, werde ich anhand der platonischen Definitionsdialoge seiner frühen Schriften knapp erläutern und durch einige Beobachtungen ergänzen. Dabei geht es mir auch um eine „philosophiehistorische und eine systematische Ausarbeitung der Problematik des guten Lebens", ibid., S. 25. Ich vertrete aber die Auffassung, dass die Philosophie inhaltliche Konzeptionen des guten Lebens nicht begründen kann. Die Philosophie kann allenfalls die „Struktur der Frage zu analysieren versuchen, und auch hier ist offen, ob das in der Weise gelingt, dass sich direkte Aussagen über diese Struktur begründen lassen." Ibid., S. 26.

gend. Mit diesem Ereignis beginnt für Platon die Philosophie im eigentlichen Sinn, indem eine Beziehung zwischen der Frage nach dem guten Leben und der Philosophie hergestellt wird. Die Frage nach dem guten Leben ist die zentrale Frage der frühen platonischen Philosophie.

Das gute Leben des Einzelnen war zwar in der Antike durchaus den Arrangements und Bedingungen des Miteinanders ausgesetzt, aber es fand sich darin nicht als Ziel wieder. So bestimmt die heroisch-homerische Ethik den Menschen durch seine Funktion im Krieg, und entsprechend sieht sie die gute Weise des menschlichen Lebens (*arete*[61]) in der vorzüglichen Erfüllung dieser Aufgabe. Dagegen propagiert die Moderne in ihrer Ethik geradezu die Verzichtleistung des Einzelnen im Sinne einer Ethik, die für die ganze Gemeinschaft Verbindlichkeit beansprucht.

Grundlage beider Verständnisse bleibt jedoch zunächst das Handeln des Einzelnen.[62] Was sich im Verlauf der Kultur- und Philosophiegeschichte ändert, ist, welche der verschiedenen Komponenten dieser Frage jeweils im Zentrum steht und dann oft auch beansprucht, die ganze Frage zu sein.[63]

---

[61] ἀρετή (arete) wird in der Regel mit dem Wort „Tugend" übersetzt. Das Wort „Tugend" impliziert meiner Meinung nach einen zu einseitig orientierten Sittlichkeitsbegriff und das scheint mir zu kurz gefasst. ἀρετή hat den gleichen Stamm wie ἄριστος und bezeichnet als Superlativ von dem Adjektiv ἀγαθός („gut") die „höchste Qualität von etwas". ἄριστος bedeutet das/der Beste, das/der Tüchtigste. Der Tübinger Altphilologe Wolfgang Schadewaldt übersetzt ἀρετή mit „Bestheit" und wendet sich damit gegen das altmodische Wort „Tugend" oder das auf Einzelfunktionen eingeschränkte Wort „Tüchtigkeit" bzw. „Tauglichkeit". Arete bedeutet nicht nur Tugend im moralischen Sinn, sondern auch Tüchtigkeit und die Funktionsfähigkeit von Gegenständen. Das Gute (ἀγαθός) ist also die spezifische ἀρετή der menschlichen Seele, die zu erkennen und zu erlangen die wesentlichste aller Aufgaben ist. Das sittlich beste, sittlich anständigste meint im griechischen dagegen das Superlativ βέλτιστος, das auch eine Komparation des Adjektivs ἀγαθός ist. Ich werde aber, um jetzt keine Verwirrung zu stiften, ἀρετή auch mit Tugend (wie wir es in den gängigen Übersetzungen finden) verwenden, obwohl mir die Übersetzung mit „Bestheit" für die weitaus gelungenere Übersetzung zu sein scheint. Ich wollte hiermit nur auf den Begriffsumfang dieses Wortes hinweisen.

[62] „Denn um die Struktur des menschlichen Lebens zu klären, muss man letztlich seine Bezüge zur sozialen und natürlichen Welt klären." In: Wolf (1996), S. 174.

[63] So vermute ich, dass bei Aristoteles das Problem des äußeren und inneren Wechsels zurücktritt und statt dessen in seiner Epoche und seinem Werk das Problem der unübersichtlichen inneren und äußeren Mannigfaltigkeit der Lebensbedingungen in den Vordergrund rückt. Einen anderen wichti-

Die Polis und die damit verbundene Frage nach dem besten Staat stand für Platon während seines ganzen Lebens im Mittelpunkt seines Denkens. Viele Bestimmungen, die Platon entwirft, zielen auf die notwendige Stabilität des Staates ab.[64] Besonders in den späteren Dialogen umfasst sein Denken den die Existenzweise des πολίτης, des Bürgers, unmittelbar tragenden Lebensraumes, nämlich der der Verfassung seiner Polis und zwar der von Athen.[65] Damit verschie-

gen Bestandteil der Frage nach dem guten Leben kennt auch Aristoteles noch nicht. Obwohl er die *Nikomachische Ethik* mit der Frage nach dem letzten Ziel menschlichen Strebens beginnt, stellt er die Frage, was wir eigentlich mit unserem Leben als Handelnde tun sollen, nicht in unserem Sinn, obwohl die Übertragung dieses Modells auf das menschliche Leben dem antiken Geist vertraut gewesen ist. „Die Griechen zeichnen sich ... durch eine realistisch-pragmatische Lebenshaltung aus. Sie konfrontieren sich mit der Welt, wie sie ist, stellen geringe Ansprüche an einen Gesamtsinn des Geschehens und machen sich keine Hoffnungen und Illusionen, dass ein solcher Sinn hinter der Wirklichkeit existiert. Auch wenn der mittlere Platon und Aristoteles den von Kant kritisierten Schritt zu einer metaphysischen Bestimmung des Menschen gehen, bleibt das ein letzter Schritt, dem eine weitreichende und bis heute kaum übertroffene Ausarbeitung der Struktur der Frage nach dem guten Leben bzw. der Struktur menschlichen Lebens vorhergeht." In: Wolf (1996), S. 15.

[64] Die *Politeia* und die *Nomoi* sind als Entwürfe, gedankliche Konstruktionen zu verstehen, nicht als unmittelbare Anleitung im Sinne eines politischen Programms. Um so bedeutsamer ist es, dass Platon vor der Frage der geschichtlichen Verwirklichung seiner Vorstellungen nicht zurückgeschreckt ist – die zur Philosophie gehörende Spannung zwischen Theorie und Praxis tritt hier schon mit ihrer ersten wirklich umfassenden Ausprägung zutage. Platon wollte seinen Idealstaat verwirklichen, wie die Reisen nach Syrakus (366 und 361 v. Chr.) zeigen und über die der im Alter verfasste *Siebente Brief* (ca. 354 v. Chr.) ausführlich Rechenschaft ablegt. Er wollte aktiv etwas tun, um Gerechtigkeit zu verwirklichen. Andererseits war sein literarisches Ziel, genauso den Leser zu motivieren, der Frage selber nachzugehen. Ob Platon letztlich an seiner eigenen Fiktion gescheitert ist, wäre eine eigene Arbeit wert.

[65] Durch die ganze Politeia zieht sich eine Kritik des Luxus und des Geldes. Diese findet sich bei vielen Dichtern und Theoretikern der Antike. Die antiken Gemeinwesen haben zwar auf einer bestimmten Stufe das Geld entwickelt, beruhen aber, grundsätzlich gesehen, noch nicht auf der Geldwirtschaft: Es sind Mischformen auf agrarisch-naturalwirtschaftlicher Grundlage. Demgemäß spielen hier ,natürlichere' Bindungen wie Sitte, Brauchtum und Religion noch eine viel größere Rolle als in der bürgerlichen Gesellschaft: Die dem Geld innewohnende Macht wird daher in der Antike häufig als etwas Naturwidriges und Bedrohliches empfunden. Sophokles (um 496 – 406 v. Chr.) drückt dies in seiner Tragödie *Antigone* (Verse 295 – 301) beispielhaft aus:

„Οὐδὲν γὰρ ἀνθρώποισιν οἷον ἄργυρος κακὸν νόμισμ᾽ ἔβλαστε.
τοῦτο καὶ πόλεις πορθεῖ, τόδ᾽ ἄνδρας ἐξανίστησιν δόμων."

ben sich die an die Adresse des Einzelnen gerichtete Fragen, die er den Sokrates in den frühen Dialogen formulieren ließ, was z. B. das Schöne sei, das Besonnene, die Tapferkeit oder die politische Tugend, hin zu dem Interesse an der Stabilität innerhalb eines Staatsgefüges.

> „Platon geht ganz selbstverständlich davon aus, dass wir soziale Wesen sind und unsere natürliche Erfüllung im politischen Leben finden, und fragt von da aus, wie es am besten organisiert werden kann."[66]

Nicht nur Popper[67], sondern auch andere haben Platon vorgeworfen, dass er nur die Frage stellt: ‚Wer soll herrschen?', anstatt zu fragen: ‚Soll irgendjemand herrschen?' Und in der Tat erwägt Platon an keiner Stelle in seinen Werken eine Verbesserung von Institutionen, um Gerechtigkeit herzustellen. Er fragt lediglich, wie ideale Herrscher geschaffen werden könnten. Platons Staatsentwurf wurde häufig als ‚Diktatur einer Aristokratie', als ‚Erziehungsdiktatur' oder auch als ‚bloße Utopie' kritisiert.[68] Der pauschale Vorwurf der ‚Diktatur' geht jedoch an grundlegenden geschichtlichen Sachverhalten vorbei, die bei solchen Beurteilungen immer berücksichtigt werden müssen. Die Antike kennt noch nicht den Begriff des ‚autonomen Subjekts', wie er für die moderne bürgerliche Gesellschaft (z. B. in den Grundrechten) bestimmend geworden ist.[69] Deshalb

---

„Kein ärger Brauch erwuchs den Menschen als – Das Geld! Es äschert ganze Städte ein, – Es treibt die Männer weg von Haus und Hof, – es verführt auch unverdorbne Herzen, – Sich schändlichen Geschäften hinzugeben, – Es weist den Sterblichen zur Schurkerei – Den Weg, zu der jeder gottvergeßnen Tat!"

Besonders für Sophokles (und Aischylos) ist der Mythos das geeignete Mittel, eine heilsame seelische Erschütterung der Zuschauer zu bewirken und sie zu eigener sittlicher und politischer Verantwortung zu erziehen.

[66] Annas, S. 374.

[67] In: Popper ([6]1980).

[68] Problematisch ist in der Tat etwa die in der *Politeia* entwickelte Kritik der Dichter: Platon will nur ‚positive' Werke zulassen, da die Dichtkunst im allgemeinen nur auf Erregung von Leidenschaften und nicht auf Wahrheit abziele. Problematisch ist ebenfalls das ‚Spezialistentum' der Philosophen. Platon muss einen hohen Preis zahlen, um die Wahrheit ‚rein' zu erhalten.

[69] Man kann daher Platons Entwurf nicht einfach an der Elle des neuzeitlichen Freiheitsbegriffs messen. Das antike Denken geht primär vom ‚Kosmos', der Ordnung des Ganzen aus. Der Einzelne wird von dieser Ordnung her als Teil gedacht, indem ihm darin ein bestimmter Platz zugewiesen wird. Der Vorwurf der Utopie müsste sich selbst erst rechtfertigen, wenn er weiter als Vorwurf erhoben werden soll. Und: gehört nicht das Träumen zu den wichtigsten Möglichkeiten des Menschen?

führt der Weg „zur richtigen Erziehung und Lebensführung des Einzelmenschen ... notwendig über den Staat, in dessen Hände die Erziehung gelegt wird"[70].

Indessen: Platon hat ‚die Philosophie' im engeren Sinne als eine besondere kulturelle Gattung, mit einer eigenen Methode und einer eigenen Aufgabe, ‚geschaffen', indem er die Vernunft neu definiert hat, nämlich als eines objektivierenden Gedankens, der nicht nur absolute, sondern auch sprachlich ausdrückbare Wahrheiten erkennen will.[71] Auf diese Weise schuf Platon die Grundlagen für eine progressive Mechanisierung des Gedankens selbst und im weiteren Verlauf damit das ethische Prinzip, um das herum sich die europäische Kultur noch heute dreht: Sie hat es nötig, die eigenen Werte zu rechtfertigen, die Natur zu erforschen, sie hat auch das Bedürfnis nach Philosophie und Wissenschaft.[72] Wir sind alle, „ob wir wollen

---

[70] Jaeger, S. 43. Nach dem platonischen Bildungsprogramm wird Wissen nicht durch Zwang erworben. „Die auf unterschiedliche Leistungsstärke reagierenden und daher individualitätsfreundlichen Verfahren der Differenzierung und Begabtenförderung" (Kersting, S. 258) sind vernünftig. Kersting bemerkt zutreffend, dass ‚auch ein liberaler Demokrat' wie Popper „Platons pädagogischen Überzeugungen" (ibid.) zustimmen kann.

[71] Sokrates weist in einem weiteren Denkschritt das Ungenügen des sophistischen Relativismus nach. Aber gelangt Sokrates, der radikale Kritiker der Sophisten, wirklich über seine Gegner hinaus? Kann das Ziel des Wissens die Einsicht in das eigene Nichtwissen sein, wie es für ihn kennzeichnend ist? Muss das Wissen nicht, seinem eigenen Anspruch nach, auch in der Lage sein, eine positive Antwort auf die Frage der Zeit zu geben? Hier setzte die Denkarbeitm seines bedeutenden Schülers an, die ihn zur Eigenständigkeit führte. Das Hauptmittel dazu war das Miteinander-Reden (διαλέγεσθαι), der Dialog (διάλογος). Das was kein ungeregeltes Geplauder, sondern ein zielgerichtetes denkerisches Kooperieren durch präzise Fragestellung und kreisende Versuche, die Frage immer besser, das heißt: widerspruchsärmer, klarer, leuchtender, evidenter zu beantworten. Dieses gemeinschaftliche geistige Ringen um Klarheit in Begriffen, Definitionen, Kausalzusammenhängen hat später Platon in den Schriften, die er für die Öffentlichkeit verfasste und die er folgerichtig ‚Dialoge' nannte, als beispielhafte Rechenschaftsberichte vom Tun der Kultgemeinschaft nachgebildet. Bedeutsam ist dabei, dass Platon dieses Tun der Kultgemeinschaft niemals als eine Negation ‚normalen' Lebens in der Gesellschaft verstand, sondern als eine andere, eine – wie er hoffte – wirksamere Form der Hilfe für die Gesellschaft, wirksamer als die, die Sokrates betrieben hatte.

[72] „Wenn es daher zutrifft, dass die Philosophie als eigenständige Disziplin erst hervortritt, indem sie sich mit diese(n) Frage(n) identifiziert, dann ist Platons Aussage über die Geburt der Philosophie durchaus ernst zu nehmen." In: Wolf (1996), S. 17.

oder nicht, ob es uns irritiert oder erfreut, noch heute Schüler Platons"[73].

Neben antiken Konzeptionen beansprucht auch die Philosophie Immanuel Kant's im Diskurs „gutes Leben" weiterhin größte Signifikanz, da er mit seiner philosophischen Konzeption alle nachfolgende Ethik bis in die Gegenwart hinein entscheidend beeinflusst und eine Verengung des ursprünglichen Geltungsbereichs der Ethik bewirkt hat.[74] Ich werde in der Arbeit an gegebenen Stellen darauf erörternd eingehen, denn die klassische Frage der Ethik: „Was für ein Leben will ich?" wird bei Kant zur Frage: „Was soll bzw. was darf ich tun?" Die traditionelle Ethik als Lehre vom glückseligen Leben hat Kant auf eine Lehre von den Pflichten reduziert. Die Kantische und postkantische Ethik bemüht sich demnach nicht mehr um Lebensweisheit und Lebensführung, sondern um eine rigorose, formalistische und universale Begründung des Sollens auf der Basis der reinen Vernunft.

Bedenken: Kann und soll die Vernunft allein eine allgemeingültige Verbindlichkeit der Ethik gewährleisten? Soll die Vernunft allein für das Verhalten leitend und bestimmend, d. h. imperativ genug sein? Kann sie wirklich praktisch-moralische Wirksamkeit haben und zur allein legitimen Quelle moralischen Verhaltens werden? Arthur Schopenhauer legt berechtigten Zweifel daran, er verurteilt die Kantische Moral als „Sklavenmoral" und bezeichnet den kategorischen Imperativ als die „Maxime der Lieblosigkeit"[75]. Mit einer Rehabilitierung des Mitleids als Grundlage für eine Ethik des Einfühlens und Mitfühlens schlägt Schopenhauer einen alternativen Weg gegenüber Kants dominierender Moralbegründung auf der Basis der reinen Vernunft ein.[76] Weil darüber hinaus der Mitleidsethik

---

[73]   Châtelet, S. 68.

[74]   Vor allem das „Dreigestirn" Platon, Aristoteles und Kant haben in unübertroffener Klarheit die fundamentalen politischen Probleme und die mit ihnen verbundenen Alternativen formuliert.

[75]   Schopenhauer, S. 174 u. 196. Aus Kants Moral einer interesselosen Pflichterfüllung und der Achtung vor dem Gesetz spreche, so Schopenhauer, nichts anderes als die göttliche Stimme des Dekalogs (S. 175). In der Tat wurde Kant sehr pietistisch erzogen und es ist eine nicht entschiedene Streitfrage, ob Kant eine atheistische (im Sinne von ἄ-θεος) Philosophie entworfen hat oder ob diese gleichsam durch die Hintertür protestantisch gefärbt bleibt. Kühn (2004) tendiert zur ersteren Ansicht, Irrlitz (2002) dagegen sieht die religiösen Bezüge noch in seinem Spätwerk.

[76]   Seine „Mitleidsethik" repräsentiert einen Einschnitt in die Geschichte der Moralphilosophie. Mitleid ist die Anteilnahme an Schmerz und Leid anderer. Es unterscheidet sich vom bloßen Miterleben durch die Bereitschaft, ak-

meiner Meinung nach große gesellschaftliche Relevanz als moralische Triebfeder einer „ungeselligen Geselligkeit" (Kant) zukommt und als Grundlage einer Sozio-Logie des Sozialen wieder entdeckt werden sollte, werde ich darauf in einem späteren Kapitel rekurrieren.[77]

1.d.0) Zur Intention dieser Studie

Mir geht es darum, die „Befindlichkeit" von Alltagsmenschen und ihrer „Lebensführung" unter den Bedingungen tief greifender gesellschaftlicher Umbrüche verstehbar bzw. sinnhaft nachvollziehbar zu machen. Nicht nur durch abstrakte Analysen möchte ich die kumulativen Effekte der strukturellen Herrschaft der „neuen Ökonomie" und einer „neodarwinistischen Gesellschaftsordnung" sichtbar machen, die in den lokalen Sphären auf das ganz alltägliche Leben wirken, sondern über die alltagsweltlichen Erfahrungen und subjektiven Perspektiven und Deutungsmuster möchte ich von meinen Gesprächspartnern Erfahrungen einer gebrochenen Biographie gesellschaftlicher Verhältnisse einholen.

Ich werde dazu unter anderem auch auf Daten aus dem Bereich der Arbeitsmarktforschung zurückgreifen und durch Interviews Jugendliche selber zu Wort kommen lassen, um die differenziellen psychischen und sozialen Folgen von Erwerbslosigkeit bei Jugendlichen zu eruieren.[78] Der Forschungsbereich Arbeitslosigkeit hat sich

---

tiv zu helfen und dem anderen bei der Bewältigung des Leids zur Seite zu stehen und vom Mitgefühl dahingehend, dass dieses auch die Mitfreude umfasst. Schopenhauer erhebt das Mitleid zum zentralen sozialen Gefühl und zum Prinzip der Moral.

[77] So kann z. B. der Einfluss Schopenhauers auf Georg Simmels facettenreichen Blick auf die Moderne ernsthaft nicht in Abrede gestellt werden. „Schopenhauers Welt als Vorstellung" bildet gleichsam die conditio sine qua non „von Simmels gesamtem Gedankengebäude" (siehe: Aulinger, S. 58).

[78] Denn die Aufgabe der Soziologie liegt meines Erachtens auch darin „kundzutun, dass bestimmte soziale Tatbestände nicht statistisch erfasst werden und die Repräsentationsform der Statistik nur wenigen sozialen Akteuren zugänglich ist" (Barlösius, S. 146). Deshalb sind mir neben statistischen Daten qualitative Informationen betroffener Jugendlicher wichtig, denn mehr und mehr wird „die Statistik als einzig legitimes Instrument der Repräsentation der sozialen Welt angesehen." Damit meint Repräsentation die verschiedenen Arten und Weisen, „wie sich Menschen soziale Gegebenheiten und Prozesse vergegenwärtigen. Diese reichen von der sinnlichen Primärwahrnehmung bis zur abstrakten mathematischen Darstellung sozialer Verhältnisse" (ibid., S. 147). Wolfgang Engler (S. 7) beschreibt dieses sozialwissenschaftliche Phänomen so: „Viele Untersuchungen verfahren äußerst

in den vergangenen 25 Jahren extensiv ausgedehnt und es liegen eine Vielzahl differenzierter Befunde zu den individuellen Folgen von Arbeitslosigkeit vor.[79] Die Interviews beanspruchen für sich keinen statistisch relevanten Wert, zeigen aber im Kontext von quantitativen Untersuchungen, dass die Lebenswelt Jugendlicher besonders den Gefährdungen sozialer Exklusion ausgesetzt ist.[80] Damit bilden und fundieren die Interviews gleichsam als die Conditio sine qua non die Interpretationen quantitativer Befragungen.

Dieser „Gesellschaftsdiagnose"[81] liegt die Motivation zugrunde,

> „Zeugnisse subjektiver Wahrnehmung und Deutung der deutschen Gegenwartsgesellschaft als je spezifische, das heißt von einem besonderen Ort des gesellschaftlichen Raumes und dem ihm eigenen Blickwinkel gewonnenen Gesellschaftsbilder zu behandeln."[82]

Aus diesem Grund ist mein soziologisches Erkenntnisinteresse, in den Termini von Max Weber, ein verstehender Zugang. Ich bezweifle, dass quantitative Daten das subjektive Empfinden von Erwerbslosen genügend abbilden, da mit dem Versuch, die sich andauernd verändernden sozialen Phänomene zu objektivieren und messbar zu machen, subjektive Informationen verloren gehen.

Da ich von einem Prozess der Erwerbslosigkeit ausgehe, der durch eine Kumulation sozialer Risiken gekennzeichnet ist, vertrete ich die These, dass erwerbslose Jugendliche sich gesellschaftlich desintegriert fühlen und dies mit Abwehrreaktionen gegenüber öffentli-

---

kleinteilig, und haben sie einen übergeordneten Gesichtspunkt gefasst, der die Liebe zum Detail begründet, dann verbergen sie ihn oftmals mit derselben Hartnäckigkeit, mit der sie die Einzelheiten vor dem Publikum ausbreiten."

[79] Die sozialpsychologischen Aussagen der Marienthalstudie wurden zwar in den siebzig Jahren nach ihrem Erscheinen vielfach durch weitergehende Beobachtungen und medizinische Untersuchungen verifiziert; als Beispiele seien hier der erste und der zweite Armuts- und Reichtumsbericht der Bundesregierung, der Bundesgesundheitssurvey, Untersuchungen von Arbeitslosenverbänden und der Krankenkassen etc. genannt, die die Folgewirkungen auf das Sozialverhalten der Betroffenen analysieren und beschreiben, die da verkürzt lautet: Bedrückender als die mit der Arbeitslosigkeit verbundenen Einschränkungen der finanziellen und materiellen Existenzbedingungen sind für sehr viele Erwerbslose die psychischen Nöte, der Verlust der gewohnten sozialen Kontakte und der Möglichkeiten zu nützlicher Tätigkeit.

[80] Im Anschluss an Georg Simmel verwende ich den Begriff soziale Exklusion. Eine Analyse dazu findet sich im zweiten Kapitel dieser Arbeit.

[81] Schulz, Kristina (Hrsg.), S. 10.

[82] Ibid., S. 11.

chen Institutionen einhergeht. Vorhandende Forschungsergebnisse deuten darauf hin. So ist die langfristige Analyse ihrer politischen Orientierungen insofern von besonderer Bedeutung (und sollte für die Politik von hohem Interesse sein), als die Jugendlichen zu der Generation gehören, deren Aufgabe es wäre, die jetzige Gesellschaft als ihre zu verstehen und zu gestalten. Deshalb werde ich den Kontext der unterstützenden Nahbeziehungen (Interdependenzen) und sozialer Rechte (Partizipationen) der zu befragenden Jugendlichen zu ermitteln versuchen, indem ich die Sichtweisen und Einschätzungen der Jugendlichen erfasse und den Zusammenhang zwischen der individuellen Erfahrung von Erwerbslosigkeit und dem Risiko sozialer Ausgrenzung (sozialer Exklusion), der bislang in der wissenschaftlichen Diskussion eher am Rande behandelt worden ist, aufzeige. Gefragt habe ich, ob bzw. inwieweit mit der zunehmenden Dauer der jugendlichen Lebensspanne eine politische Identifikation mit dem bundesrepublikanischen System besteht und welche Einflussfaktoren eine solche Bindung fördern bzw. hemmen. Die Hypothese, die diesem Ansatz zugrunde liegt, ist, dass dabei von entscheidender Bedeutung sein wird, ob die in der Untersuchung einbezogenen jungen Frauen und Männer mit Unterstützung der Gesellschaft jene Bedingungen vorfinden, die ihre berufliche Entfaltung fördern, frei von alltäglicher Sorge um die individuelle Entfaltungsmöglichkeit.

Daran knüpft meine These an, dass die Autonomie des Einzelnen durch den Paradigmenwechsel in der gegenwärtigen Sozialgesetzgebung potenziell bedroht ist, da sie ihn nicht mehr als vollwertig anerkanntes Subjekt in unserer Gesellschaft auszeichnet und das Leiden an mangelnder gesellschaftlicher Partizipation als soziale Exklusion beschreibbar ist.

1.d.1) Modus Procedendi

Bei Georg Simmel lässt sich ein theoretisch begründeter und empirisch gehaltvoller Exklusionsbegriff, der den kapitalistischen Gesellschaften angemessen ist, herausarbeiten. Ich werde zu Beginn dieser Studie seine Exklusionsvorstellung entfalten und diese gegen ihre Ambivalenzen verteidigen, wie sie besonders in der Systemtheorie sowie bei der Diagnose einer Spaltung der Gesellschaft zum Vorschein treten.[83] Dabei ist es mir wichtig, zu dokumentieren, worin

---

[83] „Luhmanns systemtheoretischer Versuch, die Idee der ‚Allinklusion' in moderne Gesellschaften durch die Funktionssysteme mit dem Gedanken der

sich ihr „sozialethischer Sprengstoff" für unsere Thematik gründet. Dieses aufzuhellen[84] bedarf der Antwort, wie Werte philosophisch in die Soziologie transformiert werden können, ohne einem naturalistischen Fehlschluss zu unterliegen. Ist dies überzeugend geleistet, ist der Weg frei für die Analyse und normativer Zuschreibungen gesellschaftlichen Zusammenlebens.

Aus diesem Grund widme ich mich der Beschreibung der Gegenwartsgesellschaft, indem ich mit Hilfe statistischer Daten zur Armut, Lebenszufriedenheit und zur Erwerbslosigkeit, besonders von Jugendlichen, soziale Exklusion sichtbar machen werde. Denn gerade im biographischen Lebensabschnitt ‚Jugend' befindet sich das Individuum zwischen zwei antagonistischen Bestrebungen, welche seine Persönlichkeitsentwicklung maßgeblich beeinflussen. Zum einen wird sein Lebensweg noch durch den sozialisatorischen Zugriff der Erwachsenenwelt geprägt. Andererseits wohnen dem jugendlichen Individuum zunehmend das Streben nach Selbstbestimmung inne. Dies werde ich – wie schon diskutiert – mit „den klassischen Mitteln der verstehenden Soziologie"[85] zu eruieren versuchen, dadurch, dass ich Jugendliche selber zu Wort kommen lasse. Diese Antworten generieren Faktizitäten bezüglich eines guten Lebens. Damit werden formale Vorstellungen vom menschlich Guten zum Gegenstand gesellschaftlicher Diskussionen transparent, die dazu anleiten, die philosophische Frage nach dem guten Leben zu erörtern, um diese dann in einem weiteren Schritt soziologisch „zweckdienlich" zu machen. In diesem Schritt muss konstatiert werden, ob dies für die Soziologie überhaupt essenziell zuträglich ist und falls dies der Fall sein sollte, wie zu verfahren dann sinnvoll ist, um auf eine evidente sozialethische Konklusion im Kontext eines Gerechtigkeitskonzeptes wie das des *Capabilities approach* (Nussbaum) und eines moralisch verankerten neukonzipierten Exklusionsansatzes rekurrieren zu können. Die Arbeit endet mit einer Zusammenfassung und einem normativen Ausblick.

Exklusion in Einklang zu bringen, führt zu keinem einleuchtenden Ergebnis. Aber auch die Bemühungen, die Fallstricke des Entweder-Oder durch die Relativierung des Bruchs zu vermeiden, wie sie vor allem in der französischen Exklusionsdiskussion unternommen werden, überzeugen nicht. Denn Ausgrenzung muss selbst als ein gesellschaftliches Verhältnis gedacht werden" (Kronauer 2002, S. 25).

[84] Im Englischen wird aufhellen mit *lighten* übersetzt. Für das ‚Zeitalter der Aufklärung' sagen die Engländer ‚the Age of Enlightenment'. Hier findet sich also im Wort selbst schon eine positive Konnotation.

[85] Schulz, Kristina (Hrsg.), S. 10.

Da ich überzeugt bin, dass nur derjenige einer soziologischen Wissenschaft gerecht werden kann, der imstande ist, Sensibilität und Kreativität in seinen Forschungskorpus reziprok zu tangieren, besteht mein methodisches Bestreben darin, Einzelheiten zu einem Gesamtbild zusammenzufügen.[86] Dieser Aspekt der Synthese bedarf eines assoziativen Denkstils, der die Voraussetzung für Kreativität bildet und dem konvergenten bzw. prädikativem Denken gegenübersteht.[87]

1.d.2) Anmerkungen zum moralisch-methodischen Impetus dieser Studie

Diese Studie ist geleitet von dem Bedürfnis, Antworten auf Bedingungen zu formulieren, wie die äußere und die innere Freiheit beschaffen sein müssen, damit der Mensch „selbstbewusst am demokratischen Leben der Gesellschaft" (Axel Honneth[88]) teilnehmen und die ihm zustehenden Rechte auch wirklich in Anspruch nehmen kann.

---

[86] So macht zum Beispiel Frederic Vester deutlich, dass die Probleme unserer Zeit nur durch vernetztes Denken lösbar sind. Siehe dazu: Vester, Frederic. Vester belegt, dass die Probleme, die wir in allen Lebensbereichen (z. B. Umweltschutz, Wirtschaft, Kriege) haben, nur durch vernetztes oder systemisches Denken zu lösen sind.

[87] Dörner, S. 8. beschreibt ein Resultat seiner kognitionspsychologischen Forschung mit folgenden Sätzen: „Ich hoffe hinlänglich klargemacht zu haben, dass man das, was oftmals pauschal ‚vernetztes Denken' oder ‚systemisches Denken' genannt wird, nicht als eine Einheit, als eine bestimmte, isolierte Fähigkeit betrachten kann. Neben- und Fernwirkungen von Entscheidungen werden nicht genügend beachtet; weil man Maßnahmen zu stark dosiert oder zu schwach; weil man Voraussetzungen, die man eigentlich berücksichtigen sollte, nicht beachtet ..." (vielleicht sollte man Schlüsselpositionen in der freien Wirtschaft und der Politik nach erfolgreichem Absolvieren von computersimulierten Planspielen besetzen, wie sie Dietrich Dörner in seinem Institut für theoretische Psychologie in Bamberg durchführt).

[88] Axel Honneth forscht nach einer sozialphilosophischen Theorie, die soziale Konflikte entgegen einem Kampf um vorgegebene Interessenslagen beschreibt. Dabei rekonstruiert er den Kampf um Anerkennung als ein soziales Muster zur Entwicklung einer sittlichen Gemeinschaft und als moralische Kraft in einem auf Symmetrierung angelegten gesellschaftlichen Fortschrittsprozess. Soziale Konflikte sind nach Honneth Kämpfe um Gerechtigkeit und deshalb in erster Linie immer die Folge von unerfüllter Anerkennung (Missachtung, Demütigung). Er betont an sozialen Konflikten die Dimension des Leidens und der Missachtung aufgrund verweigerter Anerkennung und kann damit auch Motive der Subjekte für Entscheidungen zum politischen Handeln, Protest, Widerstand, sichtbar machen.

„Der selbstbestimmte Lebensentwurf und seine Realisierung verleihen dem Einzelnen Würde, selbst wenn dieser Lebensentwurf erheblich von dem abweicht, was als Norm oder moralisch akzeptabel gilt. Neben den Privilegierungen, die vor allem das selbstbestimmte Handeln zur Entwicklung und Äußerung der Identität sicher stellen, schützt die Würde das Ergebnis, nämlich als ‚unantastbar'. Die Rechtsfigur der Menschenwürde verleiht der Identität und Authentizität einen wenn auch äußerst unsicheren rechtlichen Rahmen und Schutz. Die soziale Ordnung moderner Gesellschaften baut ganz wesentlich auf dem Gelingen und Durchhalten dieser individuellen Identität auf ... Misslingt deren Entwicklung für ganze Gruppen oder sind diese gefährdet, dann signalisiert das ein Versagen dieser Ordnung."[89]

Eine solidarische Gesellschaft manifestiert sich demnach auch in dem Gedanken, dass es einen Weg aus der Vielheitserkenntnis des Alltags zu einer letzten, äußersten Erkenntnis des Einen gibt, das mit einem weiten Begriff der Menschenwürde selbst identisch ist.[90] Die Direktive, dass jede Gesellschaft gut daran tut, für Selbstaufklärung zu sorgen, hat Wilhelm Heitmeyer prägnant formuliert:

„Erst in der Konfrontation mit ihrer vielfach verdrängten oder geschönten Realität erhält sie die Chance sich zu vergewissern, in welchem Grad ihre grundlegenden Wertvor-

---

[89]   Karstedt, S. 1011.

[90]   Prägnant formuliert finden wird das Menschenwürdekonzept bei Kant (1974), S. 68: „Im Reich der Zwecke hat alles entweder einen Preis oder eine Würde. Was einen Preis hat, an dessen Stelle kann auch etwas anderes als dessen Äquivalent gesetzt werden. Was dagegen über allen Preis erhaben ist, mithin kein Äquivalent verstattet, das hat eine Würde." Über die sozialpolitische Variante vom Selbstzweck des Menschen appellierte die Moralphilosophie von Kant vor allem an das Individuum, sich durch seine freie Entscheidung nach dem Prinzip der Menschheit zum sittlichen Handeln zu bestimmen, d. h. die Leidenschaften, Interessen und Neigungen, die Habsucht und den Egoismus in den Grenzen der normalen Bedürfnisse zu halten. Mit dem Prinzip der moralischen Entscheidungshilfe präzisierte Kant zugleich das Grundanliegen des Humanismus, die Menschen im Sinne der großen Ideale der Menschheit durch eine Revolution der Denkart zu erziehen und ihnen das Bewusstsein des Bürgers einer wohleingerichteten Gemeinschaft zu wecken. In dieser Form war die Kantische Moralphilosophie einmal frühe deutsche Kritik an den sozialpolitischen Zuständen seiner Zeit; zum anderen spiegelte sich in diesem Theorem die Vision einer sozialen Ordnung der Gleichheit, in der sich der Mensch als Selbstzweck und die sittliche Freiheit des Einzelnen entfalten konnte. Es war das Ideal einer ethischen Gemeinschaft unter Tugendgesetzen, die mit diesem Anspruch unter Marktbedingungen freilich keine Chance auf eine Verwirklichung hatte.

44

stellungen belastungsfähig verwirklicht sind. Dazu gehören die Gleichwertigkeit und physische wie psychische Unversehrtheit. Art. 1 des Grundgesetzes besagt: Die Würde des Menschen ist unantastbar."[91]

Weil eine lebenswerte Zukunft nur durch tiefe Einsichten in die Probleme der Gegenwart, einem starken Veränderungswillen auf der Basis eines emanzipatorischen Humanismus und Lust am Leben für die heute Lebenden und künftigen Generationen zu haben ist, müsste die drohende Depersonalisierung des gegenwärtigen Menschen in der sich radikalisierenden Realität auch die Sozialwissenschaften provozieren, gemeinsam mit dem Humanismus unserer Zeit um das Humanum des Menschen zu kämpfen.[92] Dabei muss einer Sozialwissenschaft aber mehr daran gelegen sein als der Tatsache, dass der Gesellschaft bloß die Arbeit ausgeht, mehr auch als die Hoffnung, in dieser Entwicklung eine „Entfaltungschance" (Beck) zu sehen.[93] Denn auf die „guten Absichten allein" kommt es nicht an; „sie müssen begleitet sein von dem Vermögen, sie zu realisieren. Das Hegen guter Absichten ist eine äußerst anspruchslose Geistestätigkeit."[94]

Soziologie müsste sich demnach auch Rechenschaft geben über den kulturellen Ort, dem sie zustrebt. Denn auch das soziologische Denken „wird eingetreten mit einer Sinnvorgabe, so wie man sich auf

---

91   Heitmeyer (Hrsg.) (2003), S. 13.

92   Horst-Eberhard Richter fordert als Konsequenz aus seiner Gegenwartsdiagnose die Unreife überkompensatorischer männlicher Omnipotenzträume in eine „Richtung einer weiter ausgreifenden sozialen Sensibilität und eines gestärkten erwachsenen Verantwortungsbewusstseins zu überschreiten". (S. 13) Wir müssen nach Richter wieder lernen, „dass wir alle voneinander abhängig sind und dass keine noch so großartig ausgebaute asymmetrische Herrschaftsposition an diesem gegenseitigen Aufeinander-Angewiesensein das Mindeste ändern kann" (S. 15). Auch der Tenor des Buches *Arbeit und menschliche Würde* von Oskar Negt könnte wie folgt lauten: ‚Die Welt ist so reich wie nie zuvor, aber unser Bild vom Menschen wird immer schmaler.'

93   So sprach zwar Ulrich Beck in seinem 1986 erschienenen Buch „Risikogesellschaft" von einem „sozialen ‚Fahrstuhl-Effekt', der zuletzt alle Klassen und Schichten gemeinsam nach oben befördert habe. Betrachtet man den weiteren Verlauf der Gesellschaftsentwicklung, kann zumindest seither von einem Paternoster-Effekt die Rede sein: In demselben Maße, wie die einen nach oben gelangen, geht es für die anderen nach unten" (Butterwegge, S. 55). Mehr denn je gibt es im Zeichen der Globalisierung ein soziales Auf und Ab, das Unsicherheit und Existenzangst für eine wachsende Zahl von Menschen mit sich bringt.

94   Dörner, S. 16.

einen Weg begibt, um an einen Ort zu gelangen"[95]. Methode von
metá hodós heisst übersetzt:

> „Weg allein ist ohne Sinn. Kein Weg ohne Ort, von dem er
> kommt und zu dem er geht. Nur Weg ist, was die Griechen
> cháos nannten, die Gegenwelt zu kósmos. So hat Methode
> als Weg des Denkens keinen Sinn ohne den Ort, an dem es
> ankommen soll."[96]

Dazu bedarf es einer Soziologie, der es nicht so ergehen darf wie der
Eule der Minerva, die erst mit der einbrechenden Dämmerung ihren
Flug durch die Wälder Attikas beginnt.[97] Hoffen wir, dass Pallas

---

[95]   Irrlitz (2001), S. 4.

[96]   Ibid. Gerd Irrlitz, ehemaliger Assistent von Ernst Bloch in Leipzig und mein
späterer Magistervater in Philosophie an der HU-Berlin, verkörperte einen
„kritischen alteuropäischen Geist" und „er war ein Cicerone der Geistesge-
schichte, der seine Hörer überall hin mitnahm, wo angeregt gedacht wurde"
(Quelle: *Berliner Zeitung* vom 03.06.2005, S. 24: *Zum 70. Geburtstag des Philosophen Gerd Irrlitz* von Oliver Müller).

[97]   Das Innuendo auf das berühmte Zitat aus der Vorrede der Rechtsphilosophie von Hegel ist willentlich gewählt: „Wenn die Philosophie ihr Grau in
Grau malt, dann ist eine Gestalt des Lebens alt geworden, und mit Grau in
Grau lässt sie sich nicht verjüngen, sondern nur erkennen; die Eule der Minerva beginnt erst mit der einbrechenden Dämmerung ihren Flug" (Hegel,
Grundlinien der Philosophie des Rechts, „*Vorrede*", Bd. 7, S. 9 – 10). Das „Selbstdenken" der philosophischen Reflexion, wenn es aufgeklärt genug ist, ist
immer ein „Nachdenken" über das, was andere gedacht haben, da Denken
immer zugleich „Selbtsdenken" und „Nachdenken" oder (da wir immer zu
spät zum Denken kommen) „Selbstdenken" als „Nachdenken" ist. Es gibt
keinen zweiten Philosophen, der so radikal wie Hegel das Denken als
„Nach-Denken" des Geschehenen-Geschehenden und Da-Seienden gedacht
hat. Für Hegel ist nämlich Philosophie, wie es maßgebend in der Einleitung
zu den „Grundlinien der Philosophie des Rechts" heißt, „ihre Zeit in Gedanken erfasst": Die begriffliche Erfassung des Gegenwärtigen, Wirklichen,
d. h. begriffene Geschichte. Und dies bezogen nicht nur auf Wirkliches, Ge-
schehenes, sondern auch auf Gedachtes und begrifflich Entwickeltes. Philosophie begreift, was ist, d. h. begreift Geschichtliches, und Philosophie begreift die Geschichte des Denkens, das in der Vergangenheit von anderen
Gedachte, Philosophie ist begriffene Geschichte und begriffene Philosophiegeschichte. Gemeint ist hier: Dass die Soziologie sich wie einst die Philosophie Hegels nicht nur mit dem Ganzen der Wirklichkeit auseinander setzt,
sondern eben dieses Ganze als Ganzes reflektiert und zur vollständigen begrifflichen Bestimmung ihrer selbst bringt. Darüber hinaus involviert diese
Hegelsche Grundidee noch einen anderen Aspekt, auf den uns Karl Marx in
seiner Auseinandersetzung mit der Hegelschen Rechtsphilosophie aufmerksam macht: „Die Theorie ist fähig, die Massen zu ergreifen, sobald sie ad
hominem demonstriert, und sie demonstriert ad hominem, sobald sie radikal wird. Radikal sein ist die Sache an der Wurzel fassen. Die Wurzel für
den Menschen ist aber der Mensch selbst" (Marx: *Zur Kritik der Hegelschen
Rechtsphilosophie. Einleitung.* Vgl. MEW Bd. 1, S. 385). Das gibt ein Kriterium

Athena in ihrer Funktion als Athena Ergane, als die Werkkundige, die den Männern und Frauen in vielen handwerklichen Fähigkeiten behilflich gewesen war, den Sozialwissenschaftlern gleiches schafft.

Was den Grad der Genauigkeit und die Bestimmtheit der Ausführungen anbelangt, so findet sich der klassische Hinweis schon bei Aristoteles, der feststellt, „dass man zufrieden sein sollte, wenn sie denjenigen Grad von Bestimmtheit erreicht, den der gegebene Stoff zulässt."[98]

---

für alles Emanzipatorische an: „Stets ist danach zu fragen, inwieweit sie den Menschen, also praktisch alle Menschen, als Wurzel für das Menschsein erfasst und deren menschlich wesentliche Bedürfnisse, die der Menschheit würdig sind, befriedigt. Also ein Denken, welches radikal humanistisch und auf Vernunft bauend sich gründet" (Eschke, S. 11f.).

[98] Aristoteles, *Nikomachische Ethik* , 1094b.

2. Soziale Exklusion

2.1 Einführung

Der Rat der Europäischen Union hat im Jahr 2001 erstmals einen gemeinsamen Bericht über das Problem von Armut und sozialer Ausgrenzung erstellt. So zieht sich das stetig wachsende Problem der Massenarbeitslosigkeit und insbesondere die massiven Schwierigkeiten spezifischer Problemgruppen (Frauen, Behinderte, Ältere, Jugendliche und langzeiterwerbslose Arbeitnehmer) als zentraler Bestandteil der politischen Agenda durch alle bildungs- und wirtschaftspolitischen Verlautbarungen der Europäischen Kommission wie ein roter Faden, denn nach „einem Vierteljahrhundert relativer Vollbeschäftigung und der Verringerung von Einkommensungleichheit"[99] existiert nun wieder eine Koinzidenz von Erwerbslosigkeit und der Zunahme von Armut in Europa und den USA.[100]

Das Problem der Erwerbslosigkeit, das seit den 90er Jahren mit bedauerlicher Selbstverständlichkeit zu den Dauerthemen der europäischen Politik gehört, war – zumindest als massives sozialpolitisches Problem – in den ersten zwei Jahrzehnten des europäischen Einigungsprozesses weithin unbekannt und zählte während dieser Zeitspanne naturgemäß auch nicht zur politischen Agenda der meisten Mitgliedsstaaten. Erst seit etwa 1975 kumulierte die Entwicklung innerhalb der überwiegenden Zahl der Mitgliedsstaaten und in der Folge auch auf der Ebene der EG zu einem Problemkatalog, der zunehmend dringender politischer und insbesonderer sozialpolitischer Lösungen erforderte und zwar dies sowohl auf nationalstaatlicher wie auch auf europäischer Ebene.[101] Ursache der meisten dieser Probleme war eine tief greifende und europaweite Wirtschaftskrise mit den typischen wirtschaftspolitischen Indikatoren eines

---

[99]   Kronauer (2003), S. 4.

[100]   „Länder wie Griechenland, Portugal, Spanien, Großbritannien und Irland weisen Armutsgefährdungsquoten von fast 20 Prozent und darüber auf" (Mau, S. 39).

[101]   „Die Arbeitslosenquote in den ‚alten' Mitgliedsländern schwankte 2002 zwischen 2 und 11 Prozent, in den neuen Beitrittsländern zwischen 5 Prozent in Zypern und fast 19 Prozent in der Slowakei. (…) Die Bekämpfung von Langzeitarbeitslosigkeit wird seitens der Europäischen Kommission nicht zuletzt wegen des Problems sozialer Ausgrenzung und der Kumulation von Problemlagen als politische Priorität angesehen" (ibid.).

steigenden Handelsbilanzdefizites, wachsenden Inflationsdrucks, real sinkender Wachstumsraten (erstmals im Jahr 1975) und steigender Erwerbslosigkeit.[102] Folglich sehen alle Mitgliedsstaaten der Europäischen Union die Erwerbsbeteiligung als die beste Strategie zur Bekämpfung von Armut und sozialer Ausgrenzung an.

> „Es ist zu erwarten, dass das Thema der sozialen Ungleichheit im europäischen Raum noch weiter an Gewicht gewinnt. Das ergibt sich nicht nur aus dem großen Ausmaß an Ungleichheit, sondern auch aus der wachsenden Interdependenz der Mitgliedsländer. Mit dieser ist verbunden, dass es wachsende Wechselwirkungen zwischen den Ungleichheitsverhältnissen der einzelnen Länder gibt und man in der Tendenz vom Entstehen eines gesamteuropäischen Ungleichheitsregimes sprechen kann."[103]

Dabei legen besonders die entsprechenden Entschließungen des Europäischen Rates für das Interesse der EU an einer Verminderung der Jugenderwerbslosigkeit ein beredtes Zeugnis ab.[104] Deshalb haben in den Europäischen Ratssitzungen

---

[102] Zu den politischen Folgen dieser Entwicklung zählte dabei die europaweit wachsende Erwerbslosigkeit, da die Beschäftigungsquote bis heute und überall eng an die jeweilige Wachstumsquote gekoppelt ist. Die Krise der Beschäftigung traf die westeuropäischen Industriegesellschaften nicht nur ökonomisch mit besonderer Härte, sondern sie war auch psychologisch gravierend, weil hier der Gegensatz zur vorangegangenen Phase ungebrochenen Wachstums und ökonomischer Prosperität bei Vollbeschäftigung so ausgeprägt war wie kaum in einer anderen Zone der Welt: 1982 hatte das Niveau der Erwerbslosenquote erstmals das der USA überschritten. Schon bald analysierten außereuropäische Beobachter „The Decline of Europe" (Newsweek, 09.04.1984). Parallel hierzu war die wirtschaftliche Entwicklung sowohl innerhalb einzelner Regionen als auch zwischen den Mitgliedsstaaten kontinuierlich weiter auseinander getriftet, was bewirkte, dass der zur Behebung dieser Probleme dringend notwendige wirtschafts- und finanzpolitische Handlungsspielraum der EU eher ab- anstatt zunahm: Wachsender Protektionismus, nationalstaatliche Alleingänge und innergemeinschaftliche Verteilungskämpfe, also insgesamt ein umfassender Prozess der Entsolidarisierung waren die unvermeidliche Folge (vgl. dazu: Weidenfeld, S. 25ff.).

[103] Mau, S. 46.

[104] Aus den Jahren 1976, 1980, 1982, 1983 sowie die Ratsbeschlüsse und Schlussfolgerungen für die Etablierung bzw. perspektivische Auswertung der sogenannten Aktionsprogramme aus den Jahren 1987 und 1988, 1991 und 1992. In der langen Reihe der offiziellen Verlautbarungen der Organe der EU und insbesondere auch der Europäischen Kommission zu der Herausforderung einer aktiven europäischen Beschäftigungspolitik markiert der Amsterdamer Vertrag als veränderte und erweiterte Fassung der Maastrichter Verträge einen vorläufigen Höhepunkt und zugleich einen Neubeginn in dieser

„die Mitgliedsstaaten sich verpflichtet, nachhaltiges Wirt-
schaftswachstum und qualitativ hochwertige Beschäftigung
zu fördern und über den Zeitraum von 2001 bis 2010 das Risiko von Armut und sozialer Ausgrenzung zu verringern
und den sozialen Zusammenhalt in der Union zu stärken"[105].

Im Rahmen dieses strategischen Ziels wurde auf europäischer Ebene Ende der achtziger Jahre der Begriff der sozialen Ungleichheit
durch den Begriff der sozialen Exklusion abgelöst und in den offiziellen Sprachgebrauch der Europäischen Union übernommen.

Während man bisher unter sozialer Ungleichheit die Differenz zwischen „oben" und „unten" bzw. zwischen „Reichtum" und „Armut"
verstand, indem eine vertikal strukturierte Ungleichheit an der
Normalbiographie und am Normalarbeitsverhältnis gemessen wur-

---

Frage: Denn der Amsterdamer Vertrag ergänzt die Maastrichter Verträge
mit den Paragraphen 125 bis 130 um den Titel „Beschäftigung" und erhebt
damit eine durch Qualifizierungsstrategien gestützte Beschäftigungspolitik
zum expliziten Ziel einer europäischen „Beschäftigungsagenda" der EU.
Wörtlich heißt es hier: „Die Mitgliedstaaten und die Gemeinschaft arbeiten
nach diesem Titel auf die Entwicklung einer koordinierten Beschäftigungs-
strategie und insbesondere auf die Förderung der Qualifizierung, Ausbildung und Anpassungsfähigkeit der Arbeitnehmer sowie der Fähigkeit der
Arbeitsmärkte hin, auf die Erfordernisse des wirtschaftlichen Wandels zu
reagieren" (Art. 125). Und zur Rolle der Gemeinschaft heißt es in Artikel
127: „Die Gemeinschaft trägt zu einem hohen Beschäftigungsniveau bei, indem sie die Zusammenarbeit zwischen den Mitgliedstaaten fördert und deren Maßnahmen in diesem Bereich unterstützt und erforderlichenfalls ergänzt. ... Das Ziel eines hohen Beschäftigungsniveaus wird bei der Festlegung und Durchführung der Gemeinschaftspolitiken und -maßnahmen
berücksichtigt" (Presse- und Informationsamt 1998, S. 123ff.). Im Hinblick
auf die europäische Beschäftigungspolitik war Amsterdam ein Höhepunkt,
weil das Problem der Erwerbslosigkeit und die damit verbundene Etablierung gemeinsamer europäischer Anstrengungen hier erstmals im Vertrags-
werk kodifiziert wurde. Amsterdam war zugleich ein Neubeginn, weil 1997
auch das Jahr des Beschäftigungsgipfels in Luxemburg stattfand (Dezember
1997, sog. „Luxemburger Prozess"), sowie der Ausgangspunkt für die Gip-
fel in Cardiff im Juni 1998, in Wien im Dezember 1998 und der „Europäische
Beschäftigungspakt", der im Juni 1999 anlässlich des Kölner Gipfels vereinbart wurde.

[105]   Rat der Europäischen Union, *Gemeinsamer Bericht über die soziale Eingliederung*, Brüssel 2001, S. 6. „Die Rolle sozialer Ungleichheit für den Integrati-
onsprozess ist von der Ungleichheitsforschung bis heute nicht hinreichend
adressiert und thematisiert worden. Grund dafür ist die immer noch vorherrschende Fokussierung auf innerstaatliche Ungleichheiten. Die zentralen
ungleichheits-soziologischen Konzepte wie Klasse, Schicht und soziale Lage
ebenso wie etablierte Ungleichheitsmaße beziehen sich auf soziale Unterschiede innerhalb von Nationalstaaten" (Mau, S. 38).

de[106], betont dagegen der Begriff „Exklusion" stärker die Differenz zwischen „innen" und „außen" bzw. zwischen „zugehörig" und „nichtzugehörig". Dabei ist die

> „Vorstellung einer Innen-Außen-Spaltung der Gesellschaft, die in den Begriffspaaren ‚Integration und Ausschluss', ‚Inklusion und Exklusion' oder im Begriff ‚Underclass' mitschwingt, (…) zutiefst ambivalent. Sie kann kritisch gegen ausschließende gesellschaftliche Verhältnisse gewendet werden. Sie kann aber auch affirmativ Ungleichheitsverhältnisse im gesellschaftlichen ‚Innern' als unveränderbar unterstellen und stigmatisierende Zuschreibungen rechtfertigen. An den Einwänden zeigt sich jedoch noch etwas anderes: Selbst die angebotenen alternativen Begriffe, die helfen sollen, die Ambivalenz zu überwinden, kommen nicht umhin, auf die Vorstellung vom gesellschaftlichen Innen und Außen zu rekurrieren. Auch die ‚Désaffiliation' und die ‚Disqualification', die Ausschließung also, müssen als Fluchtpunkte, auf die sie hinauslaufen, den ‚Ausschluss' unterstellen. Und selbst die ‚advanced marginality' muss noch den qualitativen Unterschied bezeichnen können, der sie von gewöhnlicher Marginalität trennt."[107]

Da es dabei um Phänomene der plötzlichen oder schleichenden Ausschließung von Menschen aus sozial relevanten Kommunikationszusammenhängen und Anerkennungssystemen, wie z. B. Arbeit, Karriere, Konsum, Familie oder dem Netzwerk sozialer Absicherung, der Wahrnehmung und Bearbeitung sozialer Ungleichheiten und prekärer Lebensverhältnisse geht, ist die Bekämpfung sozialer Exklusion und die Förderung sozialer Inklusion im Zuge der Entwicklung[108] einer europäischen Beschäftigungspolitik und der Ent-

---

[106] Das heißt, der soziale Status wurde in der Regel am Beruf, an der Prämisse eines Wertekonsens in der Gesellschaft (z. B. Prestigehierarchie der Berufe) und am Einkommen zu einem spezifischen Zeitpunkt festgemacht.

[107] Kronauer (2003), S. 3.

[108] Die Begriffe ‚Entwicklung' bzw. ‚Modernisierung' sind politische und wirtschaftliche Schlagwörter, die auf die (Eigen-)Dynamik, aber auch die Notwendigkeit des fortwährenden Veränderns und Verbesserns in der modernen Welt hinweisen. Modernisierung bezieht sich daher sowohl auf die industriellen, strukturellen und sozialen Anpassungs- und Erneuerungsprozesse in den hochentwickelten Industriestaaten wie auf die (politisch umstrittenen) Entwicklungs- (und Aufhol-)Prozesse in den weniger entwickelten Ländern, vgl. Schubert/Klein.

stehung nationaler Aktionspläne von herausragender Bedeutung für die soziale Kohäsion eines geeinten Europas.[109]

Aus diesem Grund hat sich innerhalb der Europäischen Union und in der Programmatik der Europäischen Kommission soziale Exklusion als ein zentrales Konzept entwickelt. So wurde der Forschungsbereich „Soziale Integration und soziale Exklusion – Ursachen sozialer Exklusion, speziell von Arbeitslosigkeit" in das vierte Forschungsrahmenprogramm der zielgerichteten sozioökonomischen Schwerpunktforschung der EU aufgenommen. In den Beschäftigungsrichtlinien der Europäischen Kommission für das Jahr 2002 kommt der Förderung sozialer Inklusion eine besondere Bedeutung zu.[110]

Vor allem Langzeiterwerbslosigkeit ist als zentraler Faktor für die Erhöhung des Risikos von Armut und sozialer Ausgrenzung verantwortlich. Entgegen früheren Hoffnungen hinsichtlich der Überwindung von Armut und trotz aller Unterschiede zwischen verschiedenen sozialstaatlichen Modellen, bleibt relative Armut in den sogenannten entwickelten Industrienationen ein Problem, das an Schärfe und Ausbreitung zu gewinnen droht, vor allem auch in Deutschland.

---

[109] Denn die großen Wohlstandsgefälle stehen einer gleichmäßigen und auf Integration zielenden Entwicklung entgegen und ökonomisch sind „massive Ungleichgewichte nachteilig, weil sie Polarisierungen verstärken können und eine einheitliche Wirtschafts- und Finanzpolitik deutlich erschweren. Politisch bedeuten Ungleichheiten, dass es zu einer Verstärkung von divergenten Interessen kommen kann und damit die weitere Einigung erschwert wird" Mau, S. 42.

[110] Vgl. European Commission, *The Employment Guidelines for 2002*, Brüssel 2001. Die einzelnen Teilnehmerstaaten werden aufgefordert, die Probleme zu bekämpfen, die den Zugang der Menschen zum Arbeitsmarkt, zur Ausbildung und Qualifizierung behindern; Strategien präventiver und aktiver Maßnahmen zu entwickeln, um die Integration derer zu fördern, die als benachteiligt gelten oder besonderen Risiken ausgesetzt sind; der Marginalisierung, der Entstehung einer Gruppe verarmender Erwerbspersonen (working poor) und Exklusionsrisiken entgegenzuwirken; geeignete Maßnahmen zu implementieren, die an den Bedürfnissen der sozialen Randgruppen im Hinblick auf deren Integration in den Arbeitsmarkt orientiert sind. Der Europäische Rat identifiziert acht große Herausforderungen, die von den einzelnen Mitgliedsstaaten thematisiert werden. Eine der Herausforderungen ist „die Schaffung eines integrativen Arbeitsmarktes und Förderung der Beschäftigung als Recht und Möglichkeit für alle Bürger" (vgl. ibid., S. 8).

2.2 Soziale Exklusion durch Armut

Entsprechend dem 2. *Armuts- und Reichtumsbericht der Bundesregierung 2005* liegt Armut im Sinne von sozialer Ausgrenzung dann vor,

> „wenn Handlungsspielräume von Personen in gravierender Weise eingeschränkt und gleichberechtigte Teilhabechancen an Aktivitäten und Lebensbedingungen der Gesellschaft ausgeschlossen sind".

Da es hierfür keinen konkreten Messwert gibt, greift die Armutsforschung nach wie vor auf die einkommensbasierte Armutsrisikoquote zurück, die den Anteil der Personen widerspiegelt, deren Einkommen unter der Armutsrisikogrenze liegen. So waren gemäß dieser Definition im Jahr 2003 insgesamt 13,5 Prozent aller Personen in Deutschland arm, das heißt, dass 13,5 Prozent aller Personen in Haushalten lebten, in denen das bedarfsgewichtete Haushaltseinkommen bei weniger als 938 Euro im Monat lag. Um die Einkommen vergleichen zu können, werden in der Regel Nettoäquivalenzeinkommen[111] von Haushalten ermittelt, die nach dem Bedarf der Haushaltsmitglieder gewichtet sind.[112]

---

[111] Das durchschnittliche Nettoäquivalenzeinkommen betrug im Jahr 2003 1.564 Euro im Monat. Das sind rund 189 Euro mehr als 1998. In den neuen Bundesländern lag das Nettoäquivalenzeinkommen um rund ein Fünftel unter dem Westniveau. Das Nettoäquivalenzeinkommen wird errechnet, indem das Markteinkommen, also das Bruttoeinkommen aus unselbstständiger Arbeit, aus selbstständiger Tätigkeit und aus Vermögen einschließlich des Mietwerts selbstgenutzten Wohneigentums, zuzüglich laufender Transfers und abzüglich der Pflichtbeiträge zur Sozialversicherung und Steuern durch die Summe der bedarfsgewichteten Haushaltsmitglieder geteilt wird.

[112] Vom Nettoäquivalenzeinkommen der Haushalte wird die Armutsrisikogrenze abgeleitet. Dies ist die Grenze, unterhalb derer ein Haushalt als arm gilt. Konkret heißt das: In Haushalten, deren bedarfsgewichtetes Nettoäquivalenzeinkommen weniger als 60 Prozent des Median beträgt, besteht ein Armutsrisiko. Für die durchschnittliche Höhe des Einkommens hat man sich auf den Median geeinigt, auf den Wert, der in der Mitte aller Messwerte liegt, wenn diese in aufsteigender Reihenfolge sortiert sind. Haushalte, deren bedarfsgewichtetes Nettoäquivalenzeinkommen weniger als 60 Prozent des Median beträgt, gelten als arm. Das heißt, hier befindet sich die Armutsrisikogrenze. Um die Einkommen international vergleichbar zu machen, wird auf europäischer Ebene wie auch im Armuts- und Reichtumsbericht der Bundesrepublik das Nettoäquivalenzeinkommen nach der neuen Skala der Organisation für wirtschaftliche Zusammenarbeit und Entwicklung (OECD) ermittelt. Nach der OECD-Skala ist der Gewichtungsfaktor für den Haupteinkommensbezieher 1,0. Alle übrigen Haushaltsmitglieder von 14 und älter erhalten den Gewichtungsfaktor 0,5 und Personen unter 14 Jahren den Gewichtungsfaktor 0,3. Bei einer Familie mit 2 Kindern unter 14 Jahren

In den neuen Bundesländern lag im selben Erhebungszeitraum die Armutsrisikoquote über sieben Prozentpunkte höher als in den alten Bundesländern. Der Grund dafür liegt in der hohen Erwerbslosigkeit in diesen Bundesländern.[113] Auch die Studie *Sozialreport 2006* bestätigt den überproportionalen Anstieg der Armut in den neuen Bundesländern und führt dies auf die große Anzahl an Neurentnern in diesen Bundesländern zurück, die Abschläge hinnehmen mussten oder aus Arbeitslosigkeit in den Ruhestand wechselten. 75 Prozent der Rentnerinnen und zehn Prozent der Rentner müssten in den östlichen Bundesländern mit weniger als 750 Euro monatlicher Rente auskommen. Meist bildet diese – anders als in den alten Bundesländern – auch das einzige Einkommen.

Im Jahr 2002 lebten rund 13 Prozent der Deutschen in Armut, 11 Prozent hatten sogar weniger als die Hälfte des durchschnittlichen Nettoäquivalenzeinkommens zur Verfügung. Die westdeutsche Bevölkerung ist dabei leicht unterproportional, die ostdeutsche deutlich überproportional von Einkommensarmut betroffen, unabhängig von den unterschiedlichen Definitionen von Armut.[114] Die Armutsrisikoquote weist damit in Deutschland einen kontinuierlichen Anstieg auf. Insgesamt lebten im Jahr 2003 40,9 Prozent aller Erwerbslosen unterhalb der Armutsgrenze.

Auch die in der Armutsstatistik ausgewiesene Zahl der Niedriglohnempfänger steigt rapide an. Mehr als ein Drittel der Bevölkerung in Deutschland lebt im Niedrigeinkommensbereich, das heißt, das bedarfsgewichtete Haushaltsnettoeinkommen erreicht nicht einmal 75 Prozent des durchschnittlichen Nettoäquivalenzeinkommens. Allerdings ist auch hier ein West-Ost-Gefälle zu beobachten: Während in West-Deutschland etwa jeder Dritte in einem Haushalt wohnt, dem lediglich ein Niedrigeinkommen zur Verfügung steht, muss in Ost-Deutschland nahezu jeder Zweite mit einem Niedrigeinkommen auskommen.

---

würde das Haushaltseinkommen damit beispielsweise nicht durch 4 – wie bei einer gleichwertigen Pro-Kopf-Gewichtung – sondern durch 2,1 geteilt.)

[113] Der Umbau der ostdeutschen Wirtschaft ab 1990 führte zur Stilllegung ganzer Industriezweige, zu Massenentlassungen und Dauerarbeitslosigkeit. Auch heute, mehr als 17 Jahre nach der Wiedervereinigung, ist die Erwerbslosigkeit in Ostdeutschland immer noch wesentlich höher als in Westdeutschland.

[114] Datenquelle: *2. Armuts- und Reichtumsbericht der Bundesregierung 2005*. Rentner und Pensionäre sind dagegen unterdurchschnittlich betroffen. Die Armutsquote ging bei ihnen – entgegen dem Trend – von 12,2 Prozent 1998 auf 11,8 Prozent in 2003 zurück.

Als weiterer Risikofaktor gilt das Alleinerziehen von Kindern. 35,4 Prozent aller Alleinerziehenden gelten als arm. Ergo sind auch deren Kinder und Jugendliche überdurchschnittlich von Armut betroffen. „Kinder sind die Hauptleidtragenden", so der Armutsforscher Christoph Butterwegge.[115] 1,922 Millionen Kinder im Alter von unter 15 Jahren[116] lebten im März 2007 in sog. SGB II-Bedarfsgemeinschaften.[117] Das sind 16,9 Prozent von den rund 11,441 Millionen Kindern in Deutschland. Damit ist die Zahl um 3,3 Prozent gegenüber dem ersten Quartal 2006 gestiegen und dies trotz wirtschaftlichem Aufschwung, mildem Winter und weiter sinkenden Kinderzahlen.[118] Die Armutsquote bei Kindern bis 15 Jahren liegt bei 15 Prozent, bei Jugendlichen von 16 bis 24 Jahren sogar bei 19,1 Prozent.[119] In Sachsen-Anhalt gelten 33,2 Prozent (81 123) aller Kinder unter 15 Jahren als arm.[120]

Obgleich Arbeitslosengeld mittlerweile als Bürgerrecht gilt und in Anspruch genommen werden kann[121], bleibt das Verhältnis des si-

---

[115] In: *Frankfurter Rundschau* vom 15.08.2007.

[116] Subsumiert werden hier: nicht erwerbsfähige Hilfebedürftige bzw. Sozialgeldempfänger.

[117] Seit dem ersten Juli 2006 gelten für Arbeitslose und auch für Arbeitnehmer neue Regelungen. So beträgt der volle Regelsatz für das Arbeitslosengeld (ALG) II nun einheitlich 345 Euro in Ost und West. Das sind in Ostdeutschland monatlich 14 Euro mehr als bisher. Für unverheiratete Arbeitslose unter 25 Jahren wird der ALG-II-Regelsatz auf 276 Euro abgesenkt, weil sie zum Haushalt der Eltern zählen. Ohne Zustimmung der Behörden dürfen die jungen Leute nicht mehr von zu Hause auszuziehen, um auf Kosten der Steuerzahler einen eigenen Haushalt zu gründen. Quelle: *Mitteldeutsche Zeitung* vom 08. Juli 2006, Rubrik: *Stellenmarkt*, S. 9.

[118] Diese Zahlen wurden für den Monat März 2007 vom *Bremer Institut für Arbeitsmarktforschung und Jugendberufshilfe* (BIAJ) erhoben. Spitzenwert erreichte im März 2007 mit 37,6 Prozent Berlin, in Bayern waren es im gleichen Monat 8,5 Prozent. „Im ersten Quartal 2007 reichten die entsprechenden Länderquoten von durchschnittlich 37,4 Prozent in Berlin bis 8,4 Prozent in Bayern – ein Jahr zuvor, im ersten Quartal 2006, von 35,7 bis 8,2 Prozent", so Paul Schröder vom *Bremer Institut für Arbeitsmarktforschung und Jugendberufshilfe* (BIAJ) in der Bekanntgabe in pdf-Form, Seite 2, per eMail am 15. August 2007.

[119] Ibid.

[120] Ein geringes Einkommen allein kennzeichnet jedoch nicht die Situation dieser Kinder. „Bezeichnend sind vielmehr die ungleichen Chancen in vielen Bereichen ihres persönlichen und gesellschaftlichen Lebens." Giese, S. 9.

[121] Und nicht mehr, wie noch nach dem englischen Armengesetz des 19. Jahrhunderts, auf das Simmel bisweilen Bezug nimmt, mit der Aberkennung von Bürgerrechten verbunden ist. Zu beachten ist hier aber, dass die „Sozial-Hilfe" seit Hartz IV im Grunde abgeschafft wurde. „Jeder Bürger ist mün-

multanen Drinnen und Draußen auch heute noch für die Sozialhilfeleistungen charakteristisch, denn ihr Endzweck ist noch immer nicht die Beseitigung der Armut. Diese wird stattdessen in aller Regel durch die Bedingung der Bedürftigkeit und die Bedürftigkeitsprüfung akzentuiert und faktisch durch das Ausmaß der Unterstützung unterhalb des allgemein als notwendig anerkannten Lebensstandards perpetuiert.[122] Die Unterstützungsleistungen garantieren eben nur ein Leben am Rande des gesellschaftlich Notwendigen, in der Regel aber nicht mehr.[123] Der kontinuierliche Anstieg der Armutsrisikoquote innerhalb der letzten Jahre hat in ihrer Quantität und Qualität einen Grad an sozialer Marginalisierung erreicht, der als soziale Exklusion apostrophiert werden muss.

„Etliche hunderttausend Bundesbürger drängen Tag für Tag in die Suppenküchen der Wohlfahrtsverbände. Über ein Zehntel der Deutschen lebt in ständiger Armut."[124]

---

dig. Und er müsste eigentlich wissen, was er nicht hat und vom Amt braucht", erklärt der Berliner ‚Sozialermittler' Peter Rudzki. „Heutzutage müsste er", so Rudzki, zum Beispiel einer Antragsstellerin „verschweigen, dass sie ein Recht auf ein Bett hat" – obwohl er genau weiß, dass sie es dringend braucht, und es von selbst nie beantragen würde (in: Marcus Weber, S. 48).

[122] Das Ziel der Armenfürsorge bleibt vielmehr ihrem Wesen nach die Aufrechterhaltung des gesellschaftlichen Status quo: minimale Unterstützung der Personen statt Beseitigung der Verhältnisse, die Armut erzeugen; Druck auf die Armen, den Fürsorgestatus so schnell wie möglich wieder zu verlassen. Für das „soziale Bewusstsein" hat die Armenfürsorge deshalb immer etwas Zwiespältiges an sich. Sie hat sich zwar stärker, als Simmel es noch vor Augen hatte, von der einseitigen gesellschaftlichen Pflicht zu dem Recht des Armen auf Unterstützung gewandelt und damit wohlfahrtsstaatliche Formen angenommen. Zugleich zeigt sie aber immer auch die Grenzen des Wohlfahrtsstaats an: Seine Unfähigkeit, die Armut und den Sonderstatus des Armen zu beseitigen.

[123] „Ausgegeben wird nicht hauptsächlich für den Wohlstand der Arbeitslosen, sondern für ihre schikanöse Kontrolle, durch zwecklose Termine, sogenannte ‚Um-, Aus-, Fortbildungsprogramme', die nirgendwoher kommen und nirgendwohin führen, Scheinbeschäftigungen für einen Scheinlohn – nur um die Statistiken künstlich herunterzudrücken. Also nur, um ein wirtschaftliches Trugbild aufrechtzuerhalten." In: Engler, S. 164.

[124] Die Kehrseite der Umverteilung: Vgl. dazu Walter, S. 109: „Die oberen zwei Prozent der bundesrepublikanischen Haushalte verfügen über 30 Prozent des Gesamtvermögens; die unteren 50 Prozent müssen sich mit knapp fünf Prozent begnügen. Und die ökonomischen Eliten haben sich mehr und mehr von ihrer gesellschaftlichen Verantwortung verabschiedet. Zum Ende der Adenauergesellschaft betrug der Anteil der Gewinnsteuern am steuerlichen Gesamtaufkommen noch mehr als ein Drittel; derzeit sind es kaum mehr als 15 Prozent." Jean Ziegler, S. 86: „Auf größere Dimensionen übertragen: Das

2.3 Historischer Konspekt: ‚Armut' bei Georg Simmel

Der Begriff ‚Armut' bezeichnet nicht bloß die

> „verschiedenen Kategorien der Armut (absolute, relative, spirituelle), sondern er ist grundsätzlich wertend, indem er von einer Person aussagt, dass sie unter Umständen lebt, die Mitgefühl oder Verachtung hervorrufen."[125]

Für Georg Simmel wird Armut erst dann zu einer eigenständigen sozialen Lage, wenn der Arme auf die öffentliche Fürsorge angewiesen ist. Der Zweck der Armenfürsorge liegt nicht im Armen selbst, sondern in der Abwehr möglicher Gefahren für das Gemeinwesen, in der Verteidigung des Staates quo.

> „Aus diesem Sinn der Armenpflege heraus wird klar, dass sie, indem sie dem Wohlhabenden nimmt und dem Armen gibt, doch keineswegs auf ein Gleichwerden dieser individuellen Position geht, dass ihr Begriff nicht einmal der Tendenz nach die Differenzierung der Gesellschaft in Arme und Reiche aufheben will. Vielmehr liegt ihr die Struktur der Gesellschaft, wie sie nun einmal besteht, zugrunde, im schärfsten Unterschiede gegen alle sozialistischen und kommunistischen Bestrebungen, die gerade diese Struktur selbst aufheben möchten. Ihr Sinn ist gerade, gewisse extreme Erscheinungen der sozialen Differenziertheit so weit abzumildern, dass jene Struktur weiter auf dieser ruhen kann. Fußte sie in

---

Vermögen von Bill Gates ist so hoch wie der Gesamtnettowert des Vermögens der 106 Millionen ärmsten Amerikaner. Individuen sind heute reicher als Staaten." „Der Besitz der 15 reichsten Menschen der Welt", so Ziegler (ibid.), „übersteigt das Bruttoinlandsprodukt (BIP) aller afrikanischen Länder südlich der Sahara." Radikale Steuersenkungen führen dazu, dass der Staat verarmt, private Haushalte mit höheren Einkommen und Vermögen jedoch wohlhabend oder gar reich werden. Staatliche und private Sicherheitskräfte müssen dafür sorgen, dass Bevölkerungsgruppen mit hohen Lebensrisiken diszipliniert und in Schach gehalten werden. Der verschlankte Staat kümmert sich nicht mehr um die Grundrechtsansprüche derer, die mit einem zeitweiligen oder dauerhaften Armutsrisiko konfrontiert sind. Er überantwortet sie der Barmherzigkeit zivilgesellschaftlicher Initiativen. Und Johanno Strasser (1999), S. 127, merkt an: „Wenn in den demokratischen Ländern des Westens die Reichen immer reicher und die Armen immer ärmer werden, versagt nicht der Kapitalismus, sondern die Demokratie." Auf die negativen Folgen des Neoliberalismus als dem vorherrschenden Paradigma der politischen Ökonomie weist u. a. auch Noam Chomsky in mehreren seiner Veröffentlichungen hin.

[125] Jütte, S. 13. Von Seiten strenger Objektivisten wird (bis dato vergeblich) versucht, die Armutsschwelle festzulegen, ohne auf Werturteile rekurrieren zu müssen.

dem Interesse für den individuellen Armen, so wäre dem Prinzip nach gar keine Grenze gegeben, an der die Güterverschiebung zu seinen Gunsten halt machen müsste, bevor sie die Ausgleichung erreichte; da sie aber statt dessen im Interesse der Gesellschaftstotalität – des politischen, familiären, irgendwie soziologisch bestimmten Kreises – erfolgt, so hat sie keinen Grund, der Art und dem Maß nach für das Subjekt zulänglicher zu sein, als es die Erhaltung der betreffenden Totalität in ihrem status quo verlangt."[126]

Simmel fasst hier die Kategorien des „Drinnen" und „Draußen" nicht als logischen Gegensatz auf, sondern als ein soziales Verhältnis, das durch Gleichzeitigkeit gekennzeichnet ist. In der anhaltenden Obhut wohlfahrtsstaatlicher Fürsorge geraten die Klienten in die von Simmel so treffend charakterisierte Lage der institutionalisierten Gleichzeitigkeit von Drinnen und Draußen. Das „Draußen" des Armen ist für Simmel somit Folge und Bestätigung der sozialen Ungleichheit im „Drinnen". Eingebunden in staatliches Handeln, bleiben sie gleichwohl allein dessen Objekt. Der besondere soziale Status des Armen, nur Objekt gesellschaftlicher Eigeninteressen zu sein, manifestiert sich nicht zuletzt darin, dass im Unterschied zu anderen Einrichtungen der öffentlichen Mittelvergabe das Prinzip der Selbstverwaltung für die Armenfürsorge nicht gilt. Nicht als sein Recht wird ihm die Unterstützung gewährt, sondern aus dem

---

[126] Simmel (1992), S. 518. Es handelt sich dabei um den Essay *Der Arme* aus seinem Hauptwerk *Soziologie. Untersuchungen über die Formen der Vergesellschaftung*. Dieses erschien 1908 zu einem Zeitpunkt, da sich Simmels Aufmerksamkeit bereits mehr und mehr in Richtung auf kulturphilosophische Fragestellungen verschoben hat. Doch muss man in der *Soziologie* nicht so sehr ein eigenständiges Werk als vielmehr die Zusammenfassung und Bündelung von Simmels verstreuten soziologischen Aufsätzen und Essays sehen, von Arbeiten, die bis in die 1890er Jahre, ja bis zu *Über sociale Differenzierung* zurückreichen. „Die soziologische Periode, angekündigt durch die Thematik einiger Aufsätze aus den 80er Jahren, beginnt mit der Arbeit ‚*Über sociale Differenzierung*' (1890) und erreicht in der ‚Philosophie des Geldes' (1900) ihren eigentlichen Höhepunkt und Abschluss. Dazwischen liegt eine Vielzahl von Aufsätzen, die in veränderten und erweiterten Fassungen, in der Ursprache oder Übersetzung, verbesert, ineinandergeschoben, bearbeitet und endlich in der Sammlung ‚Soziologie' vorgelegt werden" (Tenbruck 1958, S. 592). Das gilt ebenso für das sechste und das zehnte Kapitel, „*Die Kreuzung socialer Kreise*" und „*Die Erweiterung der Gruppen …*", die auf *Über sociale Differenzierung* zurückgehen, wie für das achte Kapitel, „*Die Selbsterhaltung der Gruppe*", dem im Kern ein Aufsatz von 1898 zugrundeliegt, und auch die verschiedenen Exkurse, die bereits zuvor in Zeitungen und Zeitschriften veröffentlicht worden sind.

Eigeninteresse der Gesellschaft und ihrer Organe heraus, sich selbst mit all ihren Macht – und Ungleichheitsstrukturen zu erhalten.

Der Arme ist für die Gesellschaft und ihrer Verwaltungsorgane demnach weder Selbstzweck noch Mittel zu einem anderen Zweck.[127] In dem auf die Spitze getriebenen Objektstatus besteht für Simmel das Moment der Ausschließung. Zugleich bleibt der Arme jedoch gerade dadurch, dass er dem Verfahren der Aufrechterhaltung und Erneuerung von sozialer Ungleichheit auf diese Weise unterworfen wird, mit der Gesellschaft verbunden und ein Teil von ihr.

> „So ist der Arme zwar gewissermaßen außerhalb der Gruppe gestellt, aber dieses Außerhalb ist nur eine besondere Art der Wechselwirkung mit ihr, die ihn in eine Einheit mit dem Ganzen in dessen weitestem Sinne verwebt."[128]

Nach Georg Simmel entspricht jede Pflicht des Menschen einem Recht anderer Wesen (Pflicht als Konsequenz des Rechtes) – jedenfalls dann, wenn man den Menschen als ein Sozialwesen betrachtet. Daraus entstehe ein Netzwerk an Rechten und Pflichten, denn jeder der Rechte erlangt, bürdet sich damit auch Pflichten auf. Bestimmend dabei ist jedoch das Recht, es ist das „primäre, tonangebende Element (…); die Pflicht ist nur das freilich unvermeidliche, in demselben Akt gesetzte Korrelat zu jenem"[129]. Die Gesellschaft besteht nach Simmel aus einer Ansammlung berechtigter Wesen. Und die Armenpflege wird nach Simmel zur öffentlichen Einrichtung, wenn sie als Pflicht des sozialen Ganzen aufgefasst wird – Ausgangspunkt ist hier „das Recht des Bedürftigen als Grundlage aller Armenpflege"[130]. Das Recht als oberstes Prinzip gewährleistet eine gesell-

---

[127] Simmel vergleicht den Armen in dieser Hinsicht mit dem Fremden. Fremdheit konstituiert sich für uns erst durch den Bezug des Fremden auf uns, dadurch, dass wir in ein soziales Verhältnis mit ihm treten. „Denn das Fremdsein ist natürlich eine ganz positive Beziehung, eine besondere Wechselwirkungsform; die Bewohner des Sirius sind uns nicht eigentlich fremd", so Simmel (1992, S. 765). Ebenso wenig sind sie, könnte man hinzufügen, exkludiert – auch wenn sie an den „Funktionssystemen" unserer Gesellschaft nicht teilhaben. Ausschließung ist zumindest an den Anspruch auf Zugehörigkeit geknüpft. In gewisser Hinsicht ist die soziale Position des Fremden – außerhalb von Gruppenbezügen zu stehen, zugleich aber auch in sie verwoben zu sein – eine soziale Grundkonstellation. Im Fall des Armen nimmt das „Verhältnis des simultanen Drinnen und Draußen" (Simmel 1992, S. 547), jedoch eine besondere Form und Zuspitzung an.

[128] Simmel (1992), S. 523.

[129] Simmel (1908), S. 345.

[130] Ibid., S. 346.

schaftliche Situation, in der eine Unterstützung nicht als Gnade empfunden werden muss – der Bedürftige kann die Hilfe legitim fordern und muss sich ob seiner Bedürftigkeit nicht schämen. Es handelt sich somit um eine kausale Form der Unterstützung (von Recht und Pflicht) und nicht um eine teleologische, deren Sinn dem Ziel verbunden wäre, und nicht dem Anspruchsrecht des Armen. Dies wäre der Fall, wenn die Pflicht oberstes Prinzip der Armenhilfe wäre:

> „Im extremen Fall verschwindet der Arme als berechtigtes Subjekt und Interessenzielpunkt vollständig, das Motiv der Gabe liegt ausschließlich in der Bedeutung des Gebens für den Gebenden."[131]

Der Unterstützungsanspruch begründet sich aus der Zugehörigkeit der Armen zu einer wirksamen Einheit von Gruppenmitgliedern. Der Arme ist somit sowohl Gruppenfremder, weil er materiell außerhalb steht, wie auch Teil der Gemeinschaft, mit der er durch die Unterstützung verbunden ist. Dies wird auch durch die Zentralisierung der Armenpflege untermauert – indem bezahlte Vertreter des Staates sich um die Armen kümmern, ist der emotionale Aspekt, den ein notleidendes Individuum hervorruft, aus den Augen der Wohlhabenden verbannt. Die Hilfe richtet sich nicht auf die Linderung der Not des Armen, sondern in der Gewissensberuhigung der Gesamtgesellschaft.

Simmel unterscheidet in seiner Analyse zwischen „objektiver" und „subjektiver" Armut, zwischen Fremd- und Selbstklassifikation. Diese Unterscheidung führt uns zu den Begriffen „Armut" (gesamtgesellschaftliche Relation) oder „arm sein" (soziale Wahrnehmung).

2.3.1 Armut als Fremdklassifikation

Für Simmel ist die Annahme einer Unterstützung der entscheidende Punkt der Differenzierung zwischen subjektiver und objektiver Armut, denn erst sie zieht eine formale Deklassierung nach sich, die

---

[131]   Ibid., S. 348. Durch die Bekämpfung der Armut wird versucht, die Gesellschaft vor Gefahren derselben (Kriminalität, Verwahrlosung) zu bewahren. Die Armenunterstützung soll so allen nützen und wird so zur öffentlichen Einrichtung des Staates, mit der Aufgabe, bestehende Strukturen zu bewahren. Der Arme ist somit in der „modern-abstrakten Form der Armenpflege" laut Simmel zwar „Endstation, aber durchaus nicht (...) Endzweck, der vielmehr nur in dem Schutz und der Förderung des Gemeinwesens liegt". Ibid., S. 349.

den Armen stigmatisiert. Die Armutskategorie ist somit eine soziale Reaktion und das Individuum wird durch die Reaktion seiner Umgebung definiert. Erst durch diese soziale Katalogisierung entsteht eine einheitliche Schicht der Armen. Nach Coser entstehen die Armen historisch betrachtet erst dann, „wenn eine Gesellschaft dazu übergeht, Armut als einen besonderen Status anzuerkennen und einzelne Personen dieser Kategorie zuzuordnen"[132]. Er beruft sich in seinem Aufsatz auf Georg Simmel, für den Armut eine gesellschaftliche Kategorie ist, die auf gesellschaftlichen Definitionen beruht. Dabei ist nicht allein die materielle Situation des Armen entscheidend, denn solange „eine Person weiterhin vornehmlich durch ihren beruflichen Status sozial definiert ist", so Coser über diese besondere Form der Klassifikation, „wird sie nicht als ‚arm' qualifiziert". „Die Deprivierten werden der Kategorie der Armen nur zugeordnet, wenn sie unterstützt werden"[133]. Armut definiert sich also nicht über die tatsächliche Lage des Individuums, sondern über die Reaktion der Gesellschaft auf Deprivation. Simmels Begriff der Armut hat die gesamtgesellschaftlichen Machtverhältnisse im Blick, wobei die machtvollste Armutsgrenze die staatliche ist: Sie entscheidet über die gewährte Unterstützung. Der Anspruch auf Unterstützung hat jedoch zur Folge, dass der Unterstützte nur noch über seine Bedürftigkeit definiert wird. „Das ist das Furchtare an dieser Armut (…) dass es Menschen gibt, die ihrer sozialen Stellung nach nur arm sind und weiter nichts."[134] Damit entscheiden die gesellschaftlichen Akteure, die die Macht zu definieren besitzen, auch über das Verhältnis der Armen zu Gesellschaft.

2.3.2 Arm sein als Selbstklassifikation

Der Begriff der Armut ist somit eine Fremdklassifikation, ein von der Gesellschaft verliehenes Stigma, das immer die gesamtgesellschaftliche Relation im Blick hat. Arm sein hingegen hat einen mehr subjektiven Blickwinkel, bezieht sich auf die soziale Wahrnehmung und stellt den Armen ins Zentrum der Überlegungen. „Arm sein" meint eine Verknappung der Ressourcen, die es unmöglich macht, gewohnte und sozial erwartbare Alltagspraktiken aufrecht zu erhalten – arm ist der, dessen Mittel nicht reichen.

---

[132]   Coser, S. 35.
[133]   Ibid., S. 36.
[134]   Simmel (1908), S. 374.

„Vielmehr jedes allgemeine Milieu und jede besondere soziale Schicht besitzt typische Bedürfnisse, denen nicht genügen zu können Armut bedeutet."[135],

schreibt Simmel. Ein solcher Begriff ist milieu-, beziehungsweise schichtintern und schließt im Extrem den obdachlos gewordenen Sozialhilfeempfänger genauso ein, wie einen verarmten Adeligen. Was zählt sind nicht mehr fremdbestimmte Klassifikationen, sondern die subjektive Empfindung von Not, die eigene Einschätzung der Lebenslage. Der Begriff beschreibt das relative Verhältnis von den individuell zur Verfügung stehenden Mitteln, zu den „standesmäßig fixierten Zwecken des Individuums, zu seinem sozialen Apriori, das von Stand zu Stand wechselt"[136].

Simmel geht jedoch auf diesen relativen Armutsbegriff nicht näher ein und zeigt auch kein Interesse, ihn zu operationalisieren. Vielmehr weitet er sein Konzept der fremdklassifizierten Armut insofern aus, dass er auch die familiäre und freundschaftliche Unterstützung mit hineinbezieht:

> „(...) gerade die Qualität der Geschenke zeigt den Unterstützungscharakter: dem Ärmeren schenkt man nützliche Gegenstände, d. h solche, die ihm den erwähnten Klassenstandard innezuhalten erleichtern"[137].

Diese Art des Schenkens ist ebenfalls eine formale Deklassierung, eine Unterstützung die den Beschenkten zum Armen macht. Somit kommt er zu der Feststellung, dass Armut nicht als quantitativ festzulegender Zustand zu bestimmen ist, sondern nur nach der sozialen Reaktion, die auf einen gewissen Zustand hin (den der Unterstützung) eintritt.[138]

---

[135]   Ibid., S. 369.

[136]   Ibid., S. 370.

[137]   Ibid., S. 370.

[138]   An diesen Gedanken knüpft Eva Barlösius mit ihrem differenzierten Armutsbegriff an, jedoch ohne alle Aufmerksamkeit auf den Erhalt von Unterstützung zu fokussieren. Vielmehr geht es ihr um die Untermauerung eines Armutsbegriffes jenseits von Einkommensgrenzen. An gängigen Armutsdefinitionen findet sie problematisch, „dass sie von den Betroffenen oftmals als Fremdklassifizierung und als Dokumentation ihrer gesellschaftlichen Deklassierung wahrgenommen werden" – ihr Ziel ist es, „Armutsbegriffe zu entwickeln, die sowohl individuelle als auch kollektive Relevanz besitzen". Barlösius (1997), S. 3 – 4. Die Essenz, die sie aus Simmels Text zieht, ist dass „Armutsdefinitionen sozial klassifizierend und deshalb auch sozial differenzierend wirken. Sie bilden soziale Verhältnisse nicht nur ab; sie sind an ihrer Herstellung beteiligt". Ibid., S. 4.

2.3.3 Transformation in den zeitnahen Disput

Die Conclusio ist, dass eine Soziologie der Armut eine Analyse der Machtressourcen vornehmen muss, die den jeweiligen Armutsdefinitionen zugrunde liegen, was bedeutet, dass eine Soziologie der Armut stark mit der Soziologie sozialer Ungleichheit verknüpft ist. Eine Armutssoziologie im Anschluss an Simmel, versucht „einseitige Mangeldefinitionen zu umgehen"[139].

Halten wir uns Luhmanns Definition differenzierter Gesellschaften vor Augen, dann beruhen sie auf einer Logik der Allinklusion. „Im Gegensatz dazu (zu stratifizierten Gesellschaften, M.K.) ist das Gesellschaftssystem und sind dessen Funktionssysteme auf Inklusion der Gesamtbevölkerung angelegt."[140] „Es gibt keine ersichtlichen Gründe", so Luhmann, „in diesen Gesellschaften jemanden von einzelnen Funktionssystemen, oder gar allen, auszuschließen." Einmal eingebunden in die Kommunikation der Systeme, unterliegen die Personen dann allerdings deren immanenten Kriterien der Unterscheidung. Es ist nicht ersichtlich, wie unter diesen Voraussetzungen Exklusion möglich sein soll. Selbst der zahlungsunfähige Sozialhilfeempfänger hat Teil am ökonomischen Funktionssystem, selbst dem Asylbewerber, dessen Antrag abgelehnt wird, geschieht dies innerhalb des Rechtssystems, usw. Es spricht für Luhmann, dass er die Aporie offen benennt:

> „Die Logik der funktionalen Differenzierung schließt gesellschaftliche Exklusionen aus, muss es dann aber erlauben, innerhalb der Funktionssysteme nach systemeigenen Kriterien zu differenzieren. Aber ist diese Logik haltbar? Wie kann es Inklusion geben, wenn es keine Exklusion gibt?"[141].

Die Antwort auf diese Frage steht aus.

---

[139]   Eichler, S. 19.

[140]   Luhmann (1995), S. 142.

[141]   Luhmann, (1995), a.a.O., S. 146f. „Systemtheoretisch bezeichnet Inklusion allgemein die kommunikative und damit systemspezifische Relevanz von Individuen durch Berücksichtigung oder Bezeichnung, Exklusion ihre Irrelevanz. Orientiert man sich an der Dekomposition der Gesellschaft in Kommunikationszusammenhänge, ist Exklusion nicht als Kategorie verwendbar, um die Soziallage eines Individuums im Allgemeinen und eines Arbeitslosen im Besonderen zu kennzeichnen, da die soziale Ordnung der Moderne multiinklusiv ist. Aus der Exklusion aus einem Sozialsystem folgt nicht die komplette soziale Irrelevanz eines Individuums, da es in der Regel eine Vielzahl von Rollen in einer Vielzahl von Systemen einnimmt." Hoebel, S. 55.

„So bleibt die Systemtheorie hin- und hergerissen zwischen der Leugnung des Exklusionsproblems auf der einen Seite und der Überhöhung der Exklusion zur logischen – und damit zugleich unabwendbaren – Notwendigkeit andererseits."[142]

Simmels Analyse zeigt aber, wie der Exklusionsbegriff von seinen dichotomischen Aporien doch befreit werden kann. Seine Ausführungen sind unmittelbar bedeutsam für die eine Seite des Exklusionsproblems, den Ausschluss aus Interdependenzbeziehungen.[143] Im Rahmen des mehr oder weniger wohlfahrtsstaatlich moderierten Kapitalismus mit seinen Regelungen der öffentlichen Armenfürsorge lässt sich diese Form der Ausschließung nur in den Kategorien der Gleichzeitigkeit des Drinnen und Draußen erfassen. Aber auch für die andere Seite des Exklusionsproblems, den Verlust von gesellschaftlicher Partizipation, ist diese Denkfigur die einzig überzeugende. Denn Statusgleichheit und Angemessenheit der Lebenschancen bemessen sich an Kriterien, die das „Drinnen" und „Draussen" der Gesellschaft vorgibt.[144] Dabei geht es nicht nur um eine Gefährdung der beruflichen Integration, sondern ganz wesentlich auch um Tendenzen sozialer Exklusion.

Betrachtet man das Konzept der sozialen Exklusion (so wie es in Deutschland von Kronauer im Anschluss an Simmel vertreten wird), so lassen sich zwei grundlegende Aspekte ausmachen, an denen soziale Exklusion sichtbar wird. Das ist zum einen der Aspekt der Interdependenz, zum anderen der der Partizipation. Interdependenz meint dabei die Marginalisierung (bis zum Ausschluss) vom Arbeitsmarkt bzw. Erwerbsarbeit sowie eine Einschränkung sozialer

---

[142] Kronauer (1999), S. 9.

[143] Denn diese wird aber erst dann dysfunktional, als die Ordnung störenden „sozialen Tatsache", in Form der Selbsttötung, der Aggression oder der Gewalt.

[144] Siehe u.a. Marshall. Marshall zufolge sollen vom Wohlfahrtsstaat garantierte soziale Rechte zweierlei leisten. Zum einen sollen sie allen Mitgliedern der Gesellschaft gleichen, nicht-diskriminierenden Zugang zu den zentralen gesellschaftlichen Institutionen verschaffen, vor allem zu den Institutionen der Bildung, des Gesundheitswesens und der sozialen Sicherung. Sie sollen also „eine Statusgleichheit der Individuen herstellen, ungeachtet aller sonstigen ökonomischen und Herkunftsunterschiede zwischen den Bürgern. Zum andern sollen sie zugleich für alle ein Minimum an gemeinsamen Lebenschancen und kulturell, dem erreichten Wohlstandsniveau angemessenen Lebensstandard gewährleisten" (Kronauer 2003, S. 6). Also nicht nur der Zugang zu institutionellen Leistungen, sondern auch die Qualität der Leistungen selbst ist Gegenstand sozialer Rechte.

Beziehungen (bis zur sozialen Isolation). Mit Partizipation, dem zweiten Punkt, an dem sich soziale Exklusion verankern lässt, ist der Ausschluss von Teilhabemöglichkeiten an gesellschaftlich anerkannten Lebenschancen und Lebensstandards gemeint.[145] Exklusion kann demnach nur dann zu einem Thema werden, wenn in einer Gesellschaft bestimmte Standards der Teilhabe als normal gelten. Exklusion ist jeweils zugleich Zustand und Prozess, also einerseits eine aktuell feststellbare, andererseits jedoch keine festgeschriebene und unumkehrbare Tatsache. Es wird somit deutlich, dass benachteiligte junge Frauen und Männer, die vom Zugang zum Arbeitsmarkt und zu Erwerbsarbeit ausgeschlossen sind und es bleiben, tatsächlich Gefahr laufen, exkludiert zu werden bzw. sich in einer Zone der Gefährdung zur sozialen Exklusion zu befinden.[146]

Wie wir gesehen haben, ist die soziale Konfiguration der Ausgrenzung trotz institutioneller Einschließung (in die Armenfürsorge und den Staatsbürgerstatus) bei Georg Simmel schon exemplarisch dargelegt. Anknüpfend an Simmel lässt sich nun auch präziser fassen, worin die besondere Form der sozialen Ungleichheit des „Draußen" für unsere Gegenwartsgesellschaft besteht, denn Simmels Verdikt, dass die Armenfürsorge Armut nicht beseitigt, sondern auf einem Niveau festschreibt, das es erlaubt, den Status quo sozialer Ungleichheit aufrechtzuerhalten, trifft in einem erheblichen Maße auch heute noch zu.[147] Denn die

> „potentiellen Verlierer der Industriegesellschaft sind immer noch im Spiel und artikulieren über ihre Interessenorganisationen die Ansprüche, die den prinzipiellen Gewinnern abgerungen werden können"[148].

---

145   Kronauer (2002); Kronauer (1999); Herkommer, 60 – 72.

146   Castel, 11 – 25.

147   „Ähnlich wie Weber, stellt Simmel die Ambivalenz der Moderne in den Mittelpunkt seiner Überlegungen. Die Strukturen der modernen Gesellschaft – Arbeitsteilung, soziale Differenzierungen und Geldwirtschaft – schaffen neue Chancen und Optionen, aber ziehen meist neue Zwänge und Restriktionen nach sich, wie er vor allem am Geld als ‚Gott' moderner Gesellschaften demontiert. Doch diese Doppelbödigkeit der modernen Erfahrung ist kein Grund zur Resignation oder Fatalismus, sondern eröffnet Chancen zu Kritik und politischen Reformen, wie seine zahlreichen politischen Beiträge im Geiste sozialdemokratischen Engagements beweisen." Müller, S. 256.

148   Bude (2004), S. 10. In der neoliberalen Sichtweise stellt Armut keine gesellschaftliche Angelegenheit dar, sondern es ist ein individuelles Schicksal, das im Grunde eine gerechte Strafe für Leistungsverweigerung oder die Unfähigkeit darstellt, sich bzw. seine Arbeitskraft auf dem Markt mit ausreichendem Erlös zu verkaufen, wie der Reichtum umgekehrt als angemessene

Nach der von Claus Offe vorgetragenen Disparitäten-Theorie[149] „existieren in spätkapitalistischen Gesellschaften Krisenbezirke, die für den Kapitalverwertungsprozess nur periphere Bedeutung haben, weshalb sie durch politische Reparaturmaßnahmen zwar notdürftig daran gehindert werden, weitere Störungen für das Gesamtsystem zu produzieren"[150]. Offe macht hier auf Gefährdungen aufmerksam, die sich dem klassentheoretischen Normalmodell nicht fügen; vielmehr hat er den in den Asylen festgehaltenen Randgruppen die aus zukunftslosen Wirtschaftszweigen freigesetzten und in strukturellen Armutsgebieten lebenden Populationen im Blick. Die neuen Gegebenheiten dienen der „Disparität von Lebensbereichen systemtranszendierenden Bewegungen als politischer Konfliktstoff"[151].

Belohnung für eine Leistung betrachtet wird. Butterwege (S. 55) analysiert dies wie folgt: „In einer Hochleistungsgesellschaft, die Konkurrenz bzw. Leistung geradezu glorifiziert und letztere mit Prämien, Gehaltszulagen oder Lohnsteigerungen prämiert, ist Armut funktional, weil sie nur die Kehrseite dessen verkörpert, was die Tüchtigeren und daher Erfolgreichen – übrigens in des Wortes doppelter Bedeutung – ‚verdient‘ haben. Armut bildet keinen unsozialen Kollateralschaden des neoliberalen ‚Umbau‘-Projekts, sondern dient seinen Befürwortern als Disziplinierungsinstrument, während materieller Wohlstand und Reichtum das Lockmittel darstellen, mit dem ‚Leistungsträger‘ zu besonderen Anstrengungen motiviert werden sollen."

[149] Auf dem Frankfurter Soziologentag im Jahr 1968. „Das war im Ton der Zeit natürlich alles auf Revolte gestimmt, hatte aber schon ein analytisches Gespür für Problemlagen, die von den Rändern her in die Mitte drängen und das ganze System irritieren. Man sprach von problematischen Situationsgruppen, die von der traditionell vertikalen Semantik der verschiedenen Ungleichheitsmodelle nicht erfasst wurden. Allerdings blieb die Disparitätentheorie noch ganz einer Zentrums-Peripherie-Vorstellung verhaftet. Die Gefährdungen kommen von außen und reichen in die Mitte. Doch was ist, so fragt Offe, mit denen, die keine Verhandlungsposition innerhalb der regulierenden Verhandlungssysteme besetzen? Das sind für ihn die „Exkludierten" unserer Gegenwartsgesellschaft, die des Rückhalts in mächtigen Organisationen oder gefestigten Lebenswelten entbehren. Dass es aus der Mitte selbst heraus Entkoppelungen vom gesellschaftlichen Reproduktionszusammenhang geben könnte, war noch nicht gedacht." Bude (2004), S. 10. Claus Offe hat dem sehr viel später noch eine bemerkenswerte Wendung gegeben, als er aus einer spieltheoretischen Erörterung von Zugehörigkeitsvarianten heraus die Gewinner-Verlierer-Konstellation traditioneller Industriegesellschaften von der heutigen Inklusions-Exklusions-Konstellation unterschied. Claus Offe, *Moderne Barbarei, Der Naturzustand im Kleinformat?*, in: Miller/Soeffner (1996), S. 258 – 305.

[150] Bude (2004), S. 9f.

[151] Ibid., S. 9f.

Auch die Analysen von Heitmeyer[152], Münch[153] oder Sennett[154] dokumentieren, dass

> „eine Vielzahl von Problemfeldern, wie etwa die Massenarbeitslosigkeit, die Spaltung des Arbeitsmarktes und die Zunahme sozialer Ungleichheit, die Fragmentierung von Lebenszusammenhängen, Auflösungserscheinungen intermediärer Institutionen, alltägliche und fremdenfeindliche Gewalt, ethnische Spaltungen usw. ... als Indikatoren für die zunehmende Anomie von Gegenwartsgesellschaften gewertet werden"[155].

Folgt man diesen Untersuchungen, so deutet vieles darauf hin, dass soziale Exklusion kein klassisches Randgruppenphänomen mehr darstellt. Die Gründe für das Hervortreten des Exklusionsphänomens dürften in der seit über zwanzig Jahren anhaltenden Dynamisierung der Arbeitsmärkte, die in der Zunahme von Teilzeitarbeit, „kapazitätsorientiertvariabler Arbeitszeit" und ungeschützter Beschäftigungsverhältnisse begründet liegen. „Der Kontingenzspielraum im Lebenslauf wird nicht mehr allein als Bedingung der Steigerung von Inklusionschancen, sondern zugleich als eine der Mehrung von Exklusionsrisiken gesehen.

> „Wo die ‚Risikogesellschaft' der achtziger Jahre noch die Freiheit der Wahl feierte, wächst in einer ‚Kultur des Zufalls' um unsere Jahrhundertwende die Angst, nicht mehr gewählt zu werden."[156]

Da die wohlfahrtsstaatliche Verwaltung des Problems der Ausgrenzung am Arbeitsmarkt gegenwärtig in einem erheblichen Maße auch in Deutschland praktiziert wird[157], ist soziale Exklusion ein

---

[152]   Heitmeyer (1997), S. 9 – 28. Diese Ergebnisse wurden nachfolgend in verschiedenen empirischen Untersuchungen zur gruppenbezogenen Menschenfeindlichkeit von Wilhelm Heitmeyer und seinen Kollegen bestätigt. Vgl. dazu: Heitmeyer (Hrsg.) 2002, 2003, 2004, 2005.

[153]   Münch (1998).

[154]   Sennett (1998; 2000). Ich teile die Analyse von Sennett, aber nicht seinen sozialethischen Optimismus hinsichtlich einer in der Gesellschaft inhärenten normativen Kraft zur Veränderung.

[155]   Funder, S. 3.

[156]   Bude (2001), S. 32. Ich gehe davon aus, dass sich die Arbeitslosenforschung mit dem soziologisch orientierten Konzept sozialer Exklusion nicht nur nicht vereinbaren lässt, sondern dass diese einen umfassenden Ansatz zur Beschreibung und Erklärung von Folgen der Arbeitslosigkeit und den Dynamiken sozialer Exklusion darstellt.

[157]   Von der angestrebten Halbierung der Arbeitslosigkeit innerhalb von drei Jahren – im Jahre 2002 waren vier Millionen Menschen davon betroffen –

„Schlüsselbegriff" unserer Gegenwartsgesellschaft.[158] Obgleich Fragen sozialer Exklusion und Armut zumeist nicht im Zentrum der Reformbemühungen der letzten Jahre standen, lässt sich vermuten, dass der begonnene Umbau wohlfahrtsstaatlicher Einrichtungen hin zum ‚aktivierenden Sozialstaat' auch im Bereich der „Armenfrage" beachtenswerte Auswirkungen entfaltet. Damit erweitert sich soziale Exklusion zu einer explosiver werdenden gesellschaftlichen Realität. Vor allem „Hartz IV" stellt ein erhebliches Armutsrisiko dar.[159]

2.4 Gefährdungen der sozialen Zugehörigkeit durch die ‚Hartz-Reform'

Die Reformschritte des „1. Gesetz zur Reform des Arbeitsmarktes", welche zum Jahresbeginn 2004 in Deutschland in Kraft getreten sind, sind die größten Einschnitte in der Arbeitsmarktpolitik seit Bestehen der Bundesrepublik Deutschland. An die Stelle der „Arbeitsverwaltung" ist eine Dienstleistungsagentur getreten, die die Verantwortung für die Arbeitsmarktintegration prinzipiell beim Arbeitssuchenden, beim „Kunden", belässt und ihm zur Bewältigung dieser Aufgabe „Dienstleistungen" anbietet.[160] Die Hartz-Reformschritte verlangen von dem Arbeitssuchenden ein erhöhtes Maß an Eigenverantwortung ab, ohne gleichzeitig die gestiegenen sozialen Risiken durch verbesserte Beschäftigungschancen im Bereich der

---

kann keine Rede sein, ebenso wenig von der versprochenen Betreuung aus einer Hand: Stattdessen wurden durch Hartz IV mit dem ALG II und der Abkopplung der Leistungen vom zuletzt erzielten Lohnniveau neue Arbeitslose erster und zweiter Klasse geschaffen. Dieser Paradigmenwechsel in der deutschen Arbeitsmarktpolitik generiert fatale Auswirkungen auf das soziale Zusammenleben einer Gesellschaft.

[158] Heitmeyer (1997), S. 9, sowie Sennett (1998; 2000). Besondere Aufmerksamkeit gilt den Städten, in denen sich die Probleme verdichten, und damit der Gefährdung der sozialen Grundlagen von Demokratie. Die Diagnosen der *exclusion sociale* und der *urban underclass* bestimmen seit den 80 Jahren zunehmend die internationale Debatte über Arbeitslosigkeit, Armut und Ghettoisierung.

[159] So der 2. *Armuts- und Reichtumsbericht der Bundesregierung 2005.*

[160] „Der gemeinsame Nenner der ‚Reformen' lautet: Deformation der solidarischen Sicherung. Gesellschaftliche Risiken werden als persönliches Versagen gedeutet, ihre Absicherung könne der privaten Vorsorge zugemutet werden. Die Steuerungsform der Solidarität, die Beiträge gemäß der Leistungsfähigkeit entrichtet werden, der Hilfeanspruch jedoch gemäß der Notlage bestimmt ist, wird durch die Marktsteuerung gemäß der Kaufkraft verdrängt, Grundrechtsansprüche werden in private Tauschverhältnisse umformuliert." In: Hengsbach (2003), S. 8.

versicherungspflichtigen Normalarbeitsverhältnisse kompensieren zu können. Eine besondere Fürsorgepflicht – die Vermittlung in Beschäftigung – erwächst aus diesem Verhältnis nicht mehr. Der „Kunde" ist zu nachhaltiger Aktivität verpflichtet, insbesondere wenn er Lohnersatz- oder Unterhaltsleistungen bezieht. Die in der Arbeitsmarktpolitik eingeschlagene Strategie der vermehrten Eigenverantwortung darf nicht isoliert betrachtet werden, sondern muss im Kontext der gesamten sozial- und bildungspolitischen Reformen bewertet werden.[161]

Die Strategie des Forderns verfügt über mehrere Hebel: Die gekürzte Bezugsdauer des Arbeitslosengeldes[162], die Abschaffung der im Vergleich zum Arbeitslosengeld II (in Abhängigkeit vom früheren Einkommen) teilweise deutlich höheren Arbeitslosenhilfe, die Verschärfung der Zumutbarkeitsregelungen und die Umkehr der Beweislast zuungunsten der Arbeitssuchenden. In diesen Maßnahmen klingt die Auffassung durch, Arbeitslosigkeit sei vorrangig ein Problem mangelnder Arbeitsmotivation. Die verschärften Sanktionen sollen entweder bisherige Leistungsempfänger mit nur geringer Erwerbsneigung zu einem Rückzug vom Arbeitsmarkt bewegen oder den Weg in den Niedriglohnsektor ebnen. Die Hartz-Reformen fördern den Umbau des Arbeitsmarktes in Richtung atypischer Beschäftigungsformen und erhöhen damit deutlich das Verarmungsrisiko Arbeitsloser.[163]

---

[161] „Die rot-grüne ‚Reformkoalition' verabschiedete sich (…) mit dem Projekt, das Arbeitslosengeld zeitlich enger zu bemessen, die Arbeitslosenhilfe der Sozialhilfe anzugleichen, und nimmt damit nicht nur eine Schmälerung der Bezüge in Kauf, sondern weit gefährlicher, die Rückverwandlung von gesetzlichen Ansprüchen in amtliche Ermessungsentscheidungen. Das ist schon unter westdeutschen Verhältnissen wirklichkeitsfremd; in Ostdeutschland, wo der Zusammenschluss von Mensch und Arbeit der Willkür eines Naturereignisses gleichkommt, tritt der Anachronismus nackt zutage, zynisch und niederträchtig." In: Engler, S. 191. Eine Erklärung könnte darin begründet sein, dass die SPD „zu einer Partei sozialer Aufsteiger in der Wissensgesellschaft (wurde), für die Chancen in der Tat wichtiger sind als nachsorgende materielle Transfers." In: Walter, S. 244.

[162] Der Anspruch auf Arbeitslosengeld I wurde ab dem 1. Februar 2006 gemäß § 127 SGB III stark gekürzt. So wurde z. B. die Anspruchsdauer für die über 57 Jahre alten Arbeitnehmern von 6 – 32 Monate auf 6 – 18 Monate gekürzt.

[163] Aus diesem Grund fordert unter anderem der Deutsche Gewerkschaftsbund (DGB) dringend Korrekturen wie die Verlängerung des Arbeitslosengeldbezugs für Ältere, die bedarfsorientierte Regelsatzerhöhung, eine einheitliche Arbeitsförderung für alle Arbeitslose, die sich am Einzelfall orientiert, sowie eine Qualifizierungsoffensive.

An die Stelle der Einbindung in gesellschaftliche Wechselseitigkeit tritt die ausschließliche, einseitige Abhängigkeit. Eine kollektive Interessensvertretung, wie sie zum Beispiel im Betrieb durch die Einbindung in kollegiale Arbeitsverhältnisse möglich ist, gibt es gegenüber der Behörde nicht. Der Fürsorgeempfänger hat nichts zu bieten, was ihm ein Druckmittel an die Hand gibt.[164] Darauf spielt in der gegenwärtigen Exklusionsdebatte die sarkastische Feststellung an: Ausgrenzung heißt, nicht einmal mehr ausgebeutet zu werden.[165] Denn selbst die Ausbeutung beruht noch auf einem Abhängigkeitsverhältnis, das – obwohl von Grund auf ungleich angelegt – Wechselseitigkeit und damit Widerstandsmöglichkeiten einschließt. Der Ausbeuter braucht den Auszubeutenden, so wie dieser sich bei jenem verdingen muss. Für den „Überflüssigen" des Arbeitsmarktes gilt dies nicht mehr. Als Prozess betrachtet, meint Ausgrenzung dann eine zunehmende Machtverschiebung im Kontinuum wechselseitiger Abhängigkeitsverhältnisse zu Lasten einer Seite. Sein Fluchtpunkt und zugleich der Punkt des „Bruchs" zwischen Drinnen und Draußen ist das Ende aller Wechselseitigkeit – die Nutz- und Machtlosigkeit des einseitigen Objektstatus etwa in der Fürsorge.

Die Hartz-Gesetze I bis IV veränderten die Möglichkeiten zur Durchführung beruflicher Nachqualifizierung für Arbeitslose erneut einschneidend. Die berufliche Weiterbildung wird nun per Bildungsgutschein gefördert. Die Bildungsgutscheine werden jedoch vorrangig an Arbeitslose mit geringem bzw. zeitlich klar umgrenztem Fortbildungsbedarf und einer hohen Chance auf einen Übergang in den ersten Arbeitsmarkt ausgegeben.[166] Überträgt man diese Perspektive auf die Innovationen innerhalb der Benachteiligtenförderung, so entsteht der Eindruck, dass es sich hier zunehmend um

---

164 Allerdings kann er heute das Recht auf Fürsorge einklagen. Insofern bleibt er im Verhältnis zum Staat noch Rechtssubjekt. Der behördlichen Willkür sind somit (theoretisch) Grenzen gesetzt.

165 Es scheint mir apodiktisch zu sein, dass Ausgrenzung als besondere soziale Ungleichheitsqualität bestimmbar sein muss, sonst ergibt der Ausgrenzungsbegriff keinen Sinn. Die Vorstellung, soziale Ausgrenzung bedeute, nicht mehr Teil der Gesellschaft zu sein, ist theoretisch wie empirisch unhaltbar. Nur in Grenzsituationen, die dem physischen Tod nahe kommen, ist ein völliges Herausfallen aus dem gesellschaftlichen Leben denkbar.

166 An- und ungelernte Arbeitslose zählen in der Regel nicht zu dieser Gruppe; immerhin stellen sie mehr als ein Drittel aller Langzeitarbeitslosen. Ohne die Möglichkeit des nachträglichen Erwerbs eines Berufsabschlusses werden die arbeitsmarktpolitischen Probleme der An- und Ungelernten aber nicht auf Dauer gelöst, sondern lediglich vertagt.

ähnlich gelagerte Dienstleistungen handelt, die auf schnellste Ein-
mündung in Arbeit oder Ausbildung gerichtet sind. Diese Dienstleistungen müssen nicht mehr pädagogisch konzipierte, abgeschlossene Entwicklungsangebote sein, sondern Trainings: individualisiert, passgenau, zielorientiert.[167]

Mit den arbeitsmarktpolitischen Vorschlägen der Hartz-Kommission[168] wurden auch spezifische Probleme jugendlicher Arbeitsloser
aufgegriffen und Lösungsansätze zur Bekämpfung der Jugendarbeitslosigkeit formuliert. Im Einzelnen wird gefordert, mehr differenzierte arbeitsmarktfähige Ausbildungsberufe zu entwickeln. Darüber hinaus sollen für Jugendliche verstärkt arbeitsmarktfähige
Qualifizierungsbausteine aus bestehenden Ausbildungsberufen angeboten werden. Diese Forderung soll mit dem Instrument der Zer-
tifizierung von Teilqualifikationen innerhalb der beruflichen Ausbildung kombiniert werden. Bei den besonders schwer integrierbaren
Jugendlichen sieht die Kommission die Notwendigkeit einer intensi-
ven Betreuung durch das enge Zusammenwirken von Trägern der
Schul-, Bildungs-, Arbeitsmarkt- und Jugendpolitik. Diese Strategie
soll in den neu geschaffenen Job-Centern realisiert werden, die primär die Aufgabe haben, die Vermittlung von Praktikums-, Ausbil-
dungs- und Arbeitsstellen jugendlicher Arbeitslose zu optimieren.

Neben den finanziellen Ressourcen setzt das auf vermehrte Eigenverantwortung abzielende arbeitsmarktpolitische Prinzip des Forderns und Förderns bei den Adressaten außerdem Marktkompetenz
und die Fähigkeit zu autonomen Handeln voraus.[169] Gemeint ist die
Fähigkeit, Informationen zu beschaffen und zu bewerten sowie mit
Anbietern (z. B. im Weiterbildungsbereich) verhandeln zu können.
Gerade diese Fähigkeiten dürften bei Adressatengruppen mit
schwacher Marktposition, wie Langzeitarbeitslosen, gering Qualifizierten und in Teilbereichen auch bei Ausländern, allenfalls rudi-

---

[167] Solche Trainingseinheiten lassen sich umstandslos beim preiswertesten An-
bieter einkaufen, sind auf Kurzfristigkeit angelegt, aus Bausteinen zusam-
mengesetzt, durch Kooperation verschiedener Träger in Arbeits- oder Bie-
tergemeinschaften optimierbar und sehr flexibel zu gestalten. Das Konzept
der Bildungsgutscheine könnte diese Entwicklung noch beschleunigen.

[168] Offiziell firmiert die im Februar 2002 von der Bundesregierung eingesetzte
Kommission unter dem Namen: „Kommission zum Abbau der Arbeitslosigkeit und zur Umstrukturierung der Bundesanstalt für Arbeit". Die Exekuti-
ve bedient sich der Resultate von Kommissionen, die sie selbst ernannt hat.
Eine grobe Verletzung sozialer Gerechtigkeit besteht auch darin, dass die
politischen Beschlüsse propagiert werden, als gäbe es keine Alternative.

[169] Vgl. u. a. Hartz (2002); Bensel (2002).

mentär vorhanden sein. Die oft vergebliche Arbeitssuche, damit verbundene Auseinandersetzungen mit den entsprechenden Verwaltungen, Konflikte in der Familie usw. belasten das Selbstwertgefühl der Arbeitslosen, führen zu Angst, Selbstzweifel, Resignation, Gefühlen der Hilflosigkeit. Lethargie und Depressionen beeinträchtigen das Vertrauen in die Gesellschaft und in die eigene Person. Mehr und mehr müssen sich Arbeitslose auf ihre unmittelbaren Lebensgrundlagen konzentrieren und nur wenige Betroffene vermögen diesen „Zeitgewinn" positiv zu nutzen.[170]

Erst die „Gesamtschau offenbart, dass sich für einen nicht unerheblichen Teil der Arbeitssuchenden die Risiken mehren, schlichtweg überfordert zu werden"[171], weil die Fähigkeit zur Terminierung von berufsbiographischen Erwartungen und betrieblichen Bindungen und zum Wechsel zwischen Tätigkeitsbereichen und Arbeitsverhältnissen immer mehr zum Charakteristikum biographischer Prozesse wird.[172]

---

[170]   „Minder qualifiziert oder dem Arbeitsleben zu lange entzogen, um auf der Höhe der aktuellen Anforderungen zu sein, konkurrieren sie vielfach weit stärker untereinander und mit den Inhabern schlecht bezahlter Positionen als mit den gut ausgebildeten Kernbelegschaften der Unternehmen. Der Druck des unbeschäftigten Teils der arbeitsfähigen Bevölkerung auf den beschäftigten wächst daher auch keineswegs proportional zum Umfang der Arbeitslosigkeit; er ist vorhanden, aber nicht stark genug, um die Willfähigkeit der Arbeitenden sicherzustellen. Wo das ökonomische Argument versagt, springt das moralische ein." In: Engler, S. 193.

[171]   Seifert, S. 21.

[172]   Erweitert man die arbeitsmarktpolitische Perspektive über die kurzfristigen Beschäftigungseffekte atypischer Beschäftigungsformen hinaus und bezieht die Nacherwerbsphase in die Betrachtungen ein, dann sind langfristige soziale Probleme nicht auszuschließen. Mit der der Förderpolitik implizit zugrunde liegenden Formel, jede Arbeit sei besser als keine, macht man es sich leicht, da die Inklusion in den Arbeitsmarkt nicht automatisch das Risiko eines sozialen Abstiegs beseitigt. Nicht von der Hand zu weisen sind soziale Risiken bei geringfügig Beschäftigten und abgemildert auch bei der neuen Form der Selbstständigkeit im Rahmen der Ich-AG. „Die Formel von der ,Ich-AG' bringt die zeitgenössische Problematik der Exklusion auf den Punkt. Das unternehmerische Selbst soll für diejenigen die Rettung bringen, die in der Gefahr stehen, den Anschluss zu verlieren. Damit treten uns die beiden Seiten der herrschenden Meinung über das Soziale vor Augen: die Zumutungen für den unternehmerischen einzelnen wie die Befürchtungen der Flexiblen und Mobilen, überflüssig zu werden. So legt sich in den Alltagstheorien sozialer Selbsteinstufung über die alte, keineswegs überholte Unterscheidung von oben und unten eine neue, die Leute ungemein beunruhigende Unterscheidung von drinnen und draußen. An der Schlüssigkeit dieser nicht mehr nur kategorialen, sondern durchaus auch existentiellen Unterscheidung hängt die Möglichkeit einer Wiederannäherung von So-

„Dass die Fähigkeit dazu nicht allein von beruflichen Qualifikationen und kognitiven Kompetenzen abhängt, liegt auf der Hand. Verlangt werden so wenig greifbare Dinge wie psychosoziale Teamfähigkeit, biographische Risikotoleranz und intrinsische Motivationsbereitschaft. Dazu ist man nicht in jeder Lebenssituation und unter allen Umständen in der Lage. Deshalb können momentane biographische Schwächeoder kritische lebenszyklische Übergangsphasen oder einfach nur unglückliche Ereignisverkettungen einen Prozess der ‚Abweichungsverstärkung' in Richtung auf eine marginalisierte Position des einzelnen im Wettbewerb auf den Arbeitsmärkten in Gang setzen."[173]

Das auf Eigenverantwortung basierende Prinzip des Forderns und Förderns läuft damit auf eine Art Bestenauslese hinaus. Damit werden die Prinzipien von Statusgleichheit und angemessenen Lebenschancen grundlegend verletzt. Der Grundsatz *faber est suae quisque fortunae*[174] verdrängt immer mehr das Prinzip der Bedarfsgerechtigkeit.

---

ziologie und Gesellschaft im Blick auf die Grundfrage nach sozialer Exklusion." Bude (2004), S. 12.f.

[173] Bude (2001), S. 34.

[174] *Jeder ist seines Glückes Schmied*. In Westdeutschland stimmten im Zeitraum 2003 bis 2004 46 % der Befragten der Aussage „Jeder ist seines Glückes Schmied" zu, während es in den neuen Bundesländern 34 Prozent waren. Dieses Ergebnis lässt für die Autoren der Studie *Der Wert der Freiheit* des *Instituts für Demoskopie Allensbach* erkennen, dass das Vertrauen der Deutschen in die Freiheit vergleichsweise gering ist, vor allem in Ostdeutschland überwiegt die Zahl derer, die die Gleichheit der Freiheit vorziehen, wobei die Freiheit bei den Ostdeutschen unter 30 Jahren einen weit höheren Stellenwert einnimmt als bei ihren Altersgenossen im Westen oder bei der älteren Generation im Osten. Das ambivalente Verhältnis der meisten Deutschen zur Freiheit wurde anhand von fünf verschiedenen Versionen von Freiheit analysiert: Gegensatz von Knechtschaft; Libertinage; Freiheit von Not und Armut; politische Partizipationsfreiheit und schließlich Freiheit als die Chance zur Eigenverantwortung und Eigeninitiative. Das subjektive Freiheitsverständnis, so ein Resultat dieser Untersuchung, ist eng mit der Lebenszufriedenheit der Bevölkerung verknüpft. Für die meisten Bundesbürger manifestiert sich unter dem Freiheitsverständnis ein im Sinn einer vom fürsorglichen Staat gewährleisteten sozialen Absicherung. Damit ergibt sich in der Konsequenz ein Konflikt mit den anderen Freiheitsbedeutungen, denn die soziale Absicherung wird in der Praxis durch die starke Einschränkung der Handlungs- und Entscheidungsfreiheit des einzelnen erkauft. Siehe: Petersen (2005).

Diejenigen, die (noch) in das Erwerbssystem eingebunden sind, genießen noch immer einen weitgehenden sozialstaatlichen Schutz.[175] Für die anderen aber verlieren die sozialen Bürgerrechte zunehmend ihre partizipatorische Substanz.[176] Den Langzeitarbeitslosen (Hartz-IV-Empfängern) wird in der Regel zwar weder der sozialstaatliche Schutz noch das aktive und passive Wahlrecht verweigert noch entzogen, wie es noch im frühen 20. Jahrhundert mit den Armenhäuslern in England geschah. Dennoch bleiben sie im sozialen Niemandsland der Dauerarbeitslosigkeit, in der Paradoxie der modernen Form der Ausgrenzung, der institutionalisierten Gleichzeitigkeit des Drinnen und Draußen gefangen. Sie erfahren in ihrem Leben vielfältige Einschränkungen, wobei zumindest phasenweise physische, psychische oder soziale Fertigkeiten gefordert sind. Dabei hängt die von Erwerbslosen empfundene Lebensqualität von verschiedenen Bedingungen ab, wie zum Beispiel den Einflüssen der Umgebung, der sozialen Unterstützung und des körperlichen und seelischen Zustands.

Der bloße Blick auf materielle Armut in Bezug auf den Ausschluss von Erwerbsarbeit greift zu kurz, da die ungleiche Verteilung von Ressourcen noch nicht notwendigerweise materielle Armut zur Folge hat. Armut tritt erst dann ein, wenn die Ressourcen einer Person oder eines Haushaltes dermaßen absinken, so dass ein plötzlicher Rückzug von der Teilhabe an den Gewohnheiten und Aktivitäten, die innerhalb einer Kultur als angemessen gelten, stattfindet und damit die schwindende Quantität des Einkommens in eine neue soziale Qualität hinsichtlich des Abschneidens von Perspektiven und biografischen Chancen umschlägt. Damit entscheidet die Qualität des sozialen Status in einem erheblichen Maße und nicht allein das Faktum, sondern die Art der rechtlichen und institutionellen Zuge-

---

[175] Aber: Die „Rückkehr zur Vollbeschäftigung ist unter allen zeitgenössischen Legenden die bei weitem populärste – postreligiöses Opium fürs Volk. Das Täuschungsmanöver gründet im Selbstbetrug." In: Engler, S. 167.

[176] Vor dem Hintergrund der Umbrüche in der Erwerbsarbeit werden zwar die Bürgerrechte nicht entzogen, aber sie verlieren an Substanz gerade für die sozial Exkludierten und Prekarisierten in unserer Gesellschaft. Von neoliberaler Seite wird die Frage aufgeworfen, ob eine (relative) Abkoppelung der Erwerbsarbeit von der Teilhabe an sozialen Rechten nicht die adäquate Antwort auf die gesellschaftlichen Herausforderungen unserer Zeit sein könne. Die neue Herausforderung, vor der die Demokratie heute steht, macht es erforderlich, über die Erweiterung der Kriterien von Teilhabe und Ausschluss in der Verhältnisbestimmung zwischen Erwerbsarbeit und sozialen Rechten nachzudenken.

hörigkeit.[177] Und was angemessene Lebenschancen sind, ergibt sich nur aus den kulturellen Möglichkeiten der jeweiligen Gesellschaft oder Gesellschaftsformation, auf die sich ihre Angehörigen beziehen.

Hier kommen nun sozialwissenschaftliche Studien zur globalen und bereichsspezifischen Lebenszufriedenheit (life satisfaction), zur subjektiven Wohlbefinden (well-being) und zur Lebensqualität (quality of life) ins Spiel, deren Ursprünge sich sowohl in der philosophisch-anthropologischen Wesensbestimmung des Menschen gründen als auch in der sozialwissenschaftlichen *Wohlfahrts- und Sozialindikatorenforschung*, wobei „Lebensqualität" hier als ein auf größere Bevölkerungsgruppen bezogenes allgemeines Maß der Kongruenz von objektiven Lebensbedingungen aufgefasst wird.[178]

Heinz Bude und Ernst-Dieter Lantermann, die ein „Prekaritäten-Ressourcen-Modell des Exklusionsempfinden" (PRE-Modell) als eine „soziologische Erweiterung der psychologischen Coping-Theorie von Lazarus und Folkmann (1984)" konzipierten, fassen in ihrer Stu-

---

[177] So sind die Arbeitslosen „zugleich Teil einer Reserve, Arbeitsfähige, und in dieser Eigenschaft potentielle Arbeitskräfte, die jederzeit ‚einberufen' werden können". In: Engler, S. 193.

[178] In einer Definition der Weltgesundheitsorganisation, der WHO, werden die gesamte Lebenssituation und die kulturellen Besonderheiten der betroffenen Menschen in den Mittelpunkt gestellt. Lebensqualität wird hier als die individuelle Wahrnehmung der eigenen Lebenssituation im Kontext der jeweiligen Kultur und des jeweiligen Wertesystems und in Bezug auf die eigenen Ziele, Erwartungen, Beurteilungsmaßstäbe und Interessen definiert. Die individuelle Lebensqualität wird dabei durch die körperliche Gesundheit, den psychologischen Zustand, den Grad der Unabhängigkeit, die sozialen Beziehungen sowie durch ökologische Umweltmerkmale beeinflusst. Vgl. The WHOQOL-Group (1994): *The development of the World Health Organization quality of life assessment instrument: The WHOQOL*, in: J. Orley & W. Kuyken (Eds.), *Quality of life assessment: International perspectives* (pp. 41 – 57). Berlin: Springer. Dagegen fassen die Vertreter einer individualisierten Definition von Lebensqualität diese als eine individuelle Größe auf, die prinzipiell nicht zwischen verschiedenen Personen verglichen werden kann, da sie von Person zu Person in ihren relevanten Dimensionen variiert. Dementsprechend gehen die Vertreter dieses Ansatzes davon aus, dass Lebensqualität nur intraindividuell beschreibbar ist. Vgl. Carr, A. J., Gibson, B. & Robinson, P. G. (2001). *Measuring quality of life: Is quality of life determined by expectation or experience?* British Medical Journal, 322, 1240 – 1243.; Carr, A. J. & Higginson, I. J. (2001). *Are quality of life measures patient centred?* British Medical Journal, 322, 1357 – 1360; Joyce et al., (1999): *Individual quality of life: Approaches to conceptualisation and assessment*. Amsterdam, The Netherlands: Harwood.

76

die *Soziale Exklusion und Exklusionsempfinden*[179] Exklusionsempfinden wie folgt zusammen:

> „Entscheidend für die Qualität der Bewältigung einer belastenden Situation ist nach diesen psychologischen Stressmodellen weniger die für alle gegebene, sondern die vom Einzelnen wahrgenommene Lage, und nur dann, wenn der Handelnde auf der Grundlage seiner Situationsdeutung (...) seine verfügbaren Ressourcen überprüft und zu dem Schluss gelangt, dass diese nicht hinreichen, um der drohenden Belastung zu widerstehen. (...) Als wenig hilfreich empfundene Ressourcen machen den Handelnden anfällig für defensive Antworten auf äußere Anforderungen, für Rückzug, Umdeutung, Resignation; das Wissen oder die Überzeugung um die Verfügung starker Ressourcen dagegen lässt den Handelnden offensiv in die Auseinandersetzung mit einer belastenden Lage hineingehen, indem er oder sie auf Änderung, aktive Eingriffe und vermehrte Anstrengung setzt. Das Bewältigungsverhalten beruht demnach nicht so sehr auf den ‚objektiven' Tatbeständen einer Situation, sondern zuerst auf deren Einschätzung und Bewertung, die wiederum von einem subjektiven Vergleich zwischen wahrgenommener Anforderung und verfügbaren Ressourcen determiniert werden."[180]

Zwar werden häufig Lebenszufriedenheit, subjektives Wohlbefinden und Lebensqualität gleichgesetzt, aber Einigkeit besteht dahingehend, dass kognitive (bilanzierende) und affektive Komponenten aller Lebensbereiche (zum Beispiel Gesundheit, psychische Stabilität, soziale Beziehungen, usw.) zur Lebenszufriedenheit beitragen können. Mit Lebenszufriedenheit ist hier die individuelle Bewertung der vergangenen und gegenwärtigen Lebensbedingungen und der Zukunftsperspektive gemeint.[181]

---

[179] Veröffentlicht in: *Kölner Zeitschrift für Sozialpsychologie*, Heft 2, Jg. 58, 2006, S. 233 – 252.

[180] Bude/Lantermann, S. 236.

[181] Lebenszufriedenheit ist ein nur vage definiertes Konzept, bei dem verschiedene methodische Schwierigkeiten zu nennen sind: Semantische Akzentuierung (zum Beispiel Wohlbefinden, allgemeine Lebensqualität, Glück), Bezugssystem (intra- oder interindividuell vergleichend), Umfang (globale Lebenszufriedenheit oder Differenzierung nach Bereichen), Perspektive (bilanzierend, rückblickend oder gegenwartsbezogen), Zielsetzung (zum Beispiel individuelle Beratung oder Therapie versus Sozialindikatorenforschung) und Methode (zum Beispiel freie Selbstschilderung, normierte Fragebogen). Häufig werden Lebenszufriedenheit, subjektives Wohlbefinden und Lebens-

2.5 Lebenszufriedenheit

So zeigt der *Sozialreport 2006*, die *17. Studie zur sozialen Lage in den neuen Bundesländern*[182], die im Auftrag des *Sozialverbandes Volkssolidarität*[183] vom sozialwissenschaftlichen Forschungszentrum Berlin-Brandenburg e.v. (SFZ) erstellt wurde, dass nur acht Prozent der Befragten eine Verbesserung ihrer Lebensumstände erwarten. Dagegen fürchteten 38 Prozent eine Verschlechterung ihrer Situation

---

qualität gleichgesetzt. Generell ist in den beiden letzten Jahrzehnten ein deutlicher Trend dahingehend zu erkennen, „Lebensqualität" verstärkt als ein individuumsbezogenes Konzept aufzufassen. Vgl. Fuhrer, M. J. (2000). Subjectifying quality of life as a medical rehabilitation outcome. *Disability and Rehabilitation*, 22, 481 – 489 und Joyce, C. R. B., McGee, H. M. & OBoyle, C. (Eds.) (1999). *Individual quality of life: Approaches to conceptualisation and assessment.* Amsterdam, The Netherlands: Harwood.

Schwerpunktmäßig hat sich die Forschung dabei mit der gesundheitsbezogenen Lebensqualität (Health-Related Quality of Life, HRQOL) auseinandergesetzt. Sie stellt heute ein zentrales psychologisches Forschungsthema und ein zunehmend an Bedeutung gewinnendes Evaluationskriterium in der Medizin dar. Vgl. dazu Bullinger, M. (1997). Gesundheitsbezogene Lebensqualität und subjektive Gesundheit. Überblick über der Stand der Forschung zu einem neuen Evaluationskriterium in der Medizin. Psychotherapie, Psychosomatik, Medizinische Psychologie, 47, 76 – 91; Bullinger, M. (2000). Lebensqualität – Aktueller Stand und neuere Entwicklungen der internationalen Lebensqualitätsforschung. In U. Ravens-Sieberer & A. Cieza (Hrsg.), *Lebensqualität und Gesundheitsökonomie in der Medizin. Konzepte – Methoden – Anwendungen* (S. 13 – 24). Landsberg: Ecomed; Bullinger, M. (2002). „Und wie geht es Ihnen?" Die Lebensqualität der Patienten als psychologisches Forschungsthema in der Medizin. In E. Brähler & B. Strauß (Hrsg.), *Handlungsfelder der psychosozialen Medizin* (S. 308 – 329). Göttingen: Hogrefe; Gimmler, A., Lenk, Ch. & Aumüller, G. (Eds.) (2002). *Health and quality of life. Philosophical, medical and cultural aspects.* Münster: LIT-Verlag; Kind, P. (2001). Measuring quality of life in evaluating clinical interventions: An overview. Annals of Medicine, 33, 323 – 327; Schölmerich, P. & Thews, G. (Hrsg.) (1990). Lebensqualität als Bewertungskriterium in der Medizin. Stuttgart: Fischer.

[182]   „... man hat in Bezug auf Ostdeutschland in Analogie zum aggresiv betriebenen Fischfang schon seit längerem vor einer ‚überforschten Landschaft' gesprochen; und wie man diese Forschung im einzelnen auch beurteilen mag – die Entvölkerung der soziologischen Jagdgründe hat sie jedenfalls nicht zu verantworten." In: Engler, S. 7.

[183]   Die 1945 gegründete Volkssolidarität zählt trotz ihrer ausschließlichen Verankerung in Ostdeutschland zu den großen Wohlfahrtsverbänden in Deutschland. Sie hat nach eigenen Angaben rund 360 000 Mitglieder und betreibt mit rund 14 250 hauptamtlichen Mitarbeitern knapp 620 soziale Einrichtungen. Für die Erhebung des Sozialwissenschaftlichen Forschungszentrums Berlin-Brandenburg e. V. wurden im Juni/Juli 2006 im Auftrag der Volkssolidarität 885 Ostdeutsche befragt.

und 29 Prozent der Befragten stuften ihre wirtschaftliche Lage als schlecht bis sehr schlecht ein. Mit ihrem derzeitigen Leben zufrieden sind nur noch 39 Prozent der Befragten. 43 Prozent sind nur teilweise und 16 Prozent insgesamt unzufrieden. Insbesondere in der Gruppe der 50- bis 59-Jährigen sei die allgemeine Lebenszufriedenheit seit 1999 stetig zurückgegangen, so die Forscher.

Befürchtungen über die Zukunft seien besonders bei Menschen zwischen dem 40. und 60. Lebensjahr ausgeprägt.[184]

> „Auslöser seien vor allem die nach wie vor existenten wirtschaftlichen Probleme, die zwar rechnerisch sinkende, aber immer noch hohe Arbeitslosigkeit und die Auswirkungen der Sozialreformen, so der Bericht."[185]

Ganz eindeutig hängt in Ostdeutschland die Stimmung von den wirtschaftlichen Verhältnissen und den Chancen auf dem Arbeitsmarkt ab. Die meisten Bewohner in den neuen Bundesländer haben – wie auch die Teilnehmer der *Sächsischen Längsschnittstudie*[186] – im letzten Jahrzehnt Erfahrungen mit Arbeitslosigkeit machen müssen.[187] Ein beträchtlicher Teil davon ist aus beruflichen Gründen in die alten Bundesländer umgezogen.

Demnach hat die Stimmung in Ostdeutschland nach einer geringen Verbesserung im Bundestagswahljahr 2005 einen neuen Tiefpunkt erreicht. „Die allgemeine Lebenszufriedenheit ist deutlich zurückgegangen"[188], sagte der Präsident der Organisation, Gunnar Winkler, der diesen Trend auf die Reformdebatten zurückführt, denn das Handeln der Bundesregierung werde nicht als

---

184   Weitaus optimistischer als ihre Mitbürger zeigen sich die Beamten und Hochschulabsolventen.

185   Fahrun (2007).

186   Förster (2004). Bei der Sächsischen Längsschnittstudie handelt es sich um eine in ihrer Anlage ungewöhnliche, weil systemübergreifende sozialwissenschaftliche Langzeitforschung. Sie wurde bereits 1987, zu DDR-Zeiten, gestartet und begleitet seitdem über die Wende hinweg den politischen Mentalitätswandel bei jungen Ostdeutschen zwischen 14. und (2003) 30. Lebensjahr. Repräsentativität für junge Ostdeutsche insgesamt wird ausdrücklich von den an dieser Studie beteiligten Forschern nicht unterstellt. Wie Vergleiche mit repräsentativen Untersuchungen jedoch belegen (z. B. 14. und 15. *Shell-Studie Jugend*), spiegelt die Studie grundsätzlich die Situation vieler junger Ostdeutscher auf ihrem Weg in das vereinte Deutschland wider.

187   Siehe: Berth (Hrsg.)

188   Fahrun, S. 45.

„notwendiger Umbau des Sozialstaates akzeptiert, sondern als Angriff auf den Lebensbensstandard einer Mehrheit zugunsten einer Minderheit empfunden, sagte Winkler".[189]

Als Gründe seien vor allem eine schlechte wirtschaftliche Situation, ein unzureichendes Preis-Leistungs-Verhältnis, ein geringer politischer Einfluss und das komplexe Gefühl mangelnder sozialer Gerechtigkeit genannt worden. Die Studie belegt auch, wie die seit DDR-Zeiten gepflegte Flucht in die private Nische im Osten fortbesteht. Die Mehrheit der Menschen zieht Zufriedenheit und Zukunftshoffnung aus einer harmonischen Partnerschaft, der eigenen Wohnung und sinnvoll verbrachter Freizeit. Für Frust sorgen politische Einschätzungen wie ein Mangel an sozialer Sicherheit, fehlende Gerechtigkeit, ökonomischer Druck und die schwindende Aussicht, mit den Einkommen zum Westen aufzuschließen.

Als besonders wesentlich betrachten die Forscher die gefundenen Zusammenhänge zwischen der wahrgenommenen Sicherheit des eigenen Arbeits- oder Ausbildungsplatzes, der subjektiven Bedrohung durch Arbeitslosigkeit und der Lebenszufriedenheit – unabhängig vom tatsächlichen Erwerbsstatus.[190] Es konnte verifiziert werden, dass Personen, die derzeit nicht erwerbslos sind, aber sich davon bedroht fühlen oder denken, ihr Arbeitsplatz sei unsicher, ebenfalls eine deutlich geminderte Lebensqualität aufweisen.[191] Die allgemeine und bereichsspezifische Lebenszufriedenheit ist in Folge von Erwerbslosigkeit eingeschränkt.[192] Die Tatsache, dass Erwerbslose in den westlichen Bundesländern[193] ähnlich leiden wie Erwerbslose in der ehemaligen DDR, beweist die Dringlichkeit der

---

189   Ibid.

190   Vgl. Mohr (1997).

191   Vor der Wende existierte in der Deutschen Demokratischen Republik statistisch keine Arbeitslosigkeit. Das Recht auf Arbeit bestand in der DDR nicht nur mit der unbedingten Pflicht zur Arbeit, sondern war auch damit verbunden, dass die Menschen auch die schlechtesten Arbeitsbedingungen hinnehmen mussten. Die Tatsache, dass die Menschen in Ostdeutschland nach der Wende plötzlich mit Arbeitslosigkeit konfrontiert wurden und nun vor psychisch und sozial schwierigen Problemen standen, die man auf einen gemeinsamen Grundnenner bringen kann: Die meisten von ihnen können sich ein Leben ohne Arbeit nicht vorstellen, ja nicht einmal den Umstand, zeitweise ohne Arbeit zu sein. Sie sind einfach nicht darauf vorbereitet.

192   Siehe: Ehrhardt (1992), Dauer & Hennig (1994).

193   Siehe dazu: Frese & Mohr (1987); Balz et al. (1985).

Warnung vor den verdeckten psychischen und gesellschaftlichen Kosten der Erwerbslosigkeit.[194]

2.6 Zum Nexus zwischen sozialer Exklusion und Kapital

Weil die Exklusionsforschung zugegebenermaßen stark in der Rekonstruktion von biographischen Erleidenskurven und handlungslogischer Fallen ist, aber „schwach in der Erklärung der Ursachen und der Relevanz dieser Tatbestände"[195], bin ich der Meinung, dass soziale Exklusion sehr wohl durch einen Mangel „an begehrten Gütern von ökonomischem, sozialem und symbolischem Kapital charakterisiert"[196] werden muss, der durch „keinen Zustand des Außens innerhalb der Gesellschaft"[197] gekennzeichnet werden kann.[198]

---

[194] Die Ergebnisse der Repräsentativerhebungen von Brähler, Laubach & Stöbel-Richter in den Jahren 1998, 2000 und 2001 mit jeweils mehr als 1000 Befragten aus Ost- und Westdeutschland (Brähler;Laubach; Stöbel-Richter, S. 201 – 214.), die das gesundheitliche Befinden von Arbeits- und Nichtarbeitslosen untersucht haben, zeigen: Arbeitslose sind ängstlicher und depressiver als Nichtarbeitslose und geben eine Vielzahl von Körperbeschwerden mehr an. Auch ihr subjektiv eingeschätzter Gesundheitszustand war deutlich schlechter als der der Kontrollgruppe. Besonders weisen deutlich schlechtere Lebenszufriedenheit Personen auf, die mehrfach arbeitslos waren. So brachten die Daten der Studien von Lucas et al. 2002, 2004 Hinweise darauf, dass Arbeitslosigkeit zu traumatischen Ereignissen führen können. Die 24.000 befragten Deutschen, die wiederholt Arbeitslosigkeit erlebten, litten zumeist jedes Mal aufs Neue unter etwa gleich starken psychischen Beeinträchtigungen. Die gesundheitlichen Folgen von Arbeitslosigkeit können entscheidende Auswirkungen auf die weiteren Arbeitsmarktchancen haben. Vgl. dazu: Broutschek, Schmidt & Dauer, 1999. Laubach et al. (1999) stellten weiterhin in ihrer Studie fest, dass Arbeitslose stärker unter Herzbeschwerden litten als Beschäftigte und mit vielen Lebensbereichen subjektiv unzufriedener waren, vor allem auch mit ihrer Gesundheit (Selbstbeeinflussungsmöglichkeiten, aktueller Gesundheitszustand, Behinderung durch den aktuellen Zustand, seelischer Einfluss).

[195] Bude (2001), S. 34. Dies hängt vermutlich mit ihrer Herkunft aus einer gesellschaftstheoretisch zurückhaltenden, aber moralisch ambitionierten Randgruppenforschung zusammen. Bude vermutet, dass es „dieser implizite Wir-Bezug des Exklusionsbegriffs" ist, „der auch der soziologischen Rekonstruktion den Anschluss an die gesellschaftliche Selbstthematisierung sichert" (Bude 2004, S. 8).

[196] Bude/Lantermann, S. 235. Als klassisches Beispiel dafür wird von den beiden Autoren die Marienthal-Studie genannt, die versucht, mit einer „Skala" soziale Apathie zu messen.

[197] Ibid., S. 235.

[198] Ich folge hier dem Konzept im Anschluss an Georg Simmel, ausgearbeitet von Martin Kronauer. Zumindest gilt dies für Europa, wo Kronauer schon

Der analytische Zugang zur Reproduktion von Ungleichheit ist – vermöge der Kapitaltheorie geeignet – die sozial-strukturelle Positionierung von erwerbslosen Personen wie auch ihre habituellen Dispositionen differenziert in hoch individualisierten Gesellschaften zu erfassen. Dabei beschreibt die Kapitaltheorie ökonomische, kulturelle und soziale Ungleichheitsrelationen im strukturierten Raum.

Anhand der unterschiedlichen Ausstattung mit den erläuterten Ressourcen ökonomisches, soziales und kulturelles Kapital lassen sich unterschiedliche Klassen identifizieren:

> „Ensembles von Akteuren mit ähnlichen Stellungen, die, da ähnlichen Konditionen und ähnlichen Konditionierungen unterworfen, aller Voraussicht nach ähnliche Dispositionen und Interessen aufweisen, folglich auch ähnliche Praktiken und politisch-ideologische Positionen"[199].

---

zuvor eine „einschließende Exklusion" (Kronauer 2002, S. 119.) diagnostiziert hat, da europäische Sozialstaaten die Partizipation an materiellen, institutionellen und kulturellen Teilhaberechten noch gewährleisten. Für die USA spricht Kronauer dagegen von einer „doppelten Exklusion": Bei Arbeitslosigkeit und Armut entfallen hier selbst grundlegende Bürgerrechte (ibid.)

[199]   Bourdieu 1985, S. 12. Trotz der vorgenommenen Differenzierung des Kapitalbegriffes und entgegen den zu registrierenden Verlautbarungen des „Endes der Klassengesellschaft" (vgl. z. B. Beck, Hradil) hält Bourdieu am Klassenkonzept als Grundlage einer zeitgenössischen Gesellschaftstheorie fest. In der Zielsetzung der Bestimmung unterschiedlicher Klassenlagen samt distinkter Lebensformen entspricht die strukturalistische Klassentheorie Bourdieus durchaus dem marxistischen Ansatz, ein entscheidender Bruch liegt jedoch in Bourdieus Begriff „theoretischer" Klassen. Eine Realisierung als gemeinsam kämpfende Klasse, konstitutive Bedingung des marxistischen Klassenbegriffs, ist zwar – in Abhängigkeit der gegenseitigen Nähe im sozialen Raum – mittels „politischer Arbeit" möglich und auch durchaus wahrscheinlich, aber eben keineswegs notwendig, da Bourdieus „Klassen auf dem Papier" in erster Linie Ausdruck einer explikativen Klassifikation sind (Bourdieu 1985, S. 12; vgl. Bourdieu 1992). Ein zweiter, noch offensichtlicherer Bruch mit Marx ist die auf Webers Unterscheidung zwischen Klasse und Stand basierende Berücksichtigung der symbolischen Sphäre in Form des Raumes der Lebensstile. Im Gegensatz zu Weber geht Bourdieu jedoch nicht von zwei verschiedenen Differenzierungs- und Gruppenbildungsprinzipien aus, sondern behauptet vielmehr eine symbolische Transformation ökonomischer Unterschiede über den Habitus, also die Überführung des Besitzes einer Person in die Wesenseigenschaften einer Person, die allerdings erst im Rahmen der folgenden Abschnitte diskutiert werden wird. Der Bourdieusche Klassenbegriff fällt entsprechend den Ausführungen zur Kapitaltheorie differenziert aus: Der Umfang (Volumen) und die Zusammensetzung (Struktur) des Kapitals sowie die zeitliche Entwicklung von Kapitalvolumen und -struktur (soziale Laufbahn) bilden die drei wesentlichen Dimensionen einer sozialen Klasse (Bourdieu 1982, S. 196ff.). Bei

Neben den primärkonstituierenden Klassenmerkmalen gibt es noch eine Reihe sekundärer, funktional weniger gewichtiger Merkmale wie Alter, Geschlecht, Familienstand, Region oder ethnische Zugehörigkeit, in deren Verteilung – und noch mehr in der zeitlichen Entwicklung derselben – sich „die Wahrheit einer Klasse oder Klassenfraktion" ausdrückt.[200] Die Wirkungen aller Merkmale werden von Bourdieu in Abwendung vom „linearen Denken" nicht anhand von Einzelkorrelationen zwischen unabhängigen und abhängigen Variablen oder Kumulationseffekten mehrerer Merkmale sondern unter Berücksichtigung von „Beziehungsgeflechten" diskutiert: Gemäß dem strukturalistischen Denken in Relationen ist

> „eine soziale Klasse [...] definiert durch die Struktur der Beziehungen zwischen allen relevanten Merkmalen, die jeder derselben wie den Wirkungen, welche sie auf die Praxisformen ausübt, ihren spezifischen Wert verleiht"[201].

Exkusionsempfinden stellt einen Zustand innerer Belastung dar und die soziale Stellung von Akteuren wird primär durch das aus den verschiedensten Formen materiellen Reichtums bestehende ökonomische Kapital bestimmt. Dabei ist das ökonomische Kapital „unmittelbar und direkt in Geld konvertierbar und eignet sich besonders zur Institutionalisierung in der Form des Eigentumrechts"[202]. Das ökonomische Kapital liegt den anderen beiden Kapitalarten, der sozialen und der kulturellen Kapitalart, zugrunde und bestimmt – wenn auch nur in letzter Instanz – deren Wirkung.[203]

Bei der Umwandlung von ökonomischem Kapital in Sozialkapital muss sehr viel Zeit und Aufmerksamkeit investiert werden, ist letzteres doch

---

gleich großem Kapitalvolumen unterscheidet Bourdieu anhand der Kapitalstruktur verschiedene Klassenfraktionen, wobei vor allem das Verhältnis von ökonomischem und kulturellem Kapital von Bedeutung ist. Ein bestimmtes Startkapital führt nur mit einer mehr oder weniger großen Wahrscheinlichkeit zu einer bestimmten Position im Sozialraum, die Erfahrung eines gesellschaftlichen Auf- oder Abstiegs ist aber entscheidend für die Prägung von Einstellungen und Verhalten. Schwingel vermutet für die – von Bourdieu nicht näher begründete – Nichtberücksichtigung sozialen Kapitals „konstruktionstechnische Gründe" (S. 103). Bourdieu beschreibt dies sehr pointiert am Beispiel des Verhaltens Neu-Reicher (1982, S. 191f.).

[200] Ein Beispiel ist der für Dienstleistungs- und Pflegeberufe charakteristische Anstieg des Frauenanteils. Vgl. Bourdieu (1982), S. 185.

[201] Bourdieu (1982), S. 182.

[202] Bourdieu (1983), S. 185.

[203] Vgl. Bourdieu (1983), 1985.

„die Gesamtheit der aktuellen und potentiellen Ressourcen, die mit dem Besitz eines dauerhaften Netzes von mehr oder weniger institutionalisierten Beziehungen gegenseitigen Kennens oder Anerkennens verbunden sind; oder, anders ausgedrückt, es handelt sich dabei um Ressourcen, die auf der Zugehörigkeit zu einer Gruppe beruhen"[204].

Mit dem „Sozialkapital" entsteht „eine Variable als Kalkulationsgröße, die konsequent die persönlichen und die kollektiven Erträge sozialer Beziehungen meint"[205]. Umgekehrt lassen sich aus der Zugehörigkeit zu bestimmten, möglichst exklusiven und angesehenen Gruppen Profite in Form von Realisierungen sowohl ökonomischen wie kulturellen Kapitals schlagen, so dass von einem „Multiplikatoreffekt" des sozialen Kapitals gesprochen werden kann.[206] Der Umfang des sozialen Kapitals hängt sowohl von der Ausdehnung des potentiellen Beziehungsnetzes als auch vom Umfang des ökonomischen, kulturellen und symbolischen Kapitals der Beziehungspersonen ab. Gleichwohl ergeben sich Beziehungen nicht von alleine, sie sind vielmehr das Produkt individueller oder kollektiver Investitionsstrategien, und müssen darüber hinaus mittels fortlaufender, zeitintensiver Beziehungsarbeit in Form von Austauschakten ständig reproduziert werden.

„Die Akkumulation von kulturellem Kapital schon von frühester Kindheit an könne ohne zeitliche und inhaltliche Einbußen nur dort stattfinden, wo die gesamte Zeit der familiären Erziehung zugleich auch eine der Akkumulation sei. Zum anderen bilde die Verfügung über ökonomisches Kapital nicht nur die Voraussetzung für diesen familieninternen Vermittlungsprozess, weil die Familien, das heißt vor allem die Mütter, sich den erforderlichen zeitlichen Aufwand auch leisten können müssten, sie erhöhe die Aussichten auf einen hohen Bildungsabschluss außerdem noch dadurch, dass der Eintritt der Kinder in das Erwerbsleben zu-

---

[204]   Bourdieu (1983), S. 190f. Kennzeichnend für den „Begriffshorizont des Sozialkapitals ist ein geringes Maß an exkludierender Kooperation. Erst unter dieser Voraussetzung wird es als gesellschaftliche Integrationsressource verstanden. Darin ist die Bedingung einzuschließen, dass diese Gewohnheiten als gemeinschaftsorientierte Haltung über die lokalen Verwurzelungen hinausgreifend wirksam werden. Engagement und Toleranz müssen, wie das Vertrauen, Abstraktionsschritte der Generalisierung gehen, um der in spätmodernen Gesellschaften gebotenen Praxis einer ‚Solidarität unter Fremden' (Brunkhorst) zuarbeiten zu können." Tamm, S. 139.

[205]   Tamm, S. 141.

[206]   Bourdieu (1983), S. 191.

gunsten einer verlängerten Ausbildungsphase hinausgeschoben werden könne. Je mehr kulturelles und ökonomisches Kapital in der Familie bereits vorhanden sei, desto früher beginne also der Aneignungsprozess, desto effektiver verlaufe er später im Rahmen von Schule und Hochschule und desto länger könne er ausgedehnt werden."[207]

Inkorporiertes Kulturkapital[208] ist ein fester Bestandteil eines Akteurs, es gehört zu seinem Habitus.[209] Der Habitus ist für Bourdieu in diesem Zusammenhang insofern entscheidend, als er die „Verinnerlichung eines bestimmten Typs von sozialen und ökonomischen Verhältnissen"[210] repräsentiert. Ein wesentliches Kennzeichen der Aneignung kulturellen Kapitals ist seine Körpergebundenheit. Diese Akkumulation setzt einen zeitintensiven individuellen Verinnerlichungsprozess voraus. „Der Habitus einer Person vermittelt für Bourdieu zwischen der Stellung dieser Person im sozialen Raum und ihrem Lebensstil."[211] Im Habitus manifestiert sich demnach ein System von Dispositionen, eine allgemeine Grundhaltung, die die

> „Wahrnehmung, das Fühlen, das Denken und das Verhalten bestimme und vor allem auch die Grenzen markiere, die

---

[207] Hartmann, S. 87.

[208] Der Begriff des kulturellen Kapitals bezieht sich in Abgrenzung vom wirtschaftswissenschaftlichen Humankapital-Begriff nicht nur auf direkt in Geld ausdrückbare Investitionen in schulische Bildung. Bourdieu hebt vielmehr die Bedeutung der Transmission von kulturellem Kapital in der Familie und damit den Kapitalcharakter von Bildungsfähigkeit und Begabung hervor, weshalb auch die Übertragung kulturellen Kapitals die am besten verschleierte Kapitalübertragung ist. Vgl. Bourdieu (1983), S. 185ff. Bourdieu setzt sich unter anderem auch mit dem Kapitalbegriff der Wirtschaftswissenschaften kritisch auseinander (vgl. dazu zum Beispiel: Bourdieu 1983, S. 184).

[209] Der Begriff ,habitus' entstammt der augustinischen Bestimmung von Glauben, der sich der Kirche als Ort der Heilsvermittlung anvertraut und sich in guten Werken bewährt; in der scholastischen Theologie als die Bedeutung der inneren Haltung, der Beschaffenheit, in dem der Mensch erleuchtet und zu Hingabe und Gehorsam gegenüber Gott geführt wird. Der Terminus a quo „habitum mutare" („ins Kloster gehen") weist noch auf diese christliche Begriffsdenotation hin.

[210] Bourdieu/Wacquant (1996), S. 136.

[211] Hartmann, S. 89. „Wer in einer Arbeiterfamilie aufgewachsen ist, so Bourdieus Logik, der kleidet sich in der Regel eben anders als jemand, dessen Vater Chefarzt war, er bevorzugt andere Speisen, liebt andere Filme und Musik, schätzt andere Sportarten und Freizeitaktivitäten, hat andere Lese- und Lerngewohnheiten, einen anderen Sprachduktus, andere Berufswünsche und auch einen anderen Freundeskreis." Ibid.

dem einzelnen Menschen aufgrund seiner sozialen Herkunft und Position gezogen [sind]."[212]

„Der Habitus verleiht der Praxis eine Systematik und einen inneren Zusammenhang, die sich über derartige Aufteilungen hinwegsetzen; die ihm korrespondierenden sozialen Strukturen perpetuieren und transformieren sich ungeteilt in all ihren Dimensionen zugleich."[213]

Eine Soziologie, die sich in dieser Weise den „Universen"[214] der Felder nähert, so Bourdieu, „... gibt uns eine kleine Chance, das Spiel zu verstehen, das wir spielen."[215]

Ein bestimmtes Startkapital führt also nur mit einer mehr oder weniger großen Wahrscheinlichkeit zu einer bestimmten Position im Sozialraum. Die Erfahrung eines gesellschaftlichen Auf- oder Abstiegs ist aber entscheidend für die Prägung von Einstellungen und Verhalten. Welche Bewältigungsstrategien der Exklusion lassen sich nun selegieren?

Die Bewältigung vom Ausschluss von Erwerbsarbeit kann durch folgende zwei Möglichkeiten erfolgen: Zum einen mit der sogenannten Assimilation, mit der die Angleichung der eigenen Zielvorstellungen an das normativ Gegebene gemeint ist.[216] Das heißt zum Beispiel, dass die Personen, die bereits über einen langen Zeitraum

---

[212]　Hartmann, S. 89. „Die regelmäßig zu beobachtende sehr enge Korrelation zwischen subjektiven Erwartungen und objektiven Wahrscheinlichkeiten sei deshalb auch nicht das Ergebnis einer exakten Bewertung der Erfolgschancen durch den einzelnen, sondern der Aussonderung der unwahrscheinlichsten Praktiken durch den Habitus, der in den objektiven Bedingungen ja selbst als wichtiger Faktor enthalten sei" (Hartmann, S. 91). Das beste Maß ist deshalb die Dauer des Bildungserwerbs, die jedoch nicht auf die Dauer des Schulbesuchs reduziert werden darf, obwohl heute in erster Linie auf den Erwerb exklusiver Bildungstitel gesetzt wird. Die familiäre Primärsozialisation wirkt „entweder als positiver Wert, als gewonnene Zeit und Vorsprung oder als negativer Faktor, als doppelt verlorene Zeit, weil zur Korrektur der negativen Folgen nochmals Zeit eingesetzt werden" muss (Bourdieu 1983, S. 183 – 198).

[213]　Wacqant (1996), S. 50; Dazu auch Bourdieu in: Bourdieu/Wacqant (1996), S. 219f.

[214]　„Die sozialen Felder sind Universen, in denen die Dinge sich unentwegt verändern und niemals völlig prädeterminiert sind." Bourdieu (1996), S. 235.

[215]　Bourdieu (1996), S. 234.

[216]　Vgl. zu diesen Begriffen in der Copingtheorie: Brandtstädter, J./Greve, W. (1992): *Das Selbst im Alter: adaptive und protektive Mechanismen.* In: Zeitschrift für Entwicklungspsychologie und Pädagogische Psychologie, Band XXIV, Heft 4, 269 – 297; sowie: Rademacher (2003).

bzw. immer wieder arbeitslos waren oder sind, dennoch an dem Ziel, in eine normale Erwerbsarbeit zu gelangen, festhalten. Dagegen beinhaltet der Begriff der Akkomodation, dass bislang vorhandene normative Vorstellungen geändert werden.[217] Es finden sich also auch Personen, die einem normalbiographischen Lebensverlauf nicht mehr folgen,

> „in dem sie das Münden in normale Erwerbsarbeit für sich nicht mehr als Ziel definieren. In diesen Fällen würden (sie) immer weniger davon ausgehen, dass ihre erfahrbare Exklusion von normaler Erwerbsarbeit und damit die aktuelle Risikolage nur eine vorübergehende ist und letztlich wieder in das normalbiographische Modell münden wird. Erst dieses schwindende Vertrauen in die Normativität der Normalbiographie macht eine Neuorientierung des Selbst- und Lebenskonzeptes nötig".[218]

Da man zumeist zwei „dominierende Gruppen von möglichem Coping"[219] ausmacht, ein eher aktiv ausgerichtetes problemorientiertes Coping und auf der anderen Seite ein eher passives problemvermeidendes Verhalten, stellt die Verhaltensebene die andere Bewältigungsstrategie dar.

> „Verbindet man nun diese beiden Ebenen wird augenfällig, dass sowohl die Beibehaltung des Ziels Erwerbsarbeit als auch die Abkehr davon, aktiv bzw. passiv bewältigt werden können. So wäre es ein aktives, problemorientiertes Verhalten, über die Verbesserung der Bildungsvoraussetzungen in Erwerbsarbeit zu gelangen. Sehen junge Erwachsene das Ziel normale Erwerbsarbeit als relevant an, können sie sich allerdings auch abwartend verhalten und alle Verantwortung an die Institutionen abgeben, die eine Arbeitsmarktintegration zu fördern versprechen."[220]

---

[217] Problemorientiertes Bewältigen würde sich z. B. dann konstatieren lassen, wenn Personen versuchen, alternative Tätigkeitsformen zur normalen Erwerbsarbeit zu entwickeln. Ein problemvermeidendes Verhalten ließe sich bei denjenigen beobachten, die nicht mehr das Ziel haben in normale Erwerbsarbeit zu gelangen und sich zurückziehen. Vgl. dazu auch Förster (2004), S. 31.

[218] Kohli, M. (1999): *Ausgrenzung im Lebenslauf*. In: Herkommer, S. 111 – 129.

[219] Förster (2004), S. 30.

[220] Ibid., S. 31.

2.7 Vorläufiges Fazit

In der Arbeit werden immer noch am besten vielfältige und unterschiedliche Bedürfnisse des Menschen abgedeckt. Die Arbeit ermöglicht produktive Aktivität, sie verleiht dem Menschen das Gefühl, eine wichtige Rolle in der Gesellschaft zu spielen, sie gibt dem Tag, der Woche und dem Jahr eine klare Struktur, sie vermittelt finanzielle Sicherheit und sie ermöglicht es, sowohl soziale Interaktionen als auch einen gewissen Aktivitätsgrad aufrechtzuerhalten.[221] Daraus ergibt sich, dass das Fehlen von Arbeit zu psychischen Problemen und langfristig auch zu psychischen Störungen und verringerter Eigenaktivität beiträgt.

> „Dem Leben auch dann Sinn und Erfüllung zu geben, wenn Arbeit fehlt oder nur tröpfchenweise flüssig wird, ist eine Forderung, die sich in Ostdeutschland Jahr für Jahr Hunderttausenden von Menschen aufdrängt."[222]

Denn Arbeit trägt nicht nur zum Selbstwertgefühl, sondern wesentlich auch zur Integration in das System bei. Die Wahrnehmung ihrer politischen Rechte für die von sozialem Abstieg oder gar Ausgrenzung Bedrohten oder Betroffenen verliert in dem Maße an Bedeutung, wie sie im Alltag ihre eigene Ohnmacht erfahren.[223] Der Ausschluss von Teilhabemöglichkeiten an gesellschaftlich anerkannten Lebenschancen und Lebensstandards wie materieller Teilhabe, politisch-institutioneller sowie kultureller Teilhabe führt zu Einschränkungen sozialer Beziehungen bis hin zur Vereinzelung und sozialen Isolation.[224] Der Zustand der Arbeitslosigkeit wirkt demgemäß tendenziell desintegrierend und entfremdend, fördert Systemunzufriedenheit, Politikverdrossenheit, Freisetzung extremistischer Positio-

---

[221] Siehe u.a. Frese & Mohr (1978).

[222] Engler, S. 178.

[223] Ebenso wie die Erfahrungen mit der Arbeitslosigkeit haben auch die mit Sozialhilfebezug und Armut eine wesentlich biographische und zeitliche Komponente. Selbst Armut bleibt erträglich, wenn ihr Ende absehbar ist.

[224] Für Jeremy Rifkin (zum Beispiel: Rifkin 2004) gibt es im Unterschied zum fordistischen Zeitalter keinen Bereich, der die Freigelassenen angemessen auffangen könnte. Rifkin analysiert die gegenwärtige historische Epoche der Arbeitsgesellschaft dahingehend, dass kein Sektor und keine Beschäftigungsgruppe von diesen Umgestaltungsprozessen verschont bleiben. Er sieht die westlichen Industriegesellschaften auf dem Weg in eine „Welt ohne Arbeit".

nen und Aktivitäten.[225] Vor allem der Wunsch nach Anerkennung uneingelöster Identitätsansprüche sorgt für sozialen Wandel.[226]

Als die zentrale Aufgabe der damals noch neuen Disziplin „Soziologie" sieht Georg Simmel die Rekonstruktion des Wechselwirkungs- und Gegenseitigkeitscharakters sozialer Beziehungen und der Formen, in denen diese sich realisieren. Bei Simmel ist nicht etwa die Rede von Gesellschaft und Individuum, Staat und Nation, sondern vielmehr von sozialen Gruppen und Kreisen, von konkreten Vergesellschaftungsprozessen.[227] Diese Gegenstände der Soziologie sind für Georg Simmel die „abstrahierten Formen (...), die nicht sowohl die Vergesellschaftung *bewirken*, als vielmehr die Vergesellschaftung *sind*."[228] Unter der „Materie der Vergesellschaftung" versteht er

> „alles das, was in den Individuen, den unmittelbar konkreten Orten aller historischen Wirklichkeit, als Trieb, Interesse, Zweck, Neigung, psychische Zuständlichkeit und Bewegung derart vorhanden ist, dass daraus oder daran die Wirkung auf andere und das Empfangen ihrer Wirkungen entsteht"[229].

Gemeint sind damit die Wechselwirkungen, einem dichten Netz und Geflecht vielfältigster Relationen und Abhängigkeiten.[230]

---

[225] Enke, S. 9. In diesem Kontext spricht der Rechtsextremismusforscher Wilhelm Heitmeyer von den Schattenseiten des Individualisierungsprozesses und stellt einen Zusammenhang zwischen Individualisierung und Gewalt auf. Da es sowohl zu einer Zerrüttung sozialer Umwelten, als auch traditionelle Sicherheiten kommt, kann Gewalt als ‚normales Muster' dienen, eigene Grenzen zu erfahren und Positionen zu finden (vgl. Krüger/Grunert 2002, S. 26).

[226] Vgl. Taylor (1993).

[227] So untersucht er dann die „quantitative Bestimmtheit der Gruppe", die „Kreuzung sozialer Kreise", die „Selbsterhaltung der Gruppe", die „Erweiterung der Gruppe und die Ausbildung der Individualität". Hinzu kommen Reflexionen über „Über- und Unterordnung", den „Streit" und den „Armen" sowie zum Teil längere Exkurse, beispielsweise über den „Schmuck", das „Erbamt", „Treue und Dankbarkeit" den „Fremden" oder den „Adel".

[228] Simmel (1992), S. 24. Wie schon in *Über sociale Differenzierung* ersetzt Simmel den Begriff Gesellschaft durch den der Vergesellschaftung.

[229] Ibid., S. 18.

[230] Die zeitgenössische Gesellschaft, expandierende Großstädte, zusammenwachsende Märkte, moderne Techniken und Technologien ist im Subtext der Simmelschen Soziologie eine Gesellschaft ohne Steuerungszentrum. Dennoch funktioniert sie, erhält und reproduziert sich aufgrund von weitgehend stabilen sozialen Relationen, durch tradierte Normen und Werte, inter-

„Soll es also eine Wissenschaft geben, deren Gegenstand die Gesellschaft und nichts anderes ist, so kann sie nur diese Wechselwirkungen, diese Arten und Formen der Vergesellschaftungen untersuchen wollen."[231]

Während die Herauslösung aus traditionellen Bindungen auf der Mikroebene der zwischenmenschlichen Interaktion zum Tragen kommt, äußert sich der Verlust gesellschaftlich gewachsener Sicherheiten im gesamtgesellschaftlichen Kontext. Temporär unabhängige religiöse, weltanschauliche, politische sowie biographische Normen und Werte, die sich generationsübergreifend etablieren konnten und eindeutige Antworten auf Fragen der Lebensbewältigung boten, verlieren zunehmend an Bedeutung.[232] Auch die Aussicht auf eine Lebens- und Berufsperspektive, die sich nur auf Hartz IV gründen kann und damit den sozialen Gefährdungen nicht standhalten kann[233], führt häufig frühzeitig zu der resignativen Haltung, Schule und Anstrengung „bringen doch nichts". Georg Simmel deutet dieses pessimistische Leiden, das Sich-entfremdet-Fühlen, als den Reflex gesellschaftlicher Entfremdung von individueller Bilanz, dass sich Aufwand und Ertrag des Lebens nicht mehr lohne.[234] Deshalb

---

nalisierte Rollen und – nicht zuletzt – durch insititutionelle Absicherungen wie etwa Recht und Sitte. Vom Simmelschen Verständnis der Moderne prallen alle Versuche einer revolutionären Veränderung, der Überwindung der bestehenden Verhältnisse ab.

[231] Ibid., S. 19. Und diese zeigen sich überall: „Dass die Menschen sich gegenseitig anblicken, und dass sie aufeinander eifersüchtig sind; dass sie sich Briefe schreiben oder miteinander zu Mittag essen; dass sie sich, ganz jenseits aller greifbaren Interessen, sympathisch oder antipathisch berühren; dass die Dankbarkeit der altruistischen Leistung eine unzerreißbar bindende Weiterwirkung bietet; dass einer den anderen nach dem Weg fragt und dass sie sich füreianander anziehen und schmücken – all die tausend, von Person zu Person spielenden, momentanen oder andauernden, bewussten oder unbewussten, vorüberfligenden oder folgenreichen Beziehungen, aus denen diese Beispiele ganz zufällig gewählt sind, knüpfen uns unaufhörlich zusammen" (Ibid., S. 33).

[232] Vgl. Heitmeyer (1995), S. 42.

[233] Die Spielräume für die Selbstbestimmung des Verhaltens und die Selbstorganisation der Persönlichkeit sind deutlich gestiegen. Nicht nur die Freiheitsgrade sind gewachsen, sondern auch der Zwang sich selbstständig entscheiden zu müssen.

[234] Die Grauzone des gesellschaftlichen Leidens, an dem das Individuum nicht zerbricht, ist ihr – weil nicht Handlung – wenn auch nicht unverständlich, so doch theoriebautechnisch nicht erfassbar. Ist zuerst der Gesellschaftsbegriff aufgelöst worden, so löst sich in der Soziologie auch der Individuumsbegriff auf, um den Preis, soziale Tatsache, wie Entfremdung nicht in seiner ganzen Dimension fassen zu können. An dem Programm der Soziologie, Gesellschaft in Handelnde aufzulösen, hat Georg Simmel teil. In seiner So-

ist es naheliegend, den Faktor Arbeit bzw. Arbeitslosigkeit für die Lebenszufriedenheit und für die politischen und wirtschaftlichen Einstellungen und Verhaltensweisen hoch zu veranschlagen.

> „Der Mangel eines definitiv genugtuenden und sicher erreichbaren Endzwecks, die Geringfügigkeit der Befriedigungen, das leere Umhergetriebenwerden in Illusionen – dies alles lohnt nicht die Mühe des Lebens, das Ausgeben aller Kräfte, den ganzen Einsatz des Ich. Auch gibt es tatsächlich keine Wertung und Hebung des Lebensinhaltes, die dies ins Gleiche setzen könnte. Werden die Unkosten des Lebens, der Einsatz an Schmerzen, Mühe und der Persönlichkeit überhaupt so hoch taxiert, wie es die Voraussetzung des Pessimismus bildet – dann muss jeder optimistische Versuch scheitern, den Zweck und Gewinn des Lebens auf die gleiche Höhe zu bringen".[235]

Handeln hat nach Simmel nur dann einen optimistischen Duktus, wenn „alle energische Betätigung ruht, um nicht sinnlos zu sein, auf einer mehr oder weniger optimistischen Basis"[236]. Soziales Handeln als zweckrationales Handeln enthält für Simmel immer schon einen Schuss Zukunftsoptimismus.[237]

---

ziologie der sozialen Formen, der Vergesellschaftung ist ihm Gesellschaft nur als Handlungszusammenhang fassbar. Der Theorievorteil des Handlungsbegriffs gegenüber dem Gesellschaftsbegriff wird um den Preis des Nichtthematisierenkönnens von Individualität in seiner vollen Bandbreite erkauft. Hier ist es Georg Simmel, der diese Nachteile einer Soziologie als Handlungstheorie zunehmend betont. In seiner Soziologie der Vergesellschaftungsformen kann auch er das Individualitätsproblem nicht befriedigend lösen. Simmel hat deshalb das alte Problem des Verhältnisses von Individuum und Gesellschaft auf einer anderen Ebene wieder aufgenommen und an seine Soziologie anzukoppeln versucht. Neben der allgemeinen Soziologie und der formalen Soziologie unterscheidet er noch eine philosophische Soziologie (vgl. Simmel ³1917, S. 29), die das Verhältnis von Individuum und Gesellschaft thematisieren soll.

[235] Simmel (1900b). Darin manifestiert sich für Simmel die Janusköpfigkeit der Moderne, dass diese aufgrund der zunehmenden sozialen Differenzierung und entfalteter Geldwirtschaft zwar Individualität freisetzt und damit Handlungsmöglichkeiten des Individuums erweitert werden, auf der anderen Seite aber fällt das Phänomen der Entfremdung ins Gewicht (vgl. Dahme, S. 7 – 34). Diese beiden gegenläufigen Tendenzen der Moderne führen Simmel zur Reflexion, den Pessimismus als „Mangel an Aktivität" herauszuarbeiten und das individuelle Leiden als soziale Tatsache zu konstatieren.

[236] Simmel (1900a).

[237] Aus diesem Grund kann die soziologische Handlungstheorie auch nur wegen ihrer Festlegung auf soziales Handeln als ihrem Gegenstand den optimistisch Handelnden erfassen. Denn den an der Gesellschaft Leidenden,

Ob Menschen mit ihrer gegenwärtigen Lage zufrieden sind und positiv in die Zukunft blicken, hängt vor allem von der Frage ab, ob sie einen sicheren Arbeitsplatz haben oder mit einem solchen rechnen können. Erwerbslosigkeit bedeutet für die Betroffenen in erster Linie Perspektivlosigkeit und besonders wenn dies in einer Phase stattfindet, in der junge Menschen sich und ihre Fähigkeiten im System entfalten und erproben wollen. Deshalb ist es naheliegend, den Faktor Arbeit bzw. Erwerbslosigkeit für die Lebenszufriedenheit und für die politischen und wirtschaftlichen Einstellungen und Verhaltensweisen hoch zu veranschlagen. Aus der relativen Armut der Eltern kann sich für die Kinder und Jugendlichen ein Mangel an Verwirklichungschancen ergeben[238], wie zum Beispiel eine eingeschränkte Gesundheitsversorgung[239], ein beschnittener Zugang zu Bildung und sozialer Ausschluss aufgrund manifester Arbeitslosigkeit[240]. Arbeit trägt also nicht nur zum Selbstwertgefühl, sondern wesentlich auch zur Integration in das System bei. Ausgehend von der Annahme, dass durch den gesellschaftlichen Wandel die Prozesse der Sozial- und Systemintegration einer Veränderung unterliegen, müssen die individuellen Integrationsprozesse gerade für junge Menschen in den Blick genommen werden. Dem widmet sich das nächste Kapitel.

---

den pessimistisch Zurückgezogenen kann die Handlungstheorie theoriebautechnisch gar nicht fassen, es sei denn, er überwindet seinen Inaktivitäts- und Leidenszustand und tritt als Handelnder wieder auf den Plan.

[238] Durch Befragungen von Kindern und Jugendlichen wurde deutlich, dass arme Kinder und Jugendliche häufig eine geringere Lebenszufriedenheit, stärkere Einsamkeitsgefühle, größere Niedergeschlagenheit sowie stärkere Ängste und Zukunftssorgen haben. Befragt wurden Schüler an nordrheinwestfälischen Schulen. Siehe Hurrelmann/Klocke/Palentien (1999).

[239] Bei armen Familien ist zum Beispiel die postnatale Säuglingssterblichkeit höher, die Mortalitätsrate durch Unfälle ist zweimal höher als bei Kindern aus privilegierten Gruppen. Auch akute Krankheiten treten häufiger auf. Vgl. Trumpp (2000).

[240] Vgl. Schönig (2000).

3. Jugenderwerbslosigkeit

3.1 Einführung: Lebensphase Jugend

Die Lebensphase ‚Jugend' ist ein historisch gewachsener Begriff, der in Abhängigkeit von ökonomischen, kulturellen, politischen und sozialen Kontexten steht und diesbezüglich einer stetigen Veränderung unterworfen ist. Im biographischen Lebensabschnitt ‚Jugend' befindet sich das Individuum zwischen zwei antagonistischen Bestrebungen, welche seine Persönlichkeitsentwicklung maßgeblich beeinflussen. Zum einen wird sein Lebensweg noch durch den sozialisatorischen Zugriff der Erwachsenenwelt geprägt. Andererseits wohnen dem jugendlichen Individuum zunehmend das Streben nach Selbstbestimmung inne.[241] Da die Sichtweise auf diesen Entwicklungsabschnitt eines Menschen also gesellschafts- und zeitgeistabhängig ist, kann eine Definition des Gegenstandes ‚Jugend' nur in den jeweiligen oben genannten Grenzen erfolgen. Daraus ergibt sich, dass eine allgemeingültige und temporär unabhängige Begriffsbestimmung nicht oder nur schemenhaft möglich ist.[242]

Seit einigen Jahrzehnten unterliegt die Jugendphase in den heutigen Industriegesellschaften einem elementaren Wandel. Diesen Umstand, der durch den gesellschaftlichen Modernisierungsprozess

---

[241] Die Peer-Gruppe dient insofern als Bindeglied zwischen familärer Fremdbestimmung und individueller Selbstbestimmung, da in ihr Erfahrungsräume geschaffen werden, in dem Verhaltensweisen erprobt und gesellschaftliche Grenzen ausgetestet werden können. Vgl. Hurrelmann; Linssen; Albert; Quellenberg (2003), S. 32f.

[242] Unter dem Begriff ‚Jugend' beziehungsweise ‚Jugendliche' wird heute der Personenkreis betrachtet, der sich im Spektrum zwischen dem 14. und 25. Lebensjahr befindet. Gelegentlich wird dieser Lebensabschnitt auch zwischen dem 12. und 30. Lebensjahr verortet. Dabei wird verallgemeinernd von einer Lebensphase gesprochen, welche sich von Eintritt der Pubertät bis zur gesellschaftlichen Integration in die Erwachsenenwelt erstreckt. Allerdings ist diese allgemeine Definition nicht frei von Kritik, da sie weder eine geschlechter-differenzierte Sichtweise auf ‚Jugend' ermöglicht, noch das Vorhandensein unterschiedlicher sozialer und kultureller Räume der Gesellschaft beleuchtet, die einen erheblichen Einfluss auf die Entwicklung junger Menschen haben. Diese heterogene Verteilung von Chancen und Handlungsmöglichkeiten innerhalb der Gesellschaft bewirkt, dass Jugendliche auf verschiedene Arten und Weisen in die Gesellschaft integriert sind und diese auch unterschiedlich wahrnehmen. Deshalb ist es sinnvoller, Jugend nicht als homogenen Teil der Gesellschaft zu betrachten, sondern von mehreren ‚Jugenden' zu sprechen. Vgl. Dierbach (2001), S. 22.

bedingt wird, bezeichnet die Jugendforschung als Strukturwandel. ‚Jugend' verliert dahingehend ihren allgemeingültigen Charakter, da sie durch den Individualisierungsprozess entstrukturiert und destandardisiert wird.[243] Denn Jugendliche haben in der heutigen Zeit, die durch Individualisierung, Pluralisierung und Leistungsdruck geprägt ist, erhebliche Orientierungsschwierigkeiten.[244] Da der Lebensweg, im Vergleich zu früheren Generationen, nicht klar vorgezeichnet ist, werden viele Pubertierende verunsichert.[245] Der Jugendliche wird zum Gestalter seines Lebensweges.[246] Mit steigenden Erwartungen, die an das jugendliche Individuum gestellt werden, erhöht sich auch die Wahrscheinlichkeit des Scheiterns.

Jugend meint nicht nur eine Lebensaltersgruppe, sondern zugleich „ein Strukturmuster dergestalt, dass eine gesellschaftlich entwickelte und ausgestaltete Lebensphase, die den Zweck hat, bestimmte

---

[243] Vgl. Krüger/Grunert (2002), S. 20. Unter Individualisierung wird ein Entwurzelungsprozess verstanden, in dem das Individuum aus bestehenden klassischen Bindungen herauslöst wird. Dadurch ergeben sich einerseits Sicherheitsdefizite durch den Verlust traditioneller Gefüge. Andererseits wird durch die Aufweichung zementierter Strukturen die Herausbildung neuer sozialer Bindungen ermöglicht. Vgl. dazu: Dierbach, S. 89.

[244] Vgl. Müller (2001). Nicht selten werden unkritisch „Individualisierung" und „Vereinzelung" gleichgesetzt und diese mit dem Verlust von Solidarität zwingend verbunden.

[245] Durch verschiedene Grade von Selbstständigkeit, die in den verschiedenen Statuspassagen zu unterschiedlichen Zeitpunkten erworben werden, sind die Anforderungen für die Selbstorganisation des persönlichen Verhaltens von jungen Frauen und jungen Männern heute sehr groß. Die stereotype Vorgaben an die Rolle von Frauen und Männern sind in einem Zeitalter der Individualisierung nicht mehr so eng. Die Grundproblematik der inneren Formung z. B. von Männlichkeit und Mannsein ist damit aber nicht aufgehoben, sondern hat sich zum einen in die psychodynamische Dimension, zum anderen in die Nachjugendzeit verschoben. „Mit der Entgrenzung der Männlichkeit sind neue Ambivalenzen in der Sozialisation aufgetreten, die sich in männlichen Bedürftigkeiten genau so äußern, wie in dem Problem, dass man als Jugendlicher zwar heute mehr denn je die Chance hat, das Verhältnis zum weiblichen Geschlecht auszubalancieren, dass man im jungen Erwachsenenalter aber wieder in den Sog männlicher Identitätsverlegenheit kommt." Böhnisch (2003), S. 183.

[246] Vgl. Müller (2001), S. 130. In der Jugendforschung wird die Lebensphase *Jugend* auch als kritische Phase bezeichnet, da sie neben dem Weg vom Kind zum Erwachsenen auch ein Abschnitt darstellt, in denen alternative Lebens- und Sichtweisen ausgetestet werden. Bei dieser Identitäts- und Positionsfindung spielt die Peer-Gruppe eine entscheidende Rolle, da Handlungsweisen kollektiv erprobt werden können. In diesem Zusammenhang schließen sich Jugendliche vielfach verschiedenartigen Jugendkulturen an, die Orte der Selbsterfahrung darstellen und neue soziale Bindungen ermöglichen.

gesellschaftliche Erfordernisse und Funktionen zu gewährleisten"[247], vorhanden ist. Damit ist ,Jugend' stärker durch die „Vergesellschaftung" als durch das Alter bestimmt.[248] Weil die Vergesellschaftung der Jugend sich den Erfordernissen und Bedürfnissen der Arbeitsgesellschaft verdankt und Jugend von dieser Funktionslogik aus zu einem „Vorbereitungsstatus" mit einer bestimmten Zeitstruktur (sich heute auf das spätere Leben vorbereiten) gemacht hat, delegitimiert die Krise auf den Ausbildungs- und Beschäftigungssektor deren innere Logik und Sinnstruktur. Die Krise der Arbeitsgesellschaft ist nicht mehr nur eine Randerscheinung des Aufwachsens von ,Jugend'. Das bedeutet, der Lebensabschnitt ,Jugend' ist also zu einer offenen und ihren strukturellen Vorgaben teilweise widersprüchlichen Phase im Lebenslauf geworden.[249]

Das Phänomen der Jugenderwerbslosigkeit[250] ist in allen Mitgliedsstaaten der europäischen Union nicht nur deshalb besonders folgen-

---

247   Vogelgesang, S. 13.

248   Schon die 92er Shell-Studie stellte fest, dass es nicht ausreicht, die Situation der 15- bis 24-Jährigen global zu beschreiben, da es sehr viele, einander deutlich unterschiedliche Lebensweisen gibt (1992, S. 11). Gemäß der Studie umfasst *Jungsein* die 13- bis 30-Jährigen, wobei eine Jugendphase bis 19 Jahre und eine Nach-Jugendphase bis 30 Jahre unterteilt wird. Die 14. Shell-Studie (2002) stützt ihre repräsentativ zusammengesetzte Stichprobe auf Jugendliche von 12 bis 25 Jahren. Die Befunde der neueren Jugendforschung (z. B. Jugendwerk der Deutschen Shell 1992, 97, 2000, 2002) ebenso wie der jugendtheoretische Diskussionsstand haben deutlich gemacht, dass die Krisen der Arbeitsgesellschaft die strukturellen Grundlagen und den symbolischen Sinnzusammenhang von Jugend nicht unberührt lassen (vgl. ibid. 2001, S. 918).

249   Vgl. Shell-Studie (2002), S. 33. Positiv gedacht: Jugendliche trifft diese Entwicklung in einer besonders formativen Phase ihres Lebens, sie erhalten die Chance, sich auf die Vielfalt von gesellschaftlichen Möglichkeiten einzurichten. Sie können eine Persönlichkeitsstruktur entwickeln, die auf die schnell wachsenden Bedingungen angemessen eingeht. Der Strukturwandel der Lebensphase Jugend hat diese zu einem offenen und frei gestaltbaren Lebensabschnitt gemacht.

250   Jugenderwerbslosigkeit: Dies sind nach EU-Konvention alle nichterwerbstätigen Personen unter 25 Jahren. Jugendliche bilden den Personenkreis zwischen Kindheit, ab etwa zwölf Jahren bis zum Erwachsenenalter, etwa bis 25 Jahren. Politisch-pädagogisch vor allem deshalb wichtig, weil sich in dieser Zeit die Ablösungsprozesse vom Elternhaus und der Aufbau eines eigenen Wertesystems vollziehen, einerseits Jugendliche zum Teil Verantwortung tragen und über Rechte verfügen (Ehereife, Wehrpflicht, Wahlrecht, Volljährigkeit), andererseits aber für die eigene Entwicklung noch einen gewissen Schutz beanspruchen (Jugendschutz, Jugendarbeitsschutz) und (elterliche) Unterstützung verlangen können (z. B. aufgrund langer Berufsausbildung, Studium). Jugendpolitik hat demnach ein breites Aufgabenge-

schwer, weil es sich mit 28 %[251] um eine quantitativ sehr beträchtliche Größenordnung handelt, sondern auch deshalb, weil den Jugendlichen die Zugangswege zu beruflichen Karrieren bereits versperrt werden, bevor diese Karrieren überhaupt begonnen werden können. So gesehen beschreibt „Jugenderwerbslosigkeit" ein Startproblem mit berufsbiographisch zentralen Schnittstellen des Überganges in das Beschäftigungssystem, wie die Ergebnisse der YUSEDER-Studie, die federführend an der Universität Bremen in einem von der Europäischen Kommission unterstützten Forschungsprojekt (YUSEDER) in sechs Ländern der EU durchgeführt wurde, zeigen. In diesem Forschungsprojekt wurde der Frage nachgegangen, inwieweit lang andauernde Erwerbslosigkeit von Jugendlichen mit sozialen Ausgrenzungsprozessen begleitet ist und bis zu welchem Grad Wechselwirkungen zwischen ihren Ungleichheitsstrukturen bestehen.[252]

---

biet, das sich in Jugend-Hilfe-Politik (insbesondere der Kommunen und des Landes, in Deutschland nach dem Jugend-Wohlfahrtsgesetz), Jugend-Förderungspolitik (z. B. durch vielfältige Formen der Unterstützung durch nichtstaatliche Einrichtungen, Organisationen und Initiativen) und der Jugendschutzpolitik (in Deutschland nach dem *Gesetz zum Schutz der Jugend in der Öffentlichkeit, Gesetz über die Verbreitung jugendgefährdender Schriften*, dem *Jugendarbeitsschutz* etc.) niederschlägt. Die meisten Vereine, Organisationen und Parteien haben ihren Hauptorganisationen Jugendverbände angeschlossen, um auf spezielle Interessen der Jugend gezielt eingehen zu können. Vgl. Schubert/Klein.

[251]   Vgl. *Eurostat* (1998), S. 2. Dabei hatte die Erwerbslosenquote von Jugendlichen in der EU bereits Mitte der 70er Jahre ein Niveau erreicht, welches die Jugenderwerbslosigkeit in den Rang eines echten arbeitsmarktpolitischen Problems erhob – und es stellte sich schnell heraus, dass dies ein europäisches Problem mit großer Konstanz war. Denn die Kurve der Erwerbslosenquoten von Jugendlichen verlief stets parallel zu der steigenden Kurve der Entwicklung der allgemeinen Erwerbslosigkeit. Sie befand sich jedoch – und hier wird die Dimension des Problems deutlich – ebenso konstant auf einem doppelt so hohen Niveau wie der Kurvenverlauf der gesamten Erwerbslosigkeit. In diesem Zusammenhang zu nennen ist ferner die vor dem Hintergrund der bis dahin gewonnen Erfahrungen formulierte grundlegende „Entschließung vom 11.06.1993 über die Berufsbildung in den 90er Jahren", in welcher der Europäische Rat die Auffassung vertritt, „dass die Qualität der beruflichen Bildung in den Mitgliedsstaaten gestärkt werden muss, damit der einzelne die Möglichkeit erhält, seine Kenntnisse und Fähigkeiten ständig zu verbessern", um damit zugleich „den Beitrag zur Stärkung des wirtschaftlichen und sozialen Zusammenhalts sowie der Steigerung der Wettbewerbsfähigkeit der europäischen Wirtschaft" zu erbringen.

[252]   „Youth unemployment and social exclusion: Dimensions, subjective experiences and institutional responses in six countries of the EU" (YUSEDER: 1998 – 2000). An dem Projekt waren unter Leitung von Thomas Kieselbach (Universität Bremen) insgesamt sechs Länder, drei nordeuropäische (Belgi-

3.2 Die YUSEDER-Studie zur Jugenderwerbslosigkeit

Die forschungsleitende Fragestellung des europäischen Projekts YU-SEDER konzentrierte sich auf die Prozesse, unter denen Langzeitarbeitslosigkeit bei Jugendlichen zu sozialer Exklusion führt. Gefragt wurde nach den Schlüsselmechanismen, die diesen Prozess beeinflussen. Die Differenzierung in sechs Exklusionsarten lieferte folgende Ergebnisse:

1.) Exklusion vom Arbeitsmarkt:

Exklusion liegt nach dieser Definition dann vor, wenn die „Rückkehr bzw. der Eintritt in den regulären Arbeitsmarkt aufgrund vielfältiger struktureller wie personenbezogener Barrieren dauerhaft versperrt ist."[253]

2.) Ökonomische Exklusion:

Die soziale Absicherung bleibt auf einem

> „Mindestniveau beschränkt, weil Jugendliche aufgrund fehlender Erwerbsarbeit kaum Ansprüche aus Versicherungsleistungen erwerben können. Da die Herkunftsfamilie immer weniger Kompensationsleistungen erbringt, nehmen subjektive Gefühle ökonomischer Exklusion zu."[254]

Besonders trifft dies für die Jugendlichen aus Griechenland, Italien und Spanien zu, da sie „so gut wie keine Ansprüche in Bezug auf das soziale Sicherungssystem geltend machen können"[255]. Im Unterschied dazu zeigt die belgische, schwedische und deutsche Studie, dass das weit reichende Netzwerk wohlfahrtsstaatlicher Leistungen für jugendliche Arbeitslose eine soziale Absicherung vorsieht.

3.) Institutionelle Exklusion:

In den nordeuropäischen Ländern, vor allem in Belgien und Deutschland, werden die staatlichen Institutionen von Jugendlichen

---

en, Deutschland und Schweden) und drei südeuropäische (Griechenland, Italien und Spanien), beteiligt.

253   Kieselbach/Beelmann, S. 34.

254   Ibid., S. 35.

255   Ibid.

durchweg „als ‚unproduktive' Behörden"[256] wahrgenommen. Dagegen liegt das Zentralproblem der südeuropäischern Länder darin begründet, dass dort weitgehend keine Angebote seitens staatlicher Unterstützung für arbeitssuchende Jugendliche vorhanden ist. Darin dürfte der Grund liegen, weshalb die befragten Jugendlichen auch „keine Unterstützung seitens des Staates"[257] erwarten und deshalb auch weniger über Gefühle institutioneller Ausgrenzung erzählen. Dieses angebliche kontradiktorische Resultat dieser Studie, dass „die institutionelle Ausgrenzung in Griechenland, Italien und Spanien kaum eine Rolle spielt"[258], wird dadurch noch erhärtet, dass die Familie ausnahmslos die Institution bildet, die den jungen Erwachsenen bei ihrer Bewältigung von Arbeitslosigkeit monetär und physisch unterstützend beispringt.

4.) Exklusion durch soziale Isolierung:

Die Analyse der Untersuchungen in den südeuropäischen Ländern und in Schweden fundieren die essenzielle Mission familiärer Hilfestellung (sowohl pekuniär als auch affektiv) in Bezug auf das Risiko sozialer Exklusion jugendlicher Langzeitarbeitsloser.[259] Dabei hat auch die monetäre Situation der Eltern einen nicht zu unterschätzenden marginalen Einfluss auf das Exklusionsrisiko erwerbsloser Jugendlicher. Die Frage der Unterstützung durch die Familien ist dabei von Signifikanz in Bezug auf das Risiko sozialer Exklusion. Gleichzeitig tritt damit aber auch ein Verstärkungseffekt der sozialen Herkunft ein, indem „ursprüngliche soziale Abhängigkeiten und Deprivationssituationen in der Familie an Bedeutung gewinnen und weitergegeben werden"[260].

Die Ergebnisse der Studien lassen annehmen, dass junge Menschen ihr soziales Umfeld (Freunde und Bekannte) „als wichtiger erachten

---

[256]   Ibid.

[257]   Ibid.

[258]   Ibid.

[259]   Vor allem in Südeuropa führen der größere Familienzusammenhalt und die Möglichkeiten finanzieller Unterstützung zu einem höheren Schutz vor den negativen Folgen der Erwerbslosigkeit. Dies konnte auch in der schwedischen Studie gezeigt werden. Auch in den hochindustrialisierten und stärker individualisierten Gesellschaften leisten die Herkunftsfamilien noch ein erhebliches Maß an Unterstützung.

[260]   Kieselbach/Beelmann, S. 36.

als familiäre Hilfe"[261]. Die Akzeptanz der Erwerbslosigkeit unter Jugendlichen und die Prolongierung der familiären Interdependenz, einer Interdependenz, die nicht den Entwicklungsbedingungen von Jugendlichen entspricht, manipulieren das Individuum in seiner „Phase des Experimentierens und der Identitätsfindung"[262] mehr denn je zu einem Objekt der Vermarktung und Adressat kommerzieller Strategien.

Für Belgien und Deutschland zeigen die Ergebnisse der Studien, dass als Instanz des sozialen Rückhaltes die Familien dort nicht die zentrale Rolle spielen. Für Jugendliche in diesen Ländern ist das Gefühl sozialer Exklusion oder Inklusion stärker von dem Ausmaß an Unterstützung aus den sozialen Netzwerken abhängig als von familiärer Unterstützung. Das „institutionelle Hilfesystem" (Kieselbach) in Nordeuropa bietet Jugendlichen mehr Möglichkeiten, scheint aber auch dazu zu führen, dass individuell höhere Exklusionsrisiken wahrgenommen werden und es zu einem weitgehenden Rückzug von staatlichen Institutionen kommt.[263] Andererseits haben jugendliche Langzeitarbeitslose in Griechenland, Italien und Spanien, aber auch in Schweden ein geringeres Risiko sozialer Isolation als Jugendliche in Belgien und Deutschland. Der Grund ist auch hier wiederum in dem vergleichsweise engen und starken Familienverbund der befragten Jugendlichen zu sehen.

5.) Kulturelle Exklusion:

Die meisten interviewten Jugendlichen empfanden Gefühle kultureller Exklusion besonders gravierend, wenn ihr „Lebensstandard mit dem Gleichaltriger nicht mehr übereinstimmte. Daraus folgt, dass Teilhabe am oder Ausgrenzung vom kulturellen Leben in hohem Maße von der finanziellen Situation der jungen Arbeitslosen abhängt."[264] Alleinig in Belgien und Deutschland wurde von einem allgemeinen Gefühl kultureller Ausgrenzung, in Form von Stigmati-

---

[261] Ibid., S. 39. In Südeuropa könnten zunehmende Prozesse der Individualisierung ebenfalls zur Schwächung des Puffereffekts durch Familienunterstützung beitragen.

[262] Ibid., S. 39.

[263] Soziale Netze für sich allein sind in Notlagen am wenigsten tragfähig, seitdem die Subsistenzwirtschaft weitgehend verdrängt wurde. Sie bedürfen immer stärker der materiellen Absicherung durch Markt und Staat.

[264] Ibid., S. 35.

sierung oder des subjektiven Eindrucks, als Außenseiter behandelt zu werden, berichtet.

6.) Räumliche Exklusion:

Die Dimension räumliche Exklusion wird differenziert behandelt zwischen Ausgrenzungsrisiken in großen Städten und ländlichen Gebieten. Ersteres bezieht sich auf Stadtteile mit geringer Wohnqualität, einer großen Zahl sozial benachteiligter Gruppen, einer hohen Kriminalitätsrate und damit einhergehenden Gefühlen von Unsicherheit seitens der Anwohner. Räumliche Exklusion in ländlichen Regionen wird vor allem auf eine unzureichende Infrastruktur wie einen Mangel an Qualifikationsmöglichkeiten, auf das Fehlen von Arbeitsangeboten und kulturellen Aktivitäten sowie auf den Mangel an öffentlichen Verkehrsmitteln zurückgeführt.

> „In allen Länder-Studien hat die Form räumlicher Exklusion die geringste Bedeutung, wenngleich ein erhöhtes Risiko in den ländlichen Regionen Südeuropas angenommen wird."[265]

Thomas Kieselbach und Gert Beelmann ziehen folgendes Resümee des Forschungsprojektes YUSEDER:

> „Insgesamt erhöhen folgende Vulnerabilitätsfaktoren das soziale Exklusionsrisiko bei Jugendlichen: niedriges Qualifikationsniveau, passives Verhalten auf dem Arbeitsmarkt, schwierige finanzielle Situation, keine oder nur geringe soziale Unterstützung, mangelhafte oder nicht vorhandene institutionelle Hilfe, geringes Selbstwertgefühl und in einigen Fällen Drogensucht und Devianz. Demgegenüber verringern folgende Faktoren das soziale Ausgrenzungsrisiko: hohe Qualifikation, aktives Arbeitsmarktverhalten, sichere finanzielle Lage, soziale und institutionelle Unterstützung, hoher Grad an soziokulturellen Aktivitäten, großes Selbstvertrauen sowie gute Kommunikationsfähigkeiten. Abschließend bleibt auf die soziodemographischen Merkmale hinzuweisen, die im Prozess sozialer Exklusion eine Moderatorfunktion einnehmen, d. h. den Zusammenhang zwischen Arbeitslosigkeit und sozialer Exklusion beeinflussen. Die Vulnerabilität von jugendlichen Arbeitslosen steigt mit der Dauer der Arbeitslosigkeit und dem Mangel an schulischer und beruflicher Qualifikation.[266] Darüber hinaus sind Jugendliche aus

---

[265] Ibid.

[266] Die geringe Nachfrage auf dem Arbeitsmarkt und das häufige Fehlen jeglicher Berufserfahrung verhindert Jugendlichen zusätzlich den Einstieg ins

niedrigeren sozialen Schichten stärker einem Exklusionsrisiko ausgesetzt als Jugendliche, die aus höheren sozialen Schichten stammen, weil sich bestimmte Benachteiligungen der Familie bei den Kindern häufig bis ins Jugendalter fortsetzen."[267]

Die Forschungsergebnisse des europaweiten Projektes YUSEDER machen zwei Aspekte deutlich: *Erstens:* Der Anteil langzeiterwerbsloser Jugendlicher mit einem hohen Exklusionsrisiko am Arbeitsmarkt ist in den verschiedenen Ländern erheblich. *Zweitens:* Die Ergebnisse der YUSEDER-Studie zeigen, dass Erwerbslosigkeit ein entscheidender Risikofaktor sozialer Exklusion Jugendlicher darstellt, weil die Gewinnchancen des einzelnen Akteurs im gesellschaftlichen Konkurrenzkampf machtverleihenden Ressourcen in seinen unterschiedlichen Arten und Erscheinungsformen unterliegen. Durch das Kapital wird die soziale Welt des gesellschaftlichen Funktionierens „gleich Trümpfen in einem Kartenspiel"[268] determiniert. Dadurch ist auf längere Sicht die soziale Eingliederung in die Gesellschaft für erwerbslose Jugendliche bedroht.

3.3 Das Duale System der beruflichen Ausbildung in Deutschland

Im Unterschied zu anderen Arbeitsmärkten ist der „deutsche Arbeitsmarkt weitgehend beruflich strukturiert"[269]. Mehr als zwei

---

Berufsleben. Dauert die Arbeitslosigkeit bei Jugendlichen länger an, ist mit einem Verlust bereits erlernter beruflicher Qualifikationen zu rechnen. Nicht nur, dass jugendlichen Arbeitslosen der Eintritt in das Erwerbsleben durch strukturelle Arbeitsmarktprobleme versperrt bleibt, sie betrachten sich selbst auch als chancenlos und ziehen sich im Sinne einer Selbstausgrenzung vom Arbeitsmarkt zurück.

[267] Ibid., S. 36f.

[268] Bourdieu (1985), S. 10.

[269] Bosch/Knuth, S. 278. Verschiedene internationale vergleichende Studien zeigen, wie sehr sich infolge der unterschiedlichen Ausbildungsstrukturen auch die Arbeitsorganisation in Deutschland von der in den USA und in Großbritannien, das in dieser Hinsicht sehr den USA gleicht, unterscheiden. 1989 hatten nur 16 % der Beschäftigten in Westdeutschland keine berufliche Ausbildung, während es in den USA 45 % waren. Die Arbeitsorganisation in den USA und in Großbritannien ist wegen der mangelnden Kompetenz vieler Arbeitskräfte viel hierarchischer als in Deutschland. Die unteren Führungskräfte kommen meisten aus den Hochschulen, da es keine internen Aufstiegsmechanismen (zum Beispiel Meister, Techniker und Fachwirte) gibt. Da mehr Kompetenzen bei den Führungskräften konzentriert sind und diese gleichzeitig eine große Anzahl von wenig qualifizierten Beschäftigten

Drittel der deutschen Beschäftigten haben eine Lehre abgeschlossen. Daher ist Jugendarbeitslosigkeit in Deutschland eng mit dem Ausbildungsverhalten der Unternehmen verbunden.[270]

Der Vorteil des Dualen Systems liegt in dem schnellen und direkten Zugang in das Beschäftigungssystem begründet; denn die Kombination von praktischem und theoretischen Lernen in der Lehre, und dies oft noch in prozessnahen Projekten, erleichtert nach der Ausbildung die rasche Übernahme von Funktionen im Betrieb.[271] Jüngere Arbeitskräfte aus dem dualem System erreichen daher die gleiche Produktivität wie erfahrene Arbeitskräfte.[272] Bei der Integration der nachwachsenden Generation in den Arbeitsmarkt erweist sich das Duale System der beruflichen Bildung als erheblich erfolgreicher als die Bildungssysteme anderer Länder.[273]

---

anleiten und kontrollieren müssen, ist die Führungsdichte in den USA und in Großbritannien dichter als in Deutschland. Die beruflich gut ausgebildeten deutschen Arbeitskräfte organisieren hingegen ihre Aufgabe häufiger im Team untereinander und entlasten damit die Unternehmensleitung von Koordinierungsaufgaben. Vgl. dazu etwa Prais/Wagner (1983); Finegold (2000).

[270] Die Jugendarbeitslosigkeit ist im Verhältnis zur allgemeinen Arbeitslosigkeit in keinem anderen OECD-Land so niedrig wie in Deutschland (vgl. z. B. OECD 1998). Die Arbeitslosigkeit in Deutschland konzentriert sich stärker als in vielen anderen Ländern auf die älteren Personen im erwerbsfähigen Alter.

[271] Berufsbildungssysteme wie das deutsche können in Zeiten raschen technologischen und organisatorischen Wandels nur überleben, wenn die Berufsbilder und Lernformen kontinuierlich weiterentwickelt werden. Wenn Berufsbilder hinter den Stand der Entwicklung in den Unternehmen zurückfallen, werden die Unternehmen das Interesse an einer Ausbildung verlieren und versuchen, die Qualifikationsdefizite durch die Rekrutierung von Hochschulabsolventen oder durch „handgestrickte" Bildungsmaßnahmen zu beheben. Bestehende Berufsbilder müssen also weiterentwickelt werden; darüber hinaus muss überprüft werden, ob neue Berufsbilder notwendig werden.

[272] In Ländern hingegen, in denen die meisten Jugendlichen aus dem allgemeinbildenden Schulsystem oder aus den von der betrieblichen Praxis getrennten Berufsausbildungseinrichtungen kommen, müssen die Betriebe diese erst mühsam und sehr kostenintensiv anlernen. Diese hohen Integrationskosten sind der Grund dafür, dass in solchen Ländern Arbeitskräfte, die schon über Berufs- und Arbeitserfahrung verfügen, vorgezogen werden.

[273] Durch ihre innere Differenzierung haben zudem Jugendliche mit ganz unterschiedlichen Schulabschlüssen ihre beruflichen Chancen, besonders gilt dies für benachteiligte Jugendliche.

Die meisten Schulabgänger streben eine duale Ausbildung an. Für die im Jahr 2005 befragten Jugendlichen ergeben sich ähnliche Muster wie für die Befragten in den Jahren davor und die Ergebnisse deuten insgesamt in dieselbe Richtung:

> „Männliche Jugendliche (61 %) haben wie bisher gegenüber weiblichen Jugendlichen (51 %) ein größeres Interesse an einer dualen Ausbildung. Letztere streben wiederum häufiger andere Ausbildungsgänge (z. B. Ausbildung in Schulen des Gesundheitswesens und Berufsfachschulen, Laufbahn im öffentlichen Dienst), ein Studium oder höhere allgemein bildende Schulabschlüsse an. Absolventen aus den neuen Ländern zeigen wie im Jahr 2004 ein größeres Interesse an einer dualen Ausbildung (60 % vs. 55 %)"[274].

Dies ist gegenüber dem Vorjahr (54 %) zwar ein leichter Anstieg, aber gegenüber dem Vorjahr haben sich die Chancen im Jahr 2005 noch einmal verschlechtert, denn die allgemeine konjunkturelle Schwäche führt zu einem geringeren Personalbedarf bei den Unternehmen und verringert die Bereitschaft, Ausbildungsplätze zu schaffen.

Der Zugang zur Berufsausbildung ist rauer geworden, da dieser gegenwärtig periodisch nur über Abschnitte befristeter Beschäftigung und damit einher mit hoher Unsicherheit erfolgt. Außerdem werden Führungspositionen in Betrieben zunehmend durch Hochschulabsolventen besetzt, was die Attraktivität einer Berufsausbildung einschränkt.

> „Wo für Handwerksberufe wie Friseure oder Anlagemechaniker bereits ein mittlerer Schulabschluss erwartet wird, sehen sie sich einem verstärkten Verdrängungswettbewerb ausgesetzt und haben kaum noch Ausweichmöglichkeiten nach unten. Dabei wären etliche Bewerber und trotz suboptimaler schulischer Voraussetzungen durchaus in der Lage, eine betriebliche Ausbildung erfolgreich zu absolvieren. Die Schüler erhalten jedoch zu wenige Gelegenheiten, sich noch in der Schule in bestimmten Berufsbereichen zu profilieren oder realistische Vorstellungen von Berufen zu entwickeln, die für sie infrage kommen."[275]

---

[274] Vgl.: Friedrich, S. 7f.

[275] Bronnenmeyer, S. 50. Wolfgang Engler (S. 169) drückt dieses Phänomen so aus: „Um einen Beruf zu ergreifen, für den früher der Besuch einer Haupt- oder Realschule genügte, ist nun ein Studium erforderlich. Im selben Maße, in dem Investitionen in höhere Bildungsabschlüsse für nachwachsende

Die individuelle Berufswahlentscheidung findet nach persönlichen Merkmalen, Fähigkeiten, Neigungen, aber auch unter vielfältigen Einflüssen von Familie und Gesellschaft statt. Der Ausbildungsmarkt ist Hintergrund und Realisierungsfeld für berufliche Vorstellungen und Wünsche von Berufswählern; hier finden junge Menschen den Einstieg in das Berufsleben und in ihre berufliche Entwicklung. Da sich auf dem Ausbildungsmarkt – wie bei allen Märkten – Angebot und Nachfrage gegenüberstehen[276], sind mit dem Ausbildungsmarkt vielfältige bildungspolitische, sozialpolitische, volkswirtschaftliche und gesamtgesellschaftliche Aspekte verbunden.

Vor allem „Hauptschüler sehen sich (...) als die Verlierer im Kampf um Ausbildungs- und Arbeitsplätze"[277]. Viele von ihnen „resignieren präventiv", und mit der „gefühlten und tatsächlichen Benachteiligungen der Hauptschulabsolventen" wird ein gefährliches Potenzial an „Aussteigern" und resignativen „Leistungsverweigerern" geschaffen. Noch schlechter stellt sich die Situation für Jugendliche ohne Hauptschulabschluss dar, einen Lehrvertrag abschließen zu können; in den letzten Jahren haben jeweils mehr als 15 000 Jugendliche ohne Hauptschulabschluss einen Lehrvertrag abgeschlossen.[278] Im Vergleich zu Absolventen mit Hauptschulabschluss haben Jugendliche mit Mittlerem Bildungsabschluss oder Abitur signifikant höhere Chancen auf einen Ausbildungsplatz. „Abiturienten haben eine rund dreimal so hohe Chance wie Hauptschulabsolventen. Von 2004 auf 2005 ist die Bildungsrendite leicht gesunken, der Unterschied ist jedoch nicht signifikant."[279] Eine Studie der Bertelsmann-Stiftung aus dem Jahr 2005 kommt zu folgendem Ergebnis:

> „Mehr als jeder zweite Jugendliche zwischen 14 und 20 Jahren blickt hinsichtlich seiner Ausbildungs- und Berufschan-

---

Jahrgänge zur puren Notwendigkeit werden, gehorcht die individuelle Kapitalisierung der Zertifikate erneut dem Zufall."

[276] Angebot und Nachfrage auf dem Ausbildungsmarkt sind aber nicht nur unter rein marktwirtschaftlichen Gesichtspunkten zu bewerten. Das wird immer dann deutlich, wenn grobe Ungleichgewichte zwischen Angebot und Nachfrage auftreten, sei es, dass Bewerber keine Ausbildungsstelle erhalten oder andererseits für Ausbildungsplätze keine Bewerber zu bekommen sind.

[277] Bronnenmeyer, S. 51.

[278] Siehe: *bmb+f 2000*. Das ist nicht befriedigend, aber ein Indikator für die Offenheit des Systems.

[279] Friedrich, S. 10.

cen eher zurückhaltend skeptisch (42 %) oder sogar negativ/
pessimistisch (10 %) in die Zukunft."[280]

Gleichzeitig bildet der Ausbildungsmarkt für Wirtschaft und Gesellschaft die Grundlage für die Heranbildung qualifizierten Fachperso-
nals. Im weiteren Sinn ist er Teil des Arbeitsmarktes, zugleich aber
auch ein Faktor, der diesen qualitativ beeinflusst, denn er weist eine
relative Eigenständigkeit und Eigendynamik mit ganz spezifischen
Merkmalen, Mechanismen und Wechselbeziehungen auf. Bei Betrachtungen zum Ausbildungsmarkt gegenüber dem System von
Angebot und Nachfrage auf dem Arbeitsmarkt ist insbesondere dessen enge Verzahnung mit dem Bildungssystem zu beachten. Schul-
abgängerzahlen, schulisches Übergangsverhalten, Schullaufbahn-
entscheidungen und die Formen der verschiedenen Schulabschlüsse
wirken sich wesentlich auf die quantitativen und qualitativen Strukturen der Nachfrage nach beruflicher Ausbildung aus. Andererseits
ragen aber auch Qualifikationsbedarf und Beschäftigungschancen
aus dem Arbeitsmarkt in das Ausbildungssystem, wenn es auch
nicht unbedingt ein Spiegelbild des Beschäftigungssystems ist.

Im Vergleich zum Vorjahr sank für das Ausbildungsjahr 2005/2006
wiederum die Zahl der am 30. September 2005 abgeschlossenen
Ausbildungsverträge um rund 22 800. Damit haben sich im Vergleich zum Jahr 2004 die Chancen der Jugendlichen auf eine duale
Ausbildung wiederum verschlechtert. Die Einmündungsquote ist
signifikant um sieben Prozentpunkte (von 54 % auf 47 %) zurückgegangen. Bezüglich der Unterschiede zwischen Ost- und Westdeutschland hatten Lehrstellensuchende in Ostdeutschland sowohl
2004 als auch 2005 „schlechtere Chancen als die in Westdeutschland.
Dieser im einfachen deskriptiven Vergleich nicht erkennbare Unterschied zwischen Ost und West wird erst im multivariaten Modell
sichtbar".[281]

---

[280] „Jugend und Beruf" – Repräsentativumfrage zur Selbstwahrnehmung der Jugend
        in Deutschland, Bertelsmann Stiftung, Gütersloh 2005, S. 10.

[281] Friedrich, S. 10. Das liegt vor allem darin begründet, dass die Gruppe der
        Jugendlichen mit Migrationshintergrund und mit ihren relativ schlechten
        Realisierungschancen vor allem in den alten Bundesländern lebt und so den
        Effekt für Westdeutschland negativ beeinflusst.

3.4 Zur Entwicklung der Jugenderwerbslosigkeit in Deutschland

Die Entwicklung der Erwerbslosigkeit der Jugendlichen unterscheidet sich nicht signifikant von der Entwicklung der Erwerbslosigkeit der über 25-Jährigen im West Ost-Vergleich.[282] In den neuen Bundesländern stieg die Arbeitslosenquote der über 25-Jährigen im Zeitraum 1995 von 14,9 Prozent auf 20,1 Prozent im Jahr 2004 kontinuierlich an. Damit beträgt die Arbeitslosenquote in den neuen Bundesländern mehr als das Doppelte als die in den alten Bundesländern.[283]

Die Arbeitslosenquote der unter 25-Jährigen schwankt zwischen 8,6 Prozent (1995) und 8,1 Prozent (2004) in den alten Bundesländern. Die Erwerbslosenquote erreichte 1997 mit 10,9 Prozent ihren höchsten Stand. Damit liegt die Erwerbslosenquote im Zeitabschnitt von 1995 bis 2004 auf annähernd gleichem Niveau wie die Arbeitslosenquote aller abhängigen Erwerbspersonen in den alten Bundesländern. Die Arbeitslosenquote der Jugendlichen unter 25 Jahren beträgt in den neuen Bundesländern zwar einige Prozentpunkte unter der Arbeitslosenquote aller Altersgruppen insgesamt. Die Begründung ist auf den Faktor zurückzuführen, dass der Anteil der erwerbslosen Jugendlichen unter 20 Jahren gering ist. Diese Statistik weist aber eine ähnliche Steigerungsrate von 12,7 Prozent im Jahr 1995 auf 16,2 Prozent im Jahr 2004 auf, der höchste Wert lag 1998 bei 17,4 Prozent.

Die Arbeitslosenquote verzeichnet in der jugendlichen Alterskohorte zwischen 20 und 25 Jahren einen negativen Trend. Die Arbeitslosenquoten der Jugendlichen unter 20 Jahren ist in West- wie in Ostdeutschland in den letzten fünf Jahren kontinuierlich gesunken, sie steigen aber in der Alterskohorte zwischen 20 bis 25 Jahren an und liegen in den neuen Bundesländern fast doppelt so hoch als in den alten Bundesländern.

> „Diese Zahlen legen den Schluss nahe, dass zwar einerseits die arbeitsmarktpolitischen Anstrengungen greifen, den Übergang von der Schule in das Ausbildungssystem zu erleichtern und damit den Problemdruck an der ersten Schwelle zu mildern. Andererseits scheinen die Aktivitäten

---

[282] Vgl. Wiener/Meier, Vgl. auch *Amtliche Nachrichten der Bundesagentur für Arbeit*, Arbeitsmarkt 2005, 54. Jahrgang, Nürnberg, 24. August 2006.

[283] Diese schwankt in den alten Bundesländern, bezogen auf alle abhängigen Erwerbspersonen, zwischen acht und elf Prozent.

nicht auszureichen, den Jugendlichen in den neuen Bundesländern den Einstieg in ein stabiles Beschäftigungsverhältnis zu ermöglichen."[284]

Analysiert man die Arbeitslosenquote hinsichtlich personenbezogenen Merkmalen, ergibt sich, dass „Jugendliche in den neuen Bundesländern auch mit Berufsabschluss zunehmend stärker von Arbeitslosigkeit betroffen sind."[285]

Unter Analyse geschlechtsspezifischer Merkmale der Arbeitslosenstatistik manifestiert sich eine höhere Quote junger Männer im Gegensatz zu der der gleichaltrigen Frauen. Dieses geschlechtsspezifische Phänomen tritt sowohl in den neuen als auch in den alten Bundesländern auf. Es ist deshalb anzunehmen, dass nicht die Arbeitsmarktsituation für weibliche Jugendliche besser ist als die für ihre männlichen Konkurrenten auf dem harten umkämpften Markt um offene Stellen, sondern dass

„junge Frauen angesichts der schwierigen Berufsausbildungs- und Arbeitsmarktlage vermehrt auf schulische Ausbildungen zurückgreifen und damit seltener Anspruch auf Lohnersatzleistungen erwerben und sich insgesamt weniger bei den Arbeitsagenturen melden".[286]

Der Anteil der Langzeitarbeitslosen unter 25 Jahren nimmt kontinuierlich zu. Dieser Anteil stieg von 56 Prozent im Jahr 1999 auf 65 Prozent im Jahr 2004, d. h. dass in den neuen Bundesländern 35 Prozent der arbeitslos gemeldeten Jugendlichen keinen Ausbildungsabschluss vorweisen und damit deutlich weniger als in den alten Bundesländern, wo die Quote annähernd 44 Prozent beträgt, die über keine Berufsausbildung verfügen. So waren in den neuen Bundesländern 1999 noch 22,3 Prozent, in den alten Bundesländern 23,1 Prozent „von den als arbeitslos Registrierten dieser Altersgruppe länger als sechs Monate ohne Beschäftigung"[287] registriert, so stieg die Quote im Jahr 2004 auf 23,7 Prozent in den alten Bundesländern und betrug 27,3 Prozent in den neuen Bundesländern. Vor allem scheinen die strukturellen Bedingungen in den neuen Bundesländern verantwortlich für den zunehmend erschwerten Eintritt in das Erwerbssystem arbeitsloser Jugendlicher. Verschiedene Untersu-

---

[284]   Vgl. Wiener/Meier, S. 77.

[285]   Vgl. Ibid.

[286]   Wiener/Meier, S. 78f. So betrug der Anteil der weiblichen Jugendlichen in den Berufsfachschulen des Gesundheitswesens, Schulen außerhalb des dualen Systems, im Schuljahr 2001/02 82 Prozent. Vgl. Avenarius et al., S. 206.

[287]   Wiener/Meier, S. 79f.

chungen weisen nach, dass mit zunehmender Erwerbslosigkeits-
dauer die Aussicht auf eine Beschäftigung stark sinken.[288] Wiener
und ihr Forschungsteam ziehen daraus das Resümee, dass somit
„Ausbildungsoffensiven, die unabhängig von Beschäftigungsent-
wicklungen in der Wirtschaft initiiert werden, kaum ein Garant für
stabile Beschäftigungsverhältnisse" seien.[289]

Wenn man die Quoten der Jugendlichen evaluiert, die ein Jahr und
länger als arbeitslos erfasst sind, dann fällt auf, dass dieser Trend
sich im Osten Deutschlands verstärkt, da dort deren Anteil von 7,1
Prozent im Jahr 1999 auf 9 Prozent im Jahr 2004 stieg, während sich
der Anteil der unter 25-Jährigen Arbeitslosen im Westen, die länger
als ein Jahr ohne Arbeit waren, sogar leicht von 7,7 auf 7 Prozent
verringert hat.[290] Interessant dabei ist, dass von dieser Entwicklung
nicht nur die neuen Bundesländer betroffen sind, sondern auch in
den alten Bundesländern sank die Quote der als arbeitslos registrierten Jugendlichen ohne Berufsabschluss, von rund 60 Prozent
im Jahr 1999 auf 44 Prozent im Jahr 2004. Damit gleichen sich die
Zahlen der Erwerbslosen ohne Berufsabschluss unter den Jugendlichen in Ost- und Westdeutschland an. In den alten Bundesländern
steigt die Zahl der Jugendlichen an, die trotz eines Berufsabschlusses keine Beschäftigung finden. „Vor allem in Berlin (Quote 15,5 %),
Brandenburg (8,9 %) und in Sachsen-Anhalt (7,1 %) sind deutlich
mehr Jugendliche ohne Ausbildung als noch vor zehn Jahren."[291]

3.5 Staatliche Fördermöglichkeiten

Aufgrund der angespannten Lage am Ausbildungsplatzstellen-
markt konnten viele Jugendliche ihren Wunsch nach einer dualen
Ausbildung aber nicht realisieren. Die BIBB-Schulabsolventen-
befragungen bestätigen das ungebrochen große Interesse von Jugendlichen an einer dualen Berufsausbildung. Gegenüber der Befragung im Jahr 2004 ist der relative Anteil der Jugendlichen, die
den Wunsch nach einer betrieblichen Ausbildung äußern, im Jahr
2005 sogar noch leicht angestiegen.

„Dramatisch betroffen sind hiervon Jugendliche mit Migrationshintergrund, die nun nur noch zu einem Viertel (Vor-

---

288   Vgl. z. B. Gilberg et al.
289   Wiener/Meier, S. 79.
290   Siehe dazu: Tab. 3, Vgl. Wiener/Meier, S. 79f.
291   Troltsch, S. 45.

jahr 45 %) ihren Berufswunsch realisieren konnten, was einem Rückgang von 20 Prozentpunkten entspricht. Ebenfalls sehr stark zurückgegangen ist die Einmündungsquote von Jugendlichen zum Beispiel aus beruflichen Vollzeitschulen (minus 12 Prozentpunkte); sie liegt jetzt nur noch bei 44 %. Dies ist deshalb bemerkenswert, weil die Jugendlichen über eine berufsfachschulische Ausbildung, die eine berufliche Grundbildung, aber keinen Abschluss vermittelt, über ein BVJ oder ein BGJ bereits berufspraktische Qualifikationen vermittelt bekommen haben sollten. Das bedeutet, dass viele dieser Altbewerber auch weiterhin auf einen Ausbildungsplatz verzichten müssen, was unweigerlich dazu führt, dass die Zahl der Altbewerber, die bereits vor mehreren Jahren das allgemein bildende Schulsystem verlassen haben, weiter ansteigt."[292]

Im Jahr 2005 haben in Deutschland 169 500 Jugendliche oder junge Erwachsene eine berufsvorbereitende Bildungsmaßnahme begonnen. Das sind 3 % oder 5 300 mehr als ein Jahr davor.[293] Im Jahresdurchschnitt haben 2005 insgesamt 97 500 junge Menschen an berufsvorbereitenden Bildungsmaßnahmen teilgenommen, ohne die „sie vermutlich keine Berufsausbildung oder Berufstätigkeit hätten aufnehmen können. Ein Anstieg von 1.100 oder fast 2 % in Westdeutschland steht einem Sinken der Teilnehmerzahlen von 1.100 oder 4 % in Ostdeutschland gegenüber."[294]

„Im Jahresdurchschnitt wurden 113.400 Jugendliche in solchen Maßnahmen gefördert, 9 % oder 10.800 weniger als 2004. Die Bestände an Teilnehmern gingen in West- wie Ostdeutschland gleichermaßen zurück (–6.700 oder –10 % in Westdeutschland unter 4.100 oder –7 % in Ostdeutschland)."[295]

Die berufliche Qualifizierung in BGJ, BVJ und BFS, die keinen voll qualifizierenden Berufsabschluss vermitteln, verbessert die Chancen auf eine betriebliche Ausbildungsstelle nicht. Dies gilt sowohl für

---

[292]   Friedrich, S. 8.

[293]   „Die Zugänge zu berufsvorbereitenden Bildungsmaßnahmen entwickeln sich in West- wie Ostdeutschland unterschiedlich (3.700 bzw. –3 % in Westdeutschland und +9.000 bzw. +20 % in Ostdeutschland)." Aus: *Amtliche Nachrichten der Bundesagentur für Arbeit, Arbeitsmarkt 2005*, 54. Jahrgang, Nürnberg, 24. August 2006, S. 118.

[294]   Quelle: *Amtliche Nachrichten der Bundesagentur für Arbeit, Arbeitsmarkt 2005*, 54. Jahrgang, Nürnberg, 24. August 2006, S. 118.

[295]   Ibid.

die untersuchten Absolventenjahre als auch für Jugendliche mit und ohne Migrationshintergrund.

Die Berufsausbildung benachteiligter Jugendlicher wird von der Bundesagentur für Arbeit gefördert. Insgesamt traten im Jahr 2005 98 800 Jüngere in solche Maßnahmen ein,

> „gut 5 % oder 5.500 weniger als im Vorjahr. Dabei konzentrierte sich die Abnahme ausschließlich auf Ostdeutschland (−21 % auf 31.600), während die Förderung im Westen leicht anstieg (+5 % oder 2.900 zusätzliche Eintritte)." [296]

Auch gewährt die Bundesagentur für Arbeit Jugendlichen, die eine Berufsausbildung absolvieren oder an einer berufsvorbereitenden Bildungsmaßnahme teilnehmen unter Umständen Berufsausbildungsbeihilfe (BAB). Im Jahr 2005 bezogen diese Geldleistung jahresdurchschnittlich 100 300 Jugendliche. Das sind 1 % mehr als im Vorjahr bzw. 1 000 Personen mehr. Die Empfängerzahl in Westdeutschland erhöhte sich um 6 % auf 39 300 Jugendlichen, in „Ostdeutschland sank die Zahl der Leistungsempfänger um 2 % auf 61.000." [297]

Der Bund und die Länder haben mit zahlreichen Programmen versucht, die betriebliche Ausbildungslücke zu schließen. Ungefähr 80 % der Ausbildungsplätze in Ostdeutschland sind vollsubventioniert oder werden zum Teil subventioniert. Der Anteil der aus Mitteln der Arbeitsverwaltung geförderten Ausbildungsplätze im Verhältnis zur Gesamtzahl ist in den neuen Bundesländern unverhältnismäßig höher als in den alten Bundesländern. So wurden in den neuen Bundesländern von 133 799 abgeschlossenen Ausbildungsverträgen (Sept. 1999) 29 774 (ca. 22 Prozent) öffentlich gefördert. Im Westen waren dies 34 571 von 497 216 abgeschlossenen Verträgen (ca. 7 Prozent). [298]

---

[296] Ibid.

[297] Ibid.

[298] Vgl. Berufsbildungsbericht, a.a.O., S. 23. Jugendliche aus überbetrieblichen Ausbildungsgängen kommen häufig aus einem benachteiligten sozialen Umfeld und haben oft nur mit großer Mühe die Ausbildung und die abschließende Prüfungsphase absolviert. Eine direkt nach der Prüfung einsetzende Arbeitslosigkeit wirkt demotivierend und kann bei längerer Dauer dazu führen, dass Erlerntes vergessen wird und dieser Prozess der Dequalifizierung die Berufsfähigkeit nachhaltig mindert. Verschuldung, Suchtverhalten oder Delinquenz können weitere Folgen eines missglückten Einstiegs in die Arbeitswelt sein.

3.6 Benachteiligtenförderung

Die Benachteiligtenförderung ist seit langem ein Bestandteil des Berufsbildungssystems. Ursprünglich stand die Frage im Vordergrund, wie für die Jungarbeiter ein sinnvolles Bildungsangebot der Berufsschule entwickelt werden könnte. Später, in den frühen 70er Jahren, sollte das Berufsvorbereitungsjahr die „Problemgruppen" des Berufsbildungssystems aufnehmen. Parallel dazu entstanden die ersten berufsvorbereitenden Lehrgänge, finanziert durch die Bundesanstalt für Arbeit. 1980 begann das sog. „Benachteiligtenprogramm" mit ca. 600 Ausbildungsplätzen in außerbetrieblichen Bildungseinrichtungen. Im Jahr 1988 wurde das Programm in das AFG übernommen und damit zu einem Regelangebot gemacht. Seit dem Jahr 1982 gehören auch die „ausbildungsbegleitenden Hilfen" zum Unterstützungsangebot für betriebliche Auszubildende. Die Programme der Benachteiligtenförderung werden durch weitere Programme, teils auch im Rahmen der Sozial- und Berufsbildungspolitik der Europäischen Union, flankiert. Das gilt auch für die Angebote der Jugendhilfe und für die vielen Sonderprogramme, die insbesondere wegen der Ausbildungsstellenknappheit in den neuen Bundesländern forciert worden sind. Daran zeigt sich, dass hier nicht, wie anfangs zu vermuten war, kurzfristige Fehlsteuerungen am Ausbildungsstellenmarkt korrigiert werden müssen, sondern dass hier eine Daueraufgabe entstanden war. Zentrales Ziel bildungspolitischer Anstrengungen war seit Mitte der 1990er Jahre zum einen, präventiv die Übergänge in Ausbildung zu verbessern und Ausbildungsabbrüche zu vermeiden, zum anderen, (jungen) Erwachsenen ohne formale Ausbildung (Rück-)Wege zum Berufsabschluss zu öffnen.[299]

---

[299] Dabei lag der Fokus lange Zeit vor allem auf den Arbeitslosen dieser Personengruppe. Diese Defizite systematisch auszugleichen und möglichst vielen Jugendlichen die Chance eines Ausbildungsabschlusses zu eröffnen, war das selbstverständliche Ziel des Fördersystems. Diese Zielsetzung war von dem nachdrücklich artikulierten Verbot, Sonderausbildungsgänge für schwache Jugendliche einzuführen, geprägt. „Qualifizierte Ausbildung für alle" ist eine Forderung, die gerade von den Gewerkschaften immer wieder gestellt worden ist. Zu groß war die Angst, es könne zur erneuten Einrichtung von verkürzten und geringwertigen Anlernberufen kommen. Die langen Diskussionen über den § 48 des alten Berufsbildungsgesetzes, der die zweijährige Ausbildung von behinderten Menschen regelt, legen darüber beredtes Zeugnis ab.

Die Angebote zur Benachteiligtenförderung werden nach wie vor stark frequentiert.[300] Zwei von fünf jungen Leuten ohne Lehrstelle landen nach der Schule nicht in einer vollqualifizierenden Ausbildung, sondern im dschungelartigen Niemandsland der Benachteiligtenförderung. Das *Deutsche Forum Jugendsozialarbeit* geht von gegenwärtig 65 000 jungen Leuten in Warteschleifen aus und beziffert die jährlichen Ausgaben dafür auf sechs Milliarden Euro. Andere Schätzungen kommen „nur" auf Kosten zwischen 3,5 und vier Milliarden Euro. Während der Bericht „Bildung in Deutschland" (Mai 2006) der Kultusministerkonferenz (KMK) 48 800 Teilnehmende am Übergangssystem im Jahr 2004 zählt, hat das Bundesinstitut für Berufsbildung (BIBB) für das Jahr 2005 circa 56 000 Jugendliche errechnet. Diese differierenden Angaben lassen sich erklären: Erstens ist die Zielgruppe nicht eindeutig umrissen. Gehören zu den jugendlichen mit schlechten Startchancen die Behinderten, gehören die Marktbenachteiligten dazu? Zweitens lässt sich immer nur stichprobenartig erheben, wer gerade welche Übergangsmaßnahme bezahlt.[301]

3.7 Jugendliche ohne Berufsabschluss

Mit dem Wandel in Produktion, Verwaltung und Dienstleistung im Zuge des technischen Fortschritts verschwinden Jahr für Jahr Arbeitsplätze und -felder für Mitarbeiter ohne formale Ausbildung. Im Jahr 2000 war in den alten Bundesländern jede fünfte, in den neuen Bundesländern jede zweite ungelernte Erwerbsperson arbeitslos.[302] Der Anteil Arbeitsloser ohne Abschluss liegt aktuell bei 39 %, dies

---

[300]   Bestand 2004: BvB 88.700; abH: 55.094; BaE 73.028; Berufsbildungsbericht 2005, S. 179, 183. BvB = berufsvorbereitende Bildungsmaßnahmen; abH = ausbildungsbegleitende Hilfen; BaE = Berufsausbildung in einer außerbetrieblichen Einrichtung

[301]   In Frage kommen Bund, Länder, Landkreise, Kommunen, Bundesagentur für Arbeit (BA), Unternehmen und der Europäische Sozialfonds (ESF), Mischfinanzierungen eingeschlossen. Die deutliche Ausweitung berufsschulischer Ausbildungsgänge ist vor allem ein Ausdruck der aktuellen Problemlage. Berufsvorbereitung (BvB), außerbetriebliche Ausbildung (BaE) und ausbildungsbegleitende Hilfen (abH) galten zunächst als Versatzstücke eines insgesamt funktionsfähigen Berufsbildungssystems. Sie zielten auf berufliche Qualifizierung der „Benachteiligten" – aktuell: der jungen Menschen mit besonderem Förderbedarf –, die aufgrund persönlicher Entwicklungsdefizite vom Regelsystem nicht in hinreichender Zahl aufgenommen werden konnten.

[302]   Reinberg (2003), S. 1646.

waren im August 2005 1,831 Millionen.[303] Nach Berechnungen des Instituts für Arbeitsmarkt- und Berufsforschung der BA stellten die Erwerbspersonen ohne Berufsabschluss im Jahr 2004 an den zivilen Erwerbstätigen einen Anteil von ca. 13 %, das waren 4,488 Millionen.[304]

Für viele heute betrieblich Beschäftigten ohne Abschluss bedeutet dies kurz- bzw. mittelfristig den Verlust ihres Arbeitsplatzes sowie problematische Chancen für einen Wiedereinstieg in Beschäftigung. Angesichts der hohen Gesamtarbeitslosigkeit ist es nicht nur für junge ausgebildete Fachkräfte schwer, im erlernten Beruf tätig zu werden, ihr vordringliches Problem ist es vielmehr, überhaupt eine Arbeit zu finden. Viele Unternehmen nutzen das Überangebot, um für weniger qualifizierte Tätigkeiten gut qualifizierte Mitarbeiter zu gewinnen. Insbesondere Ausgelernten aus außerbetrieblichen Berufsausbildungen fehlt es häufig an betrieblicher Praxis, was ihnen den Schritt über die zweite Schwelle in eine der Ausbildung entsprechende Berufstätigkeit zusätzlich erschwert. Keinen Berufsabschluss zu haben, bedeutet nicht immer, auch über keinen Schulabschluss zu verfügen. Denn nur 13 % dieser Personengruppe verlassen eine allgemein bildende Schule ohne Abschluss, dagegen gehen zwei Drittel mit einem Hauptschulabschluss ab.[305]

Gegenwärtig liegt der Anteil der Jugendlichen ohne Berufsabschluss an allen Jugendlichen im Alter von 20 bis 29 Jahren bei ca. 15 Prozent, insgesamt sind dies 1 360 000 Jugendliche und junge Erwachsene.[306] Anlass zur Besorgnis geben vor allem zwei Aspekte:

Erstens: 37 % der ausländischen Jugendlichen verfügen über keinen Berufsabschluss, das sind deutlich mehr als bei den deutschen Jugendlichen. Unter den arbeitslosen Jugendlichen mit ausländischer Staatsangehörigkeit hat wiederum fast jeder zweite keinen Berufsabschluss.

---

[303] Durch die Zusammenlegung von Arbeitslosen- und Sozialhilfe (Hartz IV) hat sich der Kreis von Personen, die statistisch zu den Arbeitslosen zu zählen sind, erweitert. „Zwar hat die Hartz-Kommission die Zusammenlegung von Arbeitslosen- und Sozialhilfe empfohlen, aber es war nicht die Rede davon, dass dies auf dem Niveau der Sozialhilfe geschehen sollte. Längst nicht überall, wo Hartz drauf steht, ist auch Hartz drin", betonte Annelie Buntenbach vom DGB-Bundesvorstand in einer Pressemitteilung im August 2007.

[304] Jugendliche in einer dualen Ausbildung oder im Studium sind hier nicht enthalten.

[305] Reinberg (2004), S. 61 – 75.

[306] Angaben zu Jugendlichen ohne Berufsabschluss aus: *BMBP (Hrsg.): Berufsbildungsbericht* 2005.

Zweitens: Besonders bedenklich stimmt die Entwicklung in den ostdeutschen Bundesländern. Lag der Anteil Jugendlicher ohne Abschluss hier im Jahr 1996 noch bei nur knapp 8 %, ist er bis zum Jahr 2003 um über 3 % gestiegen, trotz eines Rückgangs der 20- bis 29-Jährigen von ca. 7 % in der entsprechenden Wohnbevölkerung.[307] Das begründet auch die Bedeutung der Nachqualifizierung. Nicht formal Qualifizierte tragen ein besonderes Risiko arbeitslos zu werden und dies auch dauerhaft zu bleiben.[308]

3.8 Synopse zur Jugenderwerbslosigkeit in Deutschland

Erstens: Die Jugendarbeitslosigkeit ist in einzelnen Regionen trotz zahlreicher staatlicher Programme sehr hoch; dies gilt insbesondere in Ostdeutschland, wo das duale System ohne öffentliche Subventionen noch nicht lebensfähig ist. Durch die hohe Abwanderung Jugendlicher[309], und die hohe Anzahl Jugendlicher in verschiedenen arbeitsmarktpolitischen Maßnahmen werden diese regionalen Differenzen durch die Arbeitslosenquoten bei weitem unterzeichnet.

Zweitens: Die Jugendarbeitslosigkeit konzentriert sich zunehmend auf besondere Personengruppen. 61,5 % der jugendlichen Arbeitslosen in Westdeutschland und 46,5 % in Ostdeutschland verfügen über keine abgeschlossene Berufsausbildung.

Drittens sind insbesondere ausländische Jugendliche von Arbeitslosigkeit betroffen. Ihre Integration in das deutsche Bildungssystem ist in den letzten Jahren nicht vorangekommen. Nach Untersuchungen des *Bundesinstituts für Berufsbildung* ist der Anteil der Ungelernten

---

[307] Ibid.

[308] Solga, S. 94ff., zeigt, wie sich die Beschäftigungssituation der An- und Ungelernten verschlechtert, und dass ihr Risiko, (langzeit-)arbeitslos zu sein, deutlich zugenommen hat.

[309] So können sich laut dem *Thüringer Monitor 2006* 40 % der jungen Thüringer vorstellen, den Freistaat zu verlassen. Es sind vor allem junge hochqualifizierte Frauen, die die neuen Bundesländer aus beruflichen Gründen schon verlassen haben oder dies in Erwägung ziehen. Aus dem daraus resultierenden Männerüberschuss droht in den neuen Bundesländern sich ein gesellschaftliches Pulverfass zu entwickeln. Abwanderung erzeugt auch wiederum Abwanderung, „weil Freunde nachziehen, der Niedergang der Region durch anhaltende Abwanderung alltäglich erlebbar ist und somit das Vertrauen in das Entwicklungspotential einer Region schwindet." Heike Förster, S. 13. Übrig bleiben Rentner, Unqualifizierte, ältere Personen im erwerbsfähigen Alter und das – bedingt durch den Wegzug der Frauen – bei starkem Geburtenrückgang.

unter den ausländischen Jugendlichen in den letzen Jahren sogar noch gestiegen.[310]

Viertens kommt hinzu, dass in Deutschland mittlerweile 1,7 Mio. Jugendliche und junge Erwachsene unter 30 Jahren einer geringfügigen Beschäftigung nachgehen. Im Vergleich zum Juni 2003, für den erstmals Daten zur Verfügung standen, bedeutet dies eine Steigerung um 15,2 % in nur zwei Jahren.

Fünftens sehen sich die Jugendlichen zunehmend Problemen beim Übergang in Beschäftigung gegenüber. Aufgrund des zurückgehenden Fachkräftebedarfs bei gleichzeitig steigenden Qualifikationsanforderungen sind mittlerweile auch jüngere Altersgruppen – trotz abgeschlossener Berufsausbildung – von den Entwicklungen auf dem deutschen Arbeitsmarkt in besonderer Weise betroffen. Der Bestand an sozialversicherungspflichtigen Beschäftigten unter 30 Jahren, die über einen Berufsabschluss verfügen, ist seit dem Jahr 1996 um 626 000 bzw. um 14,9 % zurückgegangen. Parallel dazu haben sich die Arbeitslosenzahlen um 13,6 % erhöht. In der Folge haben sich die Beschäftigungschancen auch für ungelernte Jugendlichen weiter verschlechtert. Hier ist der Bestand um 10 % auf 720 000 Beschäftigte in der entsprechenden Altersgruppe gesunken.

Sechstens: Insbesondere in Ostdeutschland steigt die Zahl der Arbeitslosen nach einer erfolgreich abgeschlossenen Berufsausbildung seit 1997 sprunghaft an. Und es handelt sich dabei immer weniger um eine „Übergangsarbeitslosigkeit" von wenigen Wochen.

Siebtens: Deutschland hat – wie andere Länder der EU – das Problem, dass es Jugendlichen zunehmend schwerer fällt, den Übergang ins Erwerbsleben zu schaffen.[311] So waren zum Beispiel bundesweit 71 Prozent der außerbetrieblich ausgebildeten Absolventen aus kaufmännischen Berufen direkt nach Abschluss der Ausbildung arbeitslos. Drei Monate nach dem Abschluss waren dies noch immer 45 Prozent, wobei nur 31 Prozent eine Beschäftigung im erlernten Beruf gefunden hatten. Alle anderen jobbten in Anlerntätigkeiten (6 Prozent), hatten eine Weiterbildung bzw. ein Studium begonnen (13 Prozent) oder standen aus anderen Gründen (Wehrdienst, Zivil-

---

[310] Vgl. Deutsches Institut für Wirtschaftsforschung (DIW) 2000.

[311] Dies haben die Briten und die Franzosen erkannt und das Strukturproblem zum zentralen Gegenstand ihrer langfristig angelegten Programme gemacht. Vgl. dazu: Heidemann.

dienst, Familie) dem Arbeitsmarkt nicht zur Verfügung (5 Prozent).[312]

3.9 Kompetitives Fazit

In den nächsten Jahren muss noch einmal das Lehrstellenangebot erhöht werden, da nach wie vor die Situation auf dem Ausbildungsstellenmarkt in den neuen Bundesländern durch einen starken Nachfrageüberhang gekennzeichnet ist.[313] Bis zum Jahre 2010 wird die Nachfrage nach Ausbildungsplätzen noch einmal steigen, da geburtenstarke Jahrgänge ins Erwerbsleben treten, dann aber werden sich durch den Geburtenknick nach der Wiedervereinigung die nachwachsenden Alterskohorten fast halbieren.

Die ostdeutsche Wirtschaft steuert auf einen großen Fachkräftemangel hin. Sie hat in den letzten Jahren zu wenig junge Leute eingestellt und qualifiziert; dadurch bildete sich eine ungesunde Alterspyramide heraus. Ein drastisch ansteigender Einstellungsbedarf wird dann in einigen Jahren nicht durch die deutlich geringeren Jahrgänge Jugendlicher zu befriedigen sein. So werden z. B. in Sachsen die meisten der heute 55- bis 60-Jährigen bis 2010 in den Ruhestand gehen. Die Gesamtbevölkerung Sachsens sinkt bis zum Jahr 2015 von 4,5 Mio. auf 4,1 Millionen, die Gruppe der 20 Jährigen schrumpft um rund 40 Prozent. Um einen Ausbildungsplatz bewarben sich im Jahr 1999 23 000 Jugendliche; 1996 waren es 57 000. Der künftige Fachkräftemangel kann vor allem kleine Betriebe die Existenz kosten.[314] Die Politik ist offensichtlich in einem Dilemma. Solange die Betriebe auf öffentlich geförderte betriebsnahe Ausbildung, also eine kostengünstige Alternative zur eigenen Ausbildung

---

[312] Berufsbildungsbericht, S. 160. Die Zahlen beruhen auf einer Befragung des Bundesinstitutes für Berufsbildung unter den Absolventen der Sommerprüfung 1999.

[313] Nach dem Berufsbildungsbericht der Bundesregierung konnten im Jahr 1999 9.773 Jugendliche nicht in eine Berufsausbildung vermittelt werden. Gerade einmal 691 Aubildungsplätze blieben in allen fünf neuen Bundesländern unbesetzt. Vgl. *Berufsbildungsbericht 2000*, S. 240. Während in den alten Ländern die Angebot-Nachfrage-Relation mit 199,6 Prozent ausgeglichen war, betrug diese in den neuen Bundesländern im Jahr 1999 nur 93,7 Prozent (vgl. ebd. S. 236ff.). Auch wenn es sich dabei um rein rechnerische Größen mit nur sehr geringem Aussagewert über die Problemlagen in konkreten Regionen und Berufsfeldern handelt, lassen sie doch einen eindeutigen Trend erkennen, der durch die allgemeine Entwicklung auf dem Arbeitsmarkt bestätigt wird.

[314] Vgl.: Sächsisches Staatsministerium für Wirtschaft und Arbeit 2000.

zurückgreifen können, wird die Ausbildungsbereitschaft nicht deutlich zunehmen. Darüber hinaus sind besondere Strukturprobleme unübersehbar. Viele ostdeutsche Betriebe sind zum Beispiel Ableger von Unternehmen mit Hauptsitz in Westdeutschland und nur auf bestimmte Fertigungsschritte spezialisiert.

Eine Achillesferse des Systems bleibt aber die Ausbildungsbereitschaft der Unternehmen. Diese Bereitschaft ist *erstens* sehr konjunkturabhängig; in Konjunkturkrisen geht die Ausbildungsbereitschaft regelmäßig zurück, da die Unternehmen ihre Kosten verringern wollen und dies bei der Ausbildung am leichtesten ist.

Die Politik sollte auch hier die Einlösung des Ausbildungsversprechens von der Wirtschaft mit dem gleichen Nachdruck wie zu Beginn der 80er Jahre einfordern. Da die Konjunktur anzieht und erste Arbeitskräfteengpässe erkennbar sind, bestehen gute Chancen, hier auch das Eigeninteresse der Betriebe zu mobilisieren.[315] Über einen reinen Abgleich von Angebot und Nachfrage hinaus sollte es das Ziel sein, ein ausreichendes Angebot beruflicher Ausbildungsplätze zur Verfügung zu stellen, damit jeder Jugendliche möglichst eine seinen Neigungen und Fähigkeiten entsprechende Ausbildungsstelle erhält.[316]

---

[315] Zu überlegen wäre hier eine Berufsbildungsabgabe, die die ausbildenden Betriebe belohnt und von den Trittbrettfahrern einen Beitrag verlangt. So ist man in der Bauwirtschaft mit einer solchen Abgabe in Höhe von 2,8 % der Bruttolohnsumme sehr gut gefahren. Vgl. Kapitel 6 in Bosch/Zühlke-Robinet. Im „Bündnis für Arbeit, Ausbildung und Wettbewerbsfähigkeit" ist dazu ein umfangreicher Maßnahmekatalog vereinbart worden, der kurzfristig umgesetzt werden könnte. Es wurde u. a. vereinbart, auf regionaler Ebene jährlich Ausbildungskonferenzen durchzuführen, in gemeinsamen Kampagnen nicht ausbildende Betriebe für die Ausbildung zu gewinnen, das Ausbildungsplatzangebot in der Bundesverwaltung um 6 % zu erhöhen und die Zahl der Auszubildenden, zum Beispiel in den neuen IT-Berufen auf 40 000, zu steigern. Die Unternehmen verpflichteten sich, den demographisch bedingten Zusatzbedarf in den nächsten Jahren zu decken. Bislang ist diese Verpflichtung nur unzureichend eingelöst worden; die Zunahme der Zahl der abgeschlossenen Ausbildungsverträge ist weitgehend auf den Ausbau der öffentlich geförderten Ausbildung zurückzuführen.

[316] Deshalb fordert (aus gutem Grund) z. B. die *Gewerkschaft Erziehung und Wissenschaft*, kurz GEW genannt, nicht nur ein Recht auf allgemeine Bildung, sondern auch ein Recht auf eine berufliche Ausbildung. Wenn im dualen System nicht genügend Ausbildungsplätze zur Verfügung stehen, muss die vollqualifizierende Ausbildung in beruflichen Schulen mit Kammerabschluss und außerbetrieblichen Lernorten ausgeweitet und diese angemessen bezahlt werden. Siehe dazu Ballauf, S. 16 – 17.

Diese größere Spezialisierung erschwert eine vollständige Ausbildung. Die Politik wird kaum vermeiden können, auch in den nächsten Jahren überbetriebliche Ausbildungsplätze für Jugendliche trotz der hohen Mitnahmeeffekte der Betriebe weiter zu fördern. Auch werden Arbeitsbeschaffungsmaßnahmen für Jugendliche als Überbrückungsmaßnahme bis in die besseren Jahre unvermeidlich bleiben. Die Politik wird allerdings parallel dazu die Ausbildungsbereitschaft der Unternehmen fördern müssen, indem sie gezielt an Engpässen interveniert.

Nach der Wiedervereinigung wurde *zweitens* in Ostdeutschland ein Strukturproblem erkennbar. Die ökonomisch noch nicht gefestigten ostdeutschen Betriebe kämpften ums Überleben und konnten kaum in Ausbildung investieren. Der Staat sprang mit Subventionen ein, an die sich die Unternehmen gewöhnten. Die Maßnahmen des Bundes und der Länder zielen auf die Erhöhung des Lehrstellenangebots sowie auf die Finanzierung verschiedener kompensatorischer Maßnahmen durch den Staat für benachteiligte Jugendliche. Es scheint jedoch außer Frage zu stehen, dass vielen Jugendlichen damit der Übergang in eine Lehre und in Arbeit ermöglicht wurde. Ebenso deutlich wird aber auch, dass ein Teil der Jugendlichen nur in Warteschleifen endet, ohne mit der Arbeitswelt in Berührung gekommen zu sein. Es gibt zu viele und zu breit angelegte Berufsvorbereitungsmaßnahmen, die die Lage der Jugendlichen nicht entscheidend verbessern. Durch Standardmaßnahmen und nicht angemessenes Eingehen auf individuelle Problemlagen, erreicht man viele der Jugendlichen nicht und die öffentliche Unterstützung verliert wegen mangelnder Qualität bei den eigentlichen Betroffenen an Reputation. Das liegt vor allem auch daran, dass die angebotenen Maßnahmen nicht überschaubar sind und die vielfältigen Programme in Konkurrenz zueinander stehen. Nur in gemeinsamer Verantwortung von Wirtschaft, Trägern und anderer Institutionen (Schulen etc.) können bessere Ergebnisse erreicht werden. Hier ist ein maßgerechter Zuschnitt von Maßnahmen durch die Vereinbarung individueller Entwicklungsplänen notwendig. So sind die Anreizsysteme für die Träger in der Vergangenheit oft falsch gesetzt worden. Sie halten aus finanziellem Eigeninteresse oft Jugendliche in Berufsvorbereitungs – oder auch Arbeitsbeschaffungsmaßnahmen fest, anstatt sie zu vermitteln. Dieses finanzielle Eigeninteresse kann man den Trägern allerdings nicht vorwerfen, da es sich aus der Finanzierungslogik von Programmen ergibt, die oft nur Teilnahme und Verweildauern, nicht aber Vermittlungen fördern. Es handelt sich also mehr um ein Steuerungsproblem bei den Programmen.

Weil aber die abschlussorientierte Förderung ein wichtiger Beitrag zur Deckung des Fachkräftebedarfs darstellt, besteht weiterhin die Notwendigkeit, Qualifizierungskonzepte umzusetzen und Finanzierungsinstrumente zu etablieren.

Drittens schließlich schwankt die Nachfrage nach Ausbildungsplätzen vor allem wegen der unterschiedlichen Dimensionen der Geburtenkohorten sehr stark; wenn starke Kohorten in den Arbeitsmarkt eintreten, müssen die Unternehmen über Bedarf ausbilden oder der Staat muss einspringen, um Jugendarbeitslosigkeit zu vermeiden.

In der Mehrzahl der Fälle ist das geringe bildungs- und berufsbezogene Qualifikationsniveau die Hauptursache der Probleme auf dem Arbeitsmarkt und der damit verbundenen Risiken der Arbeitsmarktausgrenzung. Insbesondere ist mit einem Verlust bereits erlernter beruflicher Qualifikationen zu rechnen, wenn die Erwerbslosigkeit bei den Jugendlichen länger weiterbesteht. Vielen jungen Erwerbslosen bleibt damit der Eintritt in das Erwerbsleben aufgrund struktureller Arbeitsmarktprobleme verwehrt. Verstärkt wird dies noch durch die Selbseinschätzung, dass die Jugendlichen sich selbst auch als chancenlos betrachten und sich im Sinne einer Selbstausgrenzung vom Arbeitsmarkt zurückziehen.

> „Im Gegensatz dazu sind junge Leute mit hoher beruflicher Qualifikation und Berufserfahrung einem geringen Risiko sozialer Exklusion ausgesetzt. Eine berufliche Ausbildung ist demnach ein entscheidender Schutzfaktor, denn damit werden nicht nur Möglichkeiten der Integration in den Arbeitsmarkt geboten, sondern es wird auch die Chance sozialer Integration gefördert."[317]

Für Jugendliche, die von Erwerbslosigkeit betroffen sind, bedeutet dies, Erfahrungen des Zurückbleibens, der Missachtung und des Scheiterns zu erleben. Exklusion ist dann gegeben, wenn die Rückkehr bzw. der Eintritt in den regulären Arbeitsmarkt aufgrund vielfältiger struktureller wie personenbezogener Barrieren dauerhaft versperrt ist und damit die beiden zentralen Aspekte, die die Jugendphase kennzeichnen, überschatten: Die Vorbereitung auf und

---

[317] Kieselbach/Beelmann, S. 36. Auf der anderen Seite aber: Alles in allem trägt eine geringe schulische und berufliche Qualifizierung zur Entstehung eines hohen Risikos sozialer Ausgrenzung bei. Dadurch werden die Chancen beruflicher Integration in den ersten Arbeitsmarkt in erheblichem Maße verringert. Passivität ist ein weiterer Risikofaktor, der sich sowohl auf das Verhalten bei der Suche nach Arbeit als auch auf die individuellen Anstrengungen zur Steigerung beruflicher Qualifikation bezieht.

den Einstieg in das Berufsleben sowie die eigene Identitätsfindung. Das häufige Fehlen jeglicher Berufserfahrung und die damit verbundene geringe Nachfrage auf dem Arbeitsmarkt verhindert bei den befragten Jugendlichen zusätzlich den Einstieg ins Berufsleben.

> „Die Pluralisierung von Lebensverläufen wird sich angesichts der Entgrenzung von Arbeit weiter fortführen. Das erfordert nicht nur individuelle Bewältigungsstrategien, sondern auch eine Neuorientierung in den Institutionen. Sie werden immer mehr dazu aufgefordert sein, dafür strukturell Chancen zu eröffnen und es aktiv zu unterstützen, dass Heranwachsende – und nicht nur benachteiligte Jugendliche – individuell und offen ihre Beschäftigungskarriere gestalten können. Dabei dürfen die Möglichkeiten, auch jenseits von normaler Erwerbsarbeit Alternativen zu entwickeln, nicht automatisch die Exklusion in anderen Lebensbereichen (z. B. politisch-kulturelle Teilhabe, finanzielle Situation) nach sich ziehen. Es scheint also in einem noch sehr viel umfangreicherem Maße als bisher nötig, gerade mit den Jugendlichen zu arbeiten, die keine optimalen Voraussetzungen mitbringen, um mit ihnen gemeinsam für sie sinnvolle Ausbildungsoptionen zu suchen, die auch jenseits der üblichen Raster liegen."[318]

Deshalb ist es weiterhin für die jungen Erwachsenen wichtig, institutionelle Unterstützung zu erhalten.

Ungeachtet demographischer Entwicklungen, veränderter Bildungsstrategien der Jugendlichen und einer Vielzahl an Qualifizierungsangeboten hat sich hier ein bildungspolitisch nur schwer zugänglicher Bereich strukturell verfestigt.

> „Wenn es nicht gelingt, diese Strukturen aufzubrechen und mehr Jugendlichen eine solide Berufsausbildung zu vermitteln, könnte sich auch in Deutschland eine ‚génération précaire‘ herausbilden."[319]

Denn insgesamt haben sich infolge der hohen Arbeitslosigkeit und der sozialen Polarisierung der letzten Jahre zunehmend arbeitsmarkt- und bildungsferne soziale Milieus entwickelt, die die Integration vieler Jugendlicher in den Arbeitsmarkt erschweren. Arbeitslosigkeit wird zunehmend „vererbt".[320]

---

[318] Förster (2004), S. 36.

[319] Troltsch, S. 46.

[320] Das kann man an der Teilnehmerstruktur im Sofortprogramm der Bundesregierung zum Abbau der Jugendarbeitslosigkeit ablesen. Gefördert wurden

Eine wesentliche Forderung an die Politik und die Gesellschaft besteht deshalb darin, die Perioden der Arbeitslosigkeit kurz zu halten. Weitere Forderungen entstehen aus der Tatsache, dass niedrig Qualifizierte eher arbeitslos werden und bleiben. Dies verweist auf die Notwendigkeit, weniger qualifizierte Arbeitslose gezielt zu fördern und möglicherweise auch gezielt ABM-Stellen anzubieten. Auch die Forderung nach einem zweiten Arbeitsmarkt für weniger gut vermittelbare Arbeiter und Angestellte erfährt aus diesen Daten ihre Berechtigung.

Besonders Jugendliche benötigen wegen der vielen Veränderungen, die sie in den wenigen Lebensjahren an sich selbst erfahren, verlässliche und beständige Partner, auch in der Bildungs- und Arbeitsmarktpolitik. Die Hoffnung auf Verlässlichkeit endet nicht mit dem Abschluss der Berufsausbildung, zumal sich die Ausbildungslosigkeit unter Jugendlichen und jungen Erwachsenen offensichtlich zu einem ,normalen' Strukturbestandteil des deutschen Bildungssystems entwickelt hat.[321]

Angesichts der zunehmenden Veralltäglichung von Erwerbslosigkeit gerät das politische System, der Staat in eine fatale Rolle. Auf der einen Seite ist die Tatsache, dass die Ökonomie Arbeit freisetzt, positiv zu bewerten: Als notwendige Folge ist fortschreitende technologische Entwicklung notwendig, da damit das Sozialprodukt gesteigert wird, um die Stellung der nationalen Wirtschaft auf den Weltmärkten zu erhalten und damit auch das staatliche Sozialsystem in seinem bisherigen Zuschnitt zu bewahren. Gleichzeitig birgt jedoch diese Entwicklungsperspektive, verstanden als „Modernisierung auf Kosten der Vollbeschäftigung", keine Antwort auf die sozial integrative Frage, was aus den dauerhaften Arbeitslosen werden soll.

Um die Verflechtung zwischen Kapitalstruktur und sozialer Exklusion im Kontext beruflicher Einstiegsprobleme junger Erwachsener weiter zu eruieren, habe ich Jugendliche in einer berufsqualifizierenden Weiterbildungseinrichtung befragt. Bevor ich die Interviews

---

vor allem Jugendliche aus Haushalten, die Erfahrungen mit Langzeitarbeitslosigkeit haben. Plakatiert lässt sich sagen, dass die Arbeitsmarktpolitik für Jugendliche weiterhin hohe politische Priorität genießen muss.

321   Dieserhalb halte ich es für eine schwere politische Fehleinschätzung, auf kurzatmige und kurzfristige Programme zu setzen, möglicherweise noch unter Bezugnahme auf den raschen Verlauf der Jugendzeit.

in thematisch bezogener Reihenfolge wiedergebe, werde ich sowohl die Jugendwerkstatt als auch meine Gesprächspartner vorstellen.

Die nächstfolgenden Seiten widmen sich aber ad interim den methodischen Anmerkungen zum qualitativ empirischen Segment dieser Untersuchung.

4. Qualitatives empirisches Segment

4.1 Methodische Vorbemerkungen: *Verstehen* [322]

Wer den anderen verstehen will, muss sich an seine Stelle denken, denn verstehen setzt voraus, den subjektiven Sinn der „Lebensfüh-rung" (Max Weber) erlebend nachzuvollziehen und sich in die inne-re Logik der Lebensweisen und Handlungen einfühlend hineinzu-versetzen. Um sich in die Situation eines anderen überhaupt hinein-versetzen zu können, bedarf es der Nähe, die Pierre Bourdieu als „intellektuelle Liebe" bezeichnet.[323] Dieses interpersonale Eingehen ist charakterisiert durch eine Offenheit dahingehend, „dass man die Probleme des Befragten zu seinen eigenen macht" und der Fähig-keit, den Befragten „zu nehmen und zu verstehen, wie er ist, mit

---

[322] Dieser Teilabschnitt könnte auch unter dem Aphorismus von Edgar Allan Poe gestellt werden: *„Die tiefste Tiefe von Elend, das Äußerste an Qual trifft im-mer den einzelnen, nicht eine Anzahl von Menschen"* (aus: *Der Untergang des Hauses Usher*, area verlag Erftstadt, S. 162).

[323] Der Anspruch auf soziale Nähe in der Gesprächssituation hat in Bourdieus Untersuchung zu *Das Elend der Welt* unter anderem dazu geführt, dass die Gesprächspartner aus dem Bekanntenkreis der Befragenden kamen. Für Bourdieu ist Elend nicht im Sinne von „um Leben oder Tod" zu verstehen, sondern er meint vielmehr das *„positionsbedingte Elend"* (Bourdieu et al. 1997, S. 19), welches sich aus der Sicht derer ergibt, die es erfahren. Es han-delt sich um das subjektiv empfundene Leid, welches anhand der Lebensge-schichten der Menschen rekonstruiert wird, worin der Habitus zum Aus-druck kommt und das nach Bourdieu nur verstehbar ist, wenn man die Po-sition dieser Menschen im Raum einnimmt. Die dieses *„positionsbedingte Elend"* relativierende Sichtweise, dass es schlimmeres gibt, lässt nur einen eingeschränkten Blick auf das subjektiv erfahrene Leid zu (Bourdieu et al. 1997, S. 17ff.). Mit dem Buch *Das Elend der Welt* hatte „Bourdieu in Deutsch-land seine Reputation als theoretisch und empirisch wegweisender Soziolo-ge aufs Spiel gesetzt. Die Majorität der Soziologen war sich darin einig, dass es sich bei diesem Buch um eine politische und keine wissenschaftliche Stu-die handelte, die bestenfalls als engagierte Gegenwartsdiagnose duchgehen könne, aber auf lange Sicht kaum soziologisch zu gebrauchen sei." Der Te-nor vieler soziologischen Rezensionen darauf war, „dass sich Bourdieu mit dieser Studie von einem beeindruckenden Soziologen zu einem hinge-bungsvollen Intellektuellen gewandelt habe. Eine solche Transformation würde in Frankreich – einer Nation mit einer langen und erfolgreichen Tra-dition an großen Intellektuellen – seinen wissenschaftlichen Ruf vermutlich nicht gefährden, aber in Deutschland löse ein solcher Spagat zwischen dem wissenschaftlichen und intellektuellen Feld unaufhaltsam den Verlust an wissenschaftlicher Reputation aus." Barlösius, S. 158f.

seiner ganz besonderen Bedingtheit."[324] Dazu ist es notwendig, die verborgenen Regeln und ihre dahinter liegenden Strukturen zu erkennen, die die Menschen dazu veranlassen, so und nicht anders zu handeln, wahrzunehmen, zu sprechen oder zu urteilen, zu leiden oder dagegen anzukämpfen. Für Emmanuel Lévinas, der in der postmodernen „Umwertung aller Werte" die einzige Gültigkeit darin sieht, dass der Mensch den Wert des Anderen anerkennt, ist das die „Chiffre eines neuen Humanismus".[325]

> „Einander anerkennen heißt", so Lévinas, „das meinem Sein vorgängige Anderssein zu bejahen … Der Sinn der Welt entspringt aus dem Sinn des Anderen. Auch in der Libido, im Sexuellen besteht das starke Moment darin, dass es der Andere ist. Die Hauptsache ist nicht das Selbstbewusstsein, sondern das Verhältnis zum Anderen. Die ganze Philosophie im Westen war die Philosophie des Selbstbewusstseins, des Zu-sich-Kommens. Das in Wahrheit Menschliche und Geistige ist aber nicht das Zu-sich-Kommen, sondern eigentlich das Aus-sich-Heraus-treten, das Zum-Anderen-Kommen. Auch die vielen Weisen der Rede von Einfühlung deuten darauf hin. Die Einfühlung setzt voraus, dass ich mich an die Stelle des Anderen setzen kann … Das scheint utopisch, ist aber in Wirklichkeit die Bedingung der Möglichkeit jedes wahrhaft menschlichen Verhaltens. Also ist der letzte Wert der Andere. Wo ich dem Anderen begegne? Überall, überall."[326]

Ein solches Verstehen verzichtet auf den Anspruch einer gesicherten letzten Erklärung. Es geht den subtilen Weg des Vorläufigen und der Annäherung.[327] Mithilfe dieser Form des methodischen sich Hi-

---

[324] Bourdieu et al. 1997, S. 788. Gegen Bourdieus Annahme, dass bei langjährigen guten Beziehungen, symbolische Gewalt auf der sprachlichen Interaktionsebene abgebaut ist und demzufolge das Gespräch sich durch intime Offenheit auszeichnet, möchte ich einwenden, dass gerade unter dem Deckmantel des Unpersönlichen eventuell mehr in Erfahrung gebracht werden, weil durch das Nichtkennen des Gegenübers er ist mir tendenziell eher Objekt als Subjekt – Verwundbarkeit bzw. Empfindlichkeiten im Gesprächsfeld nicht den Platz einnehmen wie bei lang währenden emotional guten Bekanntschaften.

[325] Diesen Hinweis entnehme ich dem Philosophen und Gestalttherapeuten Matthias Jung in: Kast, S. 45.

[326] Lévinas 1995. Für Jung (S. 45) drückt sich darin das Postulat einander anzuerkennen, den Anderen und mich heil zu machen, aus.

[327] Vgl. dazu: Bourdieu et al. 1997, S. 780. Damit einher geht eine Kritik an den bisher bekannten Techniken, denn diese weisen ein entscheidendes Manko auf. Diese alten methodologischen Prinzipien (z. B. Standardisierung) kön-

neinversetzens, das im Wesentlichen dem Konzept des „praktischen Sinns"[328] Pierre Bourdieus folgt, möchte ich anhand der Interviews versuchen, „die Situation der Jugendlichen [...] zu verstehen, ihre Ängste und Sorgen nachzuvollziehen und einen Beitrag zu einer gesellschaftspolitischen Diskussion zu leisten."[329] Gesucht ist eine Art „natürlicher Diskurs", der so weit konstruiert ist, um noch zur Erklärung zu dienen.[330]

---

nen die unendliche Subtilität der Strategien, die die gesellschaftlichen Akteure in ihrem gewöhnlichen Alltagsleben anwenden, nicht (oder nur begrenzt) fassen. Die realistischste Weise zur Erforschung von Kommunikationssituationen ist sich an die theoretischen und praktischen Probleme (der Interviewten) zu halten. Denn obwohl die Befragungssituation frei von symbolischer Gewalt sein sollte, werden die Antworten doch immer beeinflusst. Es geht vor allem darum, „Verzerrungen" zu erkennen und zu kontrollieren und die Effekte der gesellschaftlichen Struktur im Feld wahrzunehmen. Dies ist die Aufgabe des Forschers mit seinem „soziologischen Auge". Worauf dies hinausläuft ist eine Praxis, die reflektiert und methodologisch ist, ohne eine Anwendung einer Methode zu sein.

[328] Den von Max Weber formulierten „subjektiv gemeinten Sinn" erweitert Pierre Bourdieu um den „praktischen Sinn", der sich erst an den tief liegenden Effekten der Strukturen erkennbar macht. Vgl. Bourdieu (1979), S. 179ff. ders. (1997), S. 779ff.

[329] 15. Shell-Jugendstudie, S. 11.

[330] Vgl. dazu die Studie *Das Elend der Welt*, in der Forscher und Forscherinnen unter Federführung von Bourdieu beschreiben, wie sie Zugang zu den Interviewten – Menschen verschiedener Tätigkeitsfelder und auch Erwerbslose – und ihrer sozialen Welt gefunden haben. Anhand dieses Forschungsansatzes entstand für den deutschsprachigen Raum zwischen 2002 und 2004 von Franz Schultheis und seinen Mitarbeitern eine Studie, die unter dem Titel *Gesellschaft mit beschränkter Haftung. Zumutungen und Leiden im deutschen Alltag* erschienen ist. Der Befund dieser Untersuchung zeigt Gemeinsamkeiten und Unterschiede zwischen der Entwicklung in Frankreich und Deutschland und er macht deutlich, dass die meisten Probleme in den ostdeutschen Bundesländern bestehen, aber auch im Westen die relative Sicherheit der sozialen Marktwirtschaft immer mehr zugunsten ungleicher Verteilung von Arbeit und Gütern sowie Anerkennung und Respekt erschüttert wird. Ergebnis sind prekäre Arbeitsverhältnisse und eine verstärkte Verwundbarkeit der Menschen, die durch Individualisierung im Sinne von so genannter Selbstverantwortung an den Rand der Gesellschaft gedrängt werden, durch weniger Einkommen und schlechtere Arbeitsbedingungen sowie physischen und psychischen Stress ihre Beheimatung nach und nach verlieren. Mithilfe der Methoden und Begriffe Bourdieus, die er in seinem Hauptwerk *Die feinen Unterschiede* verwandt hat, haben der Politologe Michael Vester (Universität Hannover) et al. 1992 eine sowohl qualitative wie auch quantitative Untersuchung in westlichen Bundesländern durchgeführt, die die Klassen weiter in soziale Milieus gliedert und diese charakterisiert. Es handelt sich somit um die Erforschung von sozialen Gruppen. 1995 erschien das von Michael Vester et al. herausgegebene Werk *Soziale Milieus*

Zunächst galt es, die Lebenszusammenhänge meiner jugendlichen Gesprächspartner[331], ihre Biographien, ihre berufliche und gesellschaftliche Stellung im Leben und ihre Lebensumstände kennen zu lernen, um mich gedanklich in ihre Lage hineinversetzen zu können. Denn als Voraussetzung für das Gelingen eines solchen Interviews sind Vorkenntnisse über die Situation der zu Interviewten notwendig. Wie meine Gesprächspartner fühlen und denken, wie sie mit Konflikten und Ängsten umgehen, ist nicht in einer einmaligen Begegnung zu erheben. Deshalb gab es von meiner Seite aus keine zeitlichen Zwänge. Die Interviews, die ich nach der Phase des Kennenlernens und des Einblickes in das Lebensumfeld meiner Gesprächspartner führte, orientierten sich an Bourdieus Haltung des „aktiven und methodischen Zuhörens"[332]. Wenn ich mich ganz auf meinen Gesprächspartner einlasse, ist es wichtig, im Hintergrund zu bleiben, um die in der Interviewbeziehung vorgelagerte symbolische Gewalt zu verringern, d. h. ein „natürliches Gespräch" zu führen und dabei trotzdem eine theoretische Linie zu verfolgen.

Der Reduktion der Distanz sind allerdings Grenzen gesetzt. „Verstehen und Erklären sind eine Einheit"[333]. Unter Verstehen „versteht" man mehr als einen wohlwollenden Gemütszustand. Über eine gewisse „Selbstvergessenheit" (des Interviewers) soll ein Blick für die gewöhnlichen Umstände des täglichen Lebens entstehen. Genau das ist die „geistige Übung" die dafür notendig ist. Wenn ich mich frage, was denn das Gesagte für den Gesprächspartner bedeutet, suche ich jenen Zusammenhang, der sich in gleichen Positionen und ähnlichem Habitus bestätigt findet. Ähnliche Positionen, Konditionen und Lebensbedingungen führen zu ähnlichen Dispositionen, Interessen und Leidenserfahrungen der Menschen, „folglich auch zu ähnlichen Praktiken und politisch ideologischen Positionen"[334]. Das heißt: Der Sinn, und sei er noch so subjektiv gemeint, ist immer objektiv hergestellt.

---

in Ostdeutschland. Gesellschaftliche Strukturen zwischen Zerfall und Neubildung. Eine Fortschreibung dieser Studien stellt das Buch *Soziale Milieus im gesellschaftlichen Strukturwandel. Zwischen Integration und Ausgrenzung* dar.

[331] Zur besseren Lesbarkeit verwende ich subsekutiv die männliche Form. Explizit muss die weibliche Form als sprachliches Abbild der Menge der in heteronormativer Weise zugerechneten Personen weiblichen Geschlechts mitgedacht werden.

[332] Bourdieu et al. (1997), S. 782.

[333] Ibid., S. 786.

[334] Bourdieu (1985), S. 12.

Im Zuhören entwickeln sich nächste Fragen oder der Gesprächssituation angepasste Rückmeldungen, die im Zusammenhang mit dem Vorhergesagten stehen. Mein Bestreben war es also, den Befragten Raum zu geben, um sich entfalten zu können und Äußerungen meinerseits beschränkten sich auf Nachfragen. So blieb mir die Aufmerksamkeit auch für das Verschwiegene, für das, was abgewehrt wurde. Die Interviewsituation entsprach daher weitgehend einem alltäglichen Gespräch und meine Nachfragen einer natürlichen Reaktion darauf.

Das Zusammenfügen von „objektiveren" Daten mit dem Gesagten erfordert auch eine auf mich selbst gerichtete Aufmerksamkeit. Der Prozess der Reflexion meiner eigenen Positionen meint das Wissen um meinen eigenen Ort, von dem sich mir ein ganz bestimmter Blickwinkel auf ein Thema oder auf mein Gegenüber eröffnet. Welche Fragen mich bewegen, welche Antworten ich bekomme, wie sich die Befragten mitteilen, was verborgen bleibt, all das hängt von meiner eigenen Erfahrungsgeschichte ab. Wie und unter welchen Bedingungen gelingt es, Vertrauen herzustellen, das auch ermöglicht, über den Kummer zu sprechen? Wie gelingt es, die objektive Distanz der unterschiedlichen gesellschaftlichen Positionen und der unterschiedlichen Erfahrungsweisen zu überwinden? Was und wie habe ich es gehört, wahrgenommen und interpretiert? Die Beweggründe gilt es zu erkennen, auch um ungewollte Verzerrungen oder Effekte, die ich unwissentlich ausübe und die ganz einfach durch meine Anwesenheit entstehen, zu vermeiden. Erst die Reflexion der Differenzen zwischen Fragenden und Befragten, ermöglicht eine annähernd „herrschaftsfreie Kommunikation", die Einvernehmen herstellt und vor gegenseitigem Respekt schützt.

Die Unterwerfung unter das „Gegebene setzt einen Konstruktionsakt voraus, nämlich die praktische Beherrschung der gesellschaftlichen Logiken, dem Kennen des Codes."[335] Diese „Konstruktionsar-

---

[335] Schwarz, S. 12. Und weiter: „Es gilt aus den Worten eine Struktur, die zum Ausdruck in einem bestimmten gesellschaftlichen Raum, gebracht wird, zu dechiffrieren. Diese Gesprächsanalyse ist zwar auf eine gewisse Art konzeptualisiert, aber ‚realistisch konstruiert'. Man muss sich im Klaren darüber sein, dass jede Transkription gleichzeitig einer ‚Übersetzung' oder einer Interpretation gleich kommt. Im *Elend der Welt* wurde eine phonetische Transkription der Interviews gewählt, also eine wortwörtliche Niederschrift. Unterbrechungen, Gefühlsregungen, Betonungen der Aussprache wurden dabei vermerkt. Dadurch erhält der Diskurs einen gewissen Charakter, es verhilft zur Konkretisierung und Symbolisierung des Interviews, was natürlich die Intensität und die emotionale Kraft erhöht."

beit der Objektivierung"[336] ist Grundvoraussetzung eines Gesprächs, das Unbehagen, Gefühle, Wut, Enttäuschungen und auch scheinbar Nebensächliches begreifbar und das Einsicht in die Existenbedingungen und in die gesellschaftlichen Mechanismen macht. Die Einzigartigkeit des Gesagten formt sich so vor den Strukturen, welche die Aussagen der Befragten prägen und strukturieren. Die „innere Notwendigkeit"[337], so und nicht anders zu handeln und zu denken, zu fühlen und zu leiden, wird damit als Resultat gesellschaftlicher Bedingungen erkennbar.

Auf psychologischer Ebene hat dies Thomas Harris mit seiner Transaktionsanalyse im letzten Jahrhundert konzipiert.

> „Ich bin ein Mensch. Du bist ein Mensch. Ohne dich bin ich kein Mensch, denn nur durch dich wird die Sprache möglich, und nur durch Denken wird das Menschsein möglich. Du hast mich wichtig gemacht. Darum bin ich wichtig, und du bist wichtig. Wenn ich dich entwerte, entwerte ich mich selbst. Das ist das Grundprinzip der Lebensanschauung *ich bin o.k. – du bist o.k.* Allein im Lichte dieser Anschauung sind wir Menschen und nicht Dinge."[338]

---

[336] Vgl. Bourdieu/Wacquant (1996).

[337] Schultheis (1997), S. 831.

[338] Harris, S. 241. Die Transaktionsanalyse kann im Zusammenhang mit der Dialogphilosophie von Martin Buber betrachtet werden. Buber, einer der bedeutendsten Interpreten des Chassidismus, griff als Ausgangspunkt seiner Philosophie auf das dialogische Prinzip zurück: Die Ich-Du-Beziehung in ihrem konstitutiven Charakter als Dialog. Sein Hauptwerk trägt den programmatischen Titel *Ich und Du* (1923). Für den Menschen gibt es nach Buber zwei ‚Grundarten des Daseins'. Er kann sich entweder als Subjekt verhalten, das etwas erfährt (betrachtet), nämlich ein Objekt, ein außerhalb liegendes ‚Es'. Oder er kann sich als Person verhalten, die in einer Beziehung zu einer anderen Person steht, einem ‚Du'. Diese zweite Verhaltensweise ist die Entscheidende. Durch die Beziehung zu einem ‚Du' wird das Ich erst zum ‚Ich'; an und durch sich selbst ist es nichts. Die menschliche Wirklichkeit, der Geist, liegt also nicht im Ich, sondern zwischen ‚Ich' und ‚Du' und wird eben durch das Zwischen konstituiert. Die menschliche Existenz als Ganze steht in der Spannung zwischen Anrede (Frage) und Antwort. Durch das, was ihm widerfährt, wird der Mensch von einem ‚ewigen Du' angesprochen, von Gott. Durch seine Handlungen vermag er aber seinerseits auf diese Anrede zu antworten, d. h. die Verantwortung für sein Schicksal zu übernehmen. Gleichzeitig mit der Unmittelbarkeit der Ich-Du-Beziehung betont Buber die fundamentale Bedeutung der Sprache: „In Wirklichkeit ist die Sprache nämlich nicht im Menschen, sondern der Mensch in der Sprache." Ein ‚Ich' sein heißt sprechen, im Dialog stehen mit dem anderen, einem ‚Du'. Ansätze zu einer Dialogphilosophie finden sich in der deutschen Philosophie Ende des 18. und Anfang des 19. Jh. bei J. G. Hamann, F. H. Ja-

Unter Zuhilfenahme psychoanalytischen Vokabulars können wir einige der Charakteristika auszuzeichnen versuchen, die einem sich authentisch verwirklichenden Selbst zukommen müssen. Demnach besitzt ein Selbst dann „Kohärenz", wenn es die unterschiedlichen und sich zum Teil widerstreitenden Erfahrungen des Lebens narrativ in einen möglichst sinnvollen Zusammenhang zu bringen vermag. Es ist von einer Empfindung der „Vitalität" getragen, wenn es spontan, euphorisch und genussvoll sein kann und sein Selbstwertgefühl alle momenthaften Zweifel überwiegt. Es ist durch „Tiefe" gekennzeichnet, wenn es hinreichend selbstreflexiv, autonom, selbstgenügsam und souverän ist.[339]

4.1.1 Anmerkungen zur Sinndeutung des Gesagten

Ich werde so verfahren, dass ich nicht Satz für Satz des Gesagten analysiere, sondern jeweils thematische Ausschnitte aus den Interviews wiedergebe, um daran anschließend eine Gesamtinterpretation der Interviews auf abstrakter Ebene nachzuzeichnen. Weil es mir um die Struktur der Lebensweltlichkeit der Jugendlichen geht, das in der Komplexität des ἀνθρώπινος βίος (anthrópinos bíos[340]), verstanden als das exsistere seiner Entität, authentischer ist als zerstü-

---

cobi, J. G. Fichte, W. v. Humboldt und später bei L. Feuerbach. Als Dialogphilosophie im eigentlichen Sinn wird eine Strömung bezeichnet, die nach dem 1. Weltkrieg zum Durchbruch kam und mit Namen wie F. Ebner, F. Rosenzweig, M. Buber und G. Marcel verknüpft ist. Unabhängig voneinander arbeiten diese Autoren den Gedanken aus, dass das Dialogverhältnis grundlegend sei. Dabei lassen sich eine schwächere und eine strengere Fassung dieses Grundgedankens unterscheiden. Nach der schwächeren Fassung wird das Individuum nur in der Dialogbeziehung ein wirkliches Selbst, eine Person. Dagegen existiert nach der strengeren Fassung gar kein Ich, kein Individuum, außerhalb der Beziehung; im Dialogverhältnis entsteht das Ich überhaupt erst. Zugleich mit der fundamentalen Rolle des Verhältnisses wird die der Sprache hervorgehoben: Das Verhältnis besteht in und durch Sprache. Die Dialogphilosophie versteht sich als Gegenbewegung zur ‚monologischen' Tradition der Philosophie, insbesondere zur Transzendentalphilosophie; diese muss den anderen vom Ich her verstehen, sieht ihn also nur als anderes, fremdes Ich.

[339] Und es besitzt „Reife", wenn es sich seinen Mitmenschen gegenüber in seiner Eigenart realistisch einzuschätzen vermag, wenn es revisionsoffen ist, emotionale Ambivalenzkonflikte erträgt und das Wissen um die eigene Endlichkeit mit einem gewissen Sinn für Ironie hinnimmt, ohne dass dies seinem Glück ernsthaft Abbruch täte.

[340] Wörtlich: ‚menschliches Leben'. Dieses Adjektivattribut bringt sowohl die individuelle als auch die gattungsspezifische Beschreibung klassifizierender Entität sehr gut zum Ausdruck.

ckelte, dekonstruierte Spielereien, habe ich mich für ein induktives[341] Verfahren entschieden.

> „Die einzelnen Interviews werden durch einen objektivierenden, von theoretischen Interpretationen weitgehend freigehaltenen Text gerahmt, als ethnografische, dichte Beschreibungen' der Lebenssituation und Lebensgeschichte, der sozialen Bedingungen und der Konditionierungen, der Begegnungssituation und den Gesprächsumständen. So sollen ‚die Dinge des Lebens' zu greifbaren Lebensbildern, der Mikrokosmos der erzählten Erfahrungen mit dem Makrokosmos der Gesellschaft und Ökonomie verbunden werden. [...] Die Gespräche und Begegnungen sind mit ihren Rahmentexten so verfasst, dass die jeweils für sich stehen und so gelesen werden können. [...] Was den Gesprächspartnern das Leben schwer macht, reicht freilich über diese Kategorien hinaus und findet sich in anderen Lebensbildern wieder, was den komplexen Zusammenhängen und der Mehrdimensionalität des sozialen Kosmos entspricht, der das Leiden und die Nöte verursacht und begünstigt."[342]

4.2 Interviewmethoden

Weil ich von meinen Gesprächsteilnehmern so frei und so viel wie möglich erfahren wollte, habe ich mich methodisch an den Elementen des narrativen Interviews nach Fritz Schütze[343] und des problemzentrierten Interviews nach Andreas Witzel[344] orientiert. Da ich mir aber auch das Recht einräumen wollte, durch Zwischenfragen bzw. Nachfragen von meinen Gesprächspartnern ein tieferes Verständnis der Thematik zu bekommen, habe ich beide Verfahren miteinander kombiniert. Ich möchte an dieser Stelle nun einige Bemerkungen zur Methodologie narrativer Interviews wiedergeben, um daran meine Abgrenzungen zu exponieren.

---

[341]   ‚Induktiv' von *inducere*, lat.: „das Hineinführen". Gemeint ist hier: Aus der singulären Lebenswirklichkeit soll eine universale anthropologische Kategorie des *homo politikos* entfaltet werden.

[342]   Katschnig-Fasch (Hrsg.), S. 20.

[343]   Schütze (1977).

[344]   Witzel (1982); Witzel (2000, Januar). *Das problemzentrierte Interview* [26 Absätze]. *Forum Qualitative Sozialforschung/Forum: Qualitative Social Research [Online Journal]*, 1(1), Art. 22. Verfügbar über: http://www.qualitative-resarch.net/fqs-texte/1-00/1-00witzel-d.htm [26.6.2004]

Ziel und Zweck eines narrativen Interviews ist die freie, erzählende Rede. Jemand soll – mit möglichst wenig Stimulanz vom Interviewer – über seine Erfahrungen oder Einstellungen sprechen. Aus diesem Grund sollte sich der Interviewer eher etwas bedeckt halten, denn es geht ja darum, dass die Leute spontan erzählen, denn wenn die Fragen im Vorfeld offengelegt werden, ist damit der Moment des Grübelns, des spontanen Wiedererinnerns nicht mehr gewährleistet. Dahinter steht die Befürchtung, dass sich die Interviewpartner im Vorfeld Gedanken machen und ihre Gedanken vorsortieren. Die biographische Narration ist dann nicht mehr frei. Trotzdem sollte die vom Interviewer anzuwendende Methodik den Gesprächspartnern vorab erläutert werden und wenn überhaupt, sollte nur die Eingangsfrage mitgeteilt werden, da nicht klar ist, wie sich das Gespräch weiterentwickelt, wenn die Eröffnungsfrage gestellt ist. Sollten die zu Interviewten im Vorfeld wissen, dass sie ihr Leben oder Ausschnitte daraus (eventuell unter einem bestimmtem Fokus) erzählen sollen, dann wird die Frage nach einer konkreten Eingangsfrage sekundär. Im nun folgenden Abschnitt deskribiere ich meine Interviewmethode.

4.2.1 Bemerkungen zu der von mir angewandten Interviewmethode

Meine Interviewpartner traf ich jeweils dreimal: Einmal zum Vorgespräch, dann zum verabredeten Interview und zuletzt zu einer Nachbesprechung. Einige Tage vor dem vereinbarten Interviewtermin habe ich mit den Jugendlichen den Interviewrahmen (Dauer, Ablauf, Zusage der Vertraulichkeit) besprochen. Dabei stellte ich mich und das Dissertationsprojekt kurz vor. Den Jugendlichen habe ich eine Aufwandsentschädigung in Höhe von zehn Euro angeboten, das aber einige der Jugendlichen nicht annehmen wollten; vielleicht war hier das Bedürfnis des Gehörtwerdens im Sinne einer medialen Multiplikation ihrer Meinung mittels dieses Interviews das Motiv für ihre Entscheidung. Des Weiteren klärte ich die Jugendlichen auf, dass ich das Gespräch aufzeichnen möchte, der Tonbandmitschnitt transkribiert wird und nach erfolgter Transkription die Aufzeichung gelöscht und die Jugendlichen das getippte Interview zum Durchlesen erhalten werden. Das akzeptierten alle Jugendlichen, wie auch generell großes Interesse an der Thematik seitens der Jugendlichen bestand. Ich habe die Jugendlichen auch gefragt, ob sie bereit wären, vorab einen kleinen Fragebogen, dessen Anonymität ich zusicherte, zu beantworten. Dabei habe ich es meinen Interviewpartnern freigestellt, ob sie sich einen Aliasnamen geben wollten. Der Fragebogen fungierte für mich als ein Hilfsmittel des Vergegenwärtigens des Geschehens und lieferte mir weitere Informationen über die Jugendlichen.[345] Mir war es wichtig, die Jugendlichen darauf hinzuweisen, dass sie sich in diesem Interview frei entfalten können, also das, was ihnen im Hinblick auf das Thema wichtig erscheint, sie zwanglos artikulieren können. Um einer offenen Gesprächssituation Raum zu geben, habe ich den Jugendlichen angeboten, dass wir uns mit dem ,Du' anreden, denn in dem ,Du' begegne ich auf einer personalen Ebene der Immanenz dem anderen.

Da ich keine vorgefertigten, sondern reflektierte Antworten wollte und ich davon ausgehe, dass politisches Handeln einer Reflexion unterliegt, in der sich Überzeugungen und Werteinstellungen widerspiegeln, nannte ich vorab den Jugendlichen die Leitfragen, die aus der Einstiegsfrage und der Schlussfrage bestanden. Die Eingangsfrage diente mir als erzählungsgenerierender Stimulus. Ich bat die Jugendlichen zunächst ohne Rückfragen meinerseits, umfassend biographisch über ihren beruflichen Werdegang der letzten zwei Jahre zu berichten. Dieser Ausschnitt aus ihrem Leben diente mir als Konzentration in die Thematik und als Ausgangspunkt weiterer Nachfragen, sei es aufgrund des Gesagten oder aufgrund meiner vorab konzipierten Fragen. Die Schlussfrage bestand darin zu umreißen, was mein Gesprächspartner unter einem guten Leben verstünde.

Durch das Einbeziehen von offenen Fragen, auch in Form von Assoziationsfragen, möchte ich qualitativ andere, ergänzende Aspekte ermitteln, als die, die durch vorgestellte Erhebungsmethoden, wie z. B. durch das standardisierte Erhebungsinventar beobachtbar werden, so dass der Interpretationsraum erweitert werden kann.

Die anderen Fragen ergaben sich aus dem vorher Gesagten und kreisten um Fragen hinsichtlich der Mobilitätsbereitschaft der Jugendlichen um einen Ausbildungsplatz und ihre Exklusionserfahrungen. Abgerundet wird der Komplex *berufliche Lebenswelt* der Jugendlichen mit der Frage nach ihrer Zukunftsperspektive. Aufgrund der Untersuchungen von Heitmeyer et al. interessierte mich auch hier eine mögliche fremdenfeindliche Einstellung meiner Gesprächspartner. Im Kontext der *privaten Lebenswelt* wollte ich von

---

[345]   Der Kurzfragebogen diente mir auch zur Ermittlung von Sozialdaten (Alter, Wohnort, Telefonnummer, Familienstand, Kinder, politische Lebenswelt, Frage nach Religion/Weltanschauung)

den Jugendlichen erfahren, welchen Familienhintergrund sie haben und wie sie ihre zukünftige Singularität mittels eines Partners, eines präferierten ‚Du', sehen. Zur *privaten Lebenswelt* zählen Transzendenzerfahrungen, die für diejenigen, die sie gemacht haben, eine signifikante Rolle des Alltäglichen bilden. Deshalb fragte ich nach ihren religiösen Vorstellungen bzw. ihrem Gottesbild und nach der Energie, die ihnen den Halt und die Kraft gibt, das Leben zu meistern. Die *politische Lebenswelt* umfasst die Fragen nach den politischen Interessen der Jugendlichen und ihren Gerechtigkeitsempfinden. Die Frage nach ihrer Wahrnehmung der sozialen Situation in Deutschland rundet diesen Teilbereich ab.

Nach jedem Interview wurde von mir ein Postskriptum erstellt, in welchem ich meine Eindrücke dazu vermerkt habe. Diese betrafen sowohl mich als Person und als Interviewer als auch mein Gegenüber in seiner Rolle des Interviewten.

Bei der Analyse meiner Interviews werde ich mich auch auf vorhandene soziologische Befragungsmuster beziehen[346], um so einer differenzierteren Ebene jugendlicher Befindlichkeit unserer Gegenwartsgesellschaft nachzeichnen zu können, ohne aber die besondere Sensibilität bezüglich der Erfahrungen meiner Interviewpartner, die alle in der ehemaligen DDR sozialisiert worden sind, zu vernachlässigen.

4.3 Vorstellung meiner Gesprächspartner

Meine Gesprächspartner wuchsen auf dem Gebiet der ehemaligen DDR auf, ohne aber damit noch große Erinnerungen zu verbinden bzw. von der DDR mehr oder weniger nachhaltig geprägt worden zu sein. Zur Wendezeit waren sie ca. fünf Jahre alt und damit noch jung genug, um sich nach dem Zusammenbruch der DDR und des Sozialismus neu zu orientieren, die Werte des jetzigen Gesellschaftssystems zu übernehmen oder aber sich kritisch mit ihnen auseinander zu setzen. Die Altersspanne der Jugendlichen betrug zum Zeitpunkt der Interviews zwischen 20 bis 25 Jahre. Bis auf einen meiner Gesprächspartner leben alle in Halle a. d. Saale. Den Jugendlichen habe ich die Namen Tobias, Andrea, Daniel, Thorsten und Michaela gegeben. Bis auf die Namen sind sie mit der von mir interviewten

---

[346] Bourdieu (1997); Katschnig-Fasch (Hrsg.); Shell-Jugendstudien 2002 und 2006.

Person so weit identisch, als ich dem Wahrheitsgehalt der Jugendlichen glauben schenke.

Zu Tobias:

Tobias ist zum Zeitpunkt des Interviews 22 Jahre alt, nach eigenem dartun ledig, hat aber eine Freundin. Er wohnt bei seinen Eltern in einem Dorf, 10 Km westlich von Halle. Tobias ist der einzige meiner Gesprächspartner, der über eine allgemeine Hochschulzugangsberechtigung verfügt und dementsprechend nicht Mitglied der Jugendwerktstatt ist. Trotzdem war es auch für ihn nicht leicht, einen Ausbildungsplatz zu bekommen. Zum Zeitpunkt des Interviews befand er sich im zweiten Ausbildungsjahr als Einzelhandelskaufmann in einem Möbelgeschäft in Halle, nachdem er ein kurz vorher angefangenes Studium abgebrochen hatte. Ich lernte ihn als höflichen und kompetenten Mitarbeiter dieses Möbelgeschäfts kennen und fragte ihn, ob er bereit wäre, sich im Rahmen einer Untersuchung befragen zu lassen. Damit war er sofort einverstanden.

Tobias stammt aus eigenem Bekunden aus einem bürgerlich-konservativen Elternhaus, in dem auf eine christliche Erziehung der Kinder viel Wert gelegt wurde. In Bezug auf moralische Instanz und Sinnstiftungsfragen nimmt auch für den erwachsenen Tobias das Christentum eine tragende Rolle in seinem Leben ein. Politisch verortet er sich bei der CDU, vielleicht auch deshalb, weil er sich der Mittelschicht zugehörig fühlt. Das politische Geschehen in unserem Land verfolgt er mit großem Interesse. Über seine weitere Zukunft macht er sich intensiv Gedanken, wie auch das Interview davon Zeugnis ablegt. Nachdem vereinbarte Interviewtermine von Tobias mehrmals verschoben wurden, fand dieses Interview am 6.12.2006, von 13.00 bis 14.00 Uhr, in den Räumen meiner Privatwohnung in Halle statt. Tobias, der bekleidet in Turnschuhen, einer blauen Jeans, einem T-Shirt und einem Käppi erschien und sehr konzentriert und reflektiert antwortete, kam gerade von seiner Hausbank, in der er sich über die Anlageform „Riesterrente" hat informieren lassen.

Von den von mir interviewten Jugendlichen ist Tobias sicherlich derjenige, den man tendenziell zu den Leistungsindividualisten zählen kann. Meine anderen Gesprächspartner aus der Jugendwerkstatt können vielmehr mit dem Begriff des „neuen Subproletariat" klassifiziert werden, das durch die Studie *Politische Milieus in Deutschland* der Friedrich-Ebert-Stiftung wie folgt charakterisiert ist:

> „22 bis 28 Jährige Arbeitslose, die von ALG II oder Sozialhilfe leben, überwiegend keine Berufsausbildung oder nur eine geringe Qualifikation haben; einige sind gesundheitlich beeinträchtigt. Sie wohnen in ‚Problemstadtteilen', haben oft

Kleinkinder und wechseln ihre Partner, teilweise Alleinerziehende. Mit Aushilfsjobs erzielen sie geringe Zusatzverdienste."[347]

Vier der fünf Interviews sind von mir in den Räumen der Jugendwerkstatt „Frohe Zukunft" Halle-Saalkreis e. V. geführt worden, die ich nun auf den kommenden Seiten vorstellen werde.

4.3.1 Die Jugendwerkstatt „Frohe Zukunft" in Halle/Saale

Die Jugendwerkstatt „Frohe Zukunft" Halle-Saalkreis e. V. ist ein anerkannter freier Träger der Jugendhilfe mit Sitz in Halle an der Saale. Zweck und Aufgabe des gemeinnützigen Vereins, der 1992 gegründet wurde, ist es, sozial benachteiligte Kinder, Jugendliche und Erwachsene in Halle/Saale und im Saalkreis zu fördern.[348]

Das Ziel des Modellprojektes ‚learning in family' dieser Einrichtung ist es, die teilnehmenden Jugendlichen, im Alter zwischen 18 und 25 Jahren, zu einem Hauptschulabschluss zu führen, der den Jugendlichen die Integration in eine reguläre Beschäftigung ermöglichen soll. Die Zielgruppe dieses Projektes sind volljährige Jugendliche und junge Erwachsene mit erfüllter Schulpflicht, die im Zeitraum ihres bisherigen Schulbesuchs keinen Schulabschluss erreichen konnten. Im Schuljahr 2006/07, zum Zeitpunkt der Interviews, nahmen an dieser schulischen Weiterbildungsmaßnahme 30 junge Frauen und Männer teil.

Probleme im familiären Bereich und anderen Beziehungsgeflechten setzen Schüler neben dem schon stressigen Schulalltag einer zusätzlichen Belastung aus. Die daraus resultierende Verweigerungshaltung kann zu dauerhaftem Schulabsentismus führen, der dafür mit-

---

[347] Hrsg. von Gero Neugebauer 2007, S. 23. Bei aller Kritik gegenüber solchen abgegrenzten Kategorisierungen, die nichts anderes darstellen als sozialwissenschaftliche Konstrukte, bilden diese doch die Grundorientierungen und Lebensstile sozialer Milieus in unserer Gesellschaft ab und fungieren damit als Gradmesser für gemeinsam geteilte Lebensauffassungen und Lebensweisen. Beängstigend wird es aber, wenn aus diesen Kategorisierungen normative Konsequenzen gezogen werden.

[348] Die berufspraktischen (z. B. Schülerfirma ‚blue orange') und sozialpädagogischen Angebote (z. B. Bau von Segeljollen) sind eingebettet in die Beschäftigungs- und Qualifizierungsmaßnahmen der ARGE SGB II GmbH, der Bundesagentur für Arbeit, der Stadt Halle und des Europäischen Sozialfonds, wie z. B. ‚Jump Plus', ‚Arbeit statt Sozialhilfe', ‚Jugend-ABM', ‚Hilfe zur Arbeit', ‚Jump-plus-plus', ‚learning in family' und ‚Kaltstart'. Neben der Beschäftigung und Qualifizierung Jugendlicher ist die Jugendwerkstatt Träger von zwei Horten und drei Kindertagesstätten.

verantwortlich ist, dass zunehmend mehr Schüler die Schule ohne Abschluss verlassen. Darüber hinaus werden die allgemeinen Schulen einer Vorbereitung zu einer flexiblen Erwerbsbiografie kaum mehr gerecht[349]. Auf diese Weise versäumen die Schüler Lerninhalte, die sie unter Umständen auch zu einem späteren Zeitpunkt im BVJ (Berufsvorbereitungsjahr) nicht aufholen können.

Innerhalb der Jugendwerkstatt erhalten die Jugendlichen Qualifizierungsmaßnahmen sowohl im schulischen als auch im sozialen Bereich. Eine unrealistische Einschätzung der eigenen Situation, wie mangelnde Kenntnisse ihrer eigenen Fähigkeiten, ihrer Fertigkeiten und Stärken und damit einher: geringes Selbstwertgefühl, geringe Eigeninitiative, Flexibilität und Mobilität und Defizite in der Persönlichkeitsentwicklung, unzureichende Mobilitätsbereitschaft und fehlende Berufserfahrung vonseiten der Jugendlichen ist häufig dafür verantwortlich, dass eine fehlende Eigeninitiative und eine mangelnde Motivation vorhanden sind.

Den daraus resultierenden Verhaltensproblemen in verschiedenen Bereichen (wie Arbeit, Team, Kommunikation, Konflikte, Anpassung an schultypische Settings und ähnlichem), verschiedenste Problemlagen im sozialen Bereich (z. B. Wohnung, Finanzen, Familie und Partnerschaft, Drogen, Tagesablauf, Freizeitgestaltung, Motivation) Unkenntnis der Anforderungen des Arbeitsmarktes, fehlende oder unvollständige Bewerbungsunterlagen, wenig Sachkenntnisse über die regionalen Gegebenheiten des Ausbildungs- und Arbeitsmarktes, mangelhafte Allgemeinbildung und fehlendes Fachwissen sollen im Rahmen dieser Weiterbildungsmaßnahme beseitigt und auf der anderen Seite sollen Sozialkompetenz, unter der Tugenden wie Pünktlichkeit, Zuverlässigkeit und Ehrlichkeit subsumiert werden, aktiviert werden.[350]

Die Ursachenforschung einer eventuell vorhandenen Verweigerungshaltung der Jugendlichen durch das pädagogische Personal dieser Einrichtung besteht durch qualifizierte Analysen der Biografien und der Entwicklungsverläufe. Dabei werden die Förderverläufe der Jugendlichen von den Sozialarbeitern kontinuierlich dokumentiert und in regelmäßig stattfindenden Fallbesprechungen ana-

---

[349] Vgl. Hofsäss (Hrsg.), S. 7 – 10.

[350] Darüber hinaus bietet das Projekt der Jugendwerkstatt ein qualifiziertes Kompetenz- und Motivationsangebot, um nach der Erreichung des Abschlusses die Schwelle von Schulabschluss zur Ausbildung oder Arbeit zu meistern. Im Bereich der Jugendberufshilfe (Beratung, Beschäftigung, Jugendarbeit) wird auf langjährige Erfahrungen zurückgegriffen.

lysiert, um nötigenfalls das jeweilige Fördersetting zu modifizieren. Diese Grundinformationen erlauben es, zielgerichtete individuelle Förderangebote zu entwickeln.

Aus diesem Grund hat sich die Jugendwerkstatt zum Ziel gesetzt, zwei wesentliche Voraussetzungen für die erfolgreiche Bewältigung der Schwelle vom Übergang von Schule zum Erwerbsleben zu vereinen: Zum einen strebt sie die berufliche und persönliche Orientierung im Basismodul 1 (Kompetenzfeststellung) an, die notwendig ist, um das Erreichen des Schulabschlusses im Basismodul II (Hauptschule) realisieren zu können.[351]

Neben der Hauptzielstellung, das Erreichen des Hauptschulabschlusses, werden von der Jugendwerkstatt „Frohe Zukunft" persönlichkeitsentwickelnde Teilziele definiert, die der Ermittlung von berufsrelevanten Kompetenzen dienen. Diese orientieren sich immer am individuellen Förderbedarf der einzelnen Jugendlichen, wie zum Beispiel der Heranführung der Jugendlichen an eine Tagesstrukturierung, der Integration und Anpassung an eine Gruppe, der Übernahme von Verantwortung für bestimmte Aufgaben, der Förderung von Lernbereitschaft und der Annahme von bzw. der Teilnahme an sozialpädagogischen Lernangeboten.

In Gruppenveranstaltungen, wie zum Beispiel gemeinsam organisierter sportlicher Aktivitäten und anderer Freizeitangebote, sollen Solidarität und kollektives Denken eingeübt werden, die die notwendigen Voraussetzungen bilden, um eine eigene Identität in der

---

[351] Problematisch ist für die Jugendwerkstatt wie auch für andere Träger die geringe Kontinuität in der Förderpolitik. Eine Folge davon ist, dass es unter den derzeitigen Förderbedingungen schwer ist, nachhaltige Strategien zur Integration von Arbeitslosen in den ersten Arbeitsmarkt zu entwickeln. Darunter leidet auch die personelle Kontinuität, was sich „negativ auf das Personal und die Qualität der Angebote für die Maßnahmeteilnehmer/innen auswirkt". Wiener/Meier, S. 68. „Die fehlenden Lösungsansätze für innovative und nachhaltige Maßnahmen für Jugendliche an der zweiten Schwelle haben bereits jetzt dazu geführt, dass viele Jungerwachsene biographische Erfahrungen sammeln mussten, die ihre grundsätzliche Leistungsfähigkeit und Bereitschaft zur Integration in die Gesellschaft stark mindern. So beschreiben die Maßnahme- und Bildungsträger besonders in den letzten zwei bis drei Jahren wachsende Schwierigkeiten mit den Jugendlichen und Jungerwachsenen an der zweiten Schwelle. Das heißt, die Gesellschaft muss unbedingt reagieren und sich stärker den Problemen der Jugendarbeitslosigkeit, insbesondere an der zweiten Schwelle, widmen, sie nicht in kurzer Zeit mit den negativen Spätfolgen ihrer bisher zu wenig erfolgreichen Arbeitsmarktpolitik für diese junge Generation konfrontiert werden will." Wiener/Meier, S. 72f.

Gesellschaft und ein positives Selbstbild zu entwickeln, indem daran gearbeitet wird, den Zusammenhalt in der Gruppe mittels der Entwicklung der sozialen Kompetenz des Jugendlichen zu fördern sowie den Einzelnen in seinem Gruppenverhalten kennen zu lernen. Durch Exkursionen, die vorwiegend als Ausflüge in Museen und öffentliche Einrichtungen der Stadt Halle, wie zum Beispiel der Besuch einer Bibliothek, konzipiert werden, sollen die Jugendlichen an das kulturelle Kapital des Orts ihrer Einrichtung herangeführt werden.

4.3.1.a Basismodul I: Kompetenzfeststellung (6 Monate)

Die mit dem Jugendlichen abgeschlossene Zielvereinbarung beinhaltet neben den test- und lernspezifischen Komponenten auch die Erreichung von Verbindlichkeiten, wie exempli causa die regelmäßige Teilnahme an den Veranstaltungen, Pünktlichkeit und Drogenfreiheit. Auch in den Prüfungsfächern Mathematik, Deutsch, Geografie, Biologie und Geschichte erfolgen, unter Einbeziehung der Leistungen des vergangenen halben Jahres, weiterhin Kontrollen, die ausschlaggebende Indikatoren für das Weiterkommen in dem zweiten Teil der Maßnahme „Hauptschulabschluss" bilden. Ergänzend dazu werden durch Beobachtungsbögen berufliche Anforderungen wie Teamarbeit, Feinmotorik oder Problemlösungsverhalten operationalisiert. Damit können Auskünfte über folgende Potenziale wie Lerntyp, körperliche und physische Beeinträchtigungen, soziale Beeinträchtigungen, Motivationen, Interessen und Berufswünschen getroffen werden und den Jugendlichen durch die sozialpädagogische Begleitung im Bedarfsfalle eine schnelle, unbürokratische und der individuellen Situation angepasste Unterstützung zuteil werden.

Die Jugendlichen durchlaufen während des ersten halben Jahres verschiedene handwerkliche Bereiche und fertigen dabei auch eigene Probewerkstücke an. Dabei wird eine eigene Idee ausgearbeitet und von der Planung bis zur Umsetzung durchgeführt. Das fördert die Identifikation mit dem Arbeitsstück und stellt zum schulischen Teil einen anspruchsvollen praktischen Ausgleich dar. Auch bei der Ausgestaltung der Projekträumlichkeiten, wie z. B. dem gesonderten Lern- und Aufenthaltsbereich, werden die Jugendlichen ermuntert, diesen ihren Ansprüchen und Vorstellungen gemäß zu gestalten, um Kommunikations- und Lernsettings zu schaffen, die dazu einladen, gemeinsam das gesteckte Ziel mithilfe von einer familienspezifischen Vermittlung von Geborgenheit, Rückzugssicherheit und Individualität zu erreichen.

Daneben werden Bewerbungsstrategien entwickelt, die der Gestaltung von Bewerbungsunterlagen und dem Ablauf von Vorstellungsgesprächen dienen. Dabei geht es auch um eine realistische Einschätzung der beruflichen und persönlichen Qualifikationen der Jugendlichen. Aufbauend auf dieser Stufe erfolgt die Vorbereitung auf ein Vorstellungsgespräch bei einem potenziellen Arbeitgeber, in dem die Jugendlichen in Kleingruppen Vorstellungen und Erfahrungen zum Thema diskutieren bzw. Vorgaben gemeinsam erlernen.

4.3.1.b Basismodul II: Hauptschule

Über die Zulassung zur Prüfung zum Hauptschulabschluss entscheidet die zuständige Schulbehörde durch schriftlichen Bescheid.[352] Da die Prüfungsanforderungen für die Erreichung des Hauptschulabschlusses dabei dem Curriculum der 9. Klasse entsprechen, konzentriert sich das Lernpensum an den fünf Kernfächern (Mathematik, Deutsch, Geografie, Geschichte und Biologie). Der Unterricht findet binnendifferenziert statt und wird von extra dazu verpflichteten Fachlehrern durchgeführt, die auch die Abschlussprüfungen abnehmen.

Meine Gesprächspartner aus der Jugendwerkstatt, Andrea, Daniel, Thorsten und Michaela, die nun vorgestellt werden, wurden mir von dem pädagogischen Personal dieser Einrichtung, von dem ich jederzeit hilfsbereit Auskunft erhalten habe, vermittelt.

4.3.2 Gesprächspartner aus der Jugendwerkstatt

Zu Andrea:

Andrea ist eine sympathische, zum Zeitpunkt des Interviews 23 Jahre alte alleinerziehende Mutter eines damals 28 Monate alten Sohnes. Sie fühlt sich weder einer Religion bzw. einer Weltanschauung, noch einer politischen Organisation verbunden. Gegenüber dem

---

[352] Aufgrund von § 35 Abs.1 Nr. 5 in Verbindung mit § 82 Abs. 3 des Schulgesetzes des Landes Sachsen-Anhalt in der Fassung der Bekanntmachung vom 27. August 1996 (GVBI, LSA S. 281) zuletzt geändert durch § 10 des Gesetzes vom 17. Dezember 2003 (GVBI, LSA S. 352, 355), Verordnung über die Prüfung zum Erwerb des Hauptschulabschlusses durch Nichtschülerinnen und Nichtschüler (NSchHRP.VO) vom 08.02.2005 §§ 4 – 5, Verwaltungsvorschrift zur Verordnung über die Prüfung zum Erwerb des Hauptschulabschlusses durch Nichtschüler (VV-NSchHRP-VO)

politischen Geschehen sieht sie sich ohnmächtig. In der Jugendwerkstatt möchte sie den Hauptschulabschluss nachholen.

Bevor sie in die Jugendwerkstatt kam, hat Andrea vom Arbeitsamt
aus eine Lehre als Friedhofsgärtnerin angefangen; diese aber aufgrund ihrer Schwangerschaft nach achtzehn Monaten abgebrochen
und nach der Geburt ihres Kindes zwei Jahre lang das sog. Babyjahr
zu Hause absolviert. Andrea bereut diesen Schritt nicht, da ihr die
Ausbildung zur Friedhofsgärtnerin keine Befriedigung gebracht hat.
Sie sah sich vielmehr gezwungen, diese Ausbildung anzufangen, da
ihr sonst vom Arbeitsamt Gelder gestrichen worden wären. Ihr
wurde damals von ihren Vorgesetzten deutlich signalisiert, dass sie
nach erfolgter Ausbildung nicht übernommen worden wäre, da es
genügend qualifizierte Interessenten für diese Tätigkeit gäbe. Andrea führt dies auf zwei formale Kriterien zurück: Zum einen verfügt sie nicht über einen Schulabschluss, weil sie nach der neunten
Klasse die Realschule ohne Abgangszeugnis verlassen hat und zum
anderen, weil sie während ihrer Ausbildung schwanger wurde.
Gleichwohl hat sie sich ihre Zuneigung zur Gartenarchitektur oder
zu einer handwerklichen Tätigkeit im Freien bewahrt.

Der Kontakt zu ihrer Mutter und ihrer Schwester, die inzwischen
auch Mutter von zwei Kindern ist, ist sehr intensiv. Ihre Mutter bezeichnet sie als ihre „beste Freundin". Seit ihr Vater, der Soldat bei
der NVA gewesen ist und alkoholabhängig war, die Familie kurz
nach der Wende im Spätherbst 1989 wegen einer anderen Frau verlassen hat, brach der Kontakt zwischen Andrea und ihrem Vater ab.
Sie sagt, sie habe mit ihm „abgeschlossen". Die „neue" Vaterrolle
nimmt seit 15 Jahren der neue Lebenspartner ihrer Mutter ein, mit
dem sie sich gut versteht.

Andrea ist in dem Stadtteil Halle-Silberhöhe geboren, in dem sie
auch aufwuchs und in welchem sie auch heute noch lebt.

Exkurs zu Halle-Silberhöhe:

Halle-Silberhöhe liegt knapp fünf km südlich des Stadtzentrums
von Halle a. d. Saale. Zwischen 1979 und 1989 entstand dieser
monofunktionale Wohnstandort mit über 15 000 Wohnungen ohne
nennenswerte Investitionen in die Infrastruktur oder das Wohnum-
feld. Halle-Silberhöhe ist der Stadtteil in Halle,

> „der durch seine geringe Attraktivität am stärksten vom all-
> gemeinen Bevölkerungsrückgang betroffen ist. Die Bevölke-

rung hat gegenüber 1989 um über 43 Prozent abgenommen".[353]

Im Stadtteil konzentrieren sich wirtschaftlich und sozial schwache Haushalte. Der Anteil der Sozialhilfeempfänger ist in Halle-Silberhöhe mit 10,2 Prozent deutlich höher als die gesamtstädtische Sozialhilfeempfängerquote von 6,6 Prozent. Die Arbeitslosenquote liegt mit gut 28 Prozent weit über dem gesamtstädtischen Durchschnitt (22 Prozent). Insbesondere Jugendliche und junge Erwachsene können gegenwärtig in Halle a. d. Saale nur schwer in das Arbeitsleben integriert werden, da sie häufig eine unterdurchschnittliche Schulbildung und keine praktischen Arbeitserfahrungen aufweisen. Viele dieser jungen Arbeitslosen leben in Halle-Silberhöhe. Ein Klima von Perspektivlosigkeit und Motivationsverlust breitet sich in diesem Stadtteil aus, dessen angespannte Lage durch das Ausmaß an Vandalismus, Müll, Zerstörung und Konflikten in den Gebäuden und im öffentlichen Raum sichtbar wird.

Andrea charakterisiert ihren Stadtteil so: *„Es ist eigentlich nicht ein so schönes Zuhause, aber ich bin hier aufgewachsen, ich bin hier groß geworden, ich kenne es nicht anders. Ich könnte es mir nicht vorstellen, irgendwo anders zu wohnen. Das ist halt meine Heimat."*

Das Interview mit Andrea fand am 19.12.2006, zwischen 9.00 Uhr bis 10.00 Uhr, in der Jugendwerkstatt in Halle statt.

Zu Daniel:

Daniel, der auf mich etwas unsicher wirkte, so als habe er seine Rollenidentität noch nicht gefunden, ist 20 Jahre alt und wohnt wie Andrea auch in Halle-Silberhöhe. Im Sommer 2007 möchte er die

---

[353]   Daten aus: *empirica, Good Practice in Neubauquartieren. Arbeitspapiere zum Programm Soziale Stadt*, Bd. 9, Berlin 2003, S. 125 – 130. Nicht nur in Halle zeigen sich „deutliche Schrumpfungstendenzen, die nicht nur mit der Abwanderung Jugendlicher zu tun haben, sondern mit der Wanderungsbewegung der arbeitsfähigen Bevölkerung insgesamt. So verlor z. B. die Stadt Halle zwischen 1990 und 2003 ca. 70.000 Einwohner, ähnliche Zahlen gibt es für Leipzig, Rostock, Schwerin und Magdeburg. Bis auf Potsdam und Dresden gibt es kaum Städte mit nennenswertem Bevölkerungswachstum." Heike Förster, S. 14. Aus der Konsequenz der rückläufigen Einwohnerzahlen reagiert die Bundesregierung mit Programmen. So eröffnet ein Programm mit „seinen Kernpunkten Aufwertung im Stadtquartier und Rückbau (...) den Kommunen die Chance, den Wandel zu nutzen, um ihre Attraktivität zu erhöhen. Bis 2004 standen hierfür Bundesfinanzhilfen in Höhe von rund 446 Mio. Euro in rund 300 Gemeinden zur Verfügung, die die Länder in gleicher Höhe ergänzt haben. Im Programmjahr 2005 betragen die Bundesfinanzhilfen rund 137 Mio. Euro." *Sozialbericht 2005*, S. 180.

Hauptschulprüfung ablegen. Er ist ledig und möchte später weder eine Familie gründen noch Kinder haben. Politisch sieht er seine Interessen sowohl von der FDP als auch von der CDU oder den Grünen vertreten. Als Fan von Rap- und Hip-Hop-Musik kleidet Daniel sich sehr leger mit Sport-Käppi und großer Silberkette. Sein rechter Ringfinger ziert einen nicht gerade grazilen Silberring mit großer Drachenfigur.

Daniel hat schon einmal versucht, den Hauptschulabschluss nachzuholen, hat aber aufgrund von Spannungen mit seinen damaligen Klassenkameraden und seinen Lehrern ohne Zeugnis die Hauptschule nach der neunten Klasse verlassen. Auf die Frage, was das für ein Gefühl gewesen sei, als er die Schule ohne Abschluss verlassen habe, antwortet Daniel:

„Na ja, da hat man eben nichts in der Tasche gehabt, also keinen Abschluss und so was. Man hätte doch denken können, ich hätte es durchgezogen, und hätte es eben durchmachen können, dann wär ich jetzt nicht hier, wo ich jetzt säße. Aber da kann man nichts ändern, das ist ja alles Schicksal. Das ist ja alles so gekommen, wie es kommt und ich meine: Man soll nicht immer nach hinten schauen, sondern nach vorne und irgendwie habe ich schon das erreicht, was ich mir vornehme. Man muss sich eben Ziele setzen. Na gut, es ist eben passiert, daran kann man nichts ändern. Es ist schon schlecht, was passiert ist, aber ich meine es sind alles alte Kamellen wenn man so denken will. Das ist ja vor sechs/sieben Jahren passiert, fünf Jahre ungefähr ist es her."

Daniel war dann ein Jahr lang, von 2005 bis 2006, arbeitslos gemeldet und wurde auf die Jugendwerkstatt in Halle durch eigene Recherchen aufmerksam. Er möchte aus *„eigener Kraft"* und *„aus eigenen Willen heraus etwas"* erreichen. Durch eine vorhergehende Weiterbildungsmaßnahme befand er sich in einer Ausbildung zum Bürokaufmann, die er aber wegen *„Mobbinggeschichten"* vorzeitig abgebrochen hat, weil er seinen Ausbildungsplatz immer weniger aufsuchte. Das Gefühl gemobbt zu werden, hat er rückblickend seit seinen Kindergartentagen.

„Nur da war es nicht so extrem gewesen wie jetzt. Das konnte ich immer noch abwehren. In den Schulzeiten von der ersten bis zur achten Klasse war es ein bisschen schwierig gewesen. Wenn man dann die Schule oft gewechselt hat und dann kam man in diese Klasse. Und es gab verschiedene Gruppen."

Daniels Schulbiographie ist eine regelrechte Odyssee. Heimat zu finden, für ihn schwierig.

In der Jugendwerkstatt möchte Daniel erstmal den Hauptschulabschluss nachholen. Im Verlauf des Gespräches äußert er den Wunsch, vielleicht daran den Realschulabschluss oder eine dreijährige kaufmännische Ausbildung anzuschließen. Wichtig ist ihm dabei vor allem, dass er lernt „hier so jeden Tag pünktlich zu erscheinen". Diese Struktur fordert von ihm nicht nur Selbstdisziplin ab, sondern verlangt auch viel Kraft „immer den Unterricht mit zu verfolgen". Seine Arbeitswoche empfindet er als anstrengend, da man „alles geben" muss. Früher ging Daniel öfters abends mal weg. Seit er die Jugendwerkstatt besucht, geht er vielleicht nur noch einmal im Monat aus, auch deshalb, weil das Ausgehen „viel Geld kostet."

Auch ihn beschäftigt, wie meine anderen Gesprächspartner auch, dass der Lebensstandard für die alltäglichen Einkäufe seit der Währungsumstellung zum Euro teurer geworden ist.

„In den Geschäften wird alles teurer. Man hat für 20 EURO gekauft und im Einkaufswagen ist nur die Hälfte drin, was vor Jahren drinne war. Vor Jahren hatte man 50 DM, da konnte man extrem viel kaufen und jetzt! '97 war's besser, 98 war's besser als jetzt 2006. Es wird ja immer schlimmer. (...) Manche können sich kaum mehr etwas leisten, weil alles teurer wird. Manche verdienen ja so wenig, zum Beispiel 4,34 EURO in der Stunde. Die haben einen Bericht im Fernsehen gebracht. Die arbeiten sich kaputt und können sich eben nicht mehr viel leisten. Mit der DM hatte man eben mehr."

Mit seiner Wahlheimat Halle assoziiert er keine positiven Erinnerungen. Ihn zieht es in eine größere Stadt, in der er in der Anonymität untertauchen kann. So gefällt ihm Berlin sehr gut, besonders die Westbezirke Charlottenburg und Schöneberg. Auf der anderen Seite lösen bei ihm Stadtteile, in denen ein hoher Anteil ausländischer Mitbürger lebt, Unwohlsein aus, denn dort sei das Potential rechter Überfälle besonders hoch.

„Das ist mir zu gefährlich. (...) Wo Rechte irgendwie auf Leute losgehen. Oder in Brandenburg ist ja auch einer totgeschlagen worden. Ein Ausländer und so."

Sein Verhältnis zu seinem Vater bezeichnet er als angespannt, im Gegensatz zu dem zu seiner Mutter. Seine Mutter war „halt mehr für mich da gewesen als mein Vater". Seine Halbgeschwister kennt er nicht und er verspürt auch kein Bedürfnis, diese kennenzulernen. Auch in Bezug auf seine Mitmenschen ist er bedachtsam, vielleicht auch verletzbar. „Ich habe mich von vielen Freunden abgewandt und hab' auch allgemein jetzt so keine Freunde mehr, gute Freunde habe ich nicht mehr."

Das Interview fand am 12.12.2006 von 13.30 bis 14.30 Uhr in den Räumen der Jugendwerkstatt statt.

Zu Thorsten:

Thorsten ist 25 Jahre alt und strebt in der Jugendwerkstatt den Hauptschulabschluss an, der die Grundlage für seinen späteren Realschulabschluss legen soll. Die Schule hatte er abgebrochen, weil er *„keine Lust"* mehr darauf hatte und stattdessen lieber *„rumgegammelt"* und *„nur Blödsinn gemacht"* hat. *„Das waren halt die Üblichen, halt die falschen Kreise."* Im Gegensatz zu seinem damals laissez-fairen Schulalltag kümmerte er sich in dieser Zeit aber verantwortungsvoll um seine schottische Schäferhündin, die inzwischen aber verstorben ist.

Thorsten, den es vor Jahren aus einem kleinen Dorf aus dem Harz nach Halle zog, hat vor seiner Zeit in der Jugendwerkstatt *„einmal für die Stadt Halle gearbeitet, im Freibad und auf dem Baumarkt"*. Nach Ablauf dieser zeitlich befristeten Arbeitsverträge, die nicht verlängert wurden, weil es genügend Praktikanten gab, *„die auch längere Zeit da bleiben und das ist dann halt günstiger"*, war er zwischendurch für kurze Zeit arbeitslos. Sein Arbeitsverhältnis zu seinen Vorgesetzten und Kollegen verlief nicht immer reibungslos, denn Thorsten stört vor allem die

„Einstellung von manchen Leuten, das Besserwisserische. Und das habe ich nicht verstanden, denn ich lass mir ungern was sagen. Ich lasse mir selten etwas sagen. Gut, hier reiß ich mich zusammen. Hier benehme ich mich."

Seine bisherigen Arbeitstätigkeiten haben ihm gut gefallen und auch der damit verbundene Kundenverkehr bereitete ihm keine Probleme. Thorsten kann sich sehr gut vorstellen, sich eines Tages selbstständig zu machen.

„Das könnte ich. Das könnte passieren, vielleicht mal. Irgendwann, aber wer weeß, abwarten und Tee trinken."

Wo würdest du sagen, liegen da deine Stärken?

„Bau würde ich sagen, Abbruch, Recycling zum Beispiel."

Bevor Thorsten das Angebot dieser Weiterbildungsmaßnahme der Jugendwerkstatt ergriffen hat, unterzog er sich einer Alkohohl-Entzugskur.

Das ‚Schicksal' der Alkoholsuchtstruktur teilt er mit seinen Eltern, die er – im Gegensatz zu sich selbst – immer noch als alkoholabhängig charakterisiert. Das war auch einer der Motive für ihn, nach

Halle zu ziehen. Aber auch Halle konnte ihn vor dem Alkoholismus nicht bewahren, der ihn fast zum Tode geführt hätte, wenn er nicht rechtzeitig *„ne Entgiftung und eine Kur"* gemacht hätte. Und dieser Alkoholentzug, so sagt er, habe ihn in seinem bisherigen Leben am meisten geprägt.

„Die meisten lernen ja dann auch daraus, aus der Erfahrung und dann, dass sie wirklich sehen, gucken, dass sie das und das dann wirklich nicht mehr machen. Und wirklich ein vernünftiges Leben führen wollen, irgendwann mal."

Heute bezeichnet er sich als ,trocken' und hat auch diesen Willen und Ehrgeiz, nicht mehr rückfällig zu werden, trotz aller Verlockungen, die überall in Bezug auf Alkohol im Alltag vorhanden sind. Das Wissen, dem Tod gerade noch von der Schippe gesprungen zu sein, macht die Lebenszeit für ihn kostbar und motiviert ihn zum Ehrgeiz.

Auch Thorsten, der bis jetzt ledig und kinderlos geblieben ist und sich weder einer Religion oder Weltanschauung verbunden fühlt, noch einer Partei nahe steht, kann sich auch nicht vorstellen, dauerhaft in Halle wohnhaft zu bleiben, denn für ihn

„laufen hier zu viele Idioten rum. Gut, ich bin nun schon ein paar Jahre älter, und man wird ja auch vernünftiger und dann merkt man doch, dass hier viele Idioten rumlaufen, weil die meisten keen Willen haben, irgendwas zu machen. Die kaufen sich früh Alkohol in der Kaufhalle und solche Scherze, pöbeln rum, und so was. Also, was soll denn so was? Das ist kein Benehmen."

Eine Wohnortalternative zu Halle konnte er im Gespräch, das am 13.12.2006 zwischen 13.30 Uhr und 14.30 Uhr in den Räumen der Jugendwerkstatt stattgefunden hat, aber (noch) nicht benennen.

Seine kleine Zweiraumwohnung in Halle-Neustadt teilt er sich mit einer ausgewachsenen Rottweiler-Metzgerhündin. Auf die Frage nach seiner täglich mehrstündigen Abwesenheit von seinem Hund – ob seines Aufenthalts in der Jugendwerkstatt – antwortet Thorsten: *„Man kann ja einen Hund so dementsprechend trainieren, dass er die Zeit meiner Abwesenheit auch aushält."*

Exkurs zu Halle-Neustadt:

1958 wurde mit dem Bau dieser als eigenständig konzipierten Stadt begonnen. Aufgrund des Ausbaus des „Chemieprogramms der DDR" wollte man die Ansiedlung von Arbeitskräften in der Nähe der Chemiestandorte Buna Schkopau und Leuna erreichen. Nach umfangreichen Standortuntersuchungen und Planungen im Bezirk Halle beschloss das Politikbüro der SED am 17. September 1963 den Aufbau dieser „Chemiearbeiterstadt", von den Einwohnern meist kurz „Neustadt" oder scherzhaft „Ha-Neu" genannt, wobei die Stadt weit entfernt von den eigentlichen Chemieanlagen entstand. Am 9. August 1965 zogen die ersten Mieter nach Halle-Neustadt. Da wesentliche zentrale Infrastruktureinrichtungen erst später oder nie fertiggestellt wurden, blieb Halle-Neustadt kaum mehr als eine Schlafstadt für die im Schichtrhythmus der Chemieanlagen arbeitenden Chemiearbeiter und deren Familien. Die Einwohnerzahl von Neustadt, das seit 1990 Westbezirk der Stadt Halle a. d. Saale ist, ist seit 1990 deutlich gesunken (zur Zeit ca. 58 000). Wer es sich leisten kann, zieht weg bzw. muss der Arbeit wegen die Region verlassen. Die Generation der Erstmieter, mittlerweile meist im Rentnerstand, wohnt noch in diesem Stadtteil, der sich längst zu einem sozialen Brennpunkt entwickelt hat.

Zu Michaela:

Michaela, eine charmante alleinerziehende zwanzigjährige Mutter einer 26 Monate alten Tochter, möchte auch ihren Hauptschulabschluss in der Jugendwerkstatt nachholen. Als alleinerziehende Mutter gehört sie – wie Andrea – besonders zu der vom Armutsrisiko betroffenen Menschen in unserem Staat. Michaela wuchs in Halle-Neustadt auf, wo sie – wie Thorsten – zum Zeitpunkt des Interviews ihren Lebensmittelpunkt hatte.

In dem Interview, das am 20.12.2006 zwischen 9.00 Uhr und 10.00 Uhr in einem Raum der Jugendwerkstatt stattgefunden hat, antwortete sie sehr konzentriert und reflektiert.

Kurz nach Michaelas Geburt hat ihre Mutter die Familie verlassen. *„Meine Mama ist damals weggegangen von uns. Die hat drei Kinder in die Welt gesetzt und ist dann einfach abgehauen."* Seitdem haben ihre Geschwister, mit denen sie in vertrauter Beziehung steht, noch sie je wieder einen Kontakt zu ihrer Mutter aufbauen können.

Seitdem Michaela im Jahre 2004 Mutter einer Tochter wurde und sich anschließend zwei Jahre lang zu Hause um ihr Baby kümmerte, denkt sie manchmal schon daran, mit ihrer Mutter in Verbindung zu treten, denn

„es interessiert mich schon, weil ich nun mal selber ein Kind habe. Ich würde gerne wissen, wie denn ein Mensch so sein kann, weil ich mein Kind nicht weggeben könnte. Sie hat mich ja mit drei Jahren in dem Sinne im Stich gelassen, und meine Tochter ist jetzt fast in dem Alter. Wenn ich mir das vorstelle, so ein kleines Würmchen."

Michaelas berufstätiger Vater (Straßenbahnfahrer bzw. später Maurer) war mit der neuen Familiensituation überfordert, sodass Michaela durch Anweisung des Jugendamtes in ein Kinderheim gebracht wurde. In dieser Einrichtung wurde bei ihr Legasthenie diagnostiziert. Der intelligenten jungen Frau schmerzt es, dass sie damals keine Förderung erhalten hat, die ihr damit eine Schule für Lernbehinderte, in der sie dann eine Klasse übersprang, hätte ersparen können.

„Es war schon in der zweiten Klasse, da bin ich gleich in die Hilfsschule gegangen. Weil, da hat es gar keiner erst versucht, dass ich vielleicht ne Hilfe kriege oder so."

Michaela möchte das ihrem Kind nicht antun.

„Ich würde mein Kind z. B. nicht sofort in eine Lernbehindertenschule schicken, ich würde versuchen, dass es Nachhilfe kriegt oder so. Und die haben es aber so damals gemacht, dass sie mich gleich in so eine Lernbehindertenschule gesteckt haben."

Nach ihrem guten Schulabschluss hatte Michaela einige befristete *„Maßnahmen"* durch das Arbeitsamt absolviert, aus denen sich aber keine beruflichen Perspektiven eröffnet haben.

Von der Sozialpolitik der rot-grünen Bundesregierung enttäuscht, hegte Michaela große Hoffnungen auf die Politik der christdemokratischen Bundeskanzlerin Frau Dr. Merkel. Inzwischen äußert sie sich nur noch *cum ira* über deren Wirtschafts- und Sozialpolitik, wie ihre Aussagen in dem Interview eloquent Zeugnis ablegen.

Auf den nächsten Seiten sind ausgewählte Interviewausschnitte mit den Jugendlichen abgedruckt. Sollten nicht in jedem Themenkomplex Antworten von allen Jugendlichen vorliegen, so gründet sich die Ursache desselbigen darin, dass jene sich hier explizit nicht geäußert haben oder diese an anderen Stellen eingefügt wurden.

4.4 Interviewausschnitte [354]

4.4.1 Fragenkomplex: *berufliche Lebenswelt*

4.4.1.a Erwerbsbiographischer Hintergrund

Wieviele Bewerbungen hast du geschrieben?

Tobias

Ich war vorher schon mal arbeitslos gemeldet, bevor ich das Studium an-gefangen hab', da hab' ich auch schon mal überlegt, eine Ausbildung zu machen, also da hab ich auch schon Erfahrungen gesammelt, wie schwer es an sich ist, eine Ausbildung, einen Ausbildungsberuf oder eine Ausbildung zu bekommen und da hab' ich mehrere Bewerbungen geschrieben, hundert, zweihundert Stück. Also ich würde eher sagen: so 150 bis 200 Bewerbun-gen. Alles Absagen.

Und wie hast du dich gefühlt als du die Bewerbungsunterlagen zu-rückbekommen hast?

Tobias

Ja, klar fühlt man sich zurückgesetzt. Also, man hat schon sehr oft Lust aufzugeben und zu sagen: Ich hab keen Bock mehr. Also um es mal richtig auf gut Deutsch zu sagen: Mit dem Slangausdruck: Ich habe keinen Bock mehr auf diesen Scheiß! Ständig irgendwie Absagen zu bekommen. Man-che Absagen sind freundlich, manche Absagen sind halt doch einfach nur korrekt. Und manche sind auch komisch, also richtig beleidigend. (...) Das Entscheidende, es kostet vor allem sehr viel Geld: Druckpapier, äh die Be-werbungsmappen, das Ausdrucken, Post, Hinschicken. Wenn man mal hochwertiges Briefpapier haben möchte, also da bezahlt man schon ne ganze Menge Geld, die manche gar nicht haben, kann ich mir vorstellen. Famili-en, also Hartz-IV-Empfänger-Eltern, die kriegen 350 €, haben vielleicht 50 € zum Leben und 50 € reicht nicht für ne Bewerbung im Monat, wenn ich mal rein so rechne im Schnitt. Jede Bewerbung, wenn's ne gute Bewer-bung ist, fünf €. Wenn ich 200 Bewerbungen schreibe, da kommt man dann locker auf 1 000 € für alle Bewerbungen. Und man sagt ja, durch-schnittlich schreibt man 200 bis 300 Bewerbungen, um eine Stelle zu fin-

---

[354]   Steht unter der Maxime: *Homo sum. Humani nil a me alienum puto. (Ich bin ein Mensch. Nichts Menschliches ist mir fremd.)*

den, die wirklich dann zu einem passt. Also so habe ich das in Bewerbungsbüchern gelesen.

Frage an die Jugendlichen der Jugendwerkstatt Halle: Wie war für dich das Gefühl, arbeitslos zu sein? War das schlimm?

Daniel

Ja, ein bisschen schon. Ich mein: Wer will schon gern arbeitslos sein? Das ist nicht so ein gutes Gefühl.

Warum ist das nicht gut?

Daniel

Ja, weil viel zu viele arbeitslos sind. Ja und arbeitslos, das klingt immer so: „Ich habe keine Arbeit und man fühlt sich so am Abgrund und das ist blöd." Ja, ich möchte immer irgendwie gut dastehen.

Und wie ging es dir finanziell, als du arbeitslos gewesen bist?

Daniel

Na, es ging so. Nicht so gut.

Und wie geht es dir jetzt finanziell?

Daniel

Es geht so. Also ich spar ja jetzt allgemein so und verzichte auch noch auf manche Sachen. Aber so geht's gut.

Wie hast du dich auf dem Arbeitsamt von den Beratern behandelt gefühlt?

Daniel

Es gibt manche Berater, die sind abfällig und manche, die sind freundlich. Es gibt immer solche und solche. Ja, wie überall. Das ist halt so. Aber eigentlich bin ich bei den Freundlichen gewesen. Die Unfreundlichen gehen an einem einfach vorbei. Und so was hat man schon gemerkt.

Und wie kommst du finanziell über die Runden?

Michaela

Finanziell ist es schwierig. Man kriegt es nicht immer hin, aber ich muss sagen, ich kann irgendwie mit Geld umgehen. Ich kann gut einteilen, das, was ich im Monat hab'. Mir ist es immer wichtig, dass ich am Anfang des Monats das Geld weglege fürs Essen, für Windeln und für alles Mögliche, für das, was man da alles braucht, dass das alles da ist. Ich pack da immer noch ein bisschen weg, dass ich mit ihr (der Tocher; Anmerk. M.K.) Eis essen gehen kann oder mit ihr auch was unternehmen kann. Und der Rest, das pack ich dann zur Seite, im Falle es kommt doch irgendetwas, Arzt oder Sachen oder so. Kinder brauchen ja auch Sachen. Aber es ist schwierig, eben alles so hinzukriegen, jeden Monat.

Was ist das für dich für ein Gefühl, Hartz IV zu bekommen?

Michaela

Es ist nicht so toll. Also ich fühl mich persönlich nicht wohl mit Hartz IV, weil ich da alles rechnen darf und auch so. Ich bin der Meinung: Wo ich jetzt zu Hause war, zum Beispiel, war ich immer manchmal, eigentlich immer, unzufrieden, weil ich immer zu Hause sitzen musste, und Geld habe ich trotzdem bekommen, na ja. Dann sage ich mir: Ich will nicht. Bringt mir nicht viel, zu Hause zu sitzen und von Hartz IV zu leben. (...) So weiß ich wenigstens, wenn ich abends nach Hause komme, ich habe dafür was getan.

Wie wurdest du auf dem Amt behandelt?

Michaela

Ja, man wird gut behandelt. Aber auf eine Art kommt man sich immer so vor, als ob es diejenigen sind, die das austeilen. Zum Beispiel: Wenn du da sagst: „Du kriegst das, das steht dir zu", dann kommen die einem gleich mit: „Dir steht gar nichts zu. Du bist Sozialhilfeempfänger", obwohl sich das gar nicht gehört. Da fühlt man sich runtergesetzt. Zum Beispiel wollte ich jetzt im Februar umziehen, habe es auch bewilligt gekriegt, aber vorher gab es deswegen eine riesen Diskussion, weil er der Meinung war, ich darf nicht umziehen, obwohl die Miete (...) niedriger ist, wesentlich niedriger ist, als in der Wohnung, wo ich jetzt wohne. Trotzdem wollten die diskutieren mit mir, dass ich keinen vernünftigen Grund habe. Und so was finde ich unmöglich. (...) Also das kostet sehr viel Kraft: Zum Amt zu gehen und dort selbstbewusst aufzutreten.

Würdest du das als Gewalt bezeichnen, was du auf dem Amt erlebst?

Michaela

So, das eben innerlich, seelische Gewalt. Das merk ich zum Beispiel jeden Tag, wenn ich aufs Arbeitsamt gehe, du wirst immer runtergeputzt. Du bist nichts und du hast nichts. Dann kriegst du ein Gefühl, wo du dir sagst: Ja, toll. Wofür lebst du eigentlich? Es gibt schon Situationen, wo ich

manchmal sage, wofür kämpfe ich eigentlich? Das gibt's aber bei jedem –
glaub' ich – der in so einer Situation lebt.

Glaubst du, dass sich dies mit Hartz IV verschärft hat?

Michaela

Ja, mit Hartz IV hat es sich eher verschärft. Ich sag mal so: Am Ende des
Monats rechne ich mehr herum und denke nach und überlege, wie ich es
machen soll. Ich bin mit dem Leben jetzt mehr unzufriedener als vorher.
Das muss ich sagen. Das betrifft aber nicht nur Hartz IV. Hartz IV an sich
hat vielleicht vielen geholfen, aber es ist auch die Mehrwertsteuer, die die
immer mehr erhöhen. Die erhöhen alles mehr und das ist eben furchtbar.

Hast du Angst, dass du später mal von Hartz IV leben musst?

Andrea

Muss ich ja jetzt schon. Aber ich möchte nicht mein ganzes Leben lang
Hartz IV haben, ich will nicht von denen abhängig sein, ich möchte schon
mein eigenes Geld verdienen. (...) Weil, man sieht's ja, wenn man Hartz IV
kriegt, das ist halt wirklich das zum Überleben. Du kannst nicht in Urlaub
fahren, du kannst keenen Führerschein machen, das Geld reicht halt wirk-
lich so grade für den ganzen Monat. Das ist halt das, was ich nicht haben
möchte. Ich möchte auch mal am Ende des Jahres sagen: „Hier, wir können
jetzt mal in den Urlaub fahren." Darauf möchte ich halt hinarbeiten, dass
es ein bisschen mehr wird, als wie jetzt halt vom Arbeitsamt. Und ich will
natürlich auch nicht immer vom Staat leben.

Was war für dich der Auslöser, nochmals die Schulbank zu „drü-
cken"?

Thorsten:

Um nochmals was zu verbessern. Halt also das Leben (...), na gut das Le-
ben, man kann ja noch ein bisschen mehr machen, außer vielleicht auf dem
Baumarkt zu arbeiten. Man kann ja wirklich dies, das und jenes machen.
Man kann ja auch ein bisschen mehr machen, man muss ja nicht nur auf
dem Baumarkt arbeiten.

Andrea:

Durch's Arbeitsamt. Die haben mich halt immer angeschrieben, die haben
mich immer gefragt, ob ich nach dem (...) ich hab halt zwei Jahre Babyjahr,
und da musste ich ja zwei Jahre Pause machen, du wirst ja in den zwei
Jahren nicht vermittelt. Da haben sie gefragt, ob ich danach etwas machen
möchte, und da die halt wussten, das ich gar keinen Schulabschluss habe,

habe ich halt gesagt, wenn, also dann möchte ich auf jeden Fall erst mal den Hauptschulabschluss machen. Die haben dann praktisch so lange gewartet, bis die zwei Jahre rum sind, bis mein Kind in den Kindergarten geht und haben mich dann halt angeschrieben, und sofort nach drei Tagen habe ich hier die Maßnahme gekriegt.

4.4.1.b Mobilitätsbereitschaft

Ich wollte von den Jugendlichen, die alle noch in ihrer Heimatregion leben, erfahren, welcher Aspekt in Bezug auf Mobiltätsüberlegungen hinsichtlich der Bewältigung virtueller sozialer Exklusion für sie existiert. Wird ein Aufbruch aus ihrem bisherigen Umfeld als eine Strategie erkannt, ihre jetzige Situation zu verbessern?

Tobias ist bereit, seinen Heimatort für einen bezahlten Arbeitsplatz zu verlassen:

Also, ich habe mich wirklich deutschlandweit beworben. Ja (...) Wenn's notwendig gewesen wäre, hätte ich mich auch ins Ausland beworben. Da bin ich in dieser Hinsicht ein sehr flexibler Mensch.

Daniel:

Naja, also Deutschland soll schon sein, nicht irgendwie Ausland und so. Aber ich denke mal, äh die dreifachen Favoriten, die ich vorgesehen hätte oder so, wo ich auch schon war, in Berlin wäre nicht schlecht oder in Köln oder vielleicht auch weiter weg, aber vielleicht nicht so weit – vielleicht Leipzig oder so Umgebung und Dresden oder so Umgebung. Was nicht allzu weit weg ist von meinen Eltern, wo ich sie immer besuchen kann. Denn wenn ich jetzt in München wohne oder in Hamburg, ist ja auch blöd, wenn man sie nicht wiedersieht. In der Woche muss man zum Beispiel arbeiten, und am Wochenende hat man auch keine Zeit, das kostet ja auch alles Geld, aber so möchte ich schon die Umgebung behalten von Halle. Weil wir doch eine Familie sind. Aber so finde ich Halle nicht so toll.

Würdest du auch aus beruflichen Gründen ganz woanders hinziehen?

Thorsten

Ja.

Also auch nach Westdeutschland?

Ja.

Auch ins Ausland?

Auch, ja.

Möchtest du unbedingt hier in der Region Halle bleiben?

Andrea

*Na ja. Was heißt unbedingt? Wenn ich jetzt ne Chance kriegen würde, in
ne andere Stadt ziehen zu können, wenn ich da Arbeit hätte oder so.*

Könntest du dir vorstellen, aus beruflichen Gründen woanders hin
zu ziehen?

Michaela

*Also ich sage mir, die Zukunft hier in Halle ist nicht so gut – außer natür-
lich – ich habe nen guten Job, dann bleibe ich hier. Aber nee, da geht mir
meine Zukunft mit meiner Tochter vor. Also ich würde hier wegziehen,
spätestens wenn ich ein tolles Jobangebot hätte. Da würde ich hier wegziehen. Also die Lehre würde ich hier noch machen.*

Fazit: Meine jungen Gesprächspartner bringen hier ein positives
Verständnis für Selbstständigkeit und Unabhängigkeit in Bezug auf
Mobilitätsbereitschaft zum Ausdruck. Ihre vorhandene Bereitwil-
ligkeit, sich auch fern ihres Wohnorts auf Stellenangebote hin zu
bewerben und damit finanzielle und persönliche Belastungen auf
sich zu nehmen, ist der schlechten Arbeitsmarktsituation ihres
Wohnorts geschuldet. Die Jugendlichen sind bestrebt, drohende soziale Exklusion bzw. die Gefahr des sozialen Ausschlusses damit
abzuwenden bzw. zu verhindern.

Die Jugendlichen wollen aktiv auf dem ersten Arbeitsmarkt dauerhaft Fuß fassen und sind deshalb auch dafür bereit, einen Wohn-
ortwechsel in Kauf zu nehmen, denn das Verbleiben am bisherigen
Wohnort bildet für diese Jugendlichen nachgerade eben nicht die
Voraussetzung, ihre eigenen Vorstellungen normaler Erwerbsarbeit
realisieren zu können. Darin liegt sicherlich eines der Motive begründet, weshalb die Jugendlichen nicht nur bereit sind, gewohnte
Umgebungen, sondern auch direkte soziale Kontakte aufzugeben,
um in einem anderen geographischen Raum ihren Status quo hin zu
einem Status quo maius zu transformieren.[355]

---

[355] Hier drückt sich meiner Meinung nach auch die emotionale Janusköpfigkeit
der Moderne aus, nämlich der Wunsch, gleichzeitig berufliche als auch private Anerkennung zu finden. Auch dies stellt kein singuläres Phänomen
dar, wie andere Studien, z. B. die 15. Shell-Jugendstudie, S. 24, zeigen:
„Weiter im Aufwind der Strebungen der Jugendlichen befinden sich die Se-
kundärtugenden, insbesondere Fleiß und Ehrgeiz."

4.4.1.c Zukunftsperspektive

Vorbemerkung:

Die meisten Jugendlichen sehen ihre Zukunftsperspektive als sehr unsicher an.

> „Waren es in 2002 noch 55 %, die hier besorgt waren, sind es 2006 bereits 69 %. Auch die Angst vor der schlechten wirtschaftlichen Lage und vor steigender Armut nahm in den letzten vier Jahren von 62 % auf 66 % zu."[356]

Die Hauptsorge der Jugendlichen gilt ihrer beruflichen Entwicklung, ihren Chancen auf einen sicheren Arbeitsplatz und damit auf einen Platz in der Gesellschaft. 53 % der Jugendlichen beurteilen die Zukunft unserer Gesellschaft als eher düster[357] und nur 44 % als eher zuversichtlich[358]. Vor allem Jugendliche an den Hauptschulen blicken

> „mit deutlich geringerem persönlichen Optimismus in die eigene Zukunft (38 % sind eher zuversichtlich) als ihre Altersgenossinnen und Altersgenossen an den Gymnasien (57 % sind eher zuversichtlich)."[359]

Dem begegnen sie durch hohe Anforderungen an sich selbst, indem sie versuchen die

> „Parameter zu verändern, die sie direkt beeinflussen können, der wichtigste ist die eigene Ausbildung. Sie reagieren mit Anpassung an die Bedingungen und mit einer ausgesprochenen Leistungsorientierung. Wenn es darum geht, Berufswünsche zur realisieren, kursieren diverse Strategien. Vieles wird auf Verwertbarkeit im Lebenslauf abgeklopft, gedacht wird in Termini der eigenen Marktgängigkeit."[360]

---

[356] 15. Shell-Jugendstudie, S. 15.

[357] Vorhergehende Studie (2002): 45 %. Ibid., S. 15f.

[358] Vormals: 48 %. Ibid., S. 15f.

[359] Ibid., S. 16. Besonders die weiblichen Jugendlichen haben im Bereich der Schulbildung inzwischen ihre männlichen Geschlechtsgenossen überholt und streben inzwischen häufiger höherwertige Bildungsabschlüsse an. Hier offenbart sich auch ein Defizit männlicher Rollensozialisation, denn Jugendgewalt ist häufig Jungengewalt. Die gesamtgesellschaftlichen Folgen fehlender Perspektiven – gerade für männliche Jugendliche – sind meines Erachtens noch zu wenig reflektiert und bedürfen dringender pädagogischer Maßnahmen. Siehe dazu: Beuster (²2006).

[360] Ibid., S. 28f.

Wie wünscht du dir deine berufliche Perspektive?

Tobias

Filialleiter ist meine nächste Perspektive. Also, erst mal wahrscheinlich Teilzeitverkäufer und danach vielleicht Filialleiter. Und darauf baue ich dann weiter auf. Ok, dann gibt es halt im Dänischen Bettenlager ganz gute Steigerungsmöglichkeiten. Bezirksleiter, Werksleiter und so weiter und so fort. Vielleicht auch Abteilungsleiter für irgendwelche Warengruppen. (...) Also ich habe vor, da Karriere zu machen. Ich habe mir da schon sehr viele Grundlagen geschaffen, direkt im Unternehmen, in das ich auch eingebunden bin.

Machst du dir schon Sorgen um deine Rente?

Tobias

Ja, natürlich. Also ich war ja grad vorher bei der Bank, auch wegen Riester-Rente und so und hab' mit meinem Berater gesprochen. Okay, ist ja eine zusätzliche Versorgung.

Du sagtest vorhin, dass du Zukunftspläne hast. Mich würde interessieren, was so deine Pläne sind?

Daniel

Na ja, ich denke mal, erst mal hier so jeden Tag pünktlich zu erscheinen. Das verlangt Kraft, immer da zu sein und immer den Unterricht mit zu verfolgen. Das ist ja auch blöd, wenn man die Prüfung nicht schafft und man muss ja die Prüfung schaffen, das ist das Einzige, was wichtig ist. Man wird immer älter und ich bin schon 20 und eines Tages geht das nicht mehr, so einen Abschluss irgendwie im Nachhinein zu bekommen. Und mit 20 ist man so an der Grenze. Die mit 25, 26, die in der Maßnahme hier sind, also für die ist es auch ein bisschen zu spät. Die gehen schon auf die 30 zu und wer will mit 30 eine Ausbildung machen?

Hast du für deine weitere Zukunft schon Pläne?

Daniel

Ich kann das nicht sagen, aber ich denke mal, so halt, dass ich in einer anderen Stadt wohne, dass ich eine Arbeit habe, dass ich neue Freunde kennen gelernt habe, die zu mir halten und die jetzt nicht irgendwie eigenartig sind und sich dann verändern nach einem Jahr. (...) Dass ich eine gewisse Zukunft habe und dass ich nicht irgendwie abrutsche.

Denkst du, dass es sehr schnell gehen kann, dass man abrutscht?

Daniel

Ja, es ist vielleicht leichter abzurutschen, als jetzt irgendwie reich zu werden oder irgendwie zur Oberschicht zu gehören. Ich meine: Wenn man oben ist, bleibt man für eine gewisse Zeit oben. Aber man kann ja auch leicht abrutschen und abrutschen geht doch schneller als irgendwie aufzusteigen. Ja. Denn man kann ja von Heute auf Morgen irgendwie obdachlos werden. Die Wohnung abfackeln und dann ist man schon obdachlos. Das geht ja alles so schnell. Man hat dann nichts mehr. Man ist nicht versichert, zum Beispiel, hat Schulden, das ist ja auch so ne Sache. Das geht schnell heutzutage. Und grade jetzt in der heutigen Gesellschaft, merkt ja keiner mehr, wenn man ganz unten ist. Wenn irgendwelche Bettler auf der Bank da liegen und schlafen. Da geht ja keiner mehr hin und fragt, was da los ist. Gehen ja alle vorbei. Wenn man Geld hat, sind ja alle da. Sogar Freunde, die keine Freunde sind, oder wenn man irgendwie was hat, Unfall oder so, oder man liegt im Krankenhaus, da kommt ja keiner von den Freunden mehr. Deswegen kann man sich Freunde nicht aussuchen.

Hast du selber Angst abzurutschen?

Daniel

Manchmal schon. Das ist immer so ne Frage. Weil, da hat man Angst, dass man manches verliert, was man hat. Was man sich erarbeitet hat, was ich mir gekauft habe, wo es eben teuer war, aber man muss eben sehen, dass man eben oben bleibt oder so ein bisschen in der Mittelschicht. Okay, davor hat – glaube ich – jeder Angst. Dass er obdachlos wird und eben kein Geld mehr verdient und auf der Straße leben muss.

Auf was würdest du konkret sparen wollen?

Daniel

Für die Einrichtung der Wohnung. Das kostet ja auch Geld. Tapete, Bett, Möbel und so was halt, was notwendig ist für ne Wohnung. Es nützt ja nichts, wenn man nichts hat. Manche leben schon drei Jahre in einer Wohnung und haben sie nicht eingerichtet. Die leben immer noch so, als wären sie vor zehn Tagen grad' eingezogen. Man muss schon ein bisschen für die erste Wohnung was haben. Aber ich denk mal so, dass, wenn man sparsam ist, ist man besser dran, als wenn man das Geld auf den Kopf haut.

Was sind deine Pläne für die nächsten fünf Jahre?

Thorsten

Die nächsten fünf Jahre? Ich habe erst mal das Ziel, das hier fertig zu kriegen. Das ist jetzt das Ziel, den Realschulabschluss hier zu machen.

Wenn du so mal in die Zukunft blickst: Was ist für dich die Perspektive für die nächsten fünf Jahre?

Michaela

Für die nächsten fünf Jahre? Also mir ist es wichtig, dass ich diesen Hauptschulabschluss schaffe, dass ich dann eventuell eine Lehre bekomme, wäre mir sehr wichtig. Dass ich auch für die Zukunft meines Kindes sorgen kann. In fünf Jahren möchte ich schon sagen können: Ich hab mir was aufgebaut. Ich gehe arbeiten für mein Geld. Ich weiß, wo es herkommt und dass ich meinem Kind vielleicht ab und zu mal ein bisschen mehr bieten kann als Hartz IV. Das ist mir sehr wichtig, dass ich das alles schaffe. Also an erster Stelle steht jetzt der Hauptschulabschluss und danach steht die Frage, dass ich noch eine Lehre kriege. Oder wenn ich keine Lehre kriege, dass ich vielleicht doch noch meinen Realschulabschluss mache.

Was sind deine Ängste?

Michaela

Meine Ängste sind eigentlich, dass ich den Hauptschulabschluss nicht schaffen kann, dass ich meinem Kind nun doch keine sichere Zukunft bieten kann. Ich habe viele Ängste. Von Hartz IV her habe ich die Ängste, dass sie das Geld mal wieder nicht überweisen und ich dann ohne Essen dastehe.

Ist das schon passiert?

Michaela

Ja, ja. Obwohl man alles richtig gemacht hat.

Aber dein Ziel ist erst einmal den Hauptschulabschluss zu machen und daran anschließend eine Lehre zu beginnen?

Michaela

Ja, den Hauptschulabschluss zu machen. Wenn ich den Hauptschulabschluss gut geschafft habe und ich mir vom Denken her sage: „Den Realschulabschluss würde ich auch noch schaffen", dann würd' ich gern den Realschulabschluss machen, dann hat man mehr Chancen.

Also dein Ziel ist jetzt, den Hauptschulabschluss im nächsten Jahr zu machen?

Andrea

Ja.

Gibt es darüber hinaus noch Perspektiven?

Andrea

Ich wollte immer schon gern etwas mit Medizin machen. Aber dadurch, dass ich die Schule sowieso abgebrochen habe, hatte ich sowieso keene Chancen, und jetzt habe ich halt das Glück, wenn ich den Hauptschulabschluss schaffe, dann könnte ich zum Beispiel bei der Bundeswehr Sanitäterin werden. Und da habe ich mich schon informiert und das ist das, was ich jetzt anstrebe.

Also du hast darüber schon Erkundigungen eingeholt?

Andrea

Ja, mit meiner Lehrerin haben wir das alles schon im Internet geguckt. Jetzt haben wir schon einen Termin beim Kreiswehrersatzamt gemacht, so dass ich mich da wirklich mal vorstellen kann, um erst mal reinzuschnuppern, was die da überhaupt erst mal von einem fordern. (...) Und im Internet stand halt auch drinne, die suchen grade Frauen. Da stand auch drinne mit Hauptschulabschluss oder Realschulabschluss oder selbst welche mit Hochschule, die zählen alle als gleichqualifiziert. Aber die Voraussetzung ist eben halt, dass du den Abschluss hast. Und drum versuche ich eben, den Hauptschulabschluss so gut wie möglich abzuschließen.

Warum ist dir Geldverdienen wichtig?

Andrea

Na, um auch einen Lebensstandard mal zu haben. Ich möchte zum Beispiel nicht, wie es jetzt manchmal so ist, dass ich Ende des Monats den EURO zweimal umdrehen muss, um zu gucken, was kauf ich jetzt, was mach ich jetzt, um über die Runden zu kommen, ich möchte einfach nur normal leben, so dass es halt bis zum Ende des Monats reicht. Ich will keene Millionärin werden. Ich muss auch nicht unbedingt ein Haus bauen, aber ich möchte einfach normal leben können, ohne Angst zu haben, dass ich morgen nichts zu Essen im Kühlschrank hab oder so.

Hast du schon einmal hungern müssen, weil du kein Geld für Lebensmittel übrig hattest?

Andrea

Also nee, so schlimm war es bis jetzt nicht, aber ich möchte halt auch nicht, dass es passiert.

Verstehe ich dich richtig: Du möchtest nicht das Gefühl haben, dir überlegen zu müssen, ob du dir z. B. den Espresso in einem Café auch leisten kannst?

Andrea

Genau. Genau. Oder ob ich mir ne Jeanshose kaufe und dann Angst haben muss, wenn ich mir die Hose kaufe, dass ich dann morgen nichts mehr zu Essen hab'. Also ich möchte einfach ganz normal leben, ohne mir richtig dolle Sorgen machen zu müssen.

4.4.1.d Konspekt: *berufliche Lebenswelt*

Meine jungen Gesprächsteilnehmer, die mit ihrem bisherigen Werdegang unzufrieden waren, berichteten alle über negative berufliche Einstiegserfahrungen, die sie als persönliches Scheitern wahrgenommen haben. Dieser Verlust an beruflichen Perspektiven und damit von Handlungskompetenzen wird in den Interviews als existenzielles Leiden aufgrund fehlender gesellschaftlicher Anerkennung, als individuelle „Beschränkungen der Lebensgestaltung"[361] thematisiert. Seitens der Jugendlichen wird dies zwar als Form der Verletzung der Würde apperzipiert, aber durch den Vollzug der Berufsausbildung bzw. einer Weiterbildungsmaßnahme auch als Chance einer individuellen Neuorientierung gesehen. Erst nach dem oft mehrfachen beruflichen Scheitern, eröffnen sich mit der Weiterbildungsmaßnahme den Jugendlichen Möglichkeiten, diese Diskrepanz von Vorstellung und Realität zu bewältigen. Diejenigen, die nie eine Ausbildung begonnen hatten, mussten sich entscheiden, ob sie sich weiter um einen Ausbildungsplatz bemühen wollten, um in eine Erwerbsarbeit zu gelangen. Da dies aber aufgrund ihres formalen Qualifzierungsdefizits nicht gegeben war, entschieden sich die Jugendlichen mittels einer Maßnahme den Hauptschulabschluss in der Jugendwerkstatt in Halle zu absolvieren. Allein Tobias, der aus eher pragmatischen Gründen eine Ausbildung in einem Möbel-

---

[361] Katschnig-Fasch (Hrsg.), S. 10.

haus begonnen hat, zeigt eine Sicherheit bezüglich der Richtung, in die er weiter beruflich gehen möchte. Dabei prüft er kritisch seine beruflichen Chancen.

Alle meine Gesprächspartner präferieren ein normalbiographisches Muster. Sie möchten eine Berufsausbildung absolvieren, um danach einer festen Erwerbsarbeit nachgehen zu können, die sie sozial und materiell in die Gesellschaft integriert. Sowohl meine männlichen als auch meine weiblichen Gesprächsteilnehmer scheinen in ähnlichem Maße ambitioniert zu sein, ihre Ziele und Erfolgsvorstellungen mit viel Selbstdisziplin in die Tat umsetzen zu wollen.[362]

Die von mir befragten Jugendlichen schildern, wie sie zurecht kommen und welche Perspektiven hinsichtlich eines selbstbestimmten Lebens sie zum Zeitpunkt des Interviews präjudizieren. Auch für diese Jugendlichen trifft zu, was die 14. Shell-Jugendstudie (2002) detektiert:

> „Die Jugendlichen wachsen heute in einem Umfeld auf, das immer höhere Leistungsansprüche stellt und insofern eigentlich geeignet erschiene, Integrations- und Bildungsängste zu fördern. Trotzdem verhalten sich die heutigen Jugendlichen nicht passiv. Im Rahmen einer positiven und karriereorientierten Lebenseinstellung sind sie sich über die Bedeutung einer guten Qualifikation für ihre persönliche Entwicklung im Klaren."[363]

Aber von vielen Jugendlichen, besonders aus den unteren sozialen Schichten, werden Schule und Ausbildung in dem Maße, wie ihre Bedeutung für die Berufsbiographie und gesellschaftliche Platzierung zunimmt, oft nur noch als direkten Ort des Scheiterns erlebt bzw. ohne daraus resultierende berufliche Eingliederung in den ersten Arbeitsmarkt.[364]

---

[362] Potenzielle geschlechtstypische Unterschiede eruierte auch die 14. Shell-Jugendstudie, S. 216f.: „Eine weitere Hypothese [...] war, dass Mädchen und junge Frauen eher als Jungen und junge Männer daran interessiert seien, Beziehungen zu knüpfen und Halt zu finden. Im privaten Bereich zeigen sich aber auch hier zwischen den Geschlechtern eher geringe Unterschiede. So ist es für beide sehr wichtig, eine vertrauensvolle Partnerschaft und Freunde zu haben, die einen anerkennen und akzeptieren."

[363] 14. Shell-Jugendstudie, S. 213.

[364] Die niederen Bildungsabschlüsse führen nicht mehr selbstverständlich in einen Job, sondern in die Perspektivlosigkeit. Viele traditionelle Ausbildungsberufe erweisen sich ebenfalls als Sackgassen. Die Gelegenheitsjobs im Angebot eröffnen keine berufliche und soziale Sicherheit. Manuelle, insbesondere un- oder angelernte Arbeit unterliegt zudem einem rapiden

Eine Verfestigung der Arbeitslosigkeit von benachteiligten Jugendlichen muss verhindert werden, das bedeutet, dass in der kompensatorischen Arbeitsmarktpolitik für benachteiligte Jugendliche ein grundlegender Wandel der Philosophie notwendig ist. Eine frühe Interventionen bei schulmüden Jugendlichen ist deshalb notwendig, um deren Motivationsverfall frühzeitig aufzufangen. Dadurch muss verhindert werden, dass Jugendliche sich in arbeitsfernen Milieus festsetzen. Das bedeutet, dass man auf diese Jugendlichen aktiv zugehen muss und nicht auf ihre Nachfrage nach Unterstützung warten kann. Es geht dabei nicht nur um die Vermittlung in Ausbildung, sondern auch in Arbeit. Zwar nimmt die Zahl der Arbeitsplätze für Ungelernte ab, gleichwohl gibt es hier einen ungedeckten Bedarf. Deshalb sollten Wechsel zwischen Schule und praktischer Ausbildung in Betrieben oder Bildungszentren für lernschwache Jugendliche ab der 8. Klasse erleichtert werden. Auch berufliche Vorbereitungs- und Qualifizierungsmaßnahmen sollten mit betrieblicher Praxis verknüpft werden. Damit werden die Betriebe als Partner bei der beruflichen Orientierung gewonnen und die Jugendlichen früher mit der betrieblichen Realität konfrontiert. Deshalb ist die Frage der Verlässlichkeit und Langfristigkeit von Jugendprogrammen zentral und wer reine Maßnahmekarrieren verhindern will, muss die Systeme der Berufsvorbereitung und Erstausbildung verzahnen.

Bei Maßnahmeabbruch müssen die Jugendlichen angesprochen und eventuell andere Schritte vereinbart werden. Jugendliche, die eine Ausbildung abbrechen und keine neue anfangen, sollten die erlernten Ausbildungsbestandteile zur Verbesserung ihrer Arbeitsmarktchancen zertifiziert bekommen. Vor allem muss auch die Durchlässigkeit nach oben bis hin in den akademischen Bereich durch anerkannte Weiterbildungsmaßnahmen verbessert werden, um auch den ehrgeizigen Jugendlichen mit Aufstiegsperspektiven Anreize zu einer Ausbildung zu bieten.

Deshalb präferieren auch meine Gesprächsteilnehmer in erster Linie einen auskömmlichen Job und seltener berufliche Erfolgserlebnise. Denn es ist das Erleben, das den Jugendlichen in ihrem sozialen

---

Achtungsverfall, je mehr sich die alltägliche Arbeiterkultur, deren materiell-soziale Basis sie bildete, auflöst und die neuen Dienstleistungsberufe aufgewertet werden. Aus diesem Grund halte ich es für überlegenswert, eine Einstellungsquote auf dem Arbeitsmarkt für Absolventen der Hauptschule zu fordern, damit ihnen erwerbsbiographisch überhaupt noch Chancen auf dem ersten Arbeitsmarkt eingeräumt werden können.

Netz[365] – quotidian – vergegenwärtigt wird, dass das Leben von älteren Hartz-IV-Betroffenen „durch Verzicht und Exklusion bestimmt" ist und dass die „Aussicht, nicht mehr ins Arbeitsleben zurückkehren zu können und für den Rest des Lebens als Sozialfall behandelt zu werden", „als bedrückend empfunden"[366] wird. Das Abwenden vom Normallebensverlauf wird bei den von mir Befragten fast ausschließlich als eine Reaktion auf dessen Nichtgelingen gedeutet. Dabei haben sie – bis auf Tobias – das Problem, dass bei ihnen die elterliche Unterstützung nicht oder kaum vorhanden ist.

Ungeachtet ihres überwiegend optimistischen Blicks in die Zukunft, die die Jugendlichen zum Zeitpunkt des Interviews einnahmen, spiegeln sich doch auch Unsicherheit ob ihrer beruflichen Perspektiven und damit ihrer sozialen Integration als ‚Sitz im Leben' wider. Die Sorge um einen Ausbildungs- bzw. Arbeitsplatz kennzeichnen die drohenden oder realen Desintegrationserfahrungen der Befragten.

Für die Jugendlichen spielt zwar die individuelle Leistung eine wesentliche Rolle, doch selbst wenn man von der sozialen Bedingtheit dieser Leistung einmal absieht, bleibt als zweiter mindestens so

„entscheidender Karrierefaktor der herkunftsspezifische Habitus, dessen Aneignung durchaus mit dem Prozess der Vererbung verglichen werden kann."[367]

Ein derart definiertes System von Merkmalen weist unabhängig vom jeweiligen sozialen Feld dieselbe Erklärungskraft auf, wenn auch gemäß der spezifischen Logik eines Feldes jeweils eine bestimmte Kapitalart in den Vordergrund rückt.[368] So resultieren Bildungserfolge demnach in

---

[365]   Zum Beispiel durch die Eltern, Geschwister, Lebenspartner und Freunde der Jugendlichen.

[366]   Neugebauer (Hrsg.), S. 33 bis 35.

[367]   Hartmann, S. 157f.

[368]   Anhand der Kapitalstruktur differenziert Bourdieu die Oberklasse in zwei Klassenfraktionen: Besitzbürgertum (viel ökonomisches Kapital, wenig kulturelles Kapital) und Bildungsbürgertum (wenig ökonomisches Kapital, viel kulturelles Kapital). In der Mittelklasse schlägt dagegen der Laufbahneffekt stärker durch, sie teilt sich auf in neues, exekutives und absteigendes Kleinbürgertum (vgl. Bourdieu 1982). Hartmann, S. 155: „Wie die beiden internationalen Vergleichstests PISA und IGLU unübersehbar demonstriert haben, sorgt eine Vielzahl von Auslesemechanismen innerhalb des deutschen Bildungssystems dafür, dass die schulischen Bildungskarrieren ebenfalls in hohem Maße durch die soziale Herkunft der Kinder bestimmt werden, in

„erster Linie mit der ungleichen Ausstattung der Familien mit ökonomischen und kulturellem Kapital. Der Erwerb von Bildungstiteln als institutionalisierter und damit gesellschaftlich allgemein anerkannter Form kulturellen Kapitals ist zum einen von dem in der Familie schon vorhandenen kulturellen Kapital abhängig."[369]

Der gleichberechtigte Zugang zu dem wichtigen gesellschaftlichen Gut Bildung „ist somit Gebot sozialer Gerechtigkeit"[370]. Bildung reflektiere ich hier als einen „Freiheitsprozess" und die doppelte Aufgabe, Identität zu bilden und einen humanen Umgang mit der Fremdheit anderer Identitäten zu befördern.

Weil Bildung als zentrales Medium für die Verwirklichung eigener Lebensziele und für soziale Teilhabe, das heißt gesellschaftlicher Beteiligung, relevant ist, konstituiert Bildung ein Teil der Sozialrechte. Der Ausschluss von Bildung verwehrt Menschen den Zugang zu materiellen und ideellen Ressourcen eines aktiven gesellschaftlichen Lebens. Bildung ist eine notwendige, aber keine hinreichende Vor-

---

der Breite sogar stärker als in den meisten anderen Ländern." Für das von Bourdieu in empirischen Arbeiten praktizierte Heranziehen von Berufsgruppen zur Charakterisierung von Klassenfraktionen gibt es sowohl theoretische als auch technisch-methodische Gründe (vgl. Bourdieu 1982, S. 176). Zum einen fließen in den Indikator berufliche Stellung alle drei Klassenmerkmale ein, zum anderen lässt sich diese Variable auch in den meisten Untersuchungen fremder Autoren finden, auf die Bourdieu zur Verbreiterung der empirischen Basis seiner Aussagen zusätzlich zurückgreift (vgl. Schwingel 1995).

[369] Hartmann, S. 86f. Folglich kann es auch nicht kurzfristig übertragen werden, so dass seine Nutzung für Eigner andere Kapitalarten problematisch ist. Denn die Verbindung zwischen kulturellem und ökonomischem Kapital ist die zum Erwerb von Bildung verausgabte Zeit (vgl. Bourdieu 1983, S. 186f.). Allerdings kann kulturelles Kapital über seine materiellen Träger, also in objektivierter Form, weitergegeben werden, wobei zur eigentlichen, symbolischen Aneignung inkorporiertes Kulturkapital erforderlich ist. Ist dies bei einem Akteur nicht vorhanden, muss er sich der Dienste von Inhabern inkorporierten kulturellen Kapitals versichern (vgl. Bourdieu 1983, S. 188f.). Die Institutionalisierung von kulturellem Kapital in Form von (Bildungs-)Titeln schafft einen rechtlich garantierten und dauerhaften Unterschied zwischen den ständig unter Beweiszwang stehenden Autodidakten und den Inhabern von Titeln (vgl. Bourdieu 1983, S. 189f.).

[370] Geißler 2000, S. 43. Die Beschreibung als sozial ungerecht beinhaltet immer das Verhältnis von sozioökonomischem Raum und dem Raum des Habitus und der Lebensstile. Ein differenzierter Gerechtigkeitsbegriff orientiert sich somit nicht nur an den vorhandenen materiellen Ressourcen, sondern bedient sich als Maßstab habituellen Praxisformen, deren Ausübung dem Betreffenden verwehrt sind – die materiellen Ressourcen engen den Habitus ein.

aussetzung, um Beteiligungschancen nutzen zu können. Das Kriterium der Beteiligungsgerechtigkeit bringt die notwendige Wechselbeziehung zwischen der Mitverantwortung der Einzelnen für gesellschaftliche Prozesse und der Verantwortung des Gemeinwesens, solche Teilnahme in Freiheit zu ermöglichen, zum Ausdruck. An das Bildungssystem sind Allokations- und Selektionsfunktionen gebunden, die nachhaltig Lebenschancen beeinflussen. Das Ausbildungsniveau entscheidet im hohen Maß über spätere berufliche Positionen und damit über den sozialen Status. Deshalb ist Bildungsbeteiligung vorrangig zu ermöglichen und sind Bildungsangebote beteiligungsgerecht auszugestalten. Damit ist die Notwendigkeit unterstrichen, im Bildungsprozess ethische Kompetenz zu generieren und zu stärken. Zugleich besteht aber auch eine (moralische) Verpflichtung der Einzelnen zur Beteiligung am Bildungsprozess; denn ohne individuelle Bereitschaft ist Bildung nur schwer oder gar nicht möglich.

4.4.2 Fragenkomplex: *private Lebenswelt*

4.4.2.a Familienbild

Vorbemerkung:

Entgegen der These von der Auflösung von Ehe und Familie lässt sich bei den heutigen Jugendlichen, neben den sozialen Ressourcen im nahen Umfeld und dem Festhalten an der Peergroup, eine starke Familienorientierung, feststellen. Angesichts unsicherer Zukunftsperspektiven erlebt die Familie offenbar einen Bedeutungszuwachs in Hinblick auf Stabilität, Kontinuität und emotionalen Rückhalt, der in den vergangenen vier Jahren sogar noch etwas angestiegen ist. „72 % der Jugendlichen sind der Meinung, dass man eine Familie braucht, um wirklich glücklich leben zu können (2002: 70 %)."[371]

Im Vergleich zum männlichen Pendant sind Mädchen und junge Frauen stärker familienorientiert (76 % zu 69 %). Sie wünschen sich häufiger Kinder (69 % zu 57 %).

> „Ein Wunsch nach eigenen Kindern existiert vor allem aus emotionalen Gründen. Ungünstige gesellschaftliche Rahmenbedingungen können die Erfüllung des Kinderwunsches bei vielen jungen Menschen jedoch verhindern."[372]

---

[371] 15. Shell-Jugendstudie, S. 17.

[372] Ibid., S. 17.

Auch das Verhältnis zu ihren Eltern ist bei den jungen Frauen oft intensiver ausgeprägt als bei den jungen Männern (41 % zu 35 %). Männliche Jugendliche setzen dabei diesem

> „weichlichen Wertebewusstsein, das soziale Bindungen und Normen besonders betont, ein konkurrenz- und wettstreitorientiertes Lebenskonzept entgegen. Dieser Kontrast der Geschlechter hat sich seit 2002 eher verstärkt als abgeschwächt, vor allem, weil das Profil der Mädchen und jungen Frauen etwas ‚weicher' geworden ist. Sie geben sich zwar ebenso fleißig und ehrgeizig wie Jungen und junge Männer, aber nicht mehr so durchsetzungswillig wie diese."[373]

Besonders für Mütter ist damit die Gefahr der sozialen Isolation aufgrund ihrer Nichterwerbstätigkeit, der Hausarbeit und der Kindererziehung wesentlich höher als für berufstätige Männer, die durch ihre Außenkontakte tendenziell weniger dafür disponiert sind. Bedingt auch durch die Kinderbetreuung ist besonders für Frauen „die Mobilität sowie die Möglichkeiten von Schwarzarbeit eingeschränkter, was sich darin äußert, dass Frauen häufiger auf staatliche Hilfen angewiesen sind."[374]

Welche Bedeutung hat für dich Familie?

Tobias

Alles. Also ohne meine Familie geht gar nichts. Das ist allerdings, muss ich sagen auch in den sozialen Randgruppen so. Also in meinem Freundeskreis, die ärmer sind, ist dies sogar noch ausgeprägter, dass die Familie wirklich alles bedeutet. Familie ist das Wichtigste. Jemand, der die Familie beleidigt, zum Beispiel bei Ausländern, der ist schon für die asozial. Also Familie bedeutet denen sogar noch viel mehr als uns, denk ich. Diese Wärme und der Zusammenhalt, der ist da in dem Punkt schon ein bisschen größer. Sicherlich gibt es eine sehr große Konkurrenz untereinander, aber so in Bezug auf Familie ist schon ein sehr großer Zusammenhalt. (...) Das ist für mich das Wichtigste: Freiheit, freie Entwicklung meiner Kinder und für mich selbst und es gibt nichts wichtigeres, und da ist Geld scheißegal und alles andere.

---

[373] Ibid., S. 24f.
[374] Deutsches Jugendinstitut, S. 21.

Du sagtest vorher, du möchtest eine Familie und Kinder haben. Wie viele Kinder möchtest Du gern haben?

Tobias

Ja, zwei Kinder.

Wenn du noch mal an deine weitere Zukunft denkst. Könntest du dir vorstellen, Kinder haben zu wollen?

Daniel

Eigentlich nicht so. Also ich meine, es ist erstmal wichtig, Karriere zu machen, allgemein einen Beruf zu haben. Aber ich meine: Wer will denn heutzutage schon Kinder haben? Das kostet ja alles Geld und gerade für diese Zukunft. Man weiß ja nicht, was uns erwartet. Früher war es vielleicht besser. Aber heute, ich weiß nicht. Die Zukunft ist ungewiss. Gerade wegen der Arbeitslosigkeit. Und alles wird ja teurer und so. Und die Kindersachen sind auch sehr teuer und dem Kind will man ja auch was bieten. Man will dem Kind ja auch Wissen beibringen. Das wär' mir ein bisschen zu anstrengend, Verantwortung für das Kind zu haben. Das erspare ich lieber dem Kind.

Möchtest du später mal Kinder haben?

Thorsten

Erst mal gar nicht. Erst mal gar nicht.

Sollte man noch Kinder in die Welt setzen?

Thorsten

Sollte man noch Kinder in die Welt setzen? Das ist ne gute Frage. Die muss jeder für sich entscheiden, würde ich sagen. Also ich würde es bloß dann machen, wenn es wirklich eine sichere Umgebung genießt. Eine Umgebung, die einigermaßen sicher sein sollte, weil, so wie es heutzutage aussieht. – na ja (…) sollte man sich wirklich gut überlegen, ob man es macht oder nicht. Man sieht ja an Schulen, die ganze Gewalt und das alles. An Drogenverkauf, an Schulen und was weiß ich, was es da alles mittlerweile gibt. Sollte man sich überlegen, ehrlich überlegen.

Hast du den Eindruck, dass Gewalt zunimmt?

Thorsten

Ja. Die Hemmschwelle wird immer niedriger. Auch vor allem bei den 15/16-Jährigen.

Wie war das für dich: Wolltest du ein Kind haben?

Michaela

Nein, gar nicht. Ich wollte am Anfang kein Kind haben. Ich habe mich nie für Kinder interessiert. Sagen wir mal so: Man hat früher, wo man jung war, nicht dran gedacht, jetzt bin ich auch noch jung, aber trotzdem hab' ich nicht mehr dran gedacht an Verhütung und so. Also, ich bin dann schwanger geworden, muss aber dazu sagen, ich bin dafür dankbar, dass ich meine Tochter habe. Wenn ich sie nicht hätte, würde ich vielleicht heute nicht hier sein. Von daher. Es war aber nicht geplant.

Also du meinst, deine Tochter gibt dir dann doch einen Lebenssinn, eine Lebenskraft?

Michaela

Ja, Kraft. Wenn es mir nicht gut geht oder so, muntert sie mich wieder auf oder wenn ich sie sehe, lacht sie oder. (…) Also sie ist ein sehr glücklicher Mensch, sie lacht den ganzen Tag, sie strahlt den ganzen Tag, und die bringt einem immer zum Lachen. Mein Kind ist mir das Wichtigste auf der ganzen Welt.

Was ist für dich in der Erziehung deines Kindes wichtig? Auf was legst du besonderen Wert?

Michaela

An der Erziehung ist mir sehr wichtig, dass mein Kind auf mich hört, dass mein Kind mich nicht auslacht, wenn ich ihr was sage, dass ich mit meinem Kind rede. (…) Mein Kind behandle ich auf Deutsch gesagt, wie eine vollwertige Person. Also wenn mein Kind etwas nicht will, dann respektiere ich das, obwohl sie erst so alt ist. Wenn ich merke, dass sie etwas nicht möchte, dann schreie ich sie nicht auf der Straße an, dann hocke ich mich runter und rede mit ihr. Oder ich habe eben Geduld, sehr viel Geduld. Ja, mein Kind ist eben sehr stur, richtig stur, sie kann mit dem Kopf durch die Wand, wenn sie was nicht kriegt. (…) Und das ist mir eben sehr wichtig, dass mein Kind auch einen geregelten Ablauf hat, sie hat Routine, sie kriegt früh ihr Frühstück, geht dann in den Kindergarten, dann hole ich sie ab, dann spazieren wir noch ein bisschen, spielen, dann gehen wir nach Hause, dann geht's sie in die Badewanne, dann isst sie Abendbrot und das ist immer der gleiche Ablauf. Das ist mir sehr wichtig, weil ein Kind braucht Routine, bin ich der Meinung. Ok, ab und zu gibt es auch mal Ausnahmen, aber ein Kind braucht Ruhe und Routine. Und mir ist es wichtig, dass mein Geld, was ich zur Verfügung habe, auch für mein Kind da ist. Das Essen ist mir immer wichtig.

Wenn du das so siehst, hast du dann Angst vor der Zukunft deiner Tochter?

Michaela

Ja, ich habe sehr viel Angst. Wenn ich so die Gewalt sehe, was heutzutage für Verbrechen passieren. Ich glaube, das wird immer häufiger, dass Eltern ihre Kinder erschießen, weil sie zu wenig Geld haben oder dass Eltern ihre Kinder verdursten lassen oder alles solche Dinge. Oder Vergewaltigungen nehmen immer mehr zu. Ich habe Angst, mein Kind wirklich in die Schule zu schicken. Ich habe sehr Angst gehabt, mein Kind in den Kindergarten zu schicken, nachdem was ich da gehört habe. Weil in den Nachrichten kam, dass ein Mann die Kinder im Kindergarten angefasst hat und so. Da hatte ich richtige Angst, mein Kind in den Kindergarten zu schicken. Ich war froh, dass da nur Frauen sind.

Konspekt: *private Lebenswelt*

Besonders die jungen Frauen bringen im Interview ihre bedrückende Vorstellung zum Ausdruck, eines Tages ihre Kinder finanziell nicht mehr unterstützen zu können. Meine männlichen Gesprächspartner schieben die Vorstellung bezüglich Familiengründung entweder zeitlich nach hinten (Tobias, eventuell Thorsten) oder wie bei Daniel wird sie ganz fallengelassen. Michaela und Andrea wollen sich dagegen sowohl auf Familie und das Aufziehen ihrer Kinder konzentrieren als auch beruflich integriert sein.

4.4.2.b Energie, um das Leben meistern zu können

Woraus beziehst du deine Kraft, dies durchzuziehen?

Tobias

Familiärer Hinterhalt, familiäre Unterstützung. Das ist das eine, ja, (…) und dann kommt dazu, dass ich einen gewissen Zeitdruck habe, weil ich halt irgendwo was erreichen will. Ich will auch in meinem Leben weiterkommen, ich möchte mal irgendwann eine Familie gründen. Also meine Kinder möchten auch Klamotten, also Kleidung tragen, dafür benötige ich Geld. Ich möchte auch irgendwann ausziehen, dafür benötige ich Geld. Ich möchte meine Wünsche erfüllen, ja das sind so die Gründe. Ein eigenes Leben aufbauen. Das ist eigentlich wirklich so der Hauptgrund, so der

Hauptantriebsgrund, warum ich so eine Ausbildung machen möchte, warum ich Geld verdienen möchte, warum ich mich beruflich weiterentwickeln möchte. Das andere ist vielleicht später mal zu sagen: „Okay, ich hab in meinem Leben was erreicht, ich bin jetzt nicht einer von vielen, sondern ich habe der Welt auch was von mir gegeben." Das aber steht ganz weit oben, später mal. Geld ist für mich wichtig als eine Basis, mir das Leben zu schaffen. Der absolute Drang, die absolute Energie bekomme ich eigentlich daher, dass ich ja das Studium schon abgebrochen hab', das Studium schon weg ist, und jetzt eigentlich dies meine letzte Chance ist, noch mal ne Basis zu schaffen, um mich dann weiter zu entwickeln, vielleicht wieder auf das Niveau vom Studium zu kommen.

Was gibt dir die Kraft, dass alles durchzustehen?

Michaela

Ich hab ne Art an mir, ich bin nicht Kirchgänger, aber ich glaube irgendwo an Gott. Das ist komisch, aber es hat mir viel geholfen, so an Gott zu glauben. Wenn es mir mal so richtig dreckig ging, hab ich eben zu Gott gesagt: Hilf mir doch mal bitte. Es hat mir geholfen. Auch bei meiner Tochter war das so. Als meine Tochter zur Welt kam, war das richtig schlimm. Da hatte ich richtig Angst, dass meine Tochter einen Säuglingstod stirbt. Ich weiß nicht, warum das so war, das war so ne Angst eben und da hab' ich eben auch mit Gott gesprochen und dann ging das gut.

Schöpfst du daraus deine Kraft?

Michaela

Ja, ich sage immer zu mir selber, dass ich der Meinung bin, ich bin für mein Leben verantwortlich und ich muss versuchen, das alles irgendwie auf die Reihe zu kriegen, und ich verurteile keene Menschen. Also ich habe keine Familie, keine richtige in dem Sinne und so einen richtigen Halt habe ich nicht. Aber trotzdem geht es mir gut. Also ich hab mein Kind und mir geht's gut. Also ich komme damit klar. Ich kann das gut verarbeiten.

Betest du oft?

Michaela

Na beten nicht wirklich, nein beten jetzt nicht richtig. Ich liege im Bett und wenn ich dann Sorgen habe oder so, dann denk ich schon an Gott und frag' ihn, ob er mir helfen kann, und danke ihm für alles und so. Das mache ich immer so.

Woraus schöpfst du deine Kraft oder was gibt dir Halt im Leben?

Daniel

Die Kraft schöpfe ich halt daraus, dass ich halt was machen will und das Ziel habe, weiterzukommen, dass ich hier nicht hängen bleiben möchte in Halle. Dass ich hier das Ziel habe, dass ich was erreichen möchte, was aufbauen möchte, das auch mir gehört. Und ja, dass ich halt nicht irgendwie so in Unterschicht herabsinke. Ja, manche schaffen es nicht und sind natürlich dann in der Unterschicht. Ich möchte ja schon nach oben kommen und nicht irgendwie jetzt so herabfallen.

4.4.2.c Frage nach der religiösen Vorstellung bzw. Gottesbild

Vorbemerkung:

Die Daten der ALLBUS-Studie 2002 zeigen, dass die ehemaligen Bewohner der DDR „auch mehr als zehn Jahre nach der Wende Aussagen skeptisch gegenüber stehen, die auf ein religiöses Bekenntnis hinaus laufen"[375].

Für diese Studie wurde gefragt: *Ich möchte noch einmal zum Glauben an Gott zurückkommen. Welche der folgenden Aussagen kommt Ihren Überzeugungen am nächsten?* (Vorlage einer Liste mit vier Aussagen.) Der Aussage, an einen *persönlichen Gott* zu glauben, stimmen 25 % der Befragten zu („Gottgläubige"). Ebenso viele Befragte bekennen das Gegenteil *Ich glaube nicht, dass es einen persönlichen Gott, irgendein höheres Wesen oder eine geistige Macht gibt.* („Atheisten") Die größte Gruppe (34 % der Befragten) stimmt der Auffassung zu, dass es *irgendein höheres Wesen oder eine geistige Macht gibt* („Transzendenzgläubige") und 15 % sagen: *Ich weiß nicht richtig, was ich glauben soll.* („Unentschiedene").[376] Weder den Konfessionsmitgliedern noch den

---

375   Wohlrab-Sahr, Monika et al., S. 156.

376   Eine derartige Unterscheidung würde die Mentalität religiöser Orientierung vermutlich besser beschreiben, als die formale Zugehörigkeit oder Nicht-Zugehörigkeit zu einer Religionsgemeinschaft. Wie es unter den Konfessionsfreien „Gottgläubige" und „Transzendenzgläubige" gibt, so bekennen sich unter den Mitgliedern aller Religionsgemeinschaften ebenso „Atheisten". Von den drei großen Bekenntnisgruppen (katholisch/evangelisch/konfessionsfrei) sind die Konfessionsfreien dabei vergleichsweise am „homogensten", da 61 % angeben, nicht an irgendeinen Gott oder eine höhere Macht zu glauben – eine deutlichere Übereinstimmung als der christliche „persönliche Gottesglaube" bei den Katholiken (36 %) oder bei den Evangelischen (23 %).

Konfessionsfreien ist eine der vier vorgegebenen Auffassungen ausschließlich zuzuordnen. Der traditionelle (monotheistische) Glaube
an einen persönlichen Gott findet nur noch bei den Mitgliedern der
evangelischen Freikirchen, den anderen christlichen Kirchen (u. a.
Orthodoxe) und den Anhängern einer nicht-christlichen Religionsgemeinschaft (u. a. Muslime) eine Mehrheit.[377]

Auch im Wertesystem der Jugendlichen spielt Religiosität weiterhin
nur eine mäßige Rolle, besonders bei den männlichen Jugendlichen.
28 % der Jugendlichen glauben weder an Gott noch an eine höhere
Macht. „An diesem Befund hat sich seit den 80ern und 90ern auch in
den 2000er Jahren nichts geändert."[378] Bei der Gruppe der 18- bis 29-
jährigen Ostdeutschen zeigt der ALLBUS 2002

> „eine im Vergleich zum Jahr 1991 erkennbar stärkere Zu-
> stimmung zu bestimmten religionsnahen Aussagen. Auffäl-
> lig ist vor allem ein Befund, den man als relativ allgemeines
> In-Rechnung-Stellen von Transzendenz interpretieren könn-
> te, und zwar in einer positiven (Leben nach dem Tod) und
> einer negativen Variante (Okkultismus)"[379].

Trotz dieses spirituellen Ansatzes muss doch konstatiert werden,
dass die unverändert gleichgültige Einstellung Jugendlicher zur Religion nicht damit kongruiert, dass dennoch viele Jugendliche auf
kirchlichen Großveranstaltungen präsent sind. Dies erklärt sich
vielmehr daraus, dass viele junge Menschen eine

> „prinzipiell wohlwollende Einstellung zur Kirche haben.
> 69 % finden es gut, dass es die Kirche gibt. Nur 27 % der Ju-
> gendlichen meinen, dass es, wenn es nach ihnen ginge, die
> Kirche nicht mehr zu geben brauchte. Dieses generelle
> Wohlwollen geht aber mit einer weit verbreiteten Kirchen-
> kritik einher. 68 % sagen, die Kirche hätte keine Antworten
> auf die Fragen, die sie wirklich bewegten. Das heißt, dass an
> der Schnittstelle der kirchlich-religiösen Angebote zum Wer-

---

[377] Da der Glaube an einen persönlichen Gott Kernbestandteil aller monotheis-
tischen Religionen ist, wird deutlich, dass die Kenntnis der formalen Religi-
onszugehörigkeit nur etwas über die Relativität einer „Gottesgläubigkeit"
aussagt.

[378] 15. Shell-Jugendstudie, S. 24. Analysiert man dahingehend die entsprechenden Daten der letzten Jahre, dann kann keine „Aufwertung oder gar Renais-
sance der Religion" bei den Jugendlichen konstatiert werden. Ibid., S. 26.

[379] Wohlrab-Sahr, Monika et al., S. 156.

tesystem und zum Leben der Jugendlichen der Einfluss der Kirchen zumeist endet."[380]

So hat die Evangelische Kirche in Deutschland im Jahr 1992 ihre Mitglieder nach den dafür wichtigen Sozialisationspersonen für den speziellen Wertebereich „kirchlich-religiöse Einstellungen" befragt.[381] Für diesen Aspekt der spezifisch religiösen Sozialisation wurden eindeutig Personen aus dem familiären Zusammenhang als die bestimmenden Personen für das eigene Verhältnis zu Religion, Glauben und Kirche genannt.[382] Mit weitem Abstand vor allen anderen Personen sind es die Eltern, die von 75 % der Befragten genannt werden. Pfarrer bzw. Pastor[383] werden in gleicher Zahl genannt (23 %) wie andere Verwandte (21 %).[384] Die Unterschiede in den Altersgruppen zeigen bei den Älteren eine stärkere Bedeutung der „traditionellen" Sozialisationspersonen wie Eltern, Pastoren, Verwandte und Lehrer als bei den Jüngeren, für die – neben den Eltern – dagegen auch Freunde und der eigene Weg eine größere Bedeutung bekommen haben. Aber von „einem ‚Werteverfall' kann nicht die Rede sein."[385] Vielmehr verweisen die Antworten auf die nach wie vor zentrale Rolle der Eltern für die allgemeine Wertevermittlung in der Gesellschaft wie auch für die religiöse Sozialisation.[386]

---

[380] 15. Shell-Jugendstudie, S. 27.

[381] Quelle: *Fremde Heimat Kirche. Die dritte EKD-Erhebung über Kirchenmitgliedschaft.* Hrsg. von Klaus Engelhardt, Hermann von Loewenich, Peter Steinakker. Gütersloh: Gütersloher Verlagshaus, 1997.

[382] Siehe: Klaus Engelhardt (1997), S. 90. Aus einer vorgelegten Auflistung von zehn verschiedenen Vorgaben: Eltern, andere Verwandte, Freunde/Freundinnen, (Ehe-)PartnerIn, PfarrerIn/PastorIn, JugendgruppenleiterIn, LehrerIn, bekannte Persönlichkeiten, jemand anderes, überhaupt niemand

[383] Der besseren Lesbarkeit willen verwende ich hier die männliche Schreibweise.

[384] Das ist insofern überraschend, weil dadurch der Religions- und Konfirmationsunterricht in seiner jeweiligen Bedeutung als vergleichsweise gering erlebt wird.

[385] 15. Shell-Jugendstudie, S. 28.

[386] Darin zeigt sich, dass Eltern auch der Kern eines „religiösen Milieus" sind, also deren Bedeutung gar nicht hoch genug eingestuft werden kann. Unter diesem Gesichtspunkt gilt: Wer die Eltern verloren hat, geht auch der Kirche verlustig.

Würdest du dich als religiös bezeichnen?

Tobias:

Definitiv.

Was ist Gott für dich?

Tobias:

Die Hilfe aus der Hilflosigkeit.

Schöpfst du daraus Kraft?

Tobias:

Ja, immer wieder.

Darf ich fragen: Betest du?

Tobias

Nee, das nicht, aber – ich weiß nicht, ob man das als Beten bezeichnen kann – das ist wie so ein inneres Zwiegespräch, würde ich eher sagen. Es sind manche Situationen, die man sich selber nicht erklären kann. Okay, dann denkt man halt: Okay, da ist doch noch irgendwas. Um sich das ein bisschen selber zu erklären und um so eine gewisse Energie und ein bisschen Selbstvertrauen, Gottvertrauen, in die eigenen Leistungen und die eigenen Fähigkeiten zu haben.

Dieser Aspekt interessiert mich: Würdest du Gott dann als Energie, als Kraft, als Urgrund des Seins bezeichnen oder eher als eine Person, als eine Personalität, mit der ich Zwiesprache halten kann, als eine Kraft, die in das Weltgeschehen eingreifen kann?

Tobias

Beides, also dann beides. Weil einerseits gibt es ja Situationen, die ich nicht beeinflussen kann; das ist ja das eine und das erklär ich mir damit. Klar, ich habe jetzt was ganz anderes gesagt, und das ist das eine und das andere ist auch dieses Zwiegespräch, mit sich selbst. Aus beiden schöpfe ich Kraft. Es gibt wirklich Situationen, Zufälle, wo ich sage: „Wow, geil." Und da sammelt man dann Energie, so positive Energie, die man weiter nutzt, um leistungsfähiger zu sein, auf Arbeit zum Beispiel. Ich hab schon mal ne tolle Matratze verkauft und gerade ist der Kunde zu mir gekommen und hat mich gefragt. Wie kann das sein? Ja, also jetzt nicht so weltbewegend, aber es ist halt nur ein kleines Beispiel dafür.

Ist dies eine christliche Gottesvorstellung?

Tobias

Es gibt schon die christliche Vorstellung in meinem Elternhaus, da ist diese vorherrschend. Ich kenne aber auch arabische Religionen, die durchaus genau das gleiche aussagen wie die christliche. Also es ist eigentlich ein Schwachsinn, so eine totale Trennung zu machen. Finde ich albern.

Gehst du in die Kirche?

Tobias:

Nein.

Wäre dir eine kirchliche Trauung denn wichtig?

Tobias:

Ja, was ja auch viel schöner ist. (Lacht) Also, es hat jetzt nicht zwingend religiöse Hintergründe, aber es ist halt traditionell, ist schöner. Es würde mir mehr gefallen als so auf einem Standesamt.

Würdest du deine Kinder christlich erziehen wollen?

Tobias

Ich würde meine Kinder frei entscheiden lassen, was sie für richtig halten. Ich würde meinen Kindern Türen öffnen, also ich würde meinen Kindern Leitern hinstellen und Türen hinstellen, die sie selber öffnen müssen. Zu sagen: ,Okay, so und so sieht das aus, das ist möglich, so kannst du dein Leben entwickeln, so kannst du dein Leben gestalten, was du letzten Endes selber daraus machst, das darfst du selber entscheiden'. Natürlich gibt es Grenzen, natürlich sag ich zu ihnen, das ist einfach illegal oder das geht nicht und funktioniert so nicht, aber ich würde Hilfestellung geben, wo er dann die Leitern besteigen oder die Türen dann selber öffnen oder durchgehen muss.

4.4.3. Fragenkomplex: *politische Lebenswelt*

Vorbemerkung:

17 Jahre nach der Wiedervereinigung ist die innere Einheit weit entfernt, so die Ergebnisse des *Sozialreports 2006*.[387] So sieht sich jeder

---

[387] Die *17. Studie zur sozialen Lage in den neuen Bundesländern*, die im Auftrag des *Sozialverbandes Volkssolidarität* vom Sozialwissenschaftlichen Forschungs-

dritte Ostdeutsche als Verlierer der Einheit. Nur eine Minderheit in den fünf neuen Ländern und dem Ostteil Berlins hat Vertrauen in Bundestag und Bundesregierung. Am ehesten trauen die Ostdeutschen noch ihrer jeweiligen Landesregierung. Nur 22 Prozent der Befragten gaben an, sich als Bundesbürger zu fühlen. Jeder siebente der Menschen in den neuen Bundesländern wünscht sich die DDR zurück.[388] Die Mehrheit ordnet ihre Gefühlslage irgendwo dazwischen ein.

Das proletarische Erbe der DDR-Zeit lebt auch auf anderer Ebene weiter. Anders als im Westen, wo sich die Mehrheit selbst der Mittelschicht zuordnet, sortieren sich fast zwei Drittel der Ostdeutschen in der Unter- bzw. Arbeiterschicht ein. Auch die Werteorientierung unterscheidet sich vom Westen. Ganz oben auf der Skala, was ihnen wichtig ist, rangieren Arbeit, Familie, soziale Sicherheit und die bezahlbare Wohnung. Wenig Bedeutung haben für die in der ehemaligen DDR Aufgewachsenen Religion, Demokratie und Erfolg. Immer noch ziehen die Bürger mehr Identifikation aus der Tatsache, Ostdeutsche zu sein als aus der Zugehörigkeit zu einer Gemeinde, einem Bundesland, zur Bundesrepublik oder zu Europa. Vor allem Ältere zeigten sich politisch interessiert, gleichzeitig hat sich aber der Eindruck so stark wie nie zuvor verbreitet, selbst politisch ohne Einfluss zu sein. Der Trend zur „Zuschauerdemokratie" halte an, warnt die Volkssolidarität.[389]

---

zentrum Berlin-Brandenburg e.V. (SFZ) erstellt wurde. Für diese Erhebung wurden im Juni/Juli 2006 885 Ostdeutsche befragt.

[388] Viele Ostdeutsche wähnen sich gegenüber den Westdeutschen als benachteiligt. „Der klassische Verteilungskonflikt zwischen Oben und Unten wird mit der Vereinigung ergänzt durch einen zusätzlichen Verteilungskonflikt zwischen Ost und West, dessen Linien ‚quer' zu den traditionellen, vertikalen Konfliktlinien verlaufen. Eine zentrale Ursache liegt darin, dass sich die Ost-West-Wohlstandsschere aus Solidaritätsgründen schneller schließt als die Ost-West-Produktivitätsschere. Dieser Grundsatz wird ergänzt und verschärft durch ein zusätzliches Spannungsfeld, durch die Dialektik von westdeutscher Dominanz und ostdeutscher Deklassierung. Die teils modernisierungsbedingte und daher unvermeidliche, teils aber auch überzogene westdeutsche Dominanz in vielen Lebensbereichen hat zur Folge, dass eine große Mehrheit der Ostdeutschen die Vereinigung auch als allgemeine Abwertung und Ausgrenzung empfindet." Geißler ⁴2006, S. 373.

[389] Die Studie bringt auch Aufschluss über verbreitete ausländerfeindliche und rechtsextreme Einstellungen. „Rechtsextremismus ist nicht auf junge, gewaltbereite, ausgegrenzte Menschen zu reduzieren", warnt die Volkssolidarität. 74 Prozent der Befragten Ostdeutschen gaben an, die Zahl der Ausländer in Deutschland müsse reduziert werden. Eine starke Minderheit ist der

Zum qualitativen Zustand der deutschen Demokratie in der Wahrnehmung der Bevölkerung wird deutlich, dass ein erheblicher Teil sowohl eigene Einflusslosigkeit als auch eine soziale Spaltung wahrnimmt. Damit drückt sich ein erheblicher Zweifel an der Problemlösungskapazität oder den zum Willen zu sozialer Gerechtigkeit verpflichteten Politik aus. Vor

> „allem von Jugendlichen aus dem Osten Deutschlands verbirgt sich das eindeutige persönliche Empfinden als Bürgerin oder Bürger aus den neuen Bundesländern sozial benachteiligt zu sein. Am höchsten ist die Kritik bei denjenigen ausgeprägt, die selber in prekären Lebensverhältnissen aufwachsen und die mit ihrer beruflichen Situation und ihren Chancen nicht zufrieden sind."[390]

Diese Daten werden auch durch den *Sachsen-Anhalt-Monitor 2007*[391], einer Studie von *Infratest dimap* im Auftrag der Landeszentrale für politische Bildung und des Mitteldeutschen Rundfunks, zu der 1 000 Sachsen-Anhalter zwischen Juni und Juli 2007 telefonisch befragt worden sind, bestätigt.[392]

Eine deutliche Mehrheit von 72 Prozent, so das Ergebnis des *Sachsen-Anhalt-Monitor 2007*, ist mit ihrer derzeitigen Lebenssituation zufrieden. Mit 73 Prozent ist jedoch der überwiegende Teil der Sachsen-Anhalter der Meinung, dass sich Politiker nicht um die Probleme der einfachen Leute kümmerten. 85 Prozent meinten, dass Abgeordnete schnell den Kontakt zum Volk verlören. 74 Prozent sagten, dass sich die Parteien nur für die Stimmen der Wähler interessierten. Knapp 60 Prozent gaben an, die Gesetze, über die diskutiert werden, nicht zu verstehen. Während sich 1995 nur 45 Prozent der Bürger mit dem Land stark verbunden fühlten, seien es jetzt 67 Prozent.

Die Zustimmung zur Demokratie als „beste aller Staatsideen" liegt bei dieser Befragung bei 79 Prozent. Selbst 71 Prozent derer, die sich als Nichtwähler (28 Prozent) bezeichneten, bejahten dies. 16 Prozent würden im Notfall eine Diktatur vorziehen. Die rechtsextremistischen Einstellungen der Sachsen-Anhalter unterschieden sich nur geringfügig von denen in den alten Bundesländern und liegen

---

[390]   Ansicht, der Nationalsozialismus hatte auch seine guten Seiten und Deutschland nehme in der Welt nicht den Platz ein, der ihm zusteht.

Ibid., S. 18f.

[391]   Quelle: http://www.sachsen-anhalt.de/LPSA/index.php?id=26088

[392]   Grundgesamtheit: Wahlberechtigte Bevölkerung in Sachsen-Anhalt ab 18 Jahren befragt mittels computergestützte Telefoninterviews (CATI).

deutlich unter dem Durchschnitt der neuen Bundesländer. Rund 73 Prozent der Befragten pflichten der Frage, dass jeder in seinem persönlichen Umfeld rechtsextremistischen Tendenzen entgegentreten solle, bei. Eine Rückkehr zum DDR-Sozialismus können sich 77 Prozent der Befragten nicht vorstellen, aber immerhin 20 Prozent der Befragten.

Rechtsextremismus ist kein Problem sozial schwacher Milieus, sondern wurzelt genauso auch in politischen, wirtschaftlichen und kulturellen Eliten. Doch soziale Exklusion, Armut und Prekarisierung schaffen einen Nährboden für das Gedankengut der Neonazis – ihre Idee der „Volksgemeinschaft" gewinnt an Anziehungskraft, wenn sich ein Gefühl des „Nicht-gebraucht-Werdens" ausbreitet. Auch die empirischen Befunde von Heitmeyer et al. zur „gruppenbezogenen Menschenfeindlichkeit" zeigen Anstiege von Fremdenfeindlichkeit, Antisemitismus und Heterophobie in der Bevölkerung und eine latente Zustimmungsbereitschaft an Gewalt gegenüber Randgruppen.[393] So vertreten mehr als 59 Prozent der 3 000 befragten Bundesbürger ab 16 Jahren die Auffassung, dass in Deutschland zu viele Ausländer leben würden, fast 30 Prozent davon stimmten der Aussage zu, dass Ausländer zurückgeschickt werden sollten, wenn die Arbeitsplätze knapp werden sollten. Es macht sich eine feindselige Normalität in unserem Land breit. Deswegen ist die Vermeidung von sozialer Exklusion und die gerechte, emanzipative Gestaltung der Globalisierung auch ein Beitrag für mehr Vertrauen in die Demokratie.

4.4.3.a Politische Lebenswelt

Glaubst du, dass zu viele Ausländer in Deutschland leben?

Tobias

Wenn ich in Köln einkaufen gehe und dann nur Schwarze sehe, also da hat man schon sehr das Gefühl, dass es sehr sehr viele Ausländer in Deutschland gibt und das ist auch sehr beklemmend, also es ist schon ein sehr eigenartiges Gefühl. Aber daran sind wir Deutsche selber Schuld. Weil, wir waren diejenigen, die diese Ausländer als Arbeitskräfte benötigen, weil die die Arbeit machen, die wir nicht machen wollen. Weil wir uns zu fein sind, diese Arbeit zu machen. Sind wir aber auch selber Schuld. Erst locken wir sie her: Ja, kriegst ne Wohnung, ne Arbeit und dann okay: „Jetzt brauchen

---

[393] So zum Beispiel Heitmeyer (Hrsg.) (2003).

wir dich nicht mehr. Na gut, jetzt kriegste ein bischen Sozialhilfe, wir haben ja ein gutes Sozialhilfenetz." Einfach Albern!

Aber findest du, dass man den hier arbeitenden Ausländern ihre Arbeitsplätze wegnehmen sollte, damit Deutsche, zum Beispiel Hartz-IV-Empfänger, verpflichtet werden können, diese Arbeit auszuüben?

Tobias

Wäre gar nicht beiträglich, weil die Ausländer, die ich nachher aus dem Job dränge, erstens – wie gesagt – kein Deutscher macht wahrscheinlich den Job, den die Ausländer machen. Ja, das ist schon mal das eine, das ist schon mal Fakt und das andere ist: Wenn ich die auch noch aus dem Job rausdränge, dann haben wir ja noch mehr Arbeitslose, also ist es dann zuträglich? Nee.

Hast du dann den Eindruck, dass sehr viele Ausländer in Deutschland leben?

Thorsten

Ja. Zu viele Ausländer leben hier. Muss ich ehrlich sagen. Also was die da rein lassen, das ist zuviel. Vor allen Dingen, dass zwar Flüchtlinge herkommen, kann ich ja verstehen, aber wenn der Krieg in deren Land nicht mehr ist, können die doch wohl wieder zurückgehen, und ihr Land aufbauen. Muss ich jetzt ehrlich dazu sagen.

Hast du manchmal das Gefühl, die nehmen den Deutschen auch die Jobs weg?

Thorsten

Na ja, teilweise vielleicht. Die Billigarbeiter, die jetzt wirklich aus Polen zum Beispiel rüberkommen, hier für irgendeine Baufirma arbeiten und so was, das ja. Gut, das sind nicht nur Polen, sondern auch Tschechen und was weiß ich nicht. Und da fand ich auch gut, dass, sie bei den Spargelstechern das so gemacht haben, dass die auch Deutsche einstellen mussten. Aber die hätten vielleicht einige Deutsche dazu regelrecht zwingen sollen, dass sie das auch machen müssen.

Was ich gehört habe war, dass dafür Deutsche kaum dazu bereit gewesen waren.

Thorsten

Ja.

Woran denkst du, hat das gelegen?

Thorsten

Keine Lust. Die Deutschen haben keine Lust. Die meisten Deutschen haben keine Lust zum Arbeiten, die sind stinkefaul. Ist meine Meinung.

Warum sind die deiner Meinung nach zu faul?

Thorsten

Warum sind die faul? Weil es keene Perspektiven gibt. Ich weiß es nicht wieso. Sie wollen sich nicht krummachen. Die wollen lieber zu Hause sitzen und den ganzen Tag Fernsehen gucken.

Meinst du, denen geht es zu gut?

Thorsten

Ja. Der Staat zahlt vielleicht ein bisschen zu viel Geld bei manchen Leuten, muss ich jetzt sagen.

Du bekommst jetzt auch staatliche Unterstützung?

Thorsten

Wir haben jetzt hier einen Arbeitsvertrag unterschrieben. Das läuft aber auch irgendwie mit staatlicher Unterstützung.

Findest du das Geld angemessen?

Thorsten

Na ja. Was heißt angemessen? Dafür, dass wir hier Schule machen, ist es ja ganz schön gut. Also ich hätte nicht gedacht, dass man so was machen kann. Für einige bestimmt hier ein Anreiz, dass sie das machen.

Würdest du sagen, es leben zu viele Ausländer in Deutschland?

Michaela

Ja, ich bin der Meinung, es leben zu viele Ausländer hier. Die Ausländer, die hier leben, die jetzt sich anständig benehmen und die sich anpassen, die ordentlich studieren gehen und die ihre Arbeit machen und höflich sind oder so, gegen die hab ich nichts. Aber es gibt viele Ausländer und die Erfahrung hab' ich selber machen müssen, die haben hier nichts zu suchen, die sind so gewalttätig, die sind so kriminell. Das ist nicht normal.

Hast du auch den Eindruck, dass Ausländer den Deutschen die Arbeitsplätze wegnehmen?

Michaela

Eigentlich weniger. Wenn ich aufs Arbeitsamt gehe, sehe ich da fast keine Ausländer dort. Aber vielleicht ein bisschen so in dem Sinne, dass die eben schwarzarbeiten. Wenn wir mal ehrlich sind, nehmen wir uns da alle nicht viel. Das machen auch Deutsche. Aber ich bin schon der Meinung, dass zu viele Ausländer hier sind. Da kann eener Ausländer kommen mit dem Messer, das interessiert keinen. Steht aber zum Beispiel ne Vergewaltigung von nem Deutschen in der Zeitung, interessiert das alle. Aber von den Ausländern aber nie, obwohl ich mir eigentlich nie vorstellen kann, dass ein Ausländer nicht vergewaltigt. Aber da, wenn da von einem Ausländer was drinne stehen würde, würde sich der Staat selber anklagen, weil die Bürger haben Recht und der Staat unrecht. Ist einfach so. Deswegen finde ich das eben ungerecht. Auch das in der Schule finde ich ungerecht, dass man immer die Ausländer in Schutz nehmen muss, dass das eigentlich so einem gelernt wird. Damals, als ich in der Schule war, vor vier, fünf Jahren, wurde es mir so gelernt, dass der Ausländer besser ist – auf deutsch gesagt – als die Deutschen und das finde ich nicht korrekt. Wir sind in Deutschland und wir leben hier. Wir sollten trotzdem stolz sein auf uns und nicht uns unterbuttern lassen, nur weil andere Menschen hier auch noch leben.

Hast du den Eindruck, dass hier in Halle zu viele Ausländer leben?

Andrea

Generell in Halle? Ja, auf jeden Fall, auf jeden Fall. Ich finde es auch ein bisschen zuviel, als Halle vertragen könnte. Auch generell in Deutschland, es werden ja wirklich immer mehr. Und das hört man da halt auch immer. Ich weiß ja nun wirklich nicht, ob's stimmt, also z. B., wo die damals noch Sozialhilfe gekriegt haben, bevor da Hartz IV kam, dass die halt, was weiß ich, da hat ne Negerfamilie, die hat acht Kinder oder so und die kriegt das ganze Geld in den Hintern geblasen, die haben ne Wohnung, die ist astrein. Die haben die beste Hifi-Anlage oder so. Und bei den Deutschen – sag ich mal – gibt es halt viele Obdachlose, die müssen zum Sozialamt gehen, um ihren Tageslohn zu holen. Die sind da hingegangen wegen sieben Mark am Tag oder so. Und das finde ich, ist halt schon ein bisschen ungerecht. Aber das hört man halt alles nur so. Also richtig damit auseinandergesetzt, hab' ich mich damit auch nicht.

Hast du Angst, dass dir ein Ausländer einen möglichen Arbeitsplatz wegnehmen könnte?

Andrea

Was heißt Angst? Also ich hab mich damit wirklich nicht so auseinandergesetzt. Ich hab noch nicht gehört, dass Ausländer beim Sanitäterbereich, sag ich mal, dass da schon so viele sind. Aber so Bedenken hätte ich nicht. Ich finde, wenn man arbeiten möchte, dann ist auch genug Arbeit für alle da. Also ich hab' nicht wirklich Angst, dass die mir meine Existenz ruinieren.

Also du meinst, es gibt genügend Arbeit für alle, die sozusagen auf der Straße liegt?

Andrea

Na klar. Man muss sich halt nur drehen. Man muss sich halt nur drum kümmern. Das denk ich schon. Also ich bin da nicht der Meinung, dass ich Angst haben muss, dass mir ne Ausländerfrau oder so mal meine Arbeit wegnimmt.

4.4.3.b Politische Interessen

Vorbemerkung:

So verwundert es nicht, dass die *Shell-Jugendstudie* Hinweise auf eine Politikverdrossenheit liefert, „die sich bei näherem Hinsehen allerdings eher als eine Parteienverdrossenheit erweist."[394] Weil ich die Befindlichkeiten, der dieser empirischen Daten zugrunde liegenden nächsten Generation in den neuen Bundesländern einholen wollte, befragte ich die Jugendlichen auch nach ihren politischen Vorstellungen.

Interessierst du dich für Politik?

Tobias

Ja, ich interessiere mich, was für mich wichtig ist. Und Politik ist definitiv für mich wichtig. Wenn ich mir angucke, dass dieses Riester-Rentenmodell

---

[394] 14. Shell-Jugendstudie, S. 214. Vgl auch dazu die 15. Shell-Jugendstudie: „Das geringste Vertrauen wird dagegen den politischen Parteien entgegengebracht" (S. 18). Dem politischen Extremismus wird dabei aber eine klare Absage erteilt. (Ibid., S. 18.)

irgendwann mal so das staatliche Modell sein wird und deshalb, weil einfach die staatliche Rente nicht mehr finanzierbar ist und das hängt ja von der Politik ab, wie die das entscheiden. So gesehen, interessiert mich auf jeden Fall Politik. Es geht ja um mein Leben, wie ich mich weiterentwickle, was ich für Entscheidungen treffe, wo ich Geld spare, wo ich eben kein Geld spare, usw. und so fort. Also, wenn ich mich nicht für Politik interessieren würde, würde ich mir ja selber meine Möglichkeiten verbauen.

Du interessierst dich für Politik. Könntest du dir vorstellen, dich politisch zu engagieren?

Daniel

Eigentlich nicht so. Ich wäre vielleicht ein politischer Idiot oder so was. Ich glaube nicht, dass ich da irgendwie jetzt politisch gebildet bin, irgendwie da irgendwas zu machen. Ich weiß ja auch gar nicht, wen ich wählen soll. Oder wenn ich jetzt so sprechen tu' vor den Menschen; also irgendwas, so wie manche Politiker, die machen ja nichts, die sollen ja was verbessern, aber ich weiß ja nicht, was ich verbessern sollte. Aber man kann auch nicht viel verändern. Für mich käme das nicht in Frage.

Aber du gehst auch wählen?

Daniel:

Na ja, wenn's drauf ankommt. Ja.

Wann kommt's darauf an?

Daniel:

Wenn Wahlen sind, wenn man wählen gehen muss. Wenn irgendwie im Briefkasten was drinne liegt. Aber ich war schon mal nichtwählen gewesen. Aber da ändert sich ja auch nichts. Es ändert sich vielleicht etwas, aber nicht viel. Wahlen waren ja erst gewesen, es hat sich aber nicht viel verändert, es hat sich eher verschlechtert. Gerade die Mehrwertsteuer und die Fernsehgebühren werden teurer. Ich mein: Das ist nicht gerade großartig. Gerade als Weihnachtsgeschenk, so halt im neuen Jahr. Der EURO war auch nicht so berauschend gewesen. Die DM war viel besser, war eine bessere Währung. Der EURO ist ja nicht viel wert.

Du hast vorher gesagt, dass du noch nie wählen gegangen bist. Ich würde gern wissen, ob du dich für Politik interessierst?

Thorsten

Weniger. Eigentlich gar nicht, weil das mein Leben ist und nicht das Leben von anderen, muss ich ehrlich sagen.

Siehst du Nachrichten oder so etwas an?

Thorsten:

Guck ich schon mal ab und zu, eigentlich seltener.

Ärgerst du dich dann?

Thorsten:

Was heißt: ärgere ich mich? Nee. Mir geht's am Arsch vorbei, muss ich ehrlich so sagen. Ich lebe ja für mich und nicht für andere Leute.

Michaela, interessierst du dich für die Politik?

Michaela:

Mich interessiert allgemein so Politik, ich achte jetzt nicht so. Ich sag immer, wer keine Ahnung davon hat, sollte sich entweder mit dem Thema beschäftigen oder wenn er es wirklich nicht kann, dann soll er auch nicht wählen gehen, dann soll er es lassen, auch wenn die Stimme dann verloren geht. Ich sage immer, wenn man wählen geht, wählt man so oder so die falsche Partei. Ich sage nicht, dass die Politiker faul sind, die bemühen sich wirklich, aber wenn man mal ehrlich ist, denken sie falsch für mich. Wir können jetzt darüber diskutieren, aber wir wissen nicht, was eigentlich sich dahinter wirklich abspielt, was die Politiker denken, was sie machen. Die Politiker denken für mich einfach falsch, wie sie es machen. Man kann nicht die Mehrwertsteuer erhöhen und das Geld kürzen. Das geht nicht! Und die Preise höher schrauben. Damit können sie doch keinen Verkauf ankurbeln. Kann ich mir nicht vorstellen. Echt nicht. (Lacht).

Du sagtest vorher, dass du unsere Bundeskanzlerin Frau Merkel gut finden würdest. Kannst du das noch ausführen?

Michaela

Also, die Frau Merkel ist nicht schlecht. Von der SPD und von Schröder halte ich leider nicht mehr so viel, weil er mit seinem Hartz IV schon einiges zugrunde gerichtet hat. Früher hatte man wenigstens Bekleidungsgeld fürs Kind bekommen. Heutzutage kriegt man es nicht mehr und Sachen

sind teurer geworden, wie wir alle wissen und das finde ich eben traurig.
Auch dass manche Familien noch ärmer sind als jetzt, so dass die nicht mal
mehr Bekleidungsgeld kriegen. Die können sich ja gar nichts mehr großar-
tig zum Anziehen kaufen. Und das finde ich eben traurig. Da sind eben so
viele Probleme mit dem Hartz IV gekommen. Das ist mir damals nicht pas-
siert, als die Kleene auf die Welt gekommen ist. Ich war schwanger mit der
Kleenen, da hab ich immer mein Geld auf dem Konto gehabt und danach,
wo meine Kleene auf der Welt war, hatten wir oft Probleme mit Hartz IV.
Wir haben kein Geld bekommen. Wir konnten das eine Mal nicht Miete
bezahlen, weil die nicht bezahlt haben. Und all solche Dinge eben. Die wis-
sen selber nicht so ganz genau Bescheid, was sie da machen.

Interessierst du dich für Politik?

Andrea

Nein, gar nicht. Weil ich wirklich das Gefühl habe, das bringt sowieso
nichts. Gerade hier bei der Merkel, die erzählt und erzählt, und hat uns so
viel versprochen und ich habe trotzdem das Gefühl, es wird immer schlim-
mer, statt besser. Und die Politiker erzählen alle einfach nur und es wird
halt nichts eingehalten. Wie bei Schröder eben damals, der hat halt viel ver-
sprochen. Und mich interessiert Politik auch ehrlich gesagt gar nicht so.
Also, wenn das im Fernsehen kommt, dass die da zum Beispiel wieder ab-
stimmen oder wenn die da wählen oder irgend eine Partei gründen oder
irgendwas, da schalte ich sofort um. Weil ich mich damit einfach nicht aus-
einander setze.

4.4.3.c Zur Wahrnehmung der sozialen Situation

Wenn du von deiner Sicht ausgehst: Hast du den Eindruck, dass die
Schere zwischen Arm und Reich in unserem Land größer wird?

Tobias

Definitiv! Also ich finde, das merkt man wirklich, diesen Spalt, dass es
kaum noch ne Mittelschicht gibt, sondern dass es also wirklich ganz unten
eine Schicht gibt, die immer ärmer wird und ganz oben ne Schicht. Die
Schicht ganz unten beneidet die Schicht ganz oben, weil sie die Schicht
ganz oben nie erreichen kann. Unternehmen werden immer reicher, mit 15
und mehr Prozent Gewinn in den letzten paar Jahren und die Löhne und
Gehälter sinken aber immer weiter.

Denkst du, dass sich dieser Prozess irgendwie aufhalten lässt?

Tobias

Ja, es ist schon mal ein guter Anfang oder eine gute Aussage, dass die Gehälter erst mal angehoben werden sollen. Aber wenn ich jetzt weiter gucke, okay, Finanzierung und Rentner, immer weniger Jugendliche, immer weniger junge Menschen, immer mehr ältere Menschen. Die Leute, die schon in den sozialen Randschichten leben, für die ist es nahezu unmöglich – möchte ich meinen – aus diesen sozialen Randschichten auszubrechen.

Mich würde interessieren, ob du eher eine positive Entwicklung in der Gesellschaft wahrnimmst oder hast du eher den Eindruck, dass es bergab geht?

Daniel

Ich denk mal schon, dass es bergab gegangen ist. Dass es nicht noch kommt, sondern schon ist. Dass es – so glaube ich – auch nicht besser wird. Das merkt man schon, wenn man auf die Straße geht. Im Umfeld. Dass die Leute ganz anders geworden sind als früher.

Und welche Veränderungen bemerkst du da? Inwiefern hat sich da etwas verändert?

Daniel:

Ja, das halt alle egoistischer geworden sind, irgendwie. Dass sie doch irgendwie nur auf sich betrachtet sind. Dass sie irgendwie merkwürdig geworden sind.

Hast du den Eindruck, dass es in Deutschland so etwas wie eine soziale Schieflage gibt, dass die Reichen immer reicher werden und die Armen immer ärmer?

Daniel

Ich denke doch schon, das es Gegenden gibt, wie auch hier in Halle, die sind reicher. So nicht in der Überzahl, aber jede Stadt hat ja Reiche oder auch Arme. Man sieht ja manche hier jeden Tag einkaufen oder so was, mit schicken Klamotten rumlaufen. Die haben auch Geld, wenn man so will. Ich denke schon, dass es mehr wohlhabende Menschen gibt als arme Leute. Aber die armen Leute werden ja nicht so aufgezählt. Man traut sich ja auch nicht irgendwie jetzt öffentlich zu sagen: Es gibt mehr Arme als Reiche. Jeder will ja gut dastehen.

Was ist für dich Reichtum?

Daniel

Dass man sich alles leisten kann und dass man genug Geld auf dem Konto hat, und dass man eine Party schmeißen kann, egal wann. Und dass man für einen Champagner 1 000 Euro ausgeben kann. Wenn man mit dem Geld nicht umgehen kann, verliert man auch den Wert irgendwie an dem Geld und Geld kann ja auch den Charakter verändern. Das ist ja irgendwie dann auch egoistisch. Und irgendwie abends weiß man, was man mit Geld erreichen kann, und was Geld ausmacht.

Hast Du den Eindruck, den Menschen hier geht es besser als noch vor einigen Jahren?

Thorsten:

Nee.

Hast Du eher den Eindruck, dass es ihnen schlechter geht?

Thorsten:

Schlechter. Ich würde sagen, von den Menschen her eher schlechter. Gut, vom Stadtbild her, machen sie mittlerweile ein bisschen was, aber ansonsten von den Leuten her, eher schlechter.

Woran liegt das deiner Meinung nach?

Thorsten:

Keine Perspektiven, würde ich sagen. Manche haben bestimmt auch keine Lust, irgendwas noch zu machen oder so; die wollen den ganzen Tag rumgammeln, aber das bringt auf Dauer nichts.

Hast du den Eindruck, dass die Reichen in unserem Land immer reicher werden?

Thorsten

Ja klar, die Reichen müssten normalerweise mehr Steuern zahlen. Ist echt meine Meinung. Die sollten wirklich mehr Steuern zahlen. So ein großer Betrieb, der bezahlt weniger Steuern als so ein kleiner Betrieb. Ein Drei- oder Viermannbetrieb, der muss einen Haufen Kohle zahlen, ein großer Betrieb mit 180 Angestellten, der zahlt viel weniger. Was soll denn so was? Das ist doch keine Sache, das sollte so nicht sein.

Mich würde noch interessieren, ob du das Gefühl hast, dass in Deutschland die Schere zwischen Arm und Reich auseinanderdriftet?

Michaela

Ich habe schon das Gefühl, dass irgendwann mal in Deutschland alles auseinandergeht. Dass alles zu Grunde geht. (...) Aber ich muss sagen, wir sind noch weit davon entfernt. Es gibt Länder, da bin ich dankbar dafür, dass ich hier lebe. Aber ich bin schon unzufrieden, wie das hier in Deutschland ist. Zum Beispiel, dass die Kinder nicht so richtig gefördert werden, die Gewaltquoten sehr hoch sind. Man muss Angst haben, auf die Straße zu gehen, dass man keine Waffe an den Kopf bekommt. Das sind eben so Dinge.

Und du denkst, es wird schlimmer mit der Zunahme von Gewalt?

Michaela:

Na ja. Es wird immer schlimmer, sehr schlimm. Die Zunahme von Gewalt wird immer schlimmer, finde ich persönlich. Also mir ist mal ein Vorfall passiert. Ich bin in die Straßenbahn gestiegen und die Straßenbahn war voll, da kommt ein Ausländer und will mich betatschen. Und ich sage immer: nein, nein, nein, ich will nicht. Und das ist eben das, wo ich sagen muss, das ist schon krass.

Und es hat keiner eingegriffen?

Michaela:

Nein, es hat keiner eingegriffen. Und das ist traurig, so was. Vielleicht liegt das auch am Volk.

Glaubst du dass jeder seines Glückes Schmiedes ist, dass jeder alles erreichen kann, wenn er es will?

Michaela

Ich sage mal so, wenn man sich anstrengt und wirklich etwas erreichen will und wirklich die Unterstützung dafür bekommt und wirklich dafür kämpft und den Willen und die Hoffnung nicht verliert, bin ich schon der Meinung, dass man's schaffen kann, wenn man es will.

Wie ist das mit den Hartz-IV-Empfängern: Hast du mit denen Mitleid?

Michaela:

Ja doch, ganz schön. Ich bin ja nun selber Hartz-IV-Empfängerin. Ich habe aber mehr mit anderen so Mitleid. Wenn ich jetzt im Fernsehen sehe oder wenn ich höre: Papa hat seine Arbeit verloren mit drei Kindern. Das tut mir immer weh, wenn da so Familien auseinanderbrechen wegen Hartz IV. Da habe ich sehr viel Mitleid.

4.4.3.d Gerechtigkeitsempfinden

> „Von den Verfassungsorganen wird erwartet, eine gerechte Gesellschaftsordnung herzustellen und aufrecht zu erhalten. In einem demokratischen und sozialen System wird über die Bewahrung und Gewährleistung der Grundrechte hinaus ein Zielzustand angestrebt, in dem möglichst eine gerechte Balance zwischen dem Allgemeinwohl und den Interessen (bzw. Interessengruppen) herrscht. In der deutschen Bevölkerung ist diese Vorstellungsfigur eines *egalitären Etatismus,* in der vom Staat umverteilende Maßnahmen zur Verringerung der sozialen Ungleichheit erwartet werden, vorherrschend."[395]

In der politischen Kommunikation wird der Begriff *soziale Gerechtigkeit* sehr häufig benutzt; der Begriff gehört gleichsam zum Standardrepertoire der politischen Auseinandersetzung.[396]

> „Um keinen Begriff wird derzeit so heftig gerungen wie um das schillernde Wortpaar, das noch jede Partei für sich reklamiert hat und das gerade in seiner Kombination so wirkmächtig ist wie kein anderer politischer Begriff. (…) Nur wer die Deutungshoheit erobert, was als sozial gerecht zu gelten hat, hat Aussicht auf Politik- und Gestaltungsfähigkeit."[397]

Dies wird durch verschiedene empirische Studien belegt.[398] Damit lässt sich ex negativo bestimmen oder positiv auszeichnen, was als

---

[395] Grimm/Tarnai, S. 905.

[396] In der traditionellen Ethik wird zwischen der iustitia commutativa (Tausch- oder Vertragsgerechtigkeit), iustitia legalis (gesetzliche Gerechtigkeit) und iustitia distributiva (Verteilungs- oder Teilhabegerechtigkeit) unterschieden.

[397] DER SPIEGEL vom 13.09.1999, S. 97.

[398] So zum Beispiel in: Liebig/Wegener 1995; Mau 1997.

Ausweis einer guten Ordnung und sozialer Gerechtigkeit anzusehen ist.[399]

Aus der empirischen Ungleichheits- und Gerechtigkeitsforschung[400]
resultiert bereits ein umfangreicher Bestand an Skalen, der geeignet
ist, Einstellungen und Vorstellungen zu messen und Hypothesen
über Gerechtigkeitsvorstellungen zu überprüfen. Bei vielen stan-
dardisierten Fragen bleibt jedoch ungeklärt, ob sie von den Befragten immer so verstanden werden, wie es von den Forschenden be-
absichtigt ist oder ob es sich bei den abgefragten Inhalten aus der
Sicht der Bevölkerung um relevante Aspekte handelt. Mir ging es im
qualitativen Teil darum, Anhaltspunkte zu finden, wie der „All-
tagsbegriff" *soziale Gerechtigkeit* mental im Bewusstsein von Befragten verankert ist und ob Gemeinsamkeiten in den Sichtweisen der
Befragten festzustellen sind. Hierbei bin ich davon ausgegangen,
dass die spontan aktivierten Assoziationen, Rückschlüsse auf die
Bedeutungsstrukturen eines Begriffes bzw. Wortfeldes zulassen.[401]
Die Tatsache, dass Personen unterschiedliche Aspekte *sozialer Gerechtigkeit* und eine unterschiedliche Form *guten Lebens* ansprechen,
ist nicht überraschend, da diese viele Aspekte des menschlichen Zusammenlebens tangiert, weswegen die spontanen Assoziationen
sehr selten nur auf einen singulären Aspekt fokussieren. Die Hete-
rogenität der Gesamtantworten verdeutlicht die Komplexität des
Bedeutungsumfangs *guten Lebens*.

Ich habe eine Frage zur Gerechtigkeitsvorstellung in unserer Gesellschaft. Wenn du an die Gesellschaft denkst, in der du jetzt lebst:
Hast du den Eindruck, dass es in unserem Land gerecht zugeht?

Tobias

*Nicht sozial ungerecht, aber es gibt halt sicherlich Schwierigkeiten und
Probleme. Na klar. Aber total sozial ungerecht ist nur Schwarzmalerei. Da*

---

[399]   Weder Geschlecht noch Alter ist mit einer einseitigen positiven oder negativen Wertung *sozialer Gerechtigkeit* verbunden. Vielleicht ist im vorliegenden
Fall gerade richtig und wichtig festzustellen, dass die emotionalen Aspekte
bei den Befragten im Vordergrund stehen. Es ist ja das Charakteristische der
Assoziationsfrage, dass die ersten spontanen Äußerungen erfasst werden,
sozusagen, bevor der Verstand „korrigierend" einsetzt. Eventuell führen die
aktuellen politischen Debatten über die *soziale Gerechtigkeit* zu einer stärke-
ren Emotionalisierung des Begriffs als es bei weniger tagesaktuellen Begriffen wie Demokratie oder Gerechtigkeit der Fall ist.

[400]   So zum Beispiel im Rahmen des *International Social Survey Program und International Social Justice-Project*.

[401]   Siehe hierzu: Strube 1984.

verliert man sehr schnell den Bezug zur Realität, wenn man ein Beispiel hat, wo es mal nicht so gut gelaufen ist, aber dann vielleicht im Nachhinein sich doch noch gut entwickelt hat. Wenn man sich seine Gerechtigkeit er-kämpft, ja. Also, man hat die Möglichkeiten dazu, sich seine Gerechtigkeit zu erkämpfen, seine Gerechtigkeit durchzusetzen. Manchmal hat man auch das Glück, dass man gerecht behandelt wird.

Glaubst du, dass es in unserem Land gerecht zugeht?

Daniel

Ich denke mal, nicht so richtig. Es gibt ja manche Leute, die gehen vielleicht gerecht irgendwie miteinander um. Gerechtigkeit ist für mich jetzt so was, dass man den Menschen irgendwie respektiert und schätzt und egal wie er ist und dass man ihn nicht irgendwie dumm macht oder so auf der Straße, eben so lässt wie er ist mit seinen Macken und allem drum und dran. Ja so halt. Aber ich meine in Halle oder so was, denk ich mal nicht, dass es ge-recht zugeht. Es gibt manche Jugendliche, die nicht gerecht miteinander umgehen oder manche älteren Leute, die tun die Jugendlichen schlecht ma-chen und gehen zum Beispiel bei Rot über die Ampel. Die sind auch kein Vorbild für die Jugend und das ist nicht gerecht. Man muss ja irgendwie Vorbild sein. Und dass manche eben auf Ausländer losgehen ohne Grund. Und dass manche Ausländer auch auf Deutsche losgehen ohne Grund. Dass manche Leute so merkwürdig sind: muffig und schlecht gelaunt und wenn man irgendwas nettes sagt, dass sie das falsch verstehen und dann irgendwie gleich einem auf's Maul schießen wollen. Also, jeder muss ei-gentlich so sein können wie er ist.

Wenn du an Gerechtigkeit denkst, was fällt Dir dazu ein?

Michaela

Gerechtigkeit wär' für mich, dass zum Beispiel unsere armen Länder, die ganz armen Länder, wo die Kinder hier noch hungern müssen, dass die so einen gewissen Lebensstandard kriegen wie wir, dass die eben nicht immer weinen müssen, nicht immer hungern müssen, nicht immer Krieg sehen müssen. Also, das wär für mich Gerechtigkeit. Auch bei uns wär's eben gerecht, wenn jeder, der arbeiten geht, von seinem Lohn auch gut leben kann. Die kriegen heute so wenig Lohn. Ich hab' einen Kumpel, der geht 40 Stunden arbeiten, wenn nicht noch mehr, Lagerarbeit und kriegt aber grad mal so siebenhundert Euro Lohn. Das finde ich traurig. Das finde ich echt traurig. Das ist wie bei der Polizei und Feuerwache und Ärzte. Ich finde, viele meckern immer über die Ärzte rum, dass die zu viel Geld kriegen. Ich bin der Meinung, was die heutzutage leisten, daran denkt keiner und des-

wegen bin ich auch der Meinung, das ist zu wenig. Oder bei Hartz-IV-Empfängern muss ich sagen, das finde ich gerecht, so hart wie es klingt. Die sollen nicht vergessen, dass man dafür die Beine bewegen muss, arbeiten zu gehen.

Findest du, dass die Hartz-IV-Empfänger zu viel Geld erhalten?

Michaela

Ich finde persönlich, Mütter und Kinder sollten viel mehr unterstützt werden, also Familien sollten mehr unterstützt werden, weil die haben aber auch zu wenig Geld. Das möchte ich schon, dass die mehr unterstützt werden. Aber jetzt solche Hartz-IV-Empfänger, die eben der Meinung sind, sie könnten sich doch auf Hartz IV ausruhen, weil es zu wenig Lohn ist oder die Jugendlichen heutzutage, zum Beispiel, also die leben so gut von Hartz IV. Deswegen wollen die nicht arbeiten gehen. Die haben keine Lust, weil die selber nicht viel kriegen von Arbeit.

Findest du, man sollte denen das Hartz-IV-Geld kürzen?

Michaela

Ja, das finde ich. Dass die endlich mal lernen: Arbeit ist Arbeit. Früher in der DDR haben die doch auch gearbeitet.

Du denkst, dass die zur Arbeit gezwungen werden sollten?

Michaela

Ja, so in der Art. Dass die Jugendlichen sehen, dass, wenn man arbeiten geht, dass man sich dann auch was leisten kann. Aber wenn die Jugendlichen nur Tag für Tag sehen: Da ist ein Arbeitnehmer, der den ganzen Tag arbeiten geht und sich auch nichts leisten kann, wenn der siebenhundert Euro verdient, dann haben sie keine Lust mehr. Dann haben sie keine Motivation, arbeiten zu gehen. Ich bin der Meinung, die müssten wenigstens versuchen, die Löhne zu erhöhen oder, dass der entsprechend zu Hartz IV noch was dazu verdienen kann.

4.4.3.e Konspekt: *politische Lebenswelt*

Meine jugendlichen Gesprächspartner erleben Spaltungstendenzen in der Gesellschaft, die von ihnen als gravierend wahrgenommen werden. Diese triste Perspektive nehmen die Jugendlichen als eine Erfahrung der Entsolidarisierung und der sozialen Isolierung wahr. Die Jugendlichen bestätigen das, was auch für 90 Prozent der Befragten von Heitmeyer et al. (2003) feststeht: Dass die Reichen in unserem Land immer reicher und die Armen immer ärmer werden, dass sich die soziale Spaltung der Gesellschaft vertieft. Da überrascht es nicht, dass viele Ausländer als Belastung für das soziale Netz angesehen werden.[402] Hier ist die Gefahr eines Abwertungspotenzials gegeben, das durch das Gefühl zunehmender politischer Einflusslosigkeit verstärkt werden kann. Der „innere" Zustand der Demokratie wird von den Jugendlichen kritisiert, insbesondere was die Lösungskompetenzen großer Probleme angeht.[403] Diese Auseinanderentwicklung von Anspruch und Wirklichkeit verstärkt die Tendenz zu politischer Apathie. Für die Integrationsqualität der Gesellschaft kann dies gravierende Folgen haben, da sich zugleich deutlich das Gefühl verbreitet, dass die für die Gesellschaft fundamentale soziale Gerechtigkeit verletzt werde.[404] Darauf kumulieren sowohl die Antworten der Jugendlichen als auch ihre Perspektiven bezüglich den Bedingungen eines individuell geführten guten Lebens, dessen Wert[405], die Jugendlichen wie folgt beantworteten:

Tobias

Möglichst viele Erfahrungen in meinem Leben sammeln. Möglichst zufrieden, glücklich sein. Das ist ein gutes Leben, wenn ich glücklich bin, wenn ich mich wohlfühle. Als Grundlage für dieses Glücklichsein ist halt finanzielle Unabhängigkeit wichtig, denke ich. Es ist nun mal so, dass man sich dann aufgrund der finanziellen Unabhängigkeit frei entfalten kann, z. B. Reisen und Sport machen, das finde ich wahnsinnig interessant. Das wäre für mich ein glückliches Leben, wenn ich mal ne Familie hätte, die vielleicht

---

[402] Die neueren Untersuchungen bestätigen dieses Ergebnis.

[403] Dies deckt sich auch mit den Untersuchungen von Heitmeyer (Hrsg.) (2003) zur gruppenbezogenen Menschenfeindlichkeit.

[404] Avishai Margalit (1997) hat diese Problemstellung einmal zugespitzt auf die Frage nach dem Grad der „Anständigkeit" einer Gesellschaft. Dieser soll davon abhängig sein, inwieweit die institutionellen Praktiken eines Gemeinwesens es vermeiden, dessen Mitglieder zu entwürdigen oder zu demütigen. Denn Angesichts des legitimen Wunsches einer jeden Person nach gesellschaftlich vermittelter Selbstachtung richtet Margalit den Blick auf den Verantwortungsbereich sozialer Institutionen. Unter normativen Gesichtspunkten bleibt aber seine Analyse jedoch hinter dem bereits von Honneth etablierten Anspruchsniveau zurück, da es Margalit zufolge offenbar genügt, dass der Mensch von institutioneller Seite als Mensch geachtet wird, demnach als ein gleicher unter gleichen, und damit nicht schon, wie bei Honneth, zudem auch als ein besonderer.

[405] Wert hier als moralischer Maßstab verstanden, also eine Wertung dessen, was als Grund oder als Ergebnis gegenüber anderen Handlungen bzw. Sachverhalten als strebenswert erachtet wird. Die faktischen Wertungen haben wiederum Auswirkungen für weitere Wertungen.

auch interessiert ist an dem; muss jetzt aber nicht unbedingt überall mit hin reisen oder so. Ich würde das nicht von ihnen verlangen, wenn sie das nicht wollen. Ich bin eigentlich ein sehr gerechter Mensch. Und eine eigene Wohnung vielleicht, wo ich keine Miete bezahlen muss. Das wäre für mich ein großes Glück.

Daniel

Tja, gutes Leben? Ich überlege. Dass man eben Geld hat und gute Kleidung, viel Essen und gute Freunde, gute Arbeit in der Stadt, wo man sich wohlfühlt. Das, was man sich erwünscht hat, das man das erreicht hat, was man sich vorgenommen hat in der Vergangenheit. Ja, dass man sagt: Ich will das jetzt haben und möchte das auch erreichen und habe das dann auch erreicht. Und das ist dann auch das Ziel und dass ist dann das gute Leben. Dass ich das Leben leben kann, so wie ich es möchte. Eben ein erfülltes Leben habe, wo ich dann, wenn ich auch älter bin, mit 60, dann eben sagen kann: Ich hab' ein erfülltes Leben gehabt und hab' das erlebt, wo ich stolz darauf sein kann, dies halt erlebt zu haben, was manche vielleicht nicht erleben durften. Dass ich mich dann ausruhen kann und sagen kann: So, es war wunderschön und fertig.

Thorsten

Was macht für mich ein gutes Leben aus? Dass ich sicher sein kann, dass ich meine Rechnungen bezahlen kann. Dass das Geld jetzt so für'n zehntägigen Urlaub oder so reicht und na ja, dass immer was zu Essen auf dem Tisch steht. Und zum Beispiel: Dass man sich Klamotten kaufen kann, ganz normal, ein ganz normales Leben halt. Dass man in Ruhe leben kann, ohne sich jetzt große Sorgen um irgendwas machen zu müssen.

Michaela

Für mich macht ein gutes Leben aus, wenn ich eine Wohnung habe, dass mein Kind glücklich ist, dass mein Kind alles hat, nichts an Essen fehlt, nichts an wichtigen Sachen fehlt. Dass ich meinem Kind ab und zu mal ne Freude machen kann und dass ich mir persönlich mal Wintersachen kaufen darf. So was ist für mich dann irgendwo ein normales Leben und glückliches Leben. Wär' für mich auch irgendwo ein gutes Leben. Wäre für mich Zufriedenheit, wenn ich jetzt zum Beispiel meiner Tochter zwischendurch auch mehr kaufen kann, nicht jetzt ein Spielzimmer, aber vielleicht – wie in diesem Monat zu Weihnachten – dass ich meiner Tochter sagen kann: Wir gehen auf den Weihnachtsmarkt und ich muss diesmal nicht so extrem aufs Geld schauen. Oder dass ich ne warme Wohnung habe. Dass ich was zu

Essen habe, das ist mir immer sehr wichtig. Und dass eben meine Tochter glücklich ist, und das sie alles kriegen kann, was sie braucht.

Andrea

Ich möchte halt einfach nur, dass es mir gut geht, dass ich mir um meine Familie keen Kopf machen muss, dass ich vielleicht wirklich mal in den Urlaub fahren kann, ohne wirklich Angst zu haben, dass das Geld dann auf einmal für etwas anderes nicht mehr ausreicht. Also, mein Traum wär´s vielleicht auch mal später ein Haus zu haben, den Führerschein zu machen, ein eigenes Auto zu fahren. Also ich möchte einfach nur richtig normal leben und dass wir gesund bleiben. Ich weiß nicht, wie ich es beschreiben soll. Dass es uns einfach gut geht, dass wir nicht übelst knausern müssen. Das ist einfach das, was ich mir ganz hoch als Ziel stecke. Dass es meinem Kind an nichts fehlt, dass der auch eine normale Schulausbildung hat. Dass es uns halt einfach gut geht, auch finanziell. Ich hab ja wirklich nicht so ein Ziel wie manche, die zum Beispiel sagen: „Sie wollen ne Finca auf Mallorca haben, die wollen ins Ausland." Darum geht es mir gar nicht. Mir geht es einfach nur, dass meine Familie zusammenbleibt und dass wir gesund bleiben. Das ist halt das, was ich mir von meinem Leben wünsche. Dass wir uns keene Sorgen machen müssen.

Die Vorstellungen der Jugendlichen effizieren vor allem Konsequenzen des Verantwortungsbereichs unserer Gesellschaft, da die gesellschaftlichen Voraussetzungen, dass jede und jeder die Möglichkeit zu gleichberechtigter und gleichgestellter Teilhabe an diesen Angelegenheiten hat, in der Bundesrepublik Deutschland realiter vorhanden sind und verankert in Art 20 GG[406] (aristotelisches Staatsverständnis). Dieses Sozialstaatsprinzip, das das Ziel der sozialen Inklusion begründet, stellt ein unverzichtbarer Bestandteil einer gerechten Gesellschaftsordnung dar, an dem sich messen lassen kann, ob dieser für alle, auch für die sozial Schwächeren, zustimmungsfähig ist.

---

[406] Das Sozialstaatsprinzip nach Art. 20 Abs. 1 GG untersteht der Ewigkeitsgarantie nach Artikel 79 Abs. 3 GG und kann nicht geändert werden. Es wird als Erweiterung des dem Rechtsstaat immanenten Strebens nach Gerechtigkeit um eine soziale Komponente interpretiert, ohne aber inhaltlich näher bestimmt zu sein. Der Inhalt der Gesetzgebung sowie die Auslegung der Gesetze sind im Rahmen der rechtsstaatlichen Ordnung auch am sozialstaatlichen Auftrag zu orientieren.

Dazu bedarf es einer dringend notwendigen Diskussion, in die ich nun überleiten möchte, denn:

„Ich glaube nicht", so Johano Strasser, dass das „gute Leben nur eine Privatangelegenheit ist. Menschen sind keine abgeschlossenen Einheiten, die in ihren Mitmenschen ausschließlich die Begrenzer ihrer eigenen Freiheit treffen. Umgekehrt: Unsere Mitmenschen sind die Bedingungen unserer eigenen Freiheit. Auch die meisten Sozialbeziehungen sind eher kooperativ als gegeneinander gerichtet. Das gute Leben kann daher gar nicht reine Privatangelegenheit sein."[407]

Wie ist das Modell eines guten Lebens im Kontext dieser Arbeit zu verorten? Dazu möchte ich vorab zwei Dimensionen, die bis jetzt aus dieser Studie deutlich werden, konzeptionell darlegen.

---

[407] Weiter: „Insofern irrt sich die heute dominante Form des Liberalismus gewaltig." In: Strasser 2002, S. 20. Diese Idee scheint mir ein wichtiger und richtiger Schritt hin zu einem Gesellschaftsprojekt zu sein, dass das Humanum nicht als Mittel zum Zweck, sondern als dessen Ziel, begreift. Hier lassen sich durchaus Parallelen zum Bildungsprogramm des 19. Jh. konstruieren, das unbehelligt von äußeren Zwängen humanistisch erziehen soll. Dahinter steht – so meine These – Platons Programm „Bildung durch Wissenschaft", das im 19. Jh. von Wilhelm von Humboldt neu konzipiert wurde und durch die Gründung der Berliner Universität von 1810 seine Konkretisierung fand.

5. Gutes Leben

5.1 Einführung

Behauptung:

Gut ist ein Leben, das trotz aller Widrigkeiten um seiner selbst willen gelebt werden kann.

Anfrage:

Was ist damit gemeint, den Prozess des Lebens um seiner selbst willen bejahen zu können?

Antwort:

> „Da zum Leben die Auseinandersetzung mit der jeweiligen Umwelt des Lebens gehört, gehört zur Bejahung des eigenen Lebens nicht weniger die Bejahung der Situationen, durch die es führt. Diese Situationen aber können nur bejaht werden, wenn es möglich ist, sich zu diesen Situationen – verweilend oder fliehend, suchend oder vermeidend, zustimmend oder ablehnend – zu verhalten."[408]

So verstanden, besteht ein gutes Leben nicht nur in einer Ansammlung positiv bewerteter Lebenssituationen, sondern darüber hinaus in einem Lebensvollzug, in dem den

> „Subjekten dieses Lebens ein Spielraum der Begegnung mit den Situationen ihrer Lebenswelt gegeben ist. Nicht die einzelnen Situationen entscheiden allein über die Qualität eines Lebens, sondern die Möglichkeit der Weltbegegnung durch diese Situationen hindurch – Möglichkeiten, die es dem Individuum erlauben, sich auf die eine oder andere Weise zu den Gegebenheiten seines Lebens zu verhalten. Von einem guten Leben lässt sich dann sagen: Das Subjekt dieses Lebens begegnet der Welt um dieser Begegnung – oder um des Spielraums dieser Begegnung – willlen."[409]

Vorläufiges Fazit:

Unter einem guten Leben – so können wir vorläufig zusammenfassen – ist ein für präferierte Situationen und Betätigungen offenes und in dieser Offenheit vollzugsorientiertes Leben zu verstehen. „Es

---

[408] Seel (²1998), S. 279f.
[409] Ibid., S. 280.

ist frei für die ihm jeweils günstigste Weise der Begegnung mit der jeweiligen Umwelt dieses Lebens."[410] Das Glück aller empfindungsfähigen Lebewesen ist folglich von den Spielräumen der Lebensbewegung abhängig, in denen sie ihren Befähigungen und ihren bevorzugten Betätigungen nachgehen können und sich dabei um ein schönes Leben zu sorgen. Benannt ist damit der kritisch-hypothetische Maßstab eines intakten Netzes von wechselseitigen Anerkennungsverhältnissen der Liebe, des Rechts und der Solidarität, in denen der Mensch Zuwendung, Achtung und Wertschätzung erfährt.[411]

Jede Vorstellung des Begriff eines guten Lebens – und sei er noch so minimal veranschlagt – verweist auf den eines misslingenden oder verfehlten Lebens. Gegenüber dem Leben kann und darf der Begriff sich nicht indifferent zeigen. Somit deuten die Versuche der Rekonstruktion eines guten Lebens bereits in eine Richtung, die für diejenigen, die sich mit der Frage nach dem menschlichen Wohlergehen beschäftigen, und damit offensiv das vertreten, was ich die These der Nicht-Neutralität im strikten Sinne[412] nennen möchte, längst maßgeblich ist.

Angesichts der Macht der Verhältnisse und der eigenen Ohnmacht kann die Stringenz des Apophthegmas Adornos aus seiner *Minima Moralia* „Es gibt kein richtiges Leben im Falschen" nicht abgesprochen werden. Ich meine aber, dass es das „richtige" und das „falsche" Leben nicht gibt, sondern dass vielmehr zu jedem Leben

---

[410] Ibid.

[411] Vgl. Honneth 1992. Für Axel Honneth besitzt diese Einsicht derart fundamentale Bedeutung, dass er den „Kampf um Anerkennung" zum leitenden Paradigma seiner Version einer kritischen Gesellschaftstheorie erhoben hat. Dort, wo mit diesen Anerkennungsbeziehungen nicht die spezifisch intersubjektiven Bedingungen eines guten Lebens gegeben sind, lassen sich – so Honneth – dann dementsprechend soziale Pathologien lokalisieren. Wenn man die Positionen entgegen dem Selbstverständnis seines Anerkennungskonzeptes liest, kann man auch Verbindungen zur gegenwärtigen Debatte um die Reformpolitik ziehen. Man könnte mit Honneths Stufenmodell der Anerkennung die These entwickeln, dass gegenwärtig zumindest die Gefahr einer rückläufigen normativen Entwicklung des Verständnisses individueller Autonomie besteht und dass dies paradoxerweise in der Sphäre des Rechts geschieht, in der doch der Grundsatz der Gleichheit verankert ist.

[412] Damit ist zunächst nur die Ansicht gemeint, weder die Moralphilosophie noch die Politische Philosophie noch die Sozialwissenschaften können und sollen gegenüber einem Konzept des guten Lebens vollständig neutral sein. In vehementer Form wird diese heute vertreten von Nussbaum (1999); siehe dazu das Kapitel 5.5. in dieser Arbeit.

Richtiges und Falsches gehört. Worauf es ankommt, ist, beides möglichst genau zu unterscheiden und sich dann an dem zu orientieren, was in allem „Falschen" das Richtige ist.[413]

Die Frage nach dem guten Leben scheint also identisch mit der Frage, wie man leben soll. Dass damit keine Antwort vorgegeben ist, ist evident, ist doch die Antwort darauf vielmehr ein Prozess des Suchens auf die Frage, worin ein glückliches Leben besteht. Dabei ist der Sinn der Frage nicht klar vorgegeben. Die Philosophie und die Sozialwissenschaften benötigen deshalb einen Begriff des guten Lebens, der zumindest so klare Konturen besitzt, dass er sich von Varianten eines nicht-gelingenden Lebens deutlich abhebt.

5.2 Die Soziologie und die Frage nach dem guten Leben

Nach Max Weber haben die Kulturwissenschaften, zu denen er auch Soziologie zählt, die Aufgabe, die Wirklichkeit und Wirksamkeit von ‚Sinn' und ‚Bedeutung' zu erforschen.

> „Kultur ist ein vom Standpunkt des Menschen aus mit Sinn und Bedeutung bedachter endlicher Ausschnitt aus der sinnlosen Unendlichkeit des Weltgeschehens. […] Transzendentale Voraussetzung jeder Kulturwissenschaft ist nicht etwa, dass wir eine bestimmte oder überhaupt irgendeine ‚Kultur' wertvoll finden, sondern dass wir Kulturmenschen sind, begabt mit der Fähigkeit und dem Willen, bewusst zur Welt Stellung zu nehmen und ihr einen Sinn zu verleihen. Welches immer dieser Sinn sein mag, er wird dazu führen, dass wir im Leben bestimmte Erscheinungen des menschlichen Zusammenseins aus ihm heraus beurteilen, zu ihnen als bedeutsam (positiv oder negativ) Stellung nehmen."[414]

Max Weber definiert die Soziologie als die Lehre des sozialen Handelns. Das ist nach Weber ein Handeln, das auf das Verhalten anderer bezogen ist und daran in seinem Ablauf orientiert ist. Ausge-

---

[413] Dies ist auch die Intension, für die Gerd Achenbach, der die weltweit erste philosophische Praxis eröffnet hat, plädiert. Vgl. dazu sein Buch (2003), *Vom Richtigen im Falschen. Wege philosophischer Lebenskönnerschaft.* Zentrale Bedeutung erhält dabei die Frage, wie sich das individuelle Streben nach einem erfüllten Leben mit den nicht selten widrigen Umständen der Moral verträgt.

[414] Weber 1968, S. 180f. „Für diese Aufgabe gibt es keine Möglichkeit einer ‚objektiven' Behandlung, sondern einzig die forschungsleitende Selektion durch ‚Wertideen', unter denen ‚Kultur' im Einzelfall betrachtet wird." in: Kaesler ²1998, S. 249.

hend davon möchte ich die Soziologie als eine handwerkliche Spe-
zialfähigkeit (téchne) verstanden wissen, welche den Anspruch erhebt, eine begründende Wissenschaft (epistéme) des Sozialen zu
sein. Diesen Ansatz möchte ich erweitern um einen positiven Sinn-
bezug, der durch eine Sozialethik beschrieben wird, die durch In-
korporation der Transzendenz normativer Urteile als objektivierter
Ausdruck gesellschaftlicher gegenseitiger Anerkennung fungiert.[415]
Eine „Reflexion des Sozialen kommt nicht ohne eine Reflexion der
moralischen Sinnhorizonte der sozialen Praxis aus"[416].

Soziologische Forschung kann demnach dazu beitragen,

> „soziale Lebensumstände oder institutionelle Mechanismen
> zu identifizieren, die sich im Lichte wohlbegründeter Ge-
> rechtigkeitsprinzipien als ‚ungerecht', ergo als diskriminie-
> rend oder beschränkend erweisen lassen. Haben wir hinge-
> gen an einer Gesellschaft ‚ungute' oder ‚pathologische' Zu-
> stände entdeckt, so kann der Beitrag der Soziologie nur von
> höchst indirekter Art sein: Sie kann nämlich mit ihren Er-
> gebnissen eine Kulturkritik befruchten, die sich zur Aufgabe
> gemacht hat, soziale Lebensumstände kreativ auf mögliche
> Pathologien hin zu erschließen."[417]

Hinzu bedarf es aber einem System integraler Wissenschaft, die in
ihrer Metaphysik sich dem Noumenalen[418] zuwendet. Max Webers

---

[415] Der Begriff der „Anerkennung" als ein Grundbegriff zur Rekonstruktion
sozialer Zusammenhänge hat in jüngster Zeit an Konjunktur gewonnen.
Damit soll der Mechanismus verständlich gemacht werden, durch den sich
‚Sozialität', d. h. soziale Bindungen, soziale Felder und sozialisierte Subjekte
ausbilden. Federführend zu einer „Politik der Würde" (Margalit) ist dabei
Axel Honneths sozialphilosophisches Konzept eines *Kampf*(es) *um Anerkennung*. Honneth ordnet den Kampf um Anerkennung logisch nach, da soziale
Konflikte, Kämpfe um Gerechtigkeit, in erster Linie immer die Folge von
unerfüllter Anerkennung (Missachtung, Demütigung) sind.

[416] Reckwitz, S. 205.

[417] Honneth 2001, S. 1323. Natürlich kann auch die Philosophie Gegenstand
einer solchen Beobachtung werden. Denn auch eine philosophische Ethik
muss ihre eigenen Grundlagen zunächst sozial schaffen, auch wenn sie diese dann als absolut darstellt.

[418] In seiner Metaphysik und Erkenntnistheorie versteht Platon unter noumenon (von griech. noein, erkennen, denken) die Ideen. Diese machen die eigentliche Wirklichkeit aus und lassen sich allein durch die Vernunft erkennen. Vom noumenon ist das phainomenon (Phänomen, Erscheinung) zu
unterscheiden. Es wird mithilfe der Sinne erfahren und bildet einen bloßen
Abglanz des noumenon. Für Kant (KrV B 294ff.) jedoch kann in der Endlichkeit nur eine Anschauung der Phänomene stattfinden, die als Gegenstände der Sinneserfahrung vorkommen. Deshalb besitzt der Mensch keine

berühmtes Diktum der Werturteilsfreiheit als das „methodische Axiom der Wissenschaft"[419], welches nur möglich ist, „wenn die Philosophie in der Wissenschaft im Spiel bleibt"[420], fordert zur Rechenschaft über den Sinn eigenen Tuns heraus, nämlich als das Gebot der Besinnung „auf die letzten eigenen Werte"[421].

> „Max Weber (1904[422]) hatte zu Recht darauf hingewiesen, dass empirische Analysen in den Geistes- und Sozialwissenschaften von kognitiven Begriffssystemen angeleitet werden, die ihrerseits von normativen leitenden Wertideen motiviert werden."[423]

Nach der klassischen, positivistischen Lehre kann es eine Vereinigung der zwei Modalitäten der Erkenntnis nicht geben, weil Sein und Sollen Wesen aus zwei unterschiedlichen Welten sind. Sind aber diese Vorstellungen für den Soziologen überhaupt von Belang? Muss er sie zur Kenntnis nehmen? Es gehört schließlich zu den Eigenarten der theoretischen Sozialforschung, dass sie in ihren Zielstellungen in der Regel weit von dem entfernt sind, was für die Menschen alltäglich relevant ist und was Politiker umzusetzen in der Lage bereit sind. So handelte es sich bei Max Weber vor allem auch um eine Trennung der

> „beiden Spähren des tätigen und des kontemplativen, des gestaltenden und des reflexiven Lebens, die wirklich die Dämonen waren, an denen seines Lebens Fäden hingen, nämlich (...) *Wissenschaft* und *Politik*. Ich denke, dass die meisten Übersetzungen (...) in konkrete Problemstellungen diese Spannung (zumindest implizit) behandelt haben, so

---

Kenntnis vom noumenon oder Ding an sich, sondern ausschließlich von seiner Erscheinung. Erst ein unendliches Wesen wäre zu einer vernunftmäßigen („intellektuellen") Anschauung der eigentlichen vernünftigen Wirklichkeit (d. h. auch Gott, Freiheit und Unsterblichkeit) in der Lage. So vermag der Mensch das noumenon nicht zu erkennen; aber er kann sich als praktisch Handelnder vom noumenon leiten lassen, indem er das moralische Gesetz befolgt.

[419]   Tenbruck (1995), S. 73.

[420]   Ibid., S. 74.

[421]   Max Weber bestritt, so Kaesler (²1998), S. 246, „keineswegs die Einsicht, dass bereits die Themenwahl und die Auswahl des Stoffs ‚Wertungen' beinhalten; und weiterhin betonte er ausdrücklich, dass es nicht darum gehen könne, ‚dass die empirische Wissenschaft ‚subjektive' Wertungen vom Menschen nicht als Objekt behandeln könne (während doch die Soziologie [...] auf der gegenteiligen Voraussetzung beruht).' "

[422]   Weber (1988), S. 146 – 214.

[423]   Reckwitz, S. 216f.

sehr auch die Evidenzen des Glücks wie des Unglücks, des Guten wie des Bösen vom Persönlichsten nie abzulösen sind."[424]

So spricht sich Weber vehement dagegen aus, dass der Wissenschaftler seine eigenen praktischen Werturteile innerhalb seiner Berufsausübung geltend macht, um diesen gewissermaßen eine akademische Reputation zu verleihen. Denn die Wissenschaft kann auf der Grundlage ihrer eigenen Prinzipien allenfalls diskursiv klären, welche Mittel dazu geeignet sind, um vorgegebene Werte praktisch zu realisieren, und welches die möglichen Folgen sind, die bei einem Gebrauch der verschiedenen Mittel zu erwarten sind. Und sie kann ferner dem praktisch handelnden Menschen Aufklärung darüber verschaffen, von welchen Wertvorstellungen er sich im jeweils konkreten Fall leiten lässt und mit welchen anderen weltanschaulichen Positionen er dabei notwendig in Widerspruch geraten muss.[425]

So vertrete ich die Auffassung, dass die normative und die deskriptive Forschung, die sich bislang getrennt glaubten, als wissenschaftliche Disziplinen zusammengehören und hege die Hoffnung, dass die Aufhebung des „Schismas der Modalitäten" (Wegener) dabei zur Klärung der Begrifflichkeiten und zur Plausibilität von Begründungslogiken normativ-philosophischer Theorien und Überlegungen zum guten Leben werden können. Die Existenz beider Modalitäten zeigt sich in der konventionellen Vorgehensweise vonseiten normativer Theoretiker. Sie fragen z. B.: „Ist soziale Gerechtigkeit das, was die Leute dafür halten?", um den Platz zu bestimmen, den die Gerechtigkeitsvorstellungen der Menschen in ihren Theorien haben könnten.[426] Ich möchte dabei aber nicht so weit gehen, nor-

---

[424] Rehberg, S. 1317f.

[425] Vgl. Weber, *Wissenschaft als Beruf*, S. 607f.

[426] Warum ist die empirische Gerechtigkeitsforschung in ihrer Analyse subjektiver Gerechtigkeitsvorstellungen gerade für den Bereich des politischen Lebens insbesondere auch unter demokratischen Gesichtspunkten interessant? Die aktuellen politischen Auseinandersetzungen über den richtigen Weg zur Modernisierung des Landes, zur Ankurbelung des wirtschaftlichen Motors, zur Reform des Sozialstaats und zur Bewältigung der anhaltend hohen Arbeitslosigkeit machen die unterschiedlichen Auffassungen darüber, wie dies auch am gerechtesten zu bewerkstelligen sei, überdeutlich. Wenn eine bestehende soziale Ordnung (der sozialen Ungleichheit) verändert bzw. reformiert wird, muss diese neue Ordnung sozial legitimiert werden. Dann treten stets Fragen der Gerechtigkeit dieser neuen Verteilungsordnung in den Vordergrund der gesellschaftlichen und politischen Diskurse und können zu erheblichen Konflikten zwischen Gewinnern und Verlierern von Re-

mative Theorien an den tatsächlichen Empfindungen der Menschen orientieren zu wollen.[427]

Deshalb präferiere ich für einen *mundus intelligibilis*[428] als Gradmesser des Spannungsverhältnisses zwischen Sein und Sollen. So kritisiert bekanntermaßen auch Charles Taylor

> „jene klassisch modernistischen Theorieansätze in Sozialtheorie und Philosophie, die eine rein objektivierende Haltung gegenüber gesellschaftlichen Phänomenen einnehmen: Sie ‚überspringen' die subjektiven Bedeutungshorizonte und

---

formen führen. Denn in den Auseinandersetzungen unter Politikern, Parteien und Interessenvertretern sind immer auch die unterschiedlichen Belastungen und Begünstigungen von Bevölkerungsgruppierungen mit auf der Waagschale der Gerechtigkeit und damit sind auch die Bewertungen der Bevölkerung selbst von erheblichem Interesse, da sie zur Legitimation einer neuen Verteilungsordnung gebraucht werden. Die von politischen Akteuren stellvertretend geführten Auseinandersetzungen über das sozial Gerechte setzen sich über die Medien bis in die Kapillaren der Gesellschaft fort. Und umgekehrt sind die Gerechtigkeitsvorstellungen der Menschen für die politischen Akteure relevant, da sie durch den politischen Willensbildungsprozess indirekt und direkt Einfluss auf Politik gewinnen, sei es über Interessenvertretungen, andere intermediäre Gruppierungen, Medien oder unmittelbar über das Wahlverhalten. Von daher ist es verständlich, wenn politische Akteure auch aus Eigeninteresse am politischen Überleben den Gerechtigkeitsvorstellungen der Bevölkerung entsprechende Aufmerksamkeit schenken.

[427] „In der Regel sind die Forderungen der Theorie überaus abstrakt, so dass für ihre Umsetzung ein normativ ungeregelter Spielraum bleibt. Um anwendbar zu sein, muss der Anspruch an eine Gerechtigkeitstheorie daher lauten, die normativen Anweisungen konkret zu machen. Die kontextspezifischen Weiterbestimmungen der abstrakten Regeln aber ist Sache der empirischen Forschung." Wegener, S. 886.

[428] Der Terminus *mundus intelligibilis* wird u. a. von Kant verwendet. Als intelligibel (lat. intelligere, „dazwischen lesen", erkennen, von Verstand oder Vernunft erfassbar) werden Gegenstände bezeichnet, die allein mittels Verstand oder Vernunft vorgestellt werden können, ohne dass je eine sinnliche Anschauung hinzukommen kann. Diese Gegenstände würden einer intelligiblen Welt zugehören und nicht den Gesetzen von Raum und Zeit unterliegen; ihre Erkenntnis würde allerdings eine intellektuelle Anschauung voraussetzen. Eine solche steht dem Menschen allerdings nicht zur Verfügung, Erkenntnis von Gegenständen ist allein dort möglich, wo sinnliche Anschauung vorhanden ist. Während Kant für die theoretische Vernunft die Möglichkeit der Einsicht in eine intelligible Welt negiert, hält er für die praktische Vernunft die Annahme einer intelligiblen, moralischen Welt für unverzichtbar. Denn die für die Willensbildung in sittlichem Handeln maßgeblichen Gesetze sind selbst keine Erscheinungen, noch können sie es sein, wenn die Willensbestimmung auf Freiheit beruhen soll. Der Mensch gehört aufgrund seiner Freiheit und der aus ihr fließenden Gesetzmäßigkeiten sittlichen Handelns der intelligiblen Welt an.

moralischen Landkarten der alltagsweltlichen ‚self-interpreting animals'. Die Sozialwissenschaften müssten, so Taylor, eine Begrifflichkeit entwickeln, die den Hintergrund moralischer Sinnprobleme der individuellen und kollektiven Lebensführung, den ‚moral space', artikulierbar macht."[429]

Dagegen vertreten aber viele Gegenwartssoziologen die Auffassung, dass es gute Gründe gibt, nicht moralisch zu kommunizieren; sie wissen um den Wert der Wertfreiheit und führen daher ihre Ethik (mehrheitlich) eher implizit als explizit mit, obschon sehr viele Fragestellungen aus den Sozialwissenschaften mit diffizilen ethischen und ordnungstheoretischen Grundfragen verbunden sind, die selbst in der modernen Konstitutionenökonomik nur unzureichend gewürdigt und bedacht werden.[430] Andererseits kann eine Sozialphilosophie nur konkrete Früchte tragen, wenn sie die Elemente der conditio humana miteinschließt und eine Wirkungsanalyse gesellschaftlicher Institutionen (und Meta-Institutionen) berücksichtigt.

Kurzum: Philosophen und Sozialwissenschaftler haben sich etwas zu sagen, auch weil sich ein Kompetenzgerangel hinsichtlich der Frage entwickelt hat, ob sich die beiden Disziplinen unter den gegebenen Umständen noch – oder besser wieder – mit dem guten Leben beschäftigen dürfen und, wenn ja, inwieweit?

5.3 Philosophische Exegese zur Vorstellung eines guten Lebens

Immanuel Kant stellte vor über zweihundert Jahren in seiner *Grundlegung zur Metaphysik der Sitten* die Frage nach dem guten Leben. Nach Kant lässt sich die Frage nach einem guten Leben objektiv, das heißt, für alle evident beantworten. Dies setzt aber metaphysische Annahmen voraus, da sich dies nicht aus der „empirischen Natur des Menschen"[431] verifizieren lässt.[432]

---

[429] Reckwitz, S. 209f.

[430] Das wissen die Soziologen, denn worüber ist dieses Fach als Ganzes so gut informiert wie über seine Methodenstreite.

[431] Wolf (1996), S. 13.

[432] Metaphysische Annahmen wurden schon im 18. Jahrhundert nicht mehr ungeschränkt geteilt, umso mehr gilt dies für uns heute. Die zweite Variante wäre, eine subjektive Antwort auf die Frage nach dem guten Leben zu geben, also einem Leben, das die betreffende Person als für sich gut präferiert. Das hat die Konsequenz, dass die Philosophie darauf keine allgemeine Antwort mehr geben kann. Anders dagegen Aristoteles, der versucht aus objektiven Aussagen über die menschliche Natur ethische Fragen nach dem

---

In einer seiner nachkritischen Schriften (*Idee zu einer allgemeinen Geschichte in weltbürgerlicher Absicht*) hat Kant dieses transzendental-theoretische Programm politisch-theoretisch konzipiert. Es ging ihm dabei um

> „das Problem einer universalgeschichtlichen Gesetzmäßigkeit [...], die hinter den planlosen Aggregaten menschlicher Ideen und Handlungen analog den Gesetzen der mathematischen Naturwissenschaften eine Geschichte der Gattung"[433],

herauszuarbeiten, die mit einer zeitgemäßen Forderung des konstitutionellen Fortschritts endet.

Für Kant ist das „erste Menschenpaar" nur als Symbol, Bild, historische Überlieferung einer tatsächlichen Menschwerdung zu verstehen. An keiner Stelle in dieser Schrift ist die Rede von einem göttlichen Schöpfungsakt des Menschen im eigentlichen Sinne. Vielmehr wird dort das „erste Menschenpaar" auf einer Bildungsstufe betrachtet, in der

> „es schon einen mächtigen Schritt in der Geschicklichkeit getan hat, sich seiner Kräfte zu bedienen. ... Der erste Mensch konnte also stehen und gehen; er konnte sprechen ... mithin denken. Lauter Geschicklichkeiten, die er alle selbst erwerben musste."[434]

Damit zusammenhängend seine These, dass der Mensch von Natur aus weder gut noch böse ist, sondern schlechthin existiert wie jedes andere Lebewesen auch, dass er erst böse wurde mit dem Übergang seinen instinktiven Verhaltens zur Vernunft und zur Freiheit, d. h. zur Freiheit des Wissens und der sich daraus ergebenden Möglich-

---

gerechten Zusammenleben zu formulieren. Dies verneint Kant wegen mangelnder Begründbarkeit. Kant beschreitet einen Zwischenweg, indem er nur denjenigen Teil beibehält, der nach dem richtigen oder gerechten Handeln fragt.

433 Irrlitz 2002, S. 410.

434 Kant: *Mutmaßlicher Anfang der Menschengeschichte* (1786). Werkausgabe (stw). Bd. XI/1. S. 86f. Mit der Charakteristik der selbsterworbenen wesentlichen Eigenschaften des Menschen – dem Sprechen und dem abstrakten Denken – betont Kant ausdrücklich, dass der Mensch sich selbst aus der Natur herausgebildet habe, dass sein Ausgang „aus dem, ihm durch die Vernunft, als erster Aufenthalt seiner Gattung vorgestellten, Paradiese nichts anderes, als der Übergang aus der Rohigkeit eines bloß tierischen Geschöpfes in die Menschheit, aus dem Gängelwagen des Instinkts zur Leitung der Vernunft, mit einem Worte: aus der Vormundschaft der Natur in den Stand der Freiheit gewesen sei" (ibid., S. 92).

keit des Missbrauchs seiner Freiheit zu Nutz und Frommen seiner selbst.[435]

Der Begriff der *ungeselligen Geselligkeit* der Menschen resultiert nach Immanuel Kant daraus, dass der Mensch einerseits die Neigung zeigt, sich zu „vergesellschaften, weil er in einem solchen Zustand sich mehr als Mensch" fühlt, dass er andererseits aber auch einen großen Hang hat, „sich zu vereinzeln (isolieren)."[436]

Die Entdeckung der „ungeselligen Geselligkeit" führte Kant auf den grundlegenden sozialen Widerspruch zwischen Individuum und Gesellschaft, zwischen Subjekt und Objekt, als allgemeine Triebkraft der Geschichte zurück. „Das Mittel, dessen sich die Natur bedient, die Entwickelung aller ihrer Anlagen zu Stande zu bringen" fand Kant in dem „Antagonismus derselben in der Gesellschaft, d. h. in der „ungeselligen Geselligkeit der Menschen."[437]

Näher erklärte sich der von Kant aufgezeigte Antagonismus daraus, dass die ungesellige Eigenschaft in ihrer extremen Erscheinungsform der Ehrsucht, der Habsucht und der Herrschsucht – Kant reflektiert hier typische Eigenschaften des Besitzers – den Menschen geschickt macht, alles nach seinem Gemüt, nach seinen Anlagen, Trieben und Neigungen zu bestimmen.

> „Ohne jene, an sich zwar eben nicht liebenswürdige, Eigenschaften der Ungeselligkeit, woraus der Widerstand entspringt, den jeder bei seinen selbstsüchtigen Anmaßungen notwendig antreffen muss, würden in einem arkadischen

---

435   Zuerst das Eigentum und mit dem Werden des Eigentums der allmähliche Übergang vom (tierischen) Bewusstsein zum Selbstbewusstsein des Menschen – das ist der Leitgedanke, der den Überlegungen Kants zu Grunde liegt.

436   Kant: *Idee zu einer allgemeinen Geschichte in weltbürgerlicher Absicht*. Werkausgabe (stw). Bd. XI/1. S. 37.

437   Ibid., S. 37. Die Kategorie des Antagonismus, der ungeselligen Geselligkeit des Menschen, hing bei Kant noch mit drei anderen wesentlichen Momenten zusammen: 1. Mit dem Beginn der Geschichte des Menschen, 2. mit dem Problem des „Herrn" und 3. mit der historischen Tendenz der Bildung menschlicher Anlagen in weltbürgerlicher Absicht. Seine Gedanken zum ersten Begriff entwickelte Kant in der Schrift *Mutmaßlicher Anfang der Menschengeschichte* (1786), die gleichsam eine Ergänzung seiner Rezension der Herderschen *Ideen zur Philosophie der Geschichte der Menschheit* war. Gleich Herder, der die Mosaische Schöpfung eine „alte Philosophie der Menschen-Geschichte" genannt hatte, knüpft Kant an die Bibel an, um mit seinem durch die Vernunft und die Erfahrung „geknüpften Leitfaden ... gerade dieselbe Linie zu treffen", „die jene historisch vorgezeichnet enthält." In: Kant: Werkausgabe (stw). Bd. XI/1. S. 86f.

Schäferleben, bei vollkommener Eintracht, Genügsamkeit und Wechselliebe, alle Talente auf ewig in ihren Keimen verborgen bleiben: die Menschen, gutartig wie die Schafe, die sie weiden, würden ihrem Dasein kaum einen größeren Wert verschaffen, als dieses ihr Hausvieh hat."[438]

Der Widerstand eines jeden gegen jeden, der Egoismus und die Leidenschaften sind nach Kant verantwortlich dafür, dass sich die Menschen aus der rohen Kultur in einen gesellschaftlichen Zustand entwickelt haben. Für Kant bildet der Egoismus und die Selbstsucht die wesentlichen Attribute der menschlichen Gattung. Der durch den Egoismus notwendig erzeugte Widerstand eines jeden gegen jeden, ist nicht nur ein Gesetz der frühen Zivilisation, er wirkt als Wesenszug auch in der modernen Gesellschaft fort.[439] Dort, wo es Widerstand gibt, wo der Einzelne Schwierigkeiten überwinden muss, entwickelt sich das Gefühl der Zufriedenheit und des Stolzes über den Erfolg und mit diesem Gefühl zugleich das Selbstbewusstsein.[440]

Kant selbst kannte nur eine Gesellschaft von Eigentümern, in der die gegenseitigen Interessen untereinander widerstreitende Interessen waren. Und in der Tat ist das Streben nach materiellen Gütern zur Befriedigung der natürlichen Bedürfnisse nichts anderes als der durch die Vernunft modifizierte Selbsterhaltungstrieb. Dieser Trieb, nach Kant ein Naturgesetz, hat, durch die Arbeit vermittelt, auf einer bestimmten Entwicklungsstufe der menschlichen Gesellschaft

---

[438]   Kant: *Idee zu einer allgemeinen Geschichte in weltbürgerlicher Absicht.* Werkausgabe (stw). Bd. XI/1. S. 38.

[439]   In Wahrheit ist eine solidarische Gesellschaft, die eine humanistische Gemeinschaft sein will, die sozial effektiv gemachte Marktwirtschaft, in der auf der Grundlage eines gesunden Egoismus – gepaart mit einer hohen geistig-kulturellen Bildung – ein entschiedener Kampf des Einzelnen um die Behauptung und Bewährung im Leben geführt werden kann und muss.

[440]   Das Selbstbewusstsein jedoch ist nicht angeboren. Es existiert im Menschen ursprünglich nur als eine Anlage, als eine Möglichkeit, die sich im individuellen Leben durch aktives Handeln zum Selbstbewusstsein weiterentwickeln kann und weiterentwickeln muss. Verglichen mit dem Ich des Besitzers hatte der Mensch der Urgemeinschaft noch kein Selbstbewusstsein. Er war ein Herdentier und in diesem Dasein wesentlich noch Objekt-, Gegenstandsbewusstsein. Seiner selbst bewusst wurde er erst mit der ökonomischen Überlegenheit über andere, mit dem Eigentum. Eigentum und Selbstbewusstsein – sind nur zwei Seiten der entwickelten Produktivkraft und der ideelle Ausdruck der Arbeit. Nichts ist daher der Herausbildung des Selbstbewusstseins abträglicher, als wenn dem Bürger Errungenschaften und Leistungen wie ein Geschenk zufallen, wenn die Ergebnisse nicht Resultat der eigenen Anstrengungen sind.

das Eigentum hervorgebracht. Durch das selbstsüchtige Verhalten, später bei Kant das „radikale Böse", das den Interessen der Mitbürger entgegensteht, wird nicht nur der Widerstand der anderen erregt, sondern immer wieder auch der eigene Widerstand gegen dieses Hindernis angefacht.[441]

Als Folge des moralisch Bösen bedarf der Mensch nach Kant eines Herrn, der seiner Willkür Schranken setzt. „Der Mensch ist ein Tier", sagte Kant, „das, wenn er unter anderen seiner Gattung lebt, einen Herrn nötig hat."[442] Wie schon der Begriff vom ersten Menschenpaar erregte auch das Postulat des „Herrn" die Opposition vieler seiner Zeitgenossen, darunter und vor allem auch wieder von Herder, der diese Behauptung und seine Konsequenz, den politischen Antagonismus, die ungesellige Geselligkeit des Menschen, einen „selig-metaphysischen Sklavenunsinn"[443] nannte. Aber auch hier wurde meines Erachtens Kant missverstanden. Mit dem „Herrn" meinte er ja gar nicht den Herrn, wie er leiblich existiert als Sklavenhalter oder als Fronherr. Für ihn war die Bestimmung „Herr" der Inbegriff, das Kollektivum der Leitung der Gesellschaft und näher die Regierung, die in dem Menschen „den eigenen Willen breche, und ihn nötige, einem allgemeingültigen Willen, dabei jeder frei sein kann, zu gehorchen."[444]

Dieser allgemeingültige, an der Rousseauschen Kategorie des Souveräns orientierte Wille wird repräsentiert durch das (staatliche) Oberhaupt, das entweder eine einzelne Person, ein Monarch, oder eine Gesellschaft von auserlesenen Personen, eine Demokratie, sein kann. Dieses „höchste Oberhaupt", egal in welcher Gestalt es besteht, sollte gerecht für sich selbst sein. Das freilich war im Hinblick auf den Antagonismus, den Widerstand eines Jeden gegen Jeden in der (bürgerlichen) Gesellschaft, eine niemals vollkommen zu lösende Aufgabe. Denn „aus so krummen Holze, als woraus der Mensch

---

[441] „Der tiefste Punkt des Kantischen Antagonismus-Gedankens wird in den Passagen erreicht, in denen Kant mit Lutherschem Blick auf das Böse im Menschen und von den Erfahrungen neuer sozialer Interessensgegensätze her ein herbes Bild des Menschen zeichnet." In: Irrlitz 2002, S. 411.

[442] Kant: *Idee zu einer allgemeinen Geschichte in weltbürgerlicher Absicht.* Werkausgabe (stw). Bd. XI/1. S. 40.

[443] Brief Herder an Friedrich Heinrich Jacobi vom 25.02.1785. In: Otto, Regine (Hrsg.), S. 251f.

[444] Kant: *Idee zu einer allgemeinen Geschichte in weltbürgerlicher Absicht.* Werkausgabe (stw). Bd. XI/1. S. 40.

gemacht ist, kann nichts ganz Gerades gezimmert werden. Nur die Annäherung zu dieser Idee ist uns von der Natur auferlegt."[445]

Das Gelingen einer menschlichen Existenz beruht nach Kant, als Denker des Projektes der Moderne, auf der Möglichkeit, sich relativ frei von inneren und äußeren Blockaden hinsichtlich der eigenen Bedürfnisse und Werte auf angemessene Weise zu artikulieren und diese „authentisch" zu verwirklichen.

Erstellt man daraus eine Genealogie von Fragetypen hinsichtlich der Einstellung zum guten Leben, so wird deutlich, dass erst Kant streng zwischen Fragen nach dem Guten und Fragen nach dem Gerechten unterscheidet. Während es in den religiös-metaphysischen Weltbildern noch eine Einheit von Fragen des Guten und Fragen des Gerechten gibt, weicht diese einer Pluralisierung des Guten. Die Philosophie Kants muss dieser Pluralisierung Rechnung tragen und zwischen beiden Fragestellungen differenzieren. Die Unterscheidung von Gutem und Gerechtem erweist sich als zutiefst konfliktbehaftet, weil immer ausgehandelt werden muss, was noch gut für alle und damit gerecht ist. Da die Philosophie bei der Beantwortung strittiger moralischer Fragen keine besondere Kompetenz beanspruchen kann, müssen die am Diskurs Beteiligten diese Fragen beantworten. Unter den idealisierenden Bedingungen des Diskurses soll ein unparteiliches Ergebnis zustande kommen. Das

---

[445] Ibid., S. 41. Kant sah in dem Antagonismus des Menschen einen Widerspruch, durch den sich die bürgerliche Freiheit, die Freiheit des Gewerbes und des Handels verwirklicht. Von der Position der von ihm begründeten Geschichtsauffassung verteidigte er entschieden die auch in Deutschland sich formierende bürgerliche Gesellschaft. Wie kaum ein anderer Zeitgenosse sah er in der Freizügigkeit des Verkehrs, im Streben der Bürger nach Glück und Wohlstand, die Gewähr für die Festigung des Staates nach innen und auch in seinem Verhältnis nach außen. „Wenn man den Bürger hindert", betonte er, „seine Wohlfahrt auf alle ihm selbst beliebige Art, die nur mit der Freiheit anderer zusammen bestehen kann, zu suchen: So hemmet man die Lebhaftigkeit des durchgängigen Betriebes, und hiemit wiederum die Kräfte des Ganzen" (ibid., S. 46). Aber die Wohlfahrt ist nur eine, die nach innen gekehrte Seite des Widerspruchs; sie ist jene Bedingung, die das friedliche Dasein der Bürger sichert; indem sie ihre Freiheit fördert und zugleich gegeneinander abgrenzt. Die andere, nach außen gerichtete Seite ist das gleiche Verhältnis, der Gegensatz der Völker und Staaten, jedoch mit der Entwicklungstendenz der menschlichen Natur, die Zwistigkeiten und Feindseligkeiten, die Kriege untereinander, zu überwinden und ein Zusammenleben der Staaten in Frieden und Sicherheit zu garantieren. Die Forderung Kants, ein solches Oberhaupt einer ethischen Gemeinschaft zu legitimieren, leitet zu den Überlegungen auf ein weiteres wesentliches Moment des Kantischen Geschichtsbegriffs hinüber, auf die geschichtliche Tendenz einer Gesellschaft in weltbürgerlicher Absicht.

schließt mit ein, dass niemand ein Monopol auf die normativen Fragen besitzt und im Voraus die Inhalte des Verfahrens bestimmt.

Herrscht darüber weitgehend Einigkeit, so dämpfen beispielsweise Bernard Williams (1985) und Ursula Wolf (1999) allen überschwänglichen Optimismus, wenn sie feststellen, von der Philosophie könne und dürfe man heute allenfalls noch verlangen, die Frage nach dem guten Leben ihrem Sinn und ihrer Struktur nach zu erhellen, aber gewiss nicht, sie auf irgendeine Weise und stellvertretend für andere zu beantworten.[446] Auch James Griffin (1996) und Robert Nozick (1991) raten zur Bescheidenheit, denn der Philosoph könne allenfalls seine eigenen, eben subjektiven Vorstellungen von einem gelingenden Leben zur Disposition stellen, den Anspruch auf Allgemeingültigkeit seiner Aussagen müsse er aber jedoch fallen lassen. Ausgesprochen unbescheiden wird bisweilen die zeitdiagnostisch zugespitzte These vertreten, angesichts der herrschenden Orientierungslosigkeit sei es vielmehr dringend notwendig, etwas für alle Verbindliches über das Gelingen unserer Existenz als Menschen auszusagen und die Überlegenheit einer inhaltlich bestimmten Lebensweise zu propagieren.[447] Während diejenigen Konzeptionen, die als bloße Meinungsäußerungen daherkommen, als philosophische Theorien unbrauchbar werden, ignorieren jene, die eine bestimmte Lebensweise gegenüber anderen bevorzugt behandeln, auf provokante Weise die moderne und mit guten Gründen vertretene Ansicht, dass die inhaltliche Ausbuchstabierung eines Lebensplans den Betroffenen selbst überlassen bleiben sollte. Damit tritt die Frage nach einer Art Zwischenlösung auf den Plan.

---

[446] Wolf (1999) zufolge kommt der Philosophie die Aufgabe zu, sich mit einer Tiefenschicht der Frage nach dem guten Leben zu beschäftigen, die weit unter der eher alltäglichen oder empirischen Frage nach dem guten Leben selbst und der Klärung der formalen Strukturen des menschlichen Selbst- und Weltverhältnisses steht. Dabei ist Wolf der Ansicht, die menschliche Existenz müsse als von unauflösbaren Aporien geprägt aufgefasst werden; etwa von jener zwischen dem Wunsch des Menschen nach unendlicher Glückseligkeit und seinem Wissen davon, dass dieser Wunsch gar nicht zu erfüllen ist. Der Philosophie obliege es, derlei „existentielle Spannungen" im Leben des Menschen begrifflich auszuloten. Konkrete Entscheidungshilfen aber könne sie nicht geben und mit der Notwendigkeit, geeignete Maßnahmen zu ergreifen, sind die Betroffenen alleinzulassen.

[447] Philosophische Ansichten dieser Art – ohne die im folgenden vorgenommenen Einschränkungen – finden sich heute allerdings nur noch selten: Etwa in der neoaristotelischen Tugendlehre eines MacIntyre (1987) oder – in eher populärer Form – bei dem ehemaligen Tagesthemenmoderator Ulrich Wickert (1994).

Ein solcher Zwischenweg zeichnet sich heute in all jenen Debattenbeiträgen ab, in denen es um das Projekt einer minimalen oder
„formalen" Theorie des Guten geht. Diese Konzeptionen sollen den
„Spielraum" menschlichen Wohlergehens abstecken, aber zugleich
darauf verzichten, ihn zu „möblieren"[448]. Sie sind demnach insofern
formal, als sie der Annahme folgen, dass sich die wichtigsten Rahmenbedingungen und wesentlichen Modalitäten eines jeden guten
Lebens auszeichnen lassen, ohne dass damit auch schon dessen
konkrete Inhalte vorgegeben wären.[449] Sie müssen, um es in den
Worten Martha Nussbaums zu sagen, bei aller „Dicke" ausreichend
„vage" sein, um dem Anspruch vielfältiger Präzisierungsmöglich-
keiten zu genügen; und zwar sowohl in individueller als auch in
kultureller Hinsicht.[450] Folglich implizieren Ansätze dieser Art neben der bereits angeführten Nicht-Neutralitätsthese zugleich auch
eine Nicht-Partikularitätsthese, behaupten aber, darum nicht gleich
zur Substanzlosigkeit verurteilt zu sein.

Hinsichtlich der in solchen Konzeptionen eingenommenen Beurtei-
lungsperspektive darf der gesuchte Begriff des Guten weder ein
streng objektivierender noch ein rein subjektivistischer sein.[451] Er
kann einerseits nicht völlig unabhängig davon sein, was eine betroffene Person faktisch für sich als wohltuend empfindet. Andererseits
soll er jedoch ebenso wenig über den Umstand hinwegtäuschen,
dass eine Person sich – etwa aufgrund von fehlenden Informationen – in den für sie wichtigen Dingen des Lebens irren kann. Zur
Bewertung eines solchen, möglicherweise verfehlten Lebens hat die
Philosophie kritische Maßstäbe bereitzuhalten. Der gesuchte Begriff
des Guten muss – so Martin Seel – demnach die Beurteilungsper-
spektiven der ersten und der dritten Person zum Standpunkt eines
„reflektierten Subjektivismus" übereinanderschieben und diesen
„als eine kritische Explikation der subjektiven Perspektive beliebiger

---

448   Seel (1995), S. 190.

449   Da formale Konzeptionen nicht an der Ausbuchstabierung eines „was", das
      heißt an konkreten Inhalten gelingenden Lebens interessiert sind, sondern
      an dessen Vollzugscharakter und somit an der Bestimmung eines „wie"
      oder der Arten und Weisen, ein solches Leben zu führen, könnte man auch
      von „modalen" Konzeptionen menschlichen Wohlergehens sprechen. Die
      meisten Arbeiten zu einer Philosophie menschlichen Wohlergehens können
      als Beiträge zu einer derart formalen Theorie des Guten gelesen werden.

450   Nussbaum (1999).

451   Diese Unterscheidung darf nicht verwechselt werden mit der mir proble-
      matisch erscheinenden Differenzierung „subjektiver" und „objektiver" The-
      orien.

Personen" einführen. Allein dann werden unsere Intuitionen bezüglich dessen einholbar, was – in einem „advokatorischen" oder „wohlverstandenen" Sinne – alle in ihrem eigenen Interesse sinnvollerweise wollen können.[452]

Da ist es nur konsequent, dass heute in zahlreichen Beiträgen an die sokratische Überzeugung erinnert wird, die Beschäftigung mit Fragen nach dem guten Leben gehöre selbst zum guten Leben dazu. Die unvertretbar zu leistende Aufgabe einer ethisch-existentiellen Selbstverständigung besitzt in jedem Leben, das gelingen will, einen fundamentalen Stellenwert, da der Mensch unter „Finalisierungszwang"[453] steht, dessen Ziele er sich selbst und selbstkritisch zu setzen hat. Das Bemühen um eine gelingende „Selbstverwirklichung" muss als ein lebenslanger Lern- und Erkundungsprozess verstanden werden. Die Auseinandersetzung mit den je eigenen Bedürfnissen, Erfahrungen, Wünschen und Zielen, der stetig wiederholte Versuch einer Artikulation und Neuanpassung jener „starken" Wertungen, die mich zu dem machen, was ich bin und sein will.[454]

---

[452] Vgl. Seel (1995), S. 61; und (²1998).

[453] Krämer, S. 129.

[454] War es bei Sören Kierkegaard der Begriff der Angst, mit dem der dänische Philosoph eine Generation vor Freud und der psychoanalytischen Neurosenforschung an die Wurzeln menschlicher Existenz rührte und zu immer neuen Erörterungen Anlass gab, so nahm der Theologe Paul Tillich seinerseits diese Anregung auf, indem er der Dreigestalt der Angst einer Analyse unterzog: nämlich die Angst vor dem Tod, vor der Schuld, schließlich vor der Leere und Sinnlosigkeit. Mut ist nach Tillich Selbstbejahung ‚trotz', nämlich trotz dessen, was dazu beiträgt, das Selbst an der Bejahung seiner selbst zu hindern. „Im Unterschied zur stoisch-neostoischen Lehre vom Mut haben die Lebensphilosophien das, wogegen sich Mut stellt, ernst genommen und positiv behandelt. Denn wird Sein als Leben oder Prozess oder Werden verstanden, so ist Nichtsein ontologisch ebenso grundlegend wie Sein [...]. Spricht man vom Mut als Schlüssel zum Verständnis des Seins-Selbst, so kann man sagen, dass dieser Schlüssel, indem er den Zugang zum Sein erschließt, zugleich das Sein und die Negation des Seins und ihre Einheit findet" (Tillich, S. 33). Paul Tillich betrachtet sein Denken als dritten Weg zwischen liberaler und dialektischer Theologie. In der liberalen Theologie besteht die Tendenz, die Trennung oder Grenze von Gott und Welt zu verwischen; dagegen betont die dialektische Theologie diese Grenze so stark, dass jede Verbindung – und damit jede wirkliche Abgrenzung – unmöglich erscheint. In beiden Fällen droht die Grenze also zu verschwinden, und daran zeigt sich für Tillich, dass die Alternative von liberaler und dialektischer Theologie falsch ist. Tillich versteht sein eigenes Denken als Vermittlung zwischen Christentum und weltlicher Kultur, insbesondere zwischen Theologie und Philosophie. Trotz ihrer Unterschiedlichkeit sind beide aufeinander verwiesen. Ihre Gemeinsamkeit besteht darin, dass sie die höchste Frage aufwerfen, die Frage nach dem Sein. Getrennt sind sie aber

5.3.1 Die Frage nach dem individuellen Glück

Insofern die hier angerissenen Beiträge von der Behauptung ausgehen, dass es tatsächlich das Glück ist, um das es uns Menschen geht, kann die lauende Debatte auch als eine neo-eudaimonistische bezeichnet werden.[455] Allerdings sollte man, so Martin Seel (1995), hinsichtlich der Frage, was Glück ist, unterscheiden zwischen der übergreifenden Orientierung am Wohlbefinden eines auf Dauer gedeihlichen Lebens und der eher situativen Erfahrung lustvoller Momente. Bei den Letzteren lassen sich dann noch einmal solche Situationen, in denen sich ein lang gehegter Wunsch erfüllt, von jenen abheben, in denen die betroffene Person völlig unerwartet von einem außeralltäglichen Gefühl der Euphorie überwältigt wird. Ist man in einem umfassenden Sinn an seinem Wohlergehen interessiert, wird man sich gegenüber keiner dieser drei Arten des Glücks verschließen dürfen. Nicht selten kann das bedeuten, dass der Mensch zugunsten eines längerfristigen Gelingens seines Lebens auf die Verlockungen momentaner Lustgewinne wird verzichten müssen.

Schwierigkeiten mag dem Menschen und seinem Streben nach Glück der Umstand bereiten, dass sein Selbstverhältnis unabtrennbar verwoben ist mit einem in vielen Fällen prekären Verhältnis zur Außenwelt.[456] Das Individuum hat stets nicht nur in angemessener Weise auf das eigene Innenleben zu reagieren, sondern immer auch auf die „Rückstöße" seiner Umgebung. So hat beispielsweise Axel Honneth auf den Stellenwert sozialer Missachtungserfahrungen hingewiesen und mit den drei Anerkennungsformen der Liebe, des Rechts und der Solidarität spezifisch intersubjektive Bedingungen einer gelingenden Persönlichkeitsentwicklung herausgearbeitet.[457] Ohne die in diesen Anerkennungsverhältnissen vermittelten qualitativen Selbstbeziehungen des Selbstvertrauens, der Selbstachtung

---

durch die besondere Art der Fragestellung: Die Philosophie fragt ‚theoretisch' nach den Strukturen des Seienden, während die Theologie ‚existentiell' nach dem Sinn des Seins für den Menschen oder dem absoluten Interesse forscht, d. h. nach dem, was der Mensch letztlich und eigentlich will.

[455]   Siehe besonders Seel (1995) und Spaemann (1989). Die Annahme, das Streben nach Glückseligkeit sei das wesentliche Motiv des Menschen, ist keineswegs unumstritten. Das machen die Beispiele des Utilitarismus (‚Nutzen') und des Naturalismus (‚überleben') deutlich.

[456]   Rentsch (1990), Krämer (1992), Seel (1995), Wolf (1999).

[457]   Vgl. Honneth (1992).

und des Selbstwertgefühls wird der Mensch demnach kein gutes Leben führen können.[458]

Ergänzend dazu lassen sich dann auch einige andere eher externe Faktoren identifizieren, die einem guten Leben mal mehr, mal weniger zuträglich sind und sich dadurch auszeichnen, dass die Einzelnen auf sie manchmal nur wenig bis gar keinen Einfluss haben.[459] Gerade in der Auseinandersetzung mit seiner Umwelt kämpft der Mensch um das nötige Maß an Selbstsicherheit und Kontrolle, das es ihm gestattet, mit den inneren und äußeren Widrigkeiten seines Lebens zurechtzukommen, ohne dabei seine Integrität zu verlieren (Kim 1998). Dabei ist das Individuum hin- und hergeworfen zwischen den bedrohlich wirkenden Polen einer sturen, asketischen Selbsterhaltung auf der einen und eines völligen Selbstverlustes auf der anderen Seite. Erst ein erfolgreich balanciertes Leben in „weltoffener Selbstbestimmung" (Seel 1995) – ein Leben, das sich von anderen Menschen und der übrigen Welt anregen und korrigieren ließe, ohne sich gänzlich an diese zu verlieren – würde weder auf die Verheißungen der Autonomie noch auf den Reichtum der Welt verzichten müssen. An diesen Zusammenhang anknüpfend lässt sich die vorläufige Skizze formaler Theorien des Guten mit einer äußerst brauchbaren Differenzierung abrunden, die Martin Seel[460] in die Debatte eingebracht hat. Demnach zeichnet sich ein „gelingendes" Leben dadurch aus, dass es sich weitgehend selbstbestimmt, das heißt, möglichst frei von innerem und äußerem Zwang vollzieht. „Glücklich" ist dieses Leben dann, wenn es in ihm zu der Erfüllung

---

[458] Statement von Jutta Steinbiß im Soziologieseminar der LMU München am 22. Juni 2005: „In der moralischen Grammatik sozialer Konflikte ist Anerkennung eine anthropologische, vorempirisch-normative Kategorie und bleibt auch als soziales Muster mit geschichtsphilosophischem Potenzial eine praktisch-philosophische oder psychische Kategorie mit Handlungsfolgen bei individuellen oder kollektiven Akteuren."

[459] Man denke etwa an deren materielle Grundversorgung, Probleme der Gesundheit, den Bestand der natürlichen Umwelt, an ökonomische oder technologische Risiken. Fragen der Sicherheit angesichts von Kriegen und anderen Katastrophen oder an die Beschaffenheit der gesellschaftlichen Institutionen und den Freiheitsspielraum, den diese uns gewähren. Die Hinweise zu solchen externen Lebensbedingungen sind innerhalb dieser Debatte allerdings auffallend spärlich. Vgl. etwa Spaemann (1989, S. 24ff.), Nussbaum (1999, S. 228 – 234), Seel (1995, S. 83 – 237) oder Margalit (1997), Dworkin (1990, S. 71ff.) hält den Aspekt einer gerechten Güterverteilung für eine Bedingung guten Lebens. Fraglich wird damit allerdings, ob unter den gegebenen Umständen überhaupt noch ein gutes Leben möglich sein soll und wenn ja, für wen.

[460] Seel (1995), S. 125ff.

der wesentlichsten Wünsche kommt. Ein „gutes" Leben hat schließlich, wer ein mehr oder weniger gelingendes und glückliches Leben führt.

Da sich die neuere Diskussion um das gute Leben nicht zuletzt aus einer Unzufriedenheit mit dem Schweigegebot liberaler Moralphilosophie speist, ist es nicht weiter verwunderlich, dass darin einem Fragekomplex außerordentliche Bedeutung zukommt: Wie stehen das gute Leben und die Moral zueinander? Wie verträgt sich der Wunsch, ein möglichst gutes Leben zu führen, mit dem Wissen, dass auch andere „ihr Glück machen" wollen und wir uns dabei in die Quere kommen können?

Ein Vergleich der derzeit gehandelten Antworten auf Fragen dieser Art ist erschwert durch den Umstand, dass hier mit Blick auf so zentrale Begriffe wie die des „Ethischen" und des „Moralischen" schlicht ein terminologisches Chaos herrscht.[461] Daher erscheint es nun angebracht, einige begriffliche Entscheidungen zu treffen.

5.4 Zur Begriffsdiärese „Moral" und „Ethik" unter besonderer Berücksichtigung der Aporetik der Soziologie

Traditionellerweise beschäftigt sich die Philosophie mit dem Thema *Ethik*. In ihren Anfängen und ihrer antiken Tradition verstand sie diese eher als eine Ethik des Lebens; in ihrer modernen Fassung wurde daraus eine Ethik des Zusammenlebens. Die antike Präferenz gründet sich auf der guten Handlung, die als notwendig vereinbar mit dem Schönen und Wahren gedacht wird.[462] So übersetzten die

---

[461] Teils finden die Termini weitgehend synonym Verwendung, teils werden sie scharf voneinander abgegrenzt. Mal sind die darunter fallenden inhaltlichen Unterscheidungen von Autor zu Autor abweichend, mal werden die gleichen Inhalte mit genau dem entgegengesetzten Begriff belegt. Anhand von nur vier prominenten Beispielen ließe sich das zeigen. Vgl. Habermas (1991, Kap. 5), Tugendhat (1993, S. 32 – 39) und Taylor (1994, S. 34ff./S. 105).

[462] Zwar hatte diese einst mit der antiken Ethik zentriert um die Frage nach der εὐδαιμονία oder der menschlichen Glückseligkeit ihre eigentliche Geburtsstunde erlebt. Das ist nachdrücklich herausgearbeitet worden von Annas (1993) und Wolf (1996). Doch spätestens mit der Epoche der Aufklärung stand die Beschäftigung mit den Angelegenheiten eines „guten Lebens" nur noch selten auf der philosophischen Tagesordnung. Dies war vor allem die Folge eines neuzeitlichen Szientismus und einer sich streng „objektiv" verstehenden Wissenschaftskritik, durch die auch die philosophische Ethik unter einen bislang unbekannten Begründungszwang geriet. Das Vorhaben der antiken Philosophen, stellvertretend für alle die elementaren Bedingun-

alten Römer dann den von den alten Griechen benutzten Begriff *ethikos* mit *moralis*.[463]

Heutzutage werden diese beiden Begriffe mit einer gewissen Selbstverständlichkeit so gebraucht, als ob sie etwas unterschiedliches meinten.[464] Aber wie ließ sich nun ein Unterschied von Moral und Ethik philosophisch begründen?

Einen ersten möglichen Hinweis liefern die Adjektive relativ und absolut. Moral scheint aus einer solchen Perspektive Normen zu entsprechen, die sozial Verbindlichkeit beanspruchen, sich aber nicht unbedingt absolut begründen lassen. Die Relativität von Moral drückt sich darin aus, dass in verschiedenen Gemeinschaften unterschiedliche (verbindliche) Moralen – also das, von dessen Bezeich-

---

gen und Inhalte eines gelingenden Lebens ausfindig zu machen, wurde dabei zunehmend fragwürdig und als hybrid oder parteiisch enttarnt. Auf diese Diagnose trifft man häufig. Vgl. exemplarisch die Einführung zu Steinfath (²1998). Für die deutschsprachige Debatte nahezu paradigmatischen Stellenwert besitzt ein Artikel von Tugendhat (1984).

[463] Ethik leitet sich metonymisch von dem Griechischen Wort τό ἦϑος (to ethos: Herkommen, Brauch, Wesen, Sittlichkeit) ab, da ursprünglich die gewohnten Wohnsitze, die Heimat gemeint war. Durch die Substantivierung des daraus abgeleiteten Adjektivs ἠϑικός entstand das Wort τὰ ἠϑικά (ta ethika: Moral, Ethik). Der mit dem Wort Ethik weithin synonym gebrauchte Begriff Morallehre kommt vom Lateinischen „mores" (die Sitten) bzw. „moralia" (das auf die Sitten Bezügliche). Moral bedeutet nicht das Nachdenken über das Gute und Richtige, sondern dessen ausdrückliche Behauptung gemäß Sitte und Überlieferung. Da die Inhalte der Moral einem geschichtlichem Wandel unterworfen sind, haftet der Verwendung des Begriffs Moral heute häufig ein kritischer Unterton an. Seit Platon und Aristoteles versteht man unter Ethik (ta ethika: die Sittenlehre) denjenigen Teil der Philosophie, der sich mit der Moral (Werte, Normen, Gesetz) des menschlichen Handelns und ihrer Begründung befasst. Ethik ist also eine normative Wissenschaft, eine Moralphilosophie. Da ihr Gegenstand das menschliche Handeln ist, ist sie eine praktische Wissenschaft, im Unterschied, aber nicht im Gegensatz, zu rein theoretischen Wissenschaften, wie z. B. der Mathematik. Als Wissenschaft vom menschlichen Handeln im weitesten Sinne des Wortes, also einschließlich des Fühlens und Denkens, berührt sie sich mit allen Wissenschaften, deren Gegenstand menschliches Verhalten ist, vor allem mit Psychologie und Soziologie. Doch weder die Methoden (z. B. statistische Erhebungen) noch die Ziele empirischer Wissenschaften können zur Aufstellung von Normen mit verpflichtendem Charakter führen. Der verpflichtende Charakter der Normen muss gut begründet werden, damit ihm nicht der Vorwurf eines naturalistischen Fehlschlusses trifft.

[464] Zugegeben: Das tun sie dann wohl auch, aber mehr noch: Viel zu oft meint Ethik etwas anderes als Ethik und hier und dort auch Moral etwas anderes als Moral. In verschiedenen Kontexten und bei verschiedenen Autoren muss man sich offensichtlich immer wieder neu vergewissern, was eigentlich gemeint ist.

nung sich der Plural nur so selten bilden lässt – vorzufinden sind: gewissermaßen die Pluralität des Singulars.[465]

In modernen Gesellschaften besteht ein Konsens darüber, dass es in Fragen der Moral keine Übereinstimmung der Meinungen mehr geben kann, weil es in funktional ausdifferenzierten Gesellschaften ohne Spitze und Zentrum „keinen übergeordneten Standpunkt der Superrepräsentation"[466] mehr gibt. Aus diesem Grund scheuen sich Soziologen – spätestens seit Luhmann – über Moral zu reden.[467] Die Systemtheorie besagt, dass die Gesellschaft der Moral nicht bedarf, denn soziale Systeme „bestehen nicht aus psychischen Systemen, geschweige denn aus leibhaftigen Menschen".[468] Nach Luhmann hält allein die Systemintegration, d. h. die strukturelle Koppelung der ausdifferenzierten Teilsysteme die funktional differenzierte Ge-

---

[465] Transzendente Weltdeutungen haben in einer säkularisierten Gesellschaft, in der viele religiöse Vorstellungen miteinander konkurrieren und diese Privatsache sind, keine Verbindlichkeit mehr. „Die moralische Kraft transzendenter Weltdeutungen wird nicht bestritten – wohl aber der Schluss, dass sie nur dann wirksam sei, wenn sie aus einer einzig wahren und für alle verbindlichen Weltdeutungen fließe. Für alle verbindlich sei nur die Logik des Zusammenlebens, die allein jedermann einsichtig gemacht werden könne." Jagodzinski/Meulemann, S. 1105.

[466] Luhmann (1986), S. 216 und (1997), S. 853.

[467] Ich bezweifle aber den Tatbestand hinsichtlich einer „Erosion der Moral" (Reckwitz, S. 211). „Die Grundannahme einer Erosion von Moral, die in modernen im Vergleich zu traditionalen Gesellschaften stattgefunden habe, ist ein Ergebnis des Grundtheorems, der formalen Rationalisierung, wie es klassisch von Max Weber formuliert wurde, und des Grundtheorems der funktionalen Differenzierung von Gesellschaft, das von Durkheim über Parsons bis Luhmann zunehmend radikalisiert worden ist. Beide Grundtheoreme prägen in der Gegenwart die Perspektive der Soziologie zu großen Teilen. In einer formal-rationalisierten und funktional-differenzierten Gesellschaft, so die Annahme, sei Moral kaum mehr von handlungspraktischer Relevanz: Moral war ein soziales Bindemittel traditionaler Gesellschaften, während die Mechanismen der Handlungskoordination der modernen Gesellschaft ‚anethisch' (Weber), formal und funktionsspezifisch geworden seien. Die große Erzählung der Erosion der Moral in der Moderne ist damit ein Subthema jener für die modernistische Soziologie wirkungsmächtigen Dichotomie von traditionaler und moderner Gesellschaft: ‚Moral' erscheint hier auf der Seite des Vormodernen, Traditionalen und ihre Erosion entweder als Verlust oder Schritt zur Emanzipation." Ibid., S. 211. Zum Verhältnis von Philosophie und Theologie bemerkt Dirk Kaesler, dass die „Loslösung" der Soziologie von diesen beiden Disziplinen „keineswegs rückgängig gemacht" werden muss, sondern „durch eine (Wieder-)Aufnahme des Diskurses korrigiert werden" sollte. In: Kaesler 1996, S. 28. Siehe auch Soeffner, S. 276 – 287.

[468] Luhmann (⁵1994), S. 346.

sellschaften in ihrem Innersten zusammen.[469] Deshalb stellt sich in den modernen funktional differenzierten Gesellschaften „für Luhmann Moral darüber hinaus als eine immer stärker marginalisierte Größe dar"[470].

Dieses Verständnis war (und ist) in der Soziologie nicht immer selbstverständlich gewesen.[471] Zumindest überrascht es, wenn man sich vor Augen hält, dass Talcott Parsons Normen und Werte noch als letzte Begründungsinstanzen gesellschaftlichen Handelns verstand. Obgleich die Soziologie sich als eine empirisch-theoretische Disziplin des Sozialen und der Moderne konstituierte, die untersuchen will, was ist und nicht, was sein soll, so lässt sich doch nicht übersehen, dass sich auch in der Soziologie – meist eher implizit als explizit – normative Bewertungen dessen finden lassen, was eine gute Gesellschaft ist, um vor diesem Hintergrund eine Krisenhaftigkeit der Gegenwartsgesellschaft zu diagnostizieren:

> „Nicht nur die Marx'sche Utopie einer klassenlosen Gesellschaft, auch Durkheims Vorstellung einer Symbiose von Solidarität und Individualität sowie Webers und Simmels skiz-

---

[469]   Vgl. auch: Luhmann (1997), S. 776ff.

[470]   So Reckwitz, S. 204.

[471]   Hans-Peter Müller schreibt in einem Beitrag, dass „der Soziologie am Beginn des 21. Jahrhunderts jegliche Vorstellungen einer ‚guten' Gesellschaft abhanden gekommen zu sein" scheinen. In: Müller, S. 245. Auch Reckwitz weist darauf hin, dass die entscheidende Differenz zwischen den vorsoziologischen Theorien zur modernen Gesellschaft am Ende des 18. Jahrhunderts bei Autoren wie Adam Smith, David Hume, Rousseau oder am Ende Hegel und der im engeren Sinne sozialwissenschaftlichen Programmatik seit der Mitte des 19. Jahrhunderts genau in diesem veränderten Verhältnis zur Sein/Sollens-Relation besteht. An die Stelle einer Kombination analytischer und normativer Reflexionen noch in der schottischen Moralphilosophie tritt das strikt antinormative Programm der Soziologie, die gerade keine moralphilosophische oder vernunftphilosophische, sondern eine rein objektivierende Perspektive auf die Gesellschaft einnehmen will." Ibid., S. 206. Meines Erachtens verkennt oder schwächt hier Reckwitz die starke normative Bedeutung ihres Ansatzes ab. Man lese Adam Smith unter moralphilosophischen Gesichtspunkten. Dass Reckwitz eine starke Trennung zwischen Sein und Sollen vertritt, zwischen empirischer Sozialwissenschaften und normativer Ethik, und dies als „nur den ersten Schritt der Entzauberung der Ethik" darstellt, halte ich nicht für haltbar. Denn Entzauberung der Ethik verschiebt nur die moralischen Konnotationen in die Soziologie. Reckwitz sieht in der „Entzauberung der Ethik durch die Sozialwissenschaften ... jedoch nicht das Ende der Reflexion darüber, in welchem Verhältnis Sozialwissenschaft und Ethik zueinander stehen". Ibid., S. 207.

zenhafte Modelle einer entfalteten modernen Persönlichkeit sind hier einzuordnen."[472]

Auch Hans-Peter Müller weist daraufhin, dass „implizite Projektionen einer lebenswerten Gesellschaft als latenter Maßstab die Praxis soziologischen Denkens und Arbeitens stets angeleitet" haben. „Dahinter steht", so Müller, „ein langwieriger Lernprozess gesellschaftlicher Rationalisierung und historisch-empirische Erfahrungen mit totalitären Gesellschaftsexperimenten im 20. Jahrhundert".[473]

Innerhalb der sozialen und kulturellen Wirklichkeit unserer kapitalistischen Gesellschaften aber weichen das in dieser Vorstellung steckende normative Potential und der Grad, in dem es sich tatsächlich verwirklicht findet, auffallend voneinander ab; und zwar insbesondere dort, wo die Vorherrschaft einer „instrumentellen" Weltsicht (Taylor) mit den „romantisch-expressiven" Quellen unseres modernen Selbstverständnisses in Konflikt gerät. Das Ideal der Authentizität ist vielerorts zu sinnentleerten, sich egoistisch missverstehenden Lebensstilen verkommen. Ein weitverbreitetes „Unbehagen an der Moderne" und die daraus resultierenden Legitimationskrisen, von denen unsere Gesellschaften periodisch heimgesucht werden, sind somit auf die Beobachtung zurückzuführen, dass sich das spezifisch moderne Versprechen von einem guten Leben nur unzureichend artikuliert und eingelöst findet.[474]

---

[472] Miller/Eßbach, S. 199. Honneth (2001), S. 1327f. schreibt: „Denken wir an die Gründungsväter, so waren Durkheim, Weber und Tönnies viel stärker an sozialen Erscheinungen interessiert, die Indikatoren des Misslingens eines geglückten, gelungenen Lebens innerhalb der Gesellschaft sein sollten, als an Formen der sozialen Ungerechtigkeit: Durkheim interessierte sich für die sozialen Bedingungen gesellschaftlicher Solidarität, Weber unter dem Einfluss von Nietzsche für die ethischen Ressourcen eines kraftvollen Persönlichkeitstyps, Tönnies für die soziale Balance von Gemeinschaft und Gesellschaft – und alle drei Theoretiker, ihrem Selbstverständnis nach noch auf der Grenzlinie zwischen Philosophie und Soziologie, setzten bei ihren Diagnosen ethische Kriterien voraus, die uns über soziale Pathologien informieren sollten. Die Gründe, warum die Soziologie in ihrer kurzen Geschichte auf diese Rolle einer soziologischen Kulturkritik weitgehend verzichtet hat und sich stattdessen heute mit der Analyse sozialer Ungerechtigkeit begnügt, liegen auf der Hand: Mit der wachsenden Einsicht in den Wertepluralismus moderner Gesellschaft ist auch die Überzeugung gewachsen, dass für die Aufgabe einer solchen ethischen Diagnose der Soziologie die normative Zustimmung fehlt. Daher hat sich die kritische Aufgabe der Soziologie unmerklich von der Pathologiediagnose auf die empirische Analyse von Strukturen und Bedingungen sozialer Ungerechtigkeit verschoben."

[473] Müller, S. 247.

[474] Vgl. Taylor (1995).

Zwar ist der Einfluss einer Re-Kulturalisierung und Regionalisierung der Moral spürbar, vor allem wenn die religiös begründeten Differenzen der Moralen der Welt betont werden und daraus die Relevanz eines globalen Ethos begründet wird.[475] Aber es ist nicht auszuschließen, dass der Versuch der interkulturellen Verständigung auf eine Standardisierung der Deutungsmuster hinausläuft, obwohl es hierbei zu unterscheiden gilt, ob moralische Maßstäbe in relativer Isolierung und nach der Logik einer einzelnen Kultur reflektiert werden oder ob sie mit anderen Kulturen und mit konkurrierenden Wertvorstellungen in eine praktische Konfrontation geraten.[476] Dadurch entsteht eine völlig neue soziale Situation, in der sich die moralischen Maßstäbe einander anpassen. Sie werden zwar nicht auf eine einzige Moral reduziert, aber es finden wechselseitige Typisierungen innerhalb der am Dialog beteiligten Konzeptionen statt.[477]

Ethik hingegen richtet sich prinzipiell an alle (Gemeinschaften), indem sie universell gültige und damit absolute Werte reflektiert. Die Soziologie hat – nach Karl-Siegbert Rehberg – „seit Anbeginn einen ‚harten ethischen und moralischen Kern". Denn nach dem 20. Jahrhundert, als dem

> „Säkulum der Realisierung der großen Ideologeme des 19. und nach den zerstörerischen Phantasien einer gescheiterten Erzwingung des Kollektivglücks, sind die Soziologinnen und Soziologen fast ängstlich bemüht, die normative Dimension ihres Faches vor einer Öffentlichkeit zu verstecken. (…) Jedem wird – und dies zu Recht – versichert, dass sie nicht Priester und Propheten eines vorgeordneten Wertehimmels sein wollten, dass sie vielmehr nur durch Beobachtung und ihre doppelte – nämlich gegenwartsorientierte und historische – Empirie Entwürfe des Guten in der Gesellschaft zum Thema machten, wie das eben ein Gegenstand

---

[475]   Man denke hier an das Projekt „Weltethos" des katholischen Theologen Hans Küng, der mit diesem Projekt versucht, die Gemeinsamkeiten in den Ethiken der Religionen herauszukristallisieren. Ein Berührungspunkt aller Religionen ist das Prinzip der „goldenen Regel", das sich – verschieden ausformuliert – in allen ethischen Systemen der Welt finden lässt.

[476]   Habermas (1996), S. 11ff.; Apel, S. 60ff.; Nida-Rümelin, S. 104ff.; Lütterfelds, S. 177ff.; Döbert, S. 78.

[477]   Die Globalisierung erweist sich als ein widersprüchlicher Prozess. Das Lokale wird global überformt. Es gibt zwar nicht die globale Ökonomie, Politik, Kultur und Moral, aber das System ermöglicht Unterschiede, die durch diese Art der Ermöglichung zugleich begrenzt werden. Paradox formuliert: Die Globalisierung universalisiert das Partikulare.

jeder werturteilsfreien Wissenschaft sein kann. Das war ja schon in Max Webers entschiedenen Askese-, nämlich Wertenthaltungsforderungen in aller Deutlichkeit gesagt worden."[478]

Gleichzeitig aber richtet sich Ethik in einem anderen Sinne ausschließlich an den Einzelnen, denn sie versucht, die eigene Gültigkeit nicht durch soziale Verbindlichkeit zu erlangen. Der ethische Lohn einer Handlung liegt in sich selbst begründet, und er ist nur durch das Selbst erfahrbar. Wenn sich die praktische Vernunft mit solchen Fragen beschäftigt, dann verlässt sie den Bereich der Zweckrationalität und wendet sich dem klassischen Bereich der Ethik zu.[479] Worauf aber kann die Ethik sich dann gründen, und wodurch kann sie (sozial) verbindlich werden? Eine erste – leicht tautologische – Antwort könnte heißen: auf und durch gute Gründe. Diese ermöglichen, das Handeln auf universelle Prinzipien zu beziehen, wobei das ständige Erörtern und Revisibilisieren dieser Prinzipien Teil des Anspruchs auf Universalität ist. Zum anderen enthält die Universalität selbst das Moment ihrer Gültigkeit, indem diese Ethik sich ständig fragt, ob das mit ihr verbundene Handeln auch als universelles Handeln realisierbar ist. Doch auch, wenn ihr Sollenscharakter nicht von Zwecken und Präferenzen abhängt, schließt ihre identitätsprägende Tradition, in der die Fragen des Guten stehen, eine Universalisierbarkeit aus.[480]

Die Soziologie beschreibt die Ethik als eine Reflexionstheorie, zuweilen wird von Soziologen auch behauptet, sie sei eine Reflexionstheorie der Moral. Moral stellt dann in diesem Sinne den sozialen Mechanismus der Diffusion der als absolut erkannten Werte zur

---

[478] Rehberg, S. 1317f.

[479] Unter der praktischen Vernunft versteht Habermas „das Vermögen, entsprechende Imperative zu begründen, wobei sich je nach dem Handlungsbezug und der Art der anstehenden Entscheidungen nicht nur der illokutionäre Sinn des ‚Müssens' oder ‚Sollens' verändert, sondern auch das *Konzept des Willens*, der sich jeweils durch vernünftig begründete Imperative bestimmen lassen soll". (Habermas, *Vom pragmatischen, ethischen und moralischen Gebrauch der praktischen Vernunft* , in ders. 1991, S. 100 – 118, S. 109.)

[480] Mit Blick auf das gute Leben und den mit der Moderne aufkommenden Pluralismus menschlicher Lebenskonzeptionen, so lautet in etwa die bis heute gängige Anschuldigung, hafte aller Reflexion notwendig das stets partikulare und befangene Verständnis einer Mehr- oder Minderheit an. Und tatsächlich schien die philosophische Ethik diesem Vorwurf lange Zeit nicht standhalten zu können, sodass sich mancher Autor in Fragen nach dem menschlichen Wohlergehen noch bis vor kurzem zu einer meditativen Nischenexistenz verurteilt sah (z. B. Nozick 1991).

Verfügung. Wobei es der Soziologie wohl nicht darauf ankommt, dass die auf diese Weise diffundierten Werte in einem philosophischen Sinne absolut sind.[481] Zunächst wird die Soziologie also auf die Eigenkonstitution der Problemlagen hin- und somit auf die ihre eigene Rolle als Beobachter verweisen.[482]

Darin manifestieren sich die Gründe, warum die Soziologie die Frage ihrer eigenen Ethik prinzipiell nicht entkommen kann, obwohl sowohl

> „der ‚reformerische' Zweig der Soziologie, der mit Comte beginnt, als auch der ‚revolutionäre', der mit Marx einsetzt, (...) die Aufgabe der Sozialwissenschaften darin (sehen), die moderne Gesellschaft über sich selbst aufzuklären und ein gegenüber den Vorurteilen der Alltagswelt überlegenes Wissen über gesellschaftliche Zusammenhänge zu liefern, um damit soziale Gerechtigkeit und individuelle Autonomie zu fördern."[483]

---

[481] Andreas Reckwitz hat hier Recht, wenn er schreibt, dass die „Soziologie nicht wie die philosophische Ethik Begründungen von Moral liefern kann" in: Reckwitz, S. 204.

[482] Auf die Behauptung, dass die Tradierung religiös begründeter Werte nicht primär davon abhänge, dass sich die Religionen und die christlichen Kirchen als Agenten dieser Werte engagieren, erwidert Armin Nassehi: „Die Annahme, dass Gott seinen Sohn auf die Erde geschickt hat und ihn hat sterben lassen, damit die Menschen erlöst werden, ist unter soziologischer Perspektive eine geniale Idee. Denn sie hat genau die beschriebene Wechselseitigkeit von Verfügbarkeit und Unverfügbarkeit in die kulturelle Dimension eingebaut. Ich würde religiösen Akteuren raten (wenn ich sie zu beraten hätte), sich nicht zu stark auf Ethik und Moral zu kaprizieren. Die Idee der Unverfügbarkeit der Welt, das ist das religiöse Thema par excellence. Kompliziert soziologisch formuliert: die immanente Perspektive auf die Differenz von Immanenz und Transzendenz auf den Begriff zu bringen. Der Blick auf das Ganze der Welt und die religiöse Reflexion seiner Unmöglichkeit ist leider in den Hintergrund getreten; das Ganze der Religion ist inzwischen eher die Biografie, nicht mehr die Welt. Deshalb sind fast alle religiösen Praktiken, die wir heute noch kennen, an der Biografie orientiert und sehr stark ethisch geprägt. Aber schon unter erzähltheoretischen und erkenntnistheoretischen Perspektiven oszilliert die biografische Rede zwischen ganzheitlicher Unverfügbarkeit und dem selektiven Verfügen auf Erzählbares. Die Biografie, das ist das Unerzählbare. Und das ist unter religiösen Gesichtspunkten viel interessanter als die Frage, ob das Erzählte und Erzählbare moralisch richtig und ethisch begründbar ist." Nassehi, S. 35. Das heißt, dass auch für religiös begründete Werte gilt, dass jene nur in religiös motivierter Praxis, nicht aber durch moralische Appelle wirksam werden.

[483] Miller/Eßbach, S. 199. Frieder Otto Wolf (2003b) analysiert den Begriff der Gerechtigkeit als eine Kategorie unter der formellen Gleichheit aller, die sich

Was ergibt sich aus der bisher geschilderten Thematik für die soziologische Behandlung dieser Fragestellung unter dem Kontext des Postulats, dass die Soziologie der Frage ihrer eigenen Ethik nicht entkommen kann? Ich werde vermittels drei Argumenten dies nun zu begründen versuchen.

Erstens bezieht sich Ethik zumeist auf ein Handeln, und auch die Soziologie kann in Bezug auf ihre Handlungsfelder gefragt werden, wie sie zu handeln gedenkt. Auch ein Unterlassen möglicher Handlungen ist Handeln. Dies behauptet zumindest eine Ethik der Verantwortung, und die Soziologie müsste diese Ethik zumindest zurückweisen, wenn sie ihr nicht zu folgen gedenkt. Die Grundlage einer solchen Zurückweisung kann aber wohl nur eine weitere Ethik sein, beispielsweise eine postmoderne Ethik der Toleranz.[484]

Zweitens kommuniziert die Soziologie natürlich ihre Beobachtungen nicht irgendwie, sondern als wissenschaftliches Wissen. Daraus erwachsen zunächst Ansprüche an sie selbst und an ihre professionalen Wertstandards: Man kann mit empirischen Untersuchungen lügen, aber man soll es nicht. Darüber hinaus gewinnt das Wissen, wenn man nach außen hin versichern kann, dass es sauber hergestellt wurde, eine spezifische Form: Die Soziologie mutet der Gesellschaft ihre Ergebnisse in einer Form zu, von der sie weiß, dass ihr gesellschaftsweit normativ Faktizität zukommt. Auch hierfür könnte man von der Soziologie verlangen, dass sie es verantwortet. Doch

---

aber in der „Reproduktion bestehender Herrschaftsverhältnisse vollzieht" (S. 7), nämlich „unter dem Postulat der grundsätzlichen Gleichheit aller als PrivateigentümerInnen, deren ,gleiche Freiheit' sich im Verkauf und Kauf von ,gleichwertigen' Waren äußert" (Ibid.). Das Postulat bzw. die Forderung nach sozialer Gerechtigkeit ist eine Forderung konservativer Kritiker, die – so Wolf – „die Dynamik der kapitalistischen Produktionsweise durch Stärkung traditioneller Hierarchien bändigen wollten und zunehmend in diesem Vorhaben auch von bürgerlichen politischen Kräften unterstützt wurden. (…) Im Kern lief deren Ruf nach ,sozialer Gerechtigkeit' darauf hinaus, zum einen das Risiko absoluter Verarmung zu verringern und zum anderen die Forderungen lohnabhängiger Leistungsträger nach ,gutem Lohn für gute Arbeit' in einer verstetigten Weise zu befriedigen, ohne die grundlegende Klassenspaltung der bürgerlichen Gesellschaft als solche zu thematisieren" (S. 8). Anders formuliert: Einmal überlieferte Ideologien wie der bürgerliche Fetischismus von der Allheiligkeit der Ware und des Privateigentums werden alle Traditionen auf ideologischem Gebiet zu einer konservativen Macht.

[484] „Toleranz sollte eigentlich nur eine vorübergehende Gesinnung sein: sie muss zur Anerkennung führen. Dulden heißt beleidigen" (J. W. von Goethe, *Maximen und Reflexionen*, Nr. 875).

auch umgekehrt könnte man in der Soziologie Befürchtungen widersprechen, die Soziologie erlange gesellschaftlich keine Geltung.

Drittens kann man von einer Moral der Beobachtung sprechen, denn auch wenn die Soziologie nur beobachtet, beansprucht sie doch zumindest, dass ihre Beobachtungen als adäquate, zumindest ihrer Beobachterposition entsprechend adäquate Beschreibung gelesen werden; auch wenn sie der Gesellschaft die Konsequenzen ihrer Beobachtung nicht (tadelnd oder kritisch) vorschreibt. Ansonsten wäre nicht einsichtig, wodurch die Soziologie zu ihren Beobachtungen motiviert würde.

Die Beantwortung ethischer Fragen erfordert demnach keinen vollständigen Bruch mit der egozentrischen Perspektive, weil interpersonelle Handlungskonflikte noch nicht thematisiert werden. Trotz dieser Perspektive beschränken sich die Fragen nach dem Guten nicht allein auf die egozentrische Perspektive der ersten Person.[485] Es geht zwar um individuelle Lebensgeschichten, doch diese sind immer schon intersubjektiv geteilte soziale Bedeutungszusammenhänge eingebettet. Sie beziehen sich auf die unter Personen und Gruppen geteilten Werte, auf das gemeinsame Ethos. Innerhalb dieser Gemeinschaften können sie zur Diskussion gestellt und in Form einer hermeneutischen Selbstverständigung rational, aber nur im Kontext einer gemeinsam geteilten Lebensform erörtert werden.[486] Daher trifft man den Unterschied, den die Philosophie zwischen Moral und Ethik macht, vielleicht einigermaßen, wenn man sagt, dass erstere sich auf ein sozial konkretes Anderes bezieht und letztere immer auf ein universelles Selbst.

Dem überwiegenden Sprachgebrauch folgend soll hier unter Ethik jene philosophische Perspektive verstanden werden, unter der mindestens zwei grundlegende und nicht selten konfligierende Orien-

---

[485]   Wolf (1996), S. 173. „Die Frage nach dem guten Leben ist also so verstanden, dass sie nach dem konkret guten menschenmöglichen Leben fragt vor dem Horizont des Wunsches nach einem vollkommenen Glück. Dass wir in unserem ganzen Leben wirklich glücklich sein wollen – und nicht nur in der Form des Scheins, weil wir dann nie sicher sein können, dass das Glück nicht unter dem Wechsel der inneren und äußeren Umstände jeden Augenblicks zusammenbricht –, ist das leicht nachzuvollziehende existenzielle Motiv hinter der Annahme einer ewig und wahrhaft seienden Idee des Guten."

[486]   Angesichts eines mancherorts regelrecht anti-humanistisch anmutenden Widerwillens gegenüber jeglicher Beschäftigung mit Fragen nach dem Wohlergehen, selbst basaler Bestimmungen eines menschlichen Minimums, mögen gerade deshalb als philosophische Kühnheiten erscheinen.

tierungen des Menschen in eine wie auch immer geartete Balance gebracht werden müssen: Ein eigeninteressierter oder „präferentieller" (Seel 1995) Standpunkt, von dem aus sich eine Person letztlich unvertretbar Klarheit darüber verschaffen muss, was allein für sie zu einem guten Leben zählt, und eine „moralische" Einstellung, die ihren Blick auf das richtet, was mit Rücksicht auf alle geboten ist. [487] Der ethische Gesichtspunkt klärt „klinische Fragen des gelingenden, besser: nicht-verfehlten Lebens, die sich im Kontext einer bestimmten kollektiven Lebensform oder einer individuellen Lebensgeschichte stellen"[488].

Das Problem einer derart „inklusiven" (Seel 1991) oder „integrativen Ethik" (Krämer 1992) stellt sich angesichts der Erfahrung, dass die Einhaltung moralischer Gebote auf Kosten des Glücks gehen kann, während das Streben nach einem guten Leben nicht selten dazu neigt, sich über die Moral hinwegzusetzen. Notlagen, in denen die Bedürfnisse und Interessen einer Person mit denen anderer kollidieren, konfrontieren die Philosophie mit der vermeintlichen Notwendigkeit, angeben zu müssen, wem im Konflikt der Vorrang einzuräumen sei.

Wenn der Einzelne seine persönlichen Maximen mit denen der Anderen abgleicht und überprüft, ist der Schnittpunkt zwischen ethischen und moralischen Fragen erreicht. Moralischen Charakter hat eine Maxime aber erst dann, wenn die egozentrische Perspektive gänzlich aufgebrochen ist und auf die Frage „Was soll ich tun?" nach einer Norm gesucht wird, die die Zustimmung aller Beteiligten finden kann. Besitzt die Moral das Primat vor Fragen nach dem guten Leben? Verhält es sich gerade umgekehrt? Oder lässt sich das am Ende gar nicht entscheiden?

Bei ethischen Fragen geht es nicht mehr nur um Präferenzen, sondern um Wertentscheidungen. Deshalb haben ethische Fragestellungen einen imperativistischen Sinn.[489] Die Grenze der ethischen Frage

---

[487]   Vgl. u. a. Nussbaum (1999), Spaemann (1989), Krämer (1992); Joas (1997), Wolf (1999).

[488]   Habermas, *Eine genealogische Betrachtung zum kognitiven Gehalt der Moral*, S. 11 – 64, S. 40, in: ders, (1996).

[489]   Die entstehenden moralischen Gebote sind kategorische Imperative, das heißt, sie gelten unbedingt. Der imperativistische Sinn dieser moralischen Gebote hat eine Sollensgeltung, die von subjektiven Zielen und Präferenzen abstrahiert und von der egozentrischen Perspektive löst. „Moralischpraktische Diskurse erfordern hingegen den Bruch mit allen Selbstverständlichkeiten der konkreten Sittlichkeit wie auch die Distanzierung von jenen Lebenskontexten, mit denen die eigene Identität unauflöslich verflochten

wird laut Habermas durch die moralische Frage „Was sollen wir tun?" markiert. Der Horizont der ethischen Fragen wird von der ersten Person im Singular in eine moralische Frage im Horizont der ersten Person im Plural transformiert.

Wie aber sollte eine Moral sich halten lassen, denn die Schwierigkeiten liegen auf der Hand: „Moral predigen ist leicht, Moral begründen schwer", wie Schopenhauer in Auseinandersetzung mit der kantischen und nachkantischen Ethik seiner Zeit feststellt. Er entwirft eine andere Begründung von Moral, die in der Toleranz und Solidarität, im Mitleid ihr Fundament hat.[490]

Arthur Schopenhauer hat in seiner prämierten Preisschrift *Über den Willen der Natur* (1839) und in seiner nicht preisgekrönten Abhandlung *Über die Grundlage der Moral* (1840) aufgezeigt, dass sich die Moral der kantischen bzw. nachkantischen Ethik nicht mehr auf Lebensweisheit und Lebensführung, sondern auf eine rigorose, formalistische und universale Begründung des Sollens auf der Basis der Vernunft bezieht. Schopenhauer hegt große Zweifel daran. Denn: Soll Vernunft allein eine allgemeingültige Verbindlichkeit der Ethik gewährleisten? Soll sie allein für das Verhalten leitend und bestimmend, d. h. imperativ sein? Kann sie wirklich praktisch-moralische Wirksamkeit beanspruchen und zur allgemein legitimen Quelle moralischen Verhaltens werden? Nach Schopenhauer ist dies unmöglich, da Vernunft mit ihrem kategorischen, abstrakten Imperativ auf die Leidenschaften keinen Einfluss haben kann.[491]

---

ist" (Habermas, *Vom pragmatischen, ethischen und moralischen Gebrauch der praktischen Vernunft*, in ders. 1991, S. 100 – 118, S. 106).

[490] „Die Abwertung der Mitleidsethik beruht auf einem missverstandenen Konzept der Kategorie *Mitleid*, das sich nicht an Schopenhauers Philosophie, sondern an den gängigen Vorstellungen orientiert. Während Schopenhauers Konzeption des *Mitleids* dem Individuum einen Zugang ermöglichen soll zur Erkenntnis, dass es selbst nur ein unbedeutender Bestandteil der gesamten durch Mangel und Leiden bestimmten Welt ist, kennen Kritiker dieser Theorie die Kategorie *Mitleid* lediglich als eine sentimentale Gemütsverfassung, in der sich ein mitleidendes Individuum herablässt in das Leiden eines anderen. Anders als bei Schopenhauer führt letztere Auffassung vom Mitleid nicht zu einer Anerkennung des anderen auf derselben Ebene, sondern zu einer Abwertung der Person dessen, mit welcher man leidet." Grün, S. 104.

[491] Dieser Aspekt tangiert auch Simmels Kunst- und spätere Lebensphilosophie: „Aber der Stil überhaupt, die Relation von Absicht und Ausdrucksmitteln, die komplexe Einheit dessen, was überhaupt zur Darstellung kommen soll – darauf ist der Begriff einer Entwicklung vom Unvollkommenen zum Vollkommenen nicht mehr anwendbar; es gilt hier vielmehr für den einzelnen Stil, die einzelne Epoche, was Schopenhauer vom allgemeinen

Auch für Simmel ist das ethische Problem des Sollens der Bereich, in dem er sich in expliziter Gegnerschaft zu Kant befindet. Die Kritik der praktischen Vernunft bildet die Folie, vor der Simmel auch später immer wieder seine eigenen Überlegungen zum Sollen in der Gesellschaft ausbreitet, welche im wesentlichen darauf beruhen, dass es kein allgemeines Gesetz des Sollens gibt und daher auch keine allgemeingültige Definition des Sollens, wie dies Kant als kategorischen Imperativ formuliert hat.

> „Damit stimmt durchaus zusammen, dass Kant, in dem das ethische Interesse angeblich das theoretische so weit überragt, nur die alltäglichsten und sozusagen gröbsten Vorkommnisse des sittlichen Lebens sich zum Problem macht. Was an den Tatsachen des Sittlichen den allgemeinsten Begriffen zugänglich ist, behandelt er mit unerhörter Größe und Schärfe. Aber alle tieferen und feineren Fragen der Ethik, die Zuspitzungen der Konflikte, die Komplikationen des Empfindens, die dunklen Mächte in uns, deren sittlicher Bewertung wir so oft ratlos gegenüberstehen,– alles das scheint er nicht zu kennen: ebenderselbe, der in der Beobachtung der Denktätigkeit des Menschen zu den tiefsten, feinsten, raffiniertesten Funktionen hinabdrang. Die Phantasielosigkeit und Primitivität in den sittlichen Problemstellungen und die Verfeinerung und Schwingungsweite in den theoretischen beweisen, dass nur die Durchdringbarkeit durch das logische Denken für ihn entscheidet, was in sein philosophisches Denken eintreten darf."[492]

Für Simmel ist Kant noch ein typischer Vertreter des achtzehnten Jahrhunderts, in

> „welchem man die Menschen (in damals revolutionär-naturwissenschaftlicher Überzeugung) für ‚gleich' hielt, während das neunzehnte Jahrhundert und die moderne Zeit einen ganz neuen Begriff vom Menschen hätten, nämlich den besonderen, individuellen Menschen, dessen Verhalten sich nicht mehr an allgemeinen Vorschriften allein orientieren wolle, sondern am eigenen Gewissen und an der eigenen Persönlichkeit"[493].

Das individuelle Gesetz ist für Simmel damit nicht deswegen ein modernes Gesetz, weil es die alten Werte ignoriert, sondern weil es

---

Wesen der Kunst sagt: die Kunst ist immer am Ziele." In: Simmel (1906): *Die Religion*, S. 99.

[492] Simmel (1904), *Kant-Vorlesungen*, S. 6.

[493] Aulinger, S. 213.

dem „allgemeinen Wertewandel Rechnung trägt"[494]. Mit dem Vergehen der naturwissenschaftlich-mechanistischen Weltanschauung, so Simmel, sei auch die Vorstellung von der natürlichen Gleichheit der Menschen, auf die Kants Philosophie beruhe, in vielen Punkten, vor allem im Bereich des praktischen Lebensstils, anachronistisch geworden.

Während Simmel jedoch in Gestalt des „individuellen Gesetzes" ein formales Prinzip angibt, vermittelst dem dieser Kampf der Werte zumindest in ethischer Hinsicht aufgehoben erscheint, sieht Weber auch den Bereich des persönlichen Handelns durch den Gegensatz und den Konflikt zwischen zwei verschiedenen ethischen Maximen beherrscht, „der mit den Mitteln einer rein in sich selbst beruhenden Ethik schlechthin unaustragbar ist"[495].

Weber zufolge, kann die Ethik nämlich von ihren eigenen Voraussetzungen her gar nicht bestimmen, ob der ethische Wert einer Handlung sich an derem Erfolg oder aber an dem wie auch immer beschaffenen Eigenwert ihres Vollzugs bemessen soll, d. h. ob und in welchem Ausmaß die Verantwortung, welche der Handelnde für die Folgen seines Tuns übernimmt, zugleich die Mittel rechtfertigt, die er dabei einsetzt, oder ob aber umgekehrt der Wert der Gesinnung, welche einer Handlung zugrunde liegt, ihn dazu berechtigt, gerade diese Verantwortung für die Folgen abzulehnen.

Diese beiden Formen der Handlungsorientierung kennzeichnen, Weber zufolge, zwei unterschiedliche ethische Maximen „von streng formalem Charakter", die er des näheren als Gegensatz von Gesinnungs- und Verantwortungsethik umschreibt.[496]

Dass dieser Gegensatz zwischen Gesinnungs- und Verantwortungsethik in dieser Schroffheit überhaupt auftreten kann, ist Folge des Umstandes, dass die religiöse Ethik innerhalb einer „entzauberten Welt" ihre beherrschende Stellung gegenüber der alltäglichen Lebensführung verloren hat und nun mit einer Vielzahl von Wertspähren in Konkurrenz gerät, welche gegenüber einer rein gesinnungsethischen Einstellung jeweils spezifische „Sachgesetzlichkeiten" und „Forderungen" beinhalten, die zugleich ein ihnen eigentümliches „Ethos" geltend machen.[497]

---

[494]   Ibid.
[495]   Weber (1968), S. 505.
[496]   Vgl. Weber (1968), *Politik als Beruf*, S. 551ff.
[497]   Weber verdeutlicht diesen Konflikt zwischen den verschiedenen Wertsphären und den ihnen jeweils zugrunde liegenden ethischen Maximen in seinen

Indem sie so den einzelnen dazu nötigt bzw. ihm dabei hilft, „sich selbst Rechenschaft zu geben über den letzten Sinn seinen eigenen Tuns"[498], erweist sich die wissenschaftliche Erkenntnis aber zugleich auch als ein notwendiger Bestandteil jeder verantwortungsbewussten praktischen Tätigkeit. Denn Verantwortung für die Folgen seines Tuns kann nur derjenige glaubwürdig übernehmen, der über die möglichen Auswirkungen seines Handelns ausreichend unterrichtet ist. Weber sieht darin ja den Gegensatz zwischen einem gesinnungsethisch und einem verantwortungsethisch orientierten Menschen, dass der erstere sich gerade nicht um die Folgen seines Handelns Rechenschaft abzulegen braucht, da dieses für ihn ja einen Eigenwert darstellt, der sich allein an dem „inneren Schwergewicht" der dabei jeweils zugrunde liegenden subjektiven Überzeugung bemisst.[499] Dies hindert den „Gesinnungsethiker" aber auch oft daran, solche Mittel für die Erlangung seiner Ziele zu gebrauchen, die er nach Maßgabe seiner ethischen Grundüberzeugungen als sittlich verwerflich betrachten muss, während sich der verantwortungsethisch orientierte Mensch oft auf einen Pakt mit dem „Teufel" einlassen muss, der mit dem Gebrauch der „legitimen Gewaltsamkeit" als einem notwendigen und spezifischen Mittel aller Politik verbunden sein mag, um die von ihm verfolgten Zwecke zu erreichen.[500] Nach Weber aber zufolge, ist die „Persönlichkeit" in ethischer Hinsicht dadurch definiert, dass sie zu den antagonistischen Wertvorstellungen, welche die moderne Kultur prägen, bewusst Stellung nimmt und eine jeweils individuelle Entscheidung darüber trifft, welche Werte sie ihrer eigenen Handlungsorientierung zugrunde legt. Als die „innersten Elemente" der Persönlichkeit erscheine dabei jene „höchsten und letzten Werturteile, die unser Handeln be-

---

beiden Vorträgen über „Wissenschaft als Beruf" und „Politik als Beruf". Schon in dem Titel dieser beiden Vorträge klingt noch jene ältere Bedeutung nach, die einstmals der persönlichen „Berufung" in religiöser Hinsicht zukam. Weber möchte nun aber gerade zeigen, dass in einer „entzauberten" und „versachlichten" Welt dem Beruf der Wissenschaft und dem der Politik ganz andere Voraussetzungen und Eigenschaften zugrunde liegen als einer rein gesinnungsethischen Einstellung zur Welt. Beide Berufe erfordern in gleicher Weise eine „leidenschaftliche" Hingabe an die jeweilige „Sache" bzw. „an den Gott oder Dämon, der ihr Gebieter ist" und unterstehen dabei dem Gebot der „intellektuellen Rechtschaffenheit", durch die sich sowohl die wissenschaftliche als auch die politische Persönlichkeit auszeichnen. Vgl. Weber, *Wissenschaft als Beruf*, S. 589ff. und 601ff.; *Politik als Beruf*, S. 545f.

498   Ibid., S. 608.
499   Vgl. ibid., S. 552 und 559.
500   Vgl. ibid., S. 556ff.

stimmen und unserem Leben Sinn und Bedeutung geben."[501] Auch dieser Persönlichkeitsbegriff untersteht dabei dem Gebot eines „individuellen Gesetzes": Dieses besteht, Weber zufolge, in dem Prinzip der intellektuellen Redlichkeit bzw. in dem „Postulat der inneren Widerspruchslosigkeit des Gewollten"[502].

Wenn auch die unterschiedlichen Wertüberzeugungen in einem „ewigen" Konflikt zueinander stehen, der als solches nicht aufgehoben werden kann, so muss doch zumindest die individuelle Lebensführung durch eine Konstanz der ihr zugrunde liegenden „letzten Werte" und „Lebensbedeutungen" gekennzeichnet sein, soll ihr in einem emphatischen Sinne „Persönlichkeit" zugesprochen werden können. Diese besteht aber gerade in einer bewussten Stellungnahme zur Welt und ihren konfligierenden Ordnungsprinzipien, welche sich von einem dumpfen und traditionalistischen Verhaftetsein des einzelnen Individuums innerhalb der Ordnung des alltäglichen Lebens abgrenzt:

> „Das Verflachende des ‚Alltags' in diesem eigentlichsten Sinn des Wortes besteht ja gerade darin: dass der in ihm dahinlebende Mensch sich dieser teils psychologisch, teils pragmatisch bedingten Vermengung todfeindlicher Werte nicht bewusst wird und vor allem: auch gar nicht bewusst werden will, dass er sich vielmehr der Wahl zwischen ‚Gott' und ‚Teufel' und der eigenen letzten Entscheidung darüber: welcher der kollidierenden Werte von dem Einen und welcher von dem Andern regiert werde, entzieht. Die aller menschlichen Bequemlichkeit unwillkommene, aber unvermeidliche Frucht vom Baum der Erkenntnis ist gar keine andere als eben die: um jene Gegensätze wissen und also sehen zu müssen, dass jede einzelne wichtige Handlung und dass vollends das Leben als Ganzes, wenn es nicht wie ein Naturereignis dahingleiten, sondern bewusst geführt werden soll, eine Kette letzter Entscheidungen bedeutet, durch welche die Seele, wie bei Platon, ihr eigenes Schicksal: – den Sinn ihres Tuns und Seins heißt das – *wählt*."[503]

Welchen Weg nun der einzelne Mensch gehen soll, ob und in welchem Falle er also als Gesinnungsethiker oder als Verantwortungsethiker handeln soll, darüber ist, Weber zufolge, mit den Mitteln der

---

[501] Weber (1988), S. 152.

[502] Ibid., S. 151.

[503] Weber (1968):, *Der Sinn der „Wertfreiheit" der soziologischen und ökonomischen Wissenschaften*, in: Gesammelte Aufsätze zur Wissenschaftslehre, S. 507.

Ethik rein immanent selbst keine weitere Entscheidung mehr herbeizuführen.[504] So überlässt es auch Weber letztendlich dem einzelnen Menschen selbst, seinem jeweiligen eigenen „individuellen Gesetz" zu folgen, um damit sowohl in menschlicher als auch in beruflicher Hinsicht zugleich der „Forderung des Tages" gerecht zu werden: „Die aber ist schlicht und einfach, wenn jeder den Dämon findet und ihm gehorcht, der seines Leben Fäden hält."[505]

Wenn Moral überhaupt ein Fundament hat, dann ist dies nicht so sehr im Denken, sondern im Gefühl zu suchen: In dem Grundgefühl des Mitleids, das für Schopenhauer die einzige Grundlage von Moral darstellt.[506] Das Mitleid, das die Mauer zwischen Du und Ich aufhebt, weil ich gleichsam von meiner Individualität und meinem Egoismus abgehalten und über meine Beschränktheit hinaus für das Leiden des Lebens frei gemacht und sensibilisiert werde, bildet das Fundament der beiden Grundtugenden Gerechtigkeit und Men-

---

[504] Andererseits sind für ihn zumindest auf der Ebene der individuellen Lebensführung „Gesinnungsethik und Verantwortungsethik nicht absolute Gegensätze, sondern Ergänzungen, die zusammen erst den echten Menschen ausmachen, den, der ‚Beruf' zur Politik haben kann". Ibid., S. 559.

[505] Weber, *Wissenschaft als Beruf*, S. 613.

[506] In seiner Mitleidsethik, einer empirisch fundierten Ethik, scheint mir darüber hinaus auch die Grundlage eines moralischen Postulats, für eine, zum verantwortlichen Handeln bemühte, aber durch zunehmende kulturelle Konflikte gekennzeichnete Gesellschaft, zu liegen. Tief beeinflusst von Schopenhauer waren nicht nur etwa (vgl. Grün) Albert Einstein, Thomas Mann, Leo Tolstoi, Richard Wagner oder Ludwig Wittgenstein; letzterer zog seine Kenntnisse der Kantischen Philosophie aus dem Schopenhauerschen *opus magnum*, sondern auch Max Horkheimer. „Horkheimer kennt, dass unter dem reaktionären Schein an der Oberfläche der Schopenhauerschen Metaphysik der tiefer gelegene, wesentlichere, sozialkritische Zug seiner Lehre hervortritt. Die für die Kritische Theorie der Gesellschaft maßgebliche Idee möglicher Solidarität wurzelt in Schopenhauers Urteilsspruch: ‚Der Quäler und der Gequälte sind Eines.' (W I, S. 441). In der Kritischen Theorie Horkheimers steht [...] die Schopenhauersche Willenslehre für das *malum metaphysicum* und der historische Materialismus für das *malum physicum*. [...] Schon Marx rühmte die Voraussetzungen der Mitleidsethik an Schopenhauers Lehre, vor allem dessen ‚Gebot [...], in der Wesenseinheit alles Organischen die Pflicht zu erkennen, weder Mensch noch Tier Leiden zu verursachen', und das ‚einfache Gebot' der Gerechtigkeit" (Grün, S. 126).

schenliebe[507], die wiederum die Grundlage für Toleranz und Solidarität bilden.[508]

Der schwächere Grad von Mitleid trägt die Tugend der Gerechtigkeit. Unter ihr versteht Schopenhauer ein Verhalten, das darauf ausgeht, niemanden zu schaden, niemanden zu verletzen. Der höhere Grad des Mitleids lässt Menschenliebe hervorgehen.[509] Diese Tugend zielt darauf ab, allen so sehr man kann, zu helfen.[510] Der Mitleidige der ersten Stufe macht es sich zum Grundsatz: Verletze niemanden! Der Mitleidige der zweiten Stufe fügt diesem Satz in seinem Grundsatz noch einen weiteren hinzu: *Verletze niemanden; vielmehr hilf allen, soweit du kannst! „Neminem laede; imo omnes, quantum potes, juva"*[511].

Mitleid von höherem Grad kann nach Schopenhauer auch in Menschen erwachsen, in dessen angeborenen Charakter der Egoismus beherrschend ist, indem die ‚Konstanz' dieses Charakters durchbrochen und seine Unveränderlichkeit außer Kraft gesetzt wird.[512] Da-

---

[507] Da das Mitleid alles Lebendige mit einbezieht, also auch Tiere und Pflanzen, sollte statt Menschenliebe, lieber von Liebe zu allem Lebendigen gesprochen werden.

[508] Genauso schöpfen auch Mystiker daraus Energie für das Einsetzen einer humaneren Gesellschaft. Als Vertreter sei hier Gustav Landauer erwähnt, der, auf Meister Eckhart rekurrierend, einen libertären Sozialismus umsetzen wollte oder Dorothee Sölle, die als Ausgangsfrage ihres Buches *„Mystik und Widerstand"*, Hamburg ⁴2001, die Prognose Karl Rahners: „Entweder das Christentum wird mystisch oder es wird das dritte Jahrtausend nicht überstehen" zum Anlass nimmt, um das „antiautoritäre Element", das der Mystik in Bezug auf Widerstand gegen soziale Ungleichheit inhärent ist, an verschiedenen Beispielen deutlich zu machen.

[509] Menschenliebe wird häufig als eine auf Freiheit gegründete Beziehung zwischen zwei Personen gesehen, die ihren Wert nicht im Besitz des adressierten Objekts findet, sondern sich im dialogischen Raum zwischen den Liebenden entfaltet. Die Liebenden erkennen einander in ihrer Existenz wechselseitig an und fördern sich „zueinander strebend" gegenseitig.

[510] Da das Mitleid eine Kommunikation von Gleich zu Gleich erschwert, lehnen z. B. viele Behinderte die Äußerung von Mitleid ab.

[511] Schopenhauer, *Preisschrift über die Grundlage der Moral*, E II, S. 177.

[512] Das Mitleid ist jetzt zunächst einmal zusamenzudenken mit dem Charakter. Das Wort „Charakter" entstammt dem griechischen χαράσσω (‚charasso') was soviel bedeutet wie „spitzen, schärfen, einkerben, einritzen". Übernehmen wir diese ursprüngliche Bedeutung von Charakter, so können wir formulieren: Der Charakter ist das Gesamt der Einkerbungen, die das Leben im Laufe der Jahre im ICH hinterlassen hat. Dabei ist das Subjekt aber kein passives Opfer von Umwelteinflüssen. Vielmehr können wir an Marx angelehnt formulieren: *Das menschliche Subjekt macht seine Geschichte, jedoch macht es sie nicht aus freien Stücken.* Im Leben ist der Charakter angeboren und konstant.

mit ermöglicht dies auch Menschen die freie Willensverneinung, die als das Charakteristische der Asketen und Heiligen erwiesen wurde und die zur Erlösung führen kann. Anders ausgedrückt: Mag es Menschen geben, deren angeborener, konstanter Charakter Heiligkeit ist, deren vorgeburtliche intelligible Tat ein Maximum an Mitleid in ihrem Charakter gesetzt hat – zum Asketen und Heiligen kann man auch im Leben – bei zunächst anderem Charakter – noch werden. Man kann es werden durch umfassendes Mitleid, das im Leben aufgekommen ist, aus anderen Quellen als einer intelligiblen Tat. Welche Quelle könnte das aber sein?

Für Schopenhauer liegt die Quelle in der Erkenntnis, die er als das „Durchschauen" des principium individuationis bezeichnet hat. Es ist die Einsicht, die die Vielfalt der Individuen als Erscheinung begreift, die begreift, dass in Wahrheit alle Wesen eins sind.[513] Wer zu dieser Einsicht gelangt ist, erkennt in allen anderen Wesen sich; er weiß sich mit allen anderen Individuen identisch. In allen kommt er

---

Er ist es aufgrund einer intelligiblen Tat, eines außerzeitlichen Willensaktes, durch den jemand über seine Individualität entschieden hat. Schopenhauer ist nun der Überzeugung, dass Mitleid, wenigstens in ganz schwachem Grad, in jedem Menschen vorkommt. Aber die Charaktere unterscheiden sich eben wesentlich dadurch, in welchem Verhältnis in ihnen die Grundtriebfedern gemischt sind. Eben das wird durch die intelligible Tat entschieden, und zwar für ein ganzes Menschenleben. Im Anschluss an Ausführungen über die Triebfedern Egoismus und Bosheit bzw. Gehässigkeit sagt Schopenhauer (E II, S. 240): „Das Vorwalten der einen, oder der anderen, oder aber der [...] moralischen Triebfeder, giebt die Hauptlinie der ethischen Klassifikation der Charakter. Ganz ohne etwas von allen dreien ist kein Mensch."

513   Vgl. dazu das System Spinozas, der die unpersönliche und deduktive Darstellungsform als mathematisches Erkenntnisideal wählte und zugleich den rationalistischen Grundgedanken ausdrückt, dass die Ordnung der Vernunft (Grund/Folge) dieselbe sei wie die Ordnung der Natur (Ursache/Wirkung). Es muss eine Größe geben (die Substanz), die Ursache ihrer selbst (causa sui) und identisch mit dem Universum ist, welches als systematisches Ganzes aufgefasst wird. Spinoza nennt diese Instanz Gott oder die Natur (lat. deus sive natura; ein Eigenname mit einer einzigen Referenz). Es darf im Hinblick auf den Naturbegriff jedoch nicht die Differenzierung übersehen werden, die Spinoza im Anschluss an die philosophische Tradition macht: Die Unterscheidung zwischen schaffender Natur (natura naturans) und geschaffener Natur (natura naturata) (vgl. Spinoza, Eth. I). Die Reformation hat die Vorstellung der Subjekt-Objekt-Trennung des jüdisch-christlichen Schöpfergottes unangetastet gelassen, so dass diese Aufhebung in der europäischen Denktradition nur bei einzelnen Persönlichkeiten und in den Religionsgemeinschaften der Antitrinitarier, jetzt: Unitarier, zu finden ist.

sich selbst entgegen. Schopenhauer sagt mit Bezug auf diese Erkenntnis:

> „Welche Wirkung ich, in Bezug auf das Handeln, nicht würdiger auszudrücken weiß; als durch die [...] Formel des Veda: ‚Tat twam asi!' (‚Dieses bist du!') Wer sie mit klarer Erkenntniß und fester inniger Ueberzeugung über jedes Wesen, mit dem er in Berührung kommt, zu sich selber auszusprechen vermag; der ist eben damit aller Tugend und Säligkeit gewiß und auf dem geraden Wege zur Erlösung"

> (E II, 464).

Unmittelbar anschließend nennt Schopenhauer diese Einstellung zu allen anderen Wesen Liebe. Ihr „Ursprung und Wesen" ist „die Durchsuchung des prinicipii individuationis", und sie führt „zur Erlösung, nämlich zum gänzlichen Aufgehen des Willens zum Leben, d. h. alles Wollens". Schließlich fügt er den fundamentalen Satz hinzu: „ ‚Alle Liebe (ἀγάπη, caritas) ist Mitleid.' "

Wer sich die Erkentnnis, dass er in Wahrheit mit allen anderen Wesen eins ist, wirklich zugeeignet hat, für den hat sie praktische Konsequenzen. Vom „Blendwerk der Maja seyn, und Werke der Liebe üben, ist Eins. Letzteres ist [...] unausbleibliches Symptom jener Erkenntniß" (E II, 463). Auch „in Bezug auf das Handeln" gilt ihm: ‚Dieses bist du!' Schopenhauer knüpft hier nicht nur an indisches, sondern auch an christliches Denken an.[514]

Exkurs zum christlichen Begriff der Liebe bei Paulus:

Paulus schreibt im ersten Korintherbrief:

> *„Nun aber bleiben Glaube, Hoffnung, Liebe, diese drei;*
> *aber die Liebe ist die größte unter ihnen."*[515]

---

[514] Liebe im Sinne der Agape, der Caritas, der tätigen Nächstenliebe entsteht in einem solchen Menschen.

[515] 1. Kor 13,13 in der revidierten Fassung der Übersetzung Martin Luthers von 1984. Dieser wohl neben der Magna Charta des Christentums (Bergpredigt) eindringlichster Abschnitt zur Konstitution einer humanen Gesellschaft eignet sich meines Erachtens besser als das von Jesu geforderte Gebot der unbedingten Nächsten- und Feindesliebe, denn jene ist eine Ethik für Heilige. Wer aber über die Disposition zum Heiligsein verfügt, bedarf sie nicht, weil er eben nicht anders handeln kann, als im Sinne der Bergpredigt gefordert. Für ihn hätte sie „nur" die Funktion einer regulativen Idee. Für die meisten anderen Menschen aber stellt sie ein unerfüllbares Hindernis dar.

Der christliche Begriff der Hoffnung als einem der drei „bleibenden", also in Ewigkeit unvergänglichen Güter des Christen (1. Kor 13,13) unterscheidet sich darin grundsätzlich vom weltlichen, dass die Hoffnung der Christen auf Grund der Botschaft des NT im entscheidenden Punkt über das irdische Leben hinausweist. Hoffnung im Sinn des NT ist das Unterscheidungsmerkmal des Christen von „den andern, die keine Hoffnung haben" (1. Thess 4,13). Anzumerken ist aber, das, was

> „viele Christen als christliches Juwel ansehen, von Paulus direkt aus dem Judentum ins Christentum verpflanzt wurde. Dies gilt im übrigen für weite Teile der paulinischen Ethik. In dieser Hinsicht ist Paulus auch als Christ in der jüdischen Mutterreligion verwurzelt."[516]

Im NT ist die Liebe die gestaltende Kraft für den Umgang der Christen untereinander und für den Bau der Gemeinde (Röm 12,10; 1. Kor 8,1; Eph 4,16). Die Christen sind in der Liebe untereinander verbunden als Brüder und Schwestern, sie feiern das Mahl des Herrn als Liebesmahl (Jud 12). Für Paulus ist die

> „Liebe größer als die Hoffnung (auf das Ende) und größer auch als der Glaube (an Christus, der die Naherwartung erst ermöglicht hat). Daraus folgt: Bei Paulus und Jesus stehen Naherwartung, Weisheitslehre und Ethik gegen alle moderne Logik nebeneinander."[517]

Von Schopenhauer wird die Liebe dagegen gleichgesetzt mit dem Mitleid, dessen aktive Komponente ich schon skizziert habe. Von

---

[516] Lüdemann, S. 113. Zu beachten ist in diesem Kontext, dass der civis romanus Paulus hellenistische Philosophie (Platonismus, Stoizismus, Epikureismus, Skeptizismus) mit jüdischer Theologie zu einer eklektizistischen Gedankenwelt verband, die das Leibliche (Körperliche) gegenüber dem Geistigen abwertet. (σῶμα σῆμα soma sema; der Körper ist {das Gefängnis} der Seele.) Vgl. dazu u. a. Bornkamm.

[517] Lüdemann, S. 195. Im Übrigen bestätigt Lüdemann darin meine Auffassung, dass Paulus als der Gründer des Christentums anzusehen ist. So ist die sog. christliche Ethik, eine Ethik, die auf den Schriften des Paulus aus Tarsos gründet oder um es mit Friedrich Nietzsche zu formulieren: „Das Wort schon Christentum ist ein Missverständnis –, im Grunde gab es nur einen Christen, und der starb am Kreuz." In: Friedrich Nietzsche, *Der Antichrist – Fluch auf das Christentum*, Kapitel 39. In der Tat lag es Jesu fern, eine neue Religion zu stiften, da er – wie viele andere auch in der damaligen Zeit – das Weltende erwartete. Aus diesem Grund kann auch seine Bergpredigt als eine Interimsethik (A. Schweitzer) aufgefasst werden, die nur für eine überschaubare Gruppe von Menschen Sinn und Zweck erfüllt hat. Die sich institutionalisierten Christengruppen (erst mit Abkehr von der Parusieerwartung) müsste man deshalb besser als Paulaner bezeichnen.

dieser Erkenntnis, „welche im fremden Individuo das selbe Wesen erkennt, wie im eigenen", (E II 469) sagt Schopenhauer, dass sie intuitiv ist und nicht: abstrakt, begrifflich, in Worten: mittelbar, lehrbar. Sie kann ebendeshalb auch nicht von einer Ethik bereitgestellt werden.[518]

Aber die Vorstellung kollektiver Bewusstseinsgehalte ist für moderne Gesellschaften problematisch, obwohl ein Wertekonsens in modernen westlichen Gesellschaften durchaus vorhanden ist.[519]

> „Moral definiert also die Beziehungen zu anderen, indem sie auch die zulässigen ‚externen Effekte‘ (in den Worten Durkheims: ‚Schwelle zu unrechtmäßigen Übergriffen‘) individuellen Verhaltens definiert. Moral setze ‚kollektive Interessen‘ durch, weil sie Regeln darüber enthalte, welche ‚Übergriffe‘ unrechtmäßig sind oder welche Leistungen dem Kollektiv gegenüber angemessen sind. Moral sei ein Set an Rechten und Pflichten gegenüber den anderen, die besonders gut soziale Beziehungen in großen, anonymen Gruppen ohne die unmittelbare Kontroll- und Beeinflussungsmöglichkeiten kleiner Gruppen regle. Somit ist Moral eine Institution, denn schließlich setzt sie Verhalten fest."[520]

> „Besonders augenfällig wird diese Sichtweise bei der Erklärung der Moral, die nicht aus individuellen Handlungen, sondern der Bindung an eine Gruppe entsteht. Der Grund und das Ziel der Moral ist die Gesellschaft, die als den Indi-

---

[518]　So wichtig Tugend (in den Gestalten Gerechtigkeit und tätige Menschenliebe) für Schopenhauer ist, sie hat in seinem Konzept im günstigen Fall nur die Bedeutung eines Durchgangs. Denn: Das Positive an ihr ist, dass sie – indem sie den Egoismus durchbricht den Weg zur Erlösung öffnet; sie setzt frei für die Willensverneinung, für die Verneinung des Lebens, des Willens zum Leben. Damit tritt sie sich aber selbst entgegen. Je weiter nämlich ein Mensch im Leben auf die Erlösung zugeht, je schwächer also sein Wille wird, um so weniger effektiv wird er die Tugend der Menschenliebe in Taten umsetzen. Wer das principium individuationis durchschaut hat und alle anderen Wesen liebt, der leidet ja mit ihnen – denn alles Leben ist Leiden. Er eignet sich die Qualen aller anderen Wesen zu. Damit ist auf den Punkt gelangt, dass er frei seinen Willen verneinen kann und den Weg der Erlösung beschreiten kann. Schopenhauer hat eine imperative Ethik (Kant) für sinnlos gehalten, und er ist konsequent genug, auch keinen Imperativ der Willensverneinung zu formulieren. Es lässt sich aber bei Schopenhauer zeigen, dass er auch die Grundsätze der Moral imperativisch formuliert.

[519]　So etwa zu demokratischen Grundwerten; siehe Nunner-Winkler (1999); Gerhards (2005).

[520]　Dallinger (2007), S. 76.

viduen übergeordnetes, höheres kollektives Wesen moralische Verbindlichkeiten erzeugt."[521]

Für Durkheim ist es evident, dass

> „die Autorität gesatzter sozialer Regeln und Verträge auf etwas beruhe, was mehr Macht habe als ein allein interindividuell ausgehandelter Vertrag. Verträge hätten nicht-vertragliche Grundlagen. Oder: Verträge seien das ‚Werk der Gesellschaft‘, nicht das von Individuen. Interindividuelle Vertragsvereinbarungen basierten auf Gemeinsamkeiten und Verpflichtungen der Akteure, auf ‚bindenden‘ Kräften, die jenseits der von Menschen gemachten Verträge wirkten."[522]

Denn die Aufgabe einer neuen Institutionentheorie wäre, auch mit der Pluralität der Ideen und Angemessenheitsvorstellungen, mit Dissens und Konflikt umgehen zu können.

> „Die neuerliche These der Einbettung von formellen ‚Verträgen‘ in informelle Werte arbeitet teils ohne Rückgriff auf kollektive Wissensbestände und lässt deren Pluralität zu, entspricht also solch einer Forderung."[523]

---

[521] Tilmann Sutter, (2003), S. 45, in: Wenzel, Ulrich (Hrsg.) (2003).

[522] Dallinger (2007), S. 72. In der ‚Religionssoziologie‘ analysiert Durkheim die Entstehung kollektiver Wertschätzung und Moral. Am Beispiel einfacher, archaischer Religionen hoffte er zu erkennen, wie sich die Autorität von Moral konstituiert. Die besondere Eignung des Gegenstands Religion begründet er damit, dass Religion wie auch Moral den Menschen als übergeordnete Regeln scheine und beide Male sich Menschen an etwas orientierten, das aus sich heraus keinen *physischen* Zwang darstellt und an sich keinen Wert besitzt. ‚Die Gesellschaft‘ sei selbst die höhere Autorität, die das Kollektiv etwa in Riten selbst schaffe. Durkheim (1994), S 294f. In kollektiven Ereignissen werde Zusammengehörigkeit erneuert; in Symbolen und Versammlungen ‚vergöttliche‘ sich die Gesellschaft selbst. „Dies bietet allerdings keine ausgeführte Theorie dazu, wie plurale Einzelne zu kollektiven Regeln oder Handeln kommen. Eine Aggregation der Einzelwillen über Riten ist für komplexe Gesellschaften einerseits eine zu begrenzte Sicht. Allerdings bietet sie einen Zugang zur irrationalen, religiösen Seite auch der modernen Politik oder von Organisationshandeln." Dallinger (2007), S. 75. Dagegen benennt Durkheims späte Moraltheorie Grundzüge, wie moderne soziale Regeln aussehen können, indem er einen ‚moralischen Polymorphismus‘ konzipiert, der zusammen mit einer universalistischen Staatsbürgermoral anschlussfähig ist, „etwa für das Konzept der *Citizenship Rights*, in dem ebenfalls abstrakt gleiche ‚Staatsbürger‘ und ungleiche sozioökonomische Verhältnisse wie auch kulturelle Divergenzen koexistieren (…). Dallinger (2007), S. 83. Siehe dazu auch Marshall (1964); Schwinn (2001); Mackert (2004).

[523] Ibid., S. 87.

Moralische Fragen sind demnach nicht als integraler Bestandteil einer Konzeption des guten Lebens zu verstehen, sondern sie versuchen im Gegensatz zu Fragen des Guten eine verallgemeinerbare Antwort auf die allen sich stellende Frage nach dem moralischen Sollen zu finden. Unter dem moralischen Gesichtspunkt werden Fragen geklärt, die gleichermaßen gut für alle sind.[524]

Fragen des Guten werden aus der Perspektive der ersten Person gestellt: *Wer bin ich, wer will ich sein und was ist langfristig für mich gut?* Die zweite der vier Kantischen Fragen[525] *Was soll ich tun?* möchte ich

---

[524]   So geht es z. B. für Habermas „nicht nur um einen Perspektivenwechsel von der Innerlichkeit des monologischen Denkens zur Öffentlichkeit des Diskurses, sondern um eine Veränderung der Problemstellung: was sich verändert, ist die Rolle, in der das andere Subjekt begegnet". (Habermas, Jürgen, *Vom pragmatischen, ethischen und moralischen Gebrauch der praktischen Vernunft*, in: ders., 1991, S. 100 – 118, S. 116.)

[525]   Die vier Grundfragen der Philosophie nach Kant sind: 1. Frage: Was kann ich wissen? (Erkenntnistheorie, für Kant „bloß spekulativ", KrV, A 805/B 833), 2. Frage: Was soll ich tun? (Ethik, für Kant „bloß praktisch", KrV, A 805/B 833), 3. Frage: Was darf ich hoffen? (Religionsphilosophie, Diese Frage genießt nach Kant den Vorzug, praktisch und theoretisch zugleich zu sein – praktisch, denn das Hoffen wohne allem unserem Tun inne, und theoretisch insofern, als der von der Hoffnung erzielte Gegenstand einer gewissen „Erkenntnis" untersteht, die es jetzt abzugrenzen gelte. Was Kant hier offenkundig leitet, ist der Umstand, dass das Praktische das Theoretische gewissermaßen ablöst, und zwar „so, dass das Praktische nur als ein Leitfaden zur Beantwortung der theoretischen [...] führt" (Krv. A 805/B 833). Kant erwartet eine Antwort auf die theoretische Frage vermittels der praktischen Leistung der reinen Vernunft. 4. Frage: Was ist der Mensch? (Anthropologie). Die Anordnung der Fragen ist von Kant so gewählt, da der Mensch seiner Auffassung nach als Gattungswesen als Subjekt zu begreifen ist, dessen Beziehung zu äußeren Gegenständen a priori vorgegeben ist. Aus diesem Grund hat auch der kategorische Imperativ für alle Menschen gleichermaßen bindende Kraft, da dieser nicht aus empirischen Ursprüngen resultiert, sondern der Natur des menschlichen Willens entstammt.
        „Anthropologie" meint als Name für eine philosophische Disziplin eine Lehre vom „Wesen", der „Ganzheit" oder der „Bestimmung" des Menschen. Seit Kants „Anthropologie in pragmatischer Hinsicht" (1798) liegt dabei der Akzent auf den menschlichen Emanzipationspotentialen. Während aber Kant die menschliche Erfahrung in der Einheit des Selbstbewusstseins fundierte, legte Feuerbach diese Einheit in der menschlichen Sinnlichkeit und Leiblichkeit. Sehr lesenswert hat dies Andreas Wildt in seinem Studienbrief für die FernUniversität Hagen *Die Anthropologie des frühen Marx*, herausgearbeitet. Marx' philosophische Anthropologie dagegen ist im Wesentlichen eine Anthropologie im Kantischen Sinne, als einer Lehre von dem, was der Mensch aus sich machen kann und soll. Marx Idee der Freiheit wurzelt über Kant in Herder, denn für Herder zeigte sich die Freiheit besonders im freien Gebrauch der Sprache, die es ihm ermöglicht, in eigener Anschauung über sich und seine Mitmenschen nachzudenken. Friedmar Apel (1998) be-

auf das Subjekt Plural amplifizieren. Die Frage lautet dann: Welche Bedingungen müssen für eine gerechte Gesellschaft erfüllt sein, damit jene als diese bezeichnet werden kann? Denn nur eine gerechte Gesellschaft präjudiziert ein sinnvolles Zusammenleben.[526]

Damit lässt sich die vierte Kantische Frage *Was ist der Mensch?* wie folgt auf die Soziologie transformieren: In welchem Verhältnis stehen das Individuum zur Gesellschaft und die Gesellschaft zum Individuum zueinander?[527] Will man diese Fragen klären, wird man eindeutiger, als es bisher geschehen ist, mindestens vier Aspekte der Beziehungskrise von Moral und gutem Leben auseinanderhalten müssen.

Erstens wird, wie weiter oben bereits angedeutet, der Moral solange ihr eigentlicher Bezugspunkt fehlen, bis nicht das Wohlergehen der Einzelnen als genau das erkannt worden ist, was es moralisch zu protegieren gilt. Das gute Leben geht also „vor" in dem Sinne, dass die Idee der Gerechtigkeit darin ihr eigentliches „Worumwillen", ihren materialen Kern entdeckt.[528] Bedenkt man zudem **zweitens**, dass es letztlich den vielen Einzelnen überlassen bleibt, inwieweit diese in ihre präferentiellen Erwägungen auch moralische Bedenken einfließen lassen, bleibt die Funktionstüchtigkeit eines gesellschaftlichen Normensystems ersichtlich davon abhängig, ob es im ethischen Selbstverständnis hinreichend vieler Personen motivational verankert ist. Die Betroffenen wollen zuallererst ein gutes Leben führen. Aus ihrer Sicht ist die ihnen gebotene Rücksicht auf ihre

---

schreibt in seinem Buch *Deutscher Geist und deutsche Landschaft. Eine Topographie* darin keimhaft den Idealismus vorgeprägt, der sich in Kants Distanz zur Landschaft konstituiert. Kant sieht den Menschen zwar von der Natur abhängig, aber in seiner Anschauung über diese doch als souverän. Für Kant bedeutet dies letztendlich auch die Freiheit des Menschen, sich die Gesellschaft nach seiner Vorstellung gemäß schaffen zu können.

[526] Der Sozialphilosoph Otfried Höffe geht noch weiter und bezeichnet „die gesamte Menschheit als eine Gerechtigkeitsgemeinschaft", in: Höffe, S. 11.

[527] Mir geht es darum, danach zu suchen, wie eine soziale Ordnung sich normativ konstituieren kann. Dabei fasse ich den Begriff des Normativen weiter als der des rechtlich Geregelten. Das bedeutet, dass die normative Frage nach dem intrinsischen Wert der Institutionen gestellt werden muss. Johannes Weiß (S. 170) rekurriert – wie ich finde – zu Recht darauf, dass „gute Institutionen weder entstehen noch bestehen und in der rechten Weise funktionieren, wenn nicht auch die Ausbildung und Stärkung sozialmoralischer Orientierungen, Haltungen und Handlungsfähigkeiten auf seiten der in und mit, auch gegen Institutionen lebenden und handelnden Menschen immer aufs Neue gelingt."

[528] Spaemann (1989), Nussbaum (1990), mit Einschränkungen Seel (1995).

Mitmenschen zunächst nur eine mögliche Präferenz unter anderen.[529]

Ist die Moral demnach in diesen beiden Hinsichten dem Streben nach einem guten Leben gewissermaßen abkünftig, so lässt sich aus zwei weiteren Gründen durchaus das Gegenteil behaupten. Versteht man nämlich **drittens** die Moral als eine Art Schutzvorrichtung, durch welche die sozialen Voraussetzungen personaler Integrität sichergestellt werden sollen, kommt ihr im Alltag augenscheinlich eine gewisse Präventivkraft und damit Priorität zu: Das Gelingen eines bestimmten Lebens bedarf des Beistandes und der Aufrechterhaltung einer durch Normen geregelten Gemeinschaft.[530]

Daraus ergibt sich schließlich **viertens**, und zwar allein schon aus begrifflichen Gründen, die Forderung, dass sich der Standpunkt der Moral, wenn dieser der unparteilichen Berücksichtigung aller verschrieben sein soll, auch dann noch als begründet erweisen muss, wenn eines oder mehrere Individuen dessen Allgemeingültigkeit de facto gar nicht anerkennen wollen. Infolgedessen hat sich die Verbindlichkeit moralischer Rechte und Pflichten unabhängig von den tatsächlichen Motivationen Einzelner und deren konkreten Vorstellungen von einem guten Leben zu erweisen, sodass die Idee der Moral in dieser Hinsicht den letzteren über- bzw. vorgeordnet sein muss.[531]

Weil aber Unterscheidungen dieser Art auf Dauer nicht einzuhalten sind, wird man der Einsicht folgen müssen, dass für den Vorrang des Guten erstens materielle und zweitens motivationale Gründe benannt werden müssen, dagegen drittens präventionistische und

---

[529] Joas (1997).

[530] Rawls (1992), Honneth (1992), Taylor (1993). Rawls trennt die Voraussetzungen des guten Lebens von spezifischen inhaltlichen Konzeptionen des Guten, wenn er Einkommen und Vermögen zu Gütern erklärt, die jedem Leben, gleich wie es ethisch ausgerichtet ist, zuträglich sind. Nussbaum bemängelt hieran, dass Einkommen und Vermögen keinen Wert an sich haben und daher auch nicht per se einem gedeihlichen Leben dienlich sind. Das Problem der Verteilungsgerechtigkeit ist demnach nicht zu trennen von der Frage nach dem guten Leben. Die Art und Weise, in der Staaten Güter wie Bildung, Gesundheit, Ausbildung verteilen, fußt immer schon auf einer wenn nicht expliziten, so doch impliziten Theorie des Guten.

[531] Der wohl entschiedenste Gegner einer Ethik des guten Lebens ist Jürgen Habermas und zwar in seiner Eigenschaft als Moralphilosoph. Für Verwirrung sorgt hier allerdings der Umstand, dass Habermas sich in der Vergangenheit als Sozialwissenschaftler immer wieder mit Fragen einer gelingenden Persönlichkeitsentwicklung auseinandergesetzt hat. Vgl. Habermas 1991,1996, Kap. 1.

viertens geltungstheoretische Argumente für das Primat der Moral.[532] Daraus ergibt sich nun aber die zunächst paradox anmutende These von einem gegen- oder wechselseitigen Vorrang.[533]

Aus der präferentiellen Sicht derjenigen, die ihr Leben glücken sehen wollen, lässt sich die allgemeine Form menschlichen Wohlergehens als genau das verstehen, was alle in ihrem eigenen Interesse wollen können. Aus moralischer Sicht dagegen vermag sie eben das auszuzeichnen, was begründeterweise gut für alle ist und daher allgemeinen Beistand verdient. Das gute Leben und die Moral berühren sich demnach dort, wo die letztere zwar nicht den konkreten Inhalt eines jeden guten Lebens schützen soll, so doch aber eine allgemein verbindliche Auffassung davon, was auf jeden Fall dazugehört.

Was müsste geschehen, so könnte daran die erkenntnis- und politikleitende Frage, nicht nur der Sozialwissenschaften lauten, damit daraus ein republikanisches Ideal (Kant) – erweitert um ein solidarisches Konzept – wird? Was müsste geschehen, damit die alten Privilegien der Wenigen zu neuen Chancen der vielen, also demokratisiert und gerechter verteilt werden und zwar über verschiedene Phasen des individuellen Lebens, zwischen den Geschlechtern, über die gesamte Gesellschaft? Und anders gefragt: Was ist eine gute Gesellschaft?

Approximativ könnte man nun antworten: Eine gesellschaftliche Ordnung, die niemanden ausgrenzt. Eine Gesellschaft, in die jeder die Fülle seiner Anlagen und Anliegen durch Arbeit und durch andere Tätigkeiten einbringen kann. Das aber setzt voraus, dass möglichst viele gesellschaftliche Spiele zugelassen und anerkannt werden und dass die Zugänge und Übergänge frei bleiben bzw. immer wieder frei gemacht werden.[534] Und da es von dieser Auffassung

---

[532] Philosophen wie Spaemann (1989), Rentsch (1990) und Taylor (1994) neigen alle auf je ihre Weise dazu, das gute Leben mit der Moral zwangszuversöhnen, so dass aus konzeptionellen Gründen unklar wird, worin die hier angedeuteten Konflikte dann noch bestehen sollen.

[533] Ausdrücklich finde ich diese noch nirgends vertreten, mancherorts aber bereits angelegt etwa im Schlusskapitel von Joas (1997), der sich allerdings dazu entscheidet, die Rede von einem Vorrang besser gleich ganz fallen zu lassen.

[534] Das ist durchaus kein neuer Gedanke, er hat eine lange, aber in der industriellen Erwerbskultur verschüttete Tradition. Aristoteles unterschied bekanntlich verschiedene Arten von menschlichen Tätigkeiten: das Herstellen und Produzieren von Dingen und Gütern; das soziale und politische Handeln und schließlich theoretische und wissenschaftliche Anstrengungen.

heißt, dass niemand sie in seinem eigenen Interesse ablehnen kann, verdient sie allgemeine, eben moralische Anerkennung.[535]

In neueren Debattenbeiträgen zur Politischen Philosophie etwa dient der Bezug auf das gute Leben der keineswegs unumstrittenen Erinnerung daran, dass die Politik und die gesellschaftlichen Institutionen unserer demokratischen Rechtsstaaten zuallererst den Lebensmöglichkeiten ihrer Mitglieder gegenüber in der Verantwortung stehen. An diese klassisch-aristotelische Forderung knüpft heute vor allem Martha Nussbaum an. Beinahe unermüdlich weist sie darauf hin, dass jede demokratische Politik eine im Interesse aller liegende Vorstellung von einem guten Leben besitzen muss, wenn sie die Gesellschaft nicht den Gefahren eines antihumanistischen Relativismus oder gar einem neuen Sozialdarwinismus, der alles dem „freien Spiel der Kräfte" überlässt, ausliefern will.[536] Das Problem beginnt mit dem Übergang zu den Bedingungen für die Verwirklichung dieser Prinzipien. Diese Prinzipien stellt Martha Nussbaum in Rekonstruktion der aristotelischen Staatstheorie dar, die ich auf den nächsten Seiten vorstellen und diskutieren werde.[537]

---

[535]   Seel (1995), Kap. 2.7.

[536]   Nussbaum (1999).

[537]   „Der Gegensatz aristotelischer und hobbesianischer Ansätze beherrscht die politische Philosophie der Neuzeit. Nach der bekannten Definition von Aristoteles ist der Mensch von Haus aus ein geselliges Wesen. Das heißt, dass der einzelne nur in der Gesellschaft mit anderen existieren kann. Der ebenso berühmten Definition von Hobbes zufolge ist der Mensch im Naturzustand ein individueller Einzelgänger, der sich nur durch Furcht und Not zur Einsicht in die Notwendigkeit gesellschaftlicher Verbindung bringen lässt. Die politische Philosophie des klassischen Liberalismus, die von Locke über Kant bis Mill reicht, hat sich der Hobbesschen Definition des Menschen angeschlossen. Die andere Linie der politischen Philosophie, die ihre Vertreter in Rousseau, Hegel und Marx besitzt, ist als die neuzeitliche Version des aristotelischen Ansatzes zu verstehen. Doch die Charakteristik bliebe unvollständig, wenn man nicht hinzufügte, dass der aristotelische Ansatz der Neuzeit zugleich eine Antwort auf den Ansatz der Linie ist, die von Hobbes und nach ihm vom klassischen Liberalismus ausgeht. Die Antwort liegt im Versuch, den hobbesianischen Ansatz des Individualismus in den aristotelischen Ansatz des Kollektivismus zu integrieren. Dieser Versuch erst macht das spezifisch Neuzeitliche dieser Traditionslinie der politischen Philosophie aus." Werner Becker, *Gemeinschaft und Gesellschaft. Über sozialphilosophische Grundbegriffe und einige historische Zwangsläufigkeiten.* Ich glaube, dass für das Verständnis der modernen Gesellschaft mehr aus Konzepten der neoaristotelischen Linie bzw. aus dem Konzept von Marx und seinen Nachfolgern als aus solchen der hobbesianischen Linie zu lernen ist.

5.5 Die Frage nach dem guten Leben nach Martha Nussbaum

Im Zentrum von Martha Nussbaums philosophischem Vorhaben steht eine substanzialistische Theorie des Guten. Auf ihrer Basis sollen die Aufgaben und letzten Ziele eines Staates bestimmbar werden. Die Qualität eines Staates bemisst sich dieser aristotelischen Idee zufolge daran, ob ihm die Schaffung von Rahmenbedingungen gelingt, unter denen menschliche Wesen ihre Potenzen verwirklichen und mithin ein gutes Leben führen können. Eine solcherart verstandene Staatsphilosophie sieht sich quasi automatisch mit der Frage konfrontiert, warum über die Verfassung eines Staates nur urteilen kann, wer über einen Begriff des guten Lebens verfügt. Vor allem der Liberalismus trägt diese Frage an den politischen Aristotelismus heran, macht jener doch gegen diesen geltend, dass das Recht vor dem Guten rangiert.[538] Nussbaum setzt sich in ihren Aristotelesaufsätzen mit diversen liberalen und utilitaristischen Einwänden auseinander und versucht zu begründen, warum mit aristotelischen Mitteln eine weiterreichende normative Einschätzung von Staaten möglich ist.

Der Liberalismus unterschätzt nach Nussbaum die materiellen und pädagogischen Voraussetzungen für die sinnvolle Nutzung von Freiräumen. Am Liberalismus kritisiert sie, dass er nicht fragt, ob die Menschen von den Gütern, die an sie verteilt werden, einen wirklichen menschlichen Gebrauch machen können oder ob sie vom Staat durch Erziehung, Bildung etc. dazu befähigt worden sind, die Güter in den Dienst ihres guten Lebens zu stellen. Der liberalistisch gedachte Staat schützt nur negative Freiheiten und wird sozialpolitisch erst im Notfall aktiv. Dagegen ist der aristotelische Staat als ein „residuelles Wohlfahrtssystem" zu verstehen, das nicht auf den Notfall wartet, sondern „das allen Bürgern ein ganzes Leben lang eine gute Lebensführung ermöglicht"[539].

---

[538] Demokratie, Liberalismus sind dem Westen inhärent, sodass dieser universal grundlegende Offenheitsanspruch unserer Gesellschaften zugleich kontingent und Resultat eines geschichtlichen Prozesses ist. Die Kommunitarismusdebatte stellt sich als der Versuch dar, einer kritischen Rückwendung der liberalen Gesellschaft auf sich selbst, als eine Bestandsaufnahme sowohl der immanenten Ursachen für ihre Krise als auch der eigenen Kräfte zu deren Überwindung. Das liberale Modell stellt die traditionellen sozialen Bindungen und Verbindlichkeiten zur Disposition, trägt zu ihrer Auflösung bei, ohne neue zu produzieren. Dies bezeichne ich als die Janusköpfigkeit des Liberalismus.

[539] Nussbaum (1999), S. 62.

„Wie ist es möglich" – so fragt Hinsch – „dass eine gerechte Gesellschaft freier und gleicher Bürger dauerhaft bestehen kann, wenn ihre Mitglieder verschiedenen, zwar vernünftigen, aber doch konträren religiösen, philosophischen oder moralischen Lehren anhängen?"[540]

Diesem Problem nähert sich der politische Liberalismus auf zwei Wegen: Zum einen dadurch, dass er sich selbst bezüglich materialer Inhalte des Guten zurücknimmt, zum anderen werden im politischen Liberalismus Prinzipien der Gerechtigkeit sowohl auf der Annahme eines bei allen „vorhandenen unparteiischen Sinns für Gerechtigkeit begründet"[541] als auch „durch eine wesentliche tugendethische Annahme. Sie bedürfen allerdings auch der Annahme gewisser verallgemeinerbarer Grundsätze des Guten"[542].

Der Utilitarismus führt das Gute auf die Präferenzen und Wünsche der Menschen zurück. Das ist nach Nussbaum unzulänglich, weil Kulturen falsche Wünsche generieren und tradieren können. Daher kann sich die Bestimmung der Aufgaben des Staates auch nicht an den Wünschen orientieren. Erst eine Theorie jener Fähigkeiten, die dem Menschen als Mensch eigen sind, überwindet die theoretischen Defizite sowohl der liberalen als auch der utilitaristischen Staatsauffassung, denn mit ihr wird es möglich, den Staat daran zu messen, was er tut, um Menschen zur Verwirklichung ihrer Fähigkeiten zu verhelfen.

Im Gegensatz zum konservativen Aristotelismus, der sich vor allem um die Rückgewinnung traditional hergeleiteter Pflichten und Bindungen der Individuen bemüht, macht Nussbaums sozialdemokratischer Aristotelismus sich zum Fürsprecher sozialer und emanzipatorischer Ansprüche von Menschen. Die grundlegenden Fähigkeiten, mit denen alle Menschen ausgestattet sind, begründen durch ihr bloßes Vorhandensein und weil sie „in einem Zustand unzureichender Realisierung sind"[543] einen moralischen Anspruch.

Der Staat hat diesem Anspruch in zweifacher Hinsicht Genüge zu leisten: Zum einen muss er Menschen, insbesondere durch Erziehung und Bildung, zur Entwicklung ihrer grundlegenden Fähigkeiten verhelfen, zum anderen hat er „externe Bedingungen" zu

---

540   Hinsch (1997), S. 9.
541   Mack, S. 136.
542   Ibid.
543   Nussbaum (1999), S. 112.

schaffen, unter denen es Menschen möglich ist, ihre ausgebildeten Fähigkeiten in die Tat umzusetzen.

Stellt sich nun aber die Frage, wie aus dem gigantischen Quantum historisch und kulturell überlieferter normativer Überzeugungen jene herauszufiltern sind, denen das Gütesigel der Moralität zusteht. Traditionalität ist kein geeignetes Kriterium. Normen gelten nicht allein deshalb schon, weil sie überliefert sind. Nussbaum wendet sich vehement gegen Kulturrelativismus und beruft sich dabei zurecht auf Aristoteles, der in der *Politik* argumentiert, dass die Menschen nicht nach dem Hergebrachten, sondern nach dem Guten streben.[544] Nicht auf Tradition baut sie ihre Ethik, sondern auf die optimistische Einschätzung, dass es zwischen den Kulturen Überschneidungen gibt. Offenbar verdient eine Überzeugung nach Nussbaum dann das Prädikat „moralisch", wenn sie in unterschiedlichen Kulturen geteilt wird.[545]

---

[544] Vgl. Aristoteles, *Politik*, 1269a. Bekanntermaßen stellt Aristoteles in der *Politik* (1253a2f.) fest, „dass der Staat zu den naturgemäßen Gebilden gehört und dass der Mensch von Natur ein staatenbildendes Lebewesen ist." Auch Durkheims eigene Erklärung für den Zusammenhalt einer Gesellschaft hängt mit dem aristotelischen Ansatz zusammen.

[545] Im Aufsatz *Menschliche Fähigkeiten, weibliche Menschen* (Nussbaum 1999) wird die Liste noch um politische Ausführungen ergänzt, mit denen die Autorin prätendiert, konkrete Entwicklungspolitik anzuleiten. Deshalb finden sich Supplements zu empirischen Themenfeldern wie Arbeit und Erziehung. So folgert Nussbaum etwa aus Satz 6 die Fähigkeit, „einer beruflichen Tätigkeit außer Haus nachzugehen und am politischen Leben teilzunehmen" (S. 201). Aus Satz 4 leitet sie die Idee einer Erziehung ab, die befähigen soll zum Lesen und Schreiben, zur Mathematik, zum wissenschaftlichen Arbeiten sowie zum Einsatz der Phantasie auf den Gebieten der Musik, Literatur, Religion etc. Neben den sozialpolitischen Forderungen nach angemessenen Bildungs- und Arbeitsmöglichkeiten wird in den Ergänzungen stärker als in früheren Fähigkeiten-Listen der Aspekt der Entscheidungsfreiheit betont. Aus Satz 4 leitet Nussbaum neben dem erwähnten Erziehungskonzept auch „politische und künstlerische Meinungsfreiheit" sowie Religionsfreiheit ab, Satz 10 konkretisiert sie, indem sie Garantien dafür einfordert, „dass keine Eingriffe in besonders persönlichkeitsbestimmende Entscheidungen wie Heiraten, Gebären, sexuelle Präferenzen, Sprache und Arbeit stattfinden" (S. 201). Indem sie den Wert der Entscheidungsfreiheit stärker ins Zentrum rückt, kann sie gewiss der liberalen Paternalismus-Kritik den Wind aus den Segeln nehmen. Dafür wird sie aber umso stärker bei jenen Kulturanthropologen anecken, für alle Kulturen und Traditionen „unmittelbar zu Gott" sind. Denn Nussbaum präferiert – insbesondere mit den Folgerungen aus Satz 10 und 11 – offenbar eine moderne, auf Freiheit fußende Lebensform und desavouiert mit ethischem Nachdruck traditionale Lebensformen, in denen Lebensbereiche wie Heirat oder sexuelle Präferenzen kulturell determiniert sind.

Martha Nussbaum verteidigt den moralischen Wert der Gefühle. „Gefühle sind nicht, wie von manchen unterstellt wird, blinde irrationale Kräfte, sondern, intelligente Formen einer wertenden Wahrnehmung"[546].

Außerdem sind Sie ein Zeichen dafür, dass Menschen sich selbst nicht genug sind. Die Stoa hat in den Gefühlen einen Mangel erblickt, den es im Namen der Selbstgenügsamkeit zu bekämpfen gilt. Nussbaum dagegen ist mit Rousseau der Überzeugung, dass Menschen endliche und bedürftige Wesen sind. Daher sollten sie ihre Gefühlsnatur anerkennen. Die Apologie der Gefühle bringt Nussbaum in Verbindung mit der Geschlechterproblematik.[547]

5.5.1 Die Perspektive des *Capabilities approach*

Der Capabilities approach geht davon aus, dass es unmöglich ist, Sozialpolitik ohne eine Vorstellung von Humanität zu gestalten. Deshalb stehen die Bedingungen des Menschseins und dessen Zwecke im Mittelpunkt der Gerechtigkeitstheorie des Fähigkeitenansatzes, die systematisch drei Ebenen umfasst: Auf anthropologischer Grundlage (Ebene 1) wird eine allgemeine, aber deutungsoffene Konzeption des Guten (Ebene 2) als gerechtigkeitstheoretische Zielvorstellung ermittelt, aus der sich gewisse politische Aufgaben (Ebene 3) ergeben. Die Theorie des Guten ist aus freiheitsrelevanten Gründen in Form von Grundfähigkeiten formuliert. Aus dieser Grundfähigkeit ergibt sich die politische Forderung, nach dem Kriterium der Befähigung zum Guten, und das heißt selbstbestimmten, Leben zu gestalten. Die Ethik des Fähigkeitenansatzes setzt sich mit einem Rückgriff auf die klassisch naturrechtliche Argumentationsform von liberalen und utilitaristischen Theorien ab und versucht eine sozialethische Position zu formulieren, in der es um die Befähigung zum konkreten eigenverantwortlichen Leben geht.

Es dürfte ein weitreichender Konsens darüber bestehen, dass soziale Verhältnisse dann als gerecht gelten können, wenn sie die Freiheit der Person, das eigene gute Leben zu leben, fördern und nicht be-

---

[546] Nussbaum (1999), S. 166.

[547] Dass man in der Historie Gefühle oft auf eine „weibliche Natur" zurückgeführt hat, ist beiden Geschlechtern nicht gut bekommen. Während Männer ihre Gefühle leugneten, um ihre Identität als Männer zu schützen, hat man Frauen vom politischen Leben und der Wissenschaft ausgeschlossen, indem man sie zu reinen Gefühlsnaturen erklärte und die Gefühle zu Irrationalismen.

hindern. Um sich mit diesen Themen angemessen auseinanderset-
zen zu können, sind ethische Grundlagenüberlegungen notwendig.

Im Folgenden möchte ich versuchen, einen Begründungsweg der
Fundierung eines guten Lebens mit dem Instrumentarium der Sozi-
alethik des Capabilities approach zu finden. Hierzu werde ich den
Ansatz in seinen Grundzügen vorstellen und kritisch beleuchten.

Der Fähigkeitenansatz, dessen Hauptvertreter Martha Nussbaum
und Amartya Sen sind, entstand in den 80er Jahren des letzten Jahrhunderts im Kontext entwicklungspolitischer Diskussionen und hat
sich bis heute zu einem der prominentesten, weltweit rezipierten
gerechtigkeitstheoretischen Ansatz entwickelt. Nussbaum beschäftigt sich schwerpunktmäßig mit der ethischen Grundlagendiskussion.[548] Da ich nachfolgend den ethischen Begründungsweg, der sich
aus dem Fähigkeitenansatz ergibt, darlegen möchte, werde ich mich
vor allem auf die Konzeption Nussbaums beziehen.

5.5.2 Die starke vage Theorie des Guten

Der Capabilities approach geht davon aus, dass es nicht möglich ist,
gerechte soziale Verhältnisse zu schaffen, ohne eine Vorstellung von
Humanität vorauszusetzen. Dementsprechend rückt Nussbaum mit
ihrer „starken vagen Theorie des Guten"[549] einen Entwurf des gelingenden Lebens in den Mittelpunkt ihrer Gerechtigkeitskonzeption,
der inhaltlich konkret und insofern ‚stark‘, aber trotzdem für Er-
weiterungen und Veränderungen offen und dementsprechend ‚vage‘ ist.

Grundlage ihrer Überlegungen ist das gemeinsame Menschsein. Sie
geht davon aus, „dass das menschliche Leben bestimmte zentrale
und universale Eigenschaften besitzt, die für es kennzeichnend
sind".[550] Aus dieser anthropologischen Basiskonzeption leitet sie bestimmte menschliche Grundfähigkeiten ab. Diese Grundfähigkeiten
oder Kompetenzen gelten als Kriterien sozialer Gerechtigkeit.

Um die Aufgabe des Staates des näheren politisch zu spezifizieren,
bedarf es also nach Nussbaum einer Theorie der Fähigkeiten des
Menschen. Bevor sie Auskunft darüber gibt, über welche Fähigkei-

---

[548] Sen bezieht sich hinsichtlich ethischer Begründungsfragen auf Nussbaum,
 widmet sich aber in seinen Arbeiten eher wirtschaftsethischen und entwick-
 lungstheoretischen Fragen.

[549] Vgl. Nussbaum (1999), S. 45.

[550] Nussbaum (1995a), S. 326.

ten menschliche Wesen verfügen, charakterisiert sie in einem ersten Schritt Grunderfahrungen des Menschen. Auf einer zweiten Ebene listet Nussbaum die diesen Lebensbereichen und Grunderfahrungen korrespondierenden Fähigkeiten auf.[551]

Nussbaum vertritt keine metaphysische Teleologie und auch keinen Apriorismus. Das Gute ist keine Kopfgeburt und liegt auch nicht in „einer unabhängigen Struktur der Welt"[552], sondern ist in unseren Erfahrungen gespeichert. Folgerichtig nimmt die Theorie des Guten ihren Ausgang bei den Erfahrungen. Das ist der epistemologische Status der Theorie des Guten, den sie vertritt. Nussbaum meint, dass Mythen und Literatur geeignete moralphilosophische Quellen sind, denn ihnen sind Erfahrungen und menschliche Selbstverständnisse eingeschrieben. Sie fördern daher zutage, was es für Menschen im Allgemeinen heißt, Mensch zu sein. Die Selbstinterpretationen von Menschen sind stets evaluativ, denn sie implizieren immer schon Aussagen darüber, was im Leben wichtig rsp. unwichtig ist. Nussbaum konstruiert ihre Theorie des Guten also auf zwei aufeinander verweisenden Ebenen, die anthropologische Annahmen und entsprechende menschliche Grundfähigkeiten umfassen.[553]

---

[551] Vgl. Nussbaum (1999), S. 57f.

[552] Nussbaum (1999), S. 184.

[553] Die *starke vage Theorie des Guten* liegt in mehreren Versionen vor; innerhalb der Tabelle findet sich in paraphrasierter Form eine davon (vgl. Nussbaum, *Gerechtigkeit* [Anm. 1], 49 – 58). Die Tatsache, dass verschiedene Variationen dieser Theorie des Guten vorliegen, weist wiederum auf die Vagheit, d. h. die notwendige konzeptionelle Offenheit derselben hin; Nussbaum schreibt hierzu: „This is a working list. It is put out to generate debate. It has done so and will continue to do so, and it will be revised accordingly" (Nussbaum 1995b, S. 80). In anderen Listen wird auf eine gesonderte Darstellung der anthropologischen Ebene verzichtet und nur die ‚zentralen menschlichen Funktionsfähigkeiten' aufgelistet (vgl. Nussbaum 2003.)

Anthropologische Annahmen	Menschliche Grundfähigkeiten
Sterblichkeit	Fähig sein, bis zum Ende eines vollständigen menschlichen Lebens leben zu können, nicht vorzeitig zu sterben oder zu sterben, bevor das Leben so reduziert ist, dass es nicht mehr lebenswert ist.
Menschlicher Körper	Fähig sein, sich guter Gesundheit zu erfreuen; angemessen ernährt zu werden; angemessene Unterkunft zu haben; Möglichkeit zur sexuellen Befriedigung zu haben; sich in Fragen der Reproduktion frei zu entscheiden und sich von einem Ort zum anderen bewegen zu können.
Freude- und Schmerzempfinden	Fähig sein, unnötigen Schmerz zu vermeiden und freudvolle Erlebnisse zu haben.[554]
Kognitive Fähigkeiten	Fähig sein, die fünf Sinne zu benutzen, sich etwas vorzustellen, zu denken und zu urteilen.
Frühkindliche Entwicklung	Fähig sein, Bindungen zu Dingen und Personen außerhalb unserer selbst zu unterhalten; diejenigen zu lieben, die uns lieben und sich um uns kümmern; über ihre Abwesenheit zu trauern, in einem allgemeinen Sinne lieben und trauern sowie Sehnsucht und Dankbarkeit empfinden zu können.
Praktische Vernunft	Fähig sein, sich eine Auffassung des Guten zu bilden und sich auf kritische Überlegungen zur Planung des eigenen Lebens einzulassen.
Zugehörigkeit zu anderen Menschen	Fähig sein, für und mit anderen leben zu können, Interesse für andere Menschen zu zeigen, sich auf verschiedene Formen familialer und gesellschaftlicher Interaktion einzulassen.
Bezug zu anderen Spezies und zur Natur	Fähig sein, in Anteilnahme für und in Beziehungen zu Tieren, Pflanzen und zur Welt der Natur zu leben.
Humor und Spiel	Fähig sein, zu lachen, zu spielen und erholsame Tätigkeiten zu genießen.
Vereinzelung	Fähig sein, das eigene Leben und nicht das von irgendjemand anderem zu leben.
Starke Vereinzelung	Fähig sein, das eigene Leben in seiner eigenen Umwelt und an seinem eigenen Kontext zu leben.

---

[554] Anstatt von ‚Schmerzvermeidung' wird in manchen Versionen von ‚körperlicher Unversehrtheit' gesprochen, hierunter fasst Nussbaum in diesem Fall die Fähigkeit zur Mobilität, den Schutz vor häuslicher und sexueller Gewalt sowie die Möglichkeit zur sexuellen Befriedigung und zur Wahl in Fragen der Fortpflanzung (vgl. Nussbaum 2003, S. 19).

Einen Sonderstatus in der Liste kommt der praktischen Vernunft und der Soziabilität des Menschen zu. Diese beiden Tätigkeiten ordnen die anderen und geben ihnen eine „typisch menschliche Ausformung"[555]. Erst die Vernunft ermöglicht uns, unsere Tätigkeiten in einer menschlichen Weise auszuüben, und nicht tierisch oder vegetativ.

Der Capabilities approach fasst Gerechtigkeit als Befähigungsgerechtigkeit auf. Die Befähigung jedes und jeder Einzelnen zum eigenverantwortlichen Leben wird zur Zielperspektive politischen Handelns. Aufgrund der starken vagen Theorie des Guten kann umrissen werden, was es konkret bedeutet, ein eigenverantwortliches Leben zu führen. Aus dieser inhaltlich starken Definition lassen sich, nach Nussbaum, direkt politische Aufgaben ableiten, wie zum Beispiel die Gewährleistung eines öffentlichen Bildungssystems oder eben die Bereitstellung einer allgemeinen öffentlichen Gesundheitsversorgung.[556] Da Nussbaum den Standpunkt vertritt, dass Bürgerinnen und Bürger als Freie und Gleichgestellte behandelt werden müssen, besteht die staatliche Aufgabe darin, jede einzelne Person zu einem guten Leben zu befähigen, das heißt, jedes Individuum sollte die oben genannten Fähigkeiten besitzen, um seine je eigenen Vorstellungen vom gelingenden Leben verwirklichen zu können. Der sozial-ethische Entwurf Nussbaums umfasst demnach drei systematische Ebenen, die aufeinander aufbauen: die Ebene der anthropologischen Grundannahmen, die Grundfähigkeitenebene und die politische Ebene.

Innerhalb dieser Konzeption wird die strikte Trennung zwischen Fragen des Rechten und des Guten aufgelöst. Eine allgemeine, relativ abstrakte Vorstellung von Humanität wird inhaltlich formuliert, ohne die, dem Fähigkeitenansatz zufolge, die gerechte Gestaltung sozialer Verhältnisse nicht möglich ist. Das menschliche Leben bedarf nämlich, nach Meinung Nussbaums, gewisser materieller und institutioneller Voraussetzungen, die nicht formal-abstrakt bestimmt werden können, sondern material-konkrete Überlegungen über das Menschsein und dessen Ziele und Zwecke erfordern. So

---

[555]   Nussbaum (1999), S. 59.

[556]   Im Anschluss an Nussbaum spricht Sen von der staatlichen Aufgabe, den Bürgern Verwirklichungschancen zu bieten; deren Umsetzung in konkrete Tätigkeiten solle dem Bürger jedoch letztendlich freistehen. Aus der Menge von Verwirklichungschancen ergibt sich die eigentliche Freiheit der Person, ihre ‚substantielle Freiheit', die im Mittelpunkt der Sozialethik Sens steht (vgl. Sen 2000, S. 69 – 70 et S. 94 – 107).

kann eine Gerechtigkeitskonzeption, die nicht die Grundstruktur der menschlichen Lebensform bzw. die konstitutiven Bedingungen des Menschseins berücksichtigt, nicht zu menschenwürdigen sozialen Verhältnissen führen.

Mit diesem Entwurf setzt sich Nussbaum von utilitaristischen und liberalen Theorien ab, deren präferenzbasierte bzw. ressourcenbasierte Konzeptionen des Guten sie kritisiert.[557] Die utilitaristische Orientierung an den Wünschen und Präferenzen der Betroffenen lehnt Nussbaum ab, da sie nicht zur Kritik und Aufhebung von sozialen Missständen führt, sondern zur Aufrechterhaltung des Status quo. Nussbaum zufolge findet sich der Mensch für gewöhnlich mit seiner Lebenssituation ab.

Aufgrund dieser Anpassungsbestrebungen wird der Wunsch nach Veränderung, der nach utilitaristischen Theorien zufolge, ausschlaggebend für politische Veränderungen ist, von Betroffenen häufig gar nicht geäußert. Man benötigt demnach einen objektiveren Maßstab, um Missstände aufzudecken und zu analysieren, und diesen sieht Nussbaum in den Fähigkeiten der Individuen. An liberalen Theorien kritisiert sie, dass Allokationsgüter quantitativ und nicht qualitativ bestimmt werden. Nussbaum konstatiert, dass Güter nicht für alle Menschen die gleiche Funktion erfüllen und eine Gleichverteilung zur Missachtung von Differenzen führt.[558] Erst durch eine qualitative Bestimmung von Gütern, wie sie der Fähigkeitenansatz im Blick auf das gute Leben vornimmt, ist das, was der einzelne Mensch zum selbstbestimmten Leben tatsächlich braucht, zu definieren.

Trotz der Kritik an liberalen Positionen stimmt der Fähigkeitenansatz mit deren Ziel, gewisse Freiheitsspielräume des Individuums zu gewährleisten, überein.[559] Es wird jedoch nicht von formaler,

---

[557] Vgl. Nussbaum (2003), (Anm. 3) S. 17.

[558] Die Kritik an liberalen Positionen stützt sich also auf das so genannte Argument der interpersonellen Variabilität. Vgl. dazu Horn, S. 96.

[559] Mit diesem Konzept der Grundfähigkeiten oder Grundkompetenzen sollen insbesondere Gerechtigkeitsprobleme gelöst werden, die sich auf die materialen Bedingungen der Freiheitsverwirklichung beziehen, das heißt den Bereich der sozialen Anspruchsrechte betreffen. Der hohe Stellenwert, der dem Schutz der Privatsphäre zukommt, zeigt sich darin, dass Fähigkeiten, wie sich eine Auffassung des Guten zu bilden und sich auf kritische Überlegungen zur Planung des eigenen Lebens einzulassen oder das eigene Leben in seiner eigenen Umwelt und in seinem eigenen Kontext zu leben sowie das eigene Leben und nicht das von irgend jemand anderem zu leben, in die *starke vage Theorie des Guten* aufgenommen wurden. Immer wieder wird be-

sondern von einem Konzept „substantieller Freiheit"[560] gesprochen, das wiederum den Bedingungen der menschlichen Lebensform besondere Beachtung schenkt.

5.5.3 Bezugspunkt: *klassisches Naturrecht*

In dieser skizzenhaften Darstellung bietet der Ansatz eine breite Angriffsfläche für Kritik. Wie ist es zum Beispiel möglich, über kulturelle Grenzen hinweg allgemeingültige Aussagen über das Wesen des Menschen zu machen? Wie kann von einer allgemeinen Vorstellung vom Guten ausgegangen und gleichzeitig die Freiheit des Individuums, persönliche Auffassungen vom guten Leben zu verfolgen, berücksichtigt werden?

Als philosophischen Bezugspunkt nennt Nussbaum vor allem Aristoteles und greift damit zur Normbegründung auf die klassisch naturrechtliche Argumentationsform zurück, welche in einem umfassenden Rekurs auf das Wesen des Menschen eine allgemeine Vorstellung vom Guten ermittelt, die wiederum als normative Basis einer institutionellen Ordnung dient. Das klassische Naturrecht ist jedoch alles andere als unumstritten, und Theorien, die darauf zurückgreifen, gelten eigentlich als überholt.[561] Dies liegt wohl daran,

---

tont, dass die Konzeption der Befähigungsgerechtigkeit auf die Entscheidungsfähigkeit bzw. die Entscheidungsfreiheit der Einzelnen abzielt. Nussbaum spricht sogar in einem Interview davon, dass ihr Denken ‚eine Form des Liberalismus' sei (liberaler Aristotelismus). Klaus Taschwer im Gespräch mit Martha C. Nussbaum, in: Nussbaum 2000, S. 89 – 96, S. 89.

[560]   Sen 2000, (Anm. 6), S. 50.

[561]   Das Naturrecht dient als Fundament und Legitimationsinstanz allen gesetzten (positiven) Rechts. Die philosophischen Probleme der Naturrechtsdiskussion betreffen vor allem die Rechtsbegründung. Soll das Naturrecht objektiv gültig sein, so muss es für alle Vernunftwesen verpflichtend sein und sich auf eine natürliche Ordnung gründen. In der Stoa, die zuerst das von Natur aus Gerechte diskutiert, ist das Universum eine vernünftige Ganzheit, die sich von den Gesetzen der Vernunft – sowohl Naturgesetzen als auch verpflichtenden Handlungsvorschriften – leiten lässt. Deshalb erscheint es für den Stoiker durchaus sinnvoll, der Natur zu folgen. Bei Cicero ist das Gesetz Ausdruck der höchsten Vernunft, die vorschreibt, was zu tun und was zu unterlassen sei. Kritiker der stoischen Philosophie weisen allerdings darauf hin, dass sich durch Berufung auf die Natur viele Fragen nicht entscheiden lassen. Im Mittelalter unterscheidet man zwischen göttlichem Recht und jenem, das unserer Natur entspringt. Letzteres ist unabhängig von örtlichen und zeitlichen Verhältnissen gültig und kann von dem für den einzelnen und für die Gattung Guten hergeleitet werden (z. B. Selbsterhaltung, Reproduktion). Das positive Recht dagegen wird durch menschliche Satzung bestimmt und ist von örtlichen und zeitlichen Verhältnissen abhän-

dass mit dieser Konstruktion im Kontext der Moderne die Pluralität weltanschaulicher Ansprüche nicht genügend Beachtung findet.

Im Folgenden möchte ich zwei gewichtige Einwände gegen die klassisch-naturrechtlichen Argumentationsformen benennen und die Gegenrede des *Capabilities approach* auf diese Anfechtungen kurz darstellen. Es geht dabei um die Frage, ob es trotz aller Kritik möglich und zudem sinnvoll sein kann, in modifizierter Form auf diese Art von Normbegründung zurückzugreifen.

5.5.4 Kritikpunkt: *Missachtung historischer und kultureller Differenzen*

Bei einer ethischen Argumentation, die die Allgemeingültigkeit eines bestimmten Begriffs vom Menschen voraussetzt, besteht die Gefahr der Missachtung historischer und kultureller Differenzen. Die Bestimmung eines Begriffs vom Wesen des Menschen bzw. von der menschlichen Natur ist stets historisch bedingt und vom jeweiligen soziokulturellen Kontext abhängig. Zudem spielen das begriffsbildende Subjekt und sein Selbstverständnis eine Rolle. Vom Wesen des Menschen objektiv zu sprechen oder eine überzeitliche Natur des Menschen zu definieren, ist insofern unzulässig und beruht auf der Verabsolutierung eines in einem bestimmten Kontext entstan-

---

gig. Einige betrachten es als eine allgemeine menschliche Fähigkeit, die dem Naturrecht entspringenden elementaren Handlungsprinzipien zu erkennen. Die Diskussionen im Mittelalter drehten sich insbesondere um die Abgrenzung und die Möglichkeit von Konflikten zwischen diesen drei Rechtsbestimmungen. Für spätere Naturrechtstheoretiker (u. a. Grotius) tritt Gott als Schöpfer und Ordner der Natur zurück; statt dessen wird die Vernunft als Quelle der natürlichen Ordnung hervorgehoben. Was aber vom Standpunkt der Vernunft aus akzeptabel ist, bleibt strittig. So haben z. B. Grotius und Pufendorf grundverschiedene Ansichten über die Frage, ob etwa die Todesstrafe berechtigt sei. Hobbes und Locke haben neben anderen Philosophen in ihren Interpretationen des Naturrechts nach den notwendigen Bedingungen menschlichen Lebens und Überlebens gesucht. Um als Gattung zu überleben, müssen wir in Gemeinschaft leben. Das soziale Leben muss sich aber von bestimmten Regeln über Recht und Billigkeit leiten lassen. Bei Hobbes entspringen diese notwendigen Überlebensregeln der menschlichen Vernunft. Hume und Smith dagegen sehen diese Regeln als Ergebnis eines Entwicklungsprozesses. So ist zum Beispiel im Kontext der christlichen Sozialethik an die neuscholastische Prägung der katholischen Soziallehre bis in die zweite Hälfte des vergangenen Jahrhunderts hinein zu denken. Trotzdem blieb in der neuscholastischen Ära des Katholizismus die individuelle Freiheit, sich seine eigene Auffassung vom guten Leben zu bilden, zugunsten einer allgemeinverbindlichen Vorstellung von Gemeinwohl weitgehend unberücksichtigt.

denen Menschenbildes, das unter der Hand als natürlich und zur Wesensbestimmung an sich erklärt wird.

Um dieser ahistorischen Deutung zu entgehen, ermittelt der *Capabilities approach* die anthropologische Konzeption „historisch sensibel"[562] und konstruiert sie insofern deutungsoffen. Dies geschieht dadurch, dass Erfahrungen des Menschen und seines Menschseins gesammelt und in ein Überlegungsgleichgewicht gebracht werden.[563] So wird durch den jeweiligen historischen und kulturellen Kontext hindurch die Grundstruktur der menschlichen Lebensform im Allgemeinen beschrieben.

5.5.5 Kritikpunkt: *Missachtung der Autonomie*

Bei Theorien, die eine allgemeine Konzeption des Guten als Gemeinwohldefinition vorgeben, besteht die Gefahr der Missachtung der Autonomie des Individuums, die durch eine konsequente Trennung von Rechtem und Gutem Berücksichtigung findet. In funktional ausdifferenzierten, weltanschaulich pluralen Gesellschaften kann nicht von einem allgemeinen Ethos ausgegangen werden, mit dem die Vorstellung, die sich jeder Einzelne vom guten Leben macht, übereinstimmt.

Die Ungleichzeitigkeit neuscholastischer Theorien spiegelt sich zum Beispiel darin, dass sie voraussetzen, eine solche weltanschauliche Übereinstimmung sei noch möglich. Um dieser Missachtung der Autonomie zu entgehen, formuliert der *Capabilities approach* seine Theorie des Guten im Modus der Grundfähigkeiten, welche als Bedingungen der Freiheit des Individuums angesehen werden. Dem Fähigkeitenansatz zufolge bedarf es der Befähigung zum eigenverantwortlichen Leben, das heißt die Autonomie der Person wird nicht missachtet, sondern durch die Einbeziehung allgemeiner Überlegungen zum guten Leben erst ermöglicht. Innerhalb dieses Befähigungsrahmens bleibt den Einzelnen ihre persönliche Lebensgestaltung selbst überlassen. So wird für eine legitime Pluralität von

---

[562] Nussbaum (1995a), (Anm. 2), S. 327.

[563] Nussbaum stützt sich bei der Ermittlung wesentlicher menschlicher Erfahrungen auf literarische Zeugnisse der Menschheitsgeschichte wie Mythen und Erzählungen verschiedener Kulturen, Zeiten und Orte, die sie literaturwissenschaftlich analysiert. Diese Zeugnisse seien das „Ergebnis eines Prozesses der Selbstinterpretation und Selbstvergewisserung [des Menschen]" (Nussbaum 1999, [Anm. 1], S. 46).

Weltanschauungen und Lebensentwürfen, die vormoderne Positionen nicht vorsahen, Raum geschaffen.[564]

Schließlich sorgt, Nussbaum zufolge, wiederum die kontextsensible Vorgehensweise für die Achtung der Autonomie. Die konkrete Befähigung bedarf der Berücksichtigung des Kontextes, das heißt, es ist notwendig, politische Entscheidungen relational zum spezifischen gesellschaftlichen Kontext zu fällen und die besonderen Lebensumstände des Individuums zu berücksichtigen.

Die Zurückweisung beider Kritikpunkte gründet auf dem Versuch, Universalität und Kontextsensibilität zu vereinen. Diese Verbindung wird möglich, weil Nussbaum von konkreten Erfahrungen des Menschseins ausgehend über allgemeine anthropologische Überlegungen zu einer Theorie des Guten „auf einem relativ hohen Abstraktionsniveau"[565] gelangt. Durch die starke vage Theorie des Guten können allgemeingültige materiale Orientierungspunkte für die Bestimmung ‚realer' Freiheit ermittelt und gleichzeitig kontextuelle Spezifizierungen zugelassen werden.[566]

5.5.6 Zur strukturellen Ausgestaltung eines Versorgungssystemes

Peter Dabrock formuliert dem *Capabilities approach* folgend ein kontextsensibles Gerechtigkeitskriterium, denn eine gerechte Grundversorgung habe „die Befähigung jedes Menschen zu einer längerfristigen, leiblich integralen, eigenverantwortlichen Lebensführung zwecks Teilnahmemöglichkeit an sozialer Kommunikation"[567] zum Ziel. Die Befähigung zum eigenverantwortlichen Leben stellt das Hauptkriterium für die Gestaltungsaufgaben bzw. Umgestaltungsmaßnahmen innerhalb einer menschenrechtlich gebotenen und sozialstaatlich zu verwirklichenden Versorgung dar. Zu beachten ist dabei die starke vage Konzeption des Guten, die den Begriff der Befähigung mittels der Liste der Grundfähigkeiten inhaltlich füllt und damit konkretisiert. Die Ausgestaltung eines staatlichen Sys-

---

[564] Nussbaum (1999), (Anm. 1), S. 72.

[565] Interview Klaus Taschwer mit Martha Nussbaum, in: Nussbaum (2000; Anm. 11), S. 92.

[566] Nach dieser Diskussion ist festzuhalten, dass der *Capabilities approach* in einem völlig anderen gesellschaftlichen Kontext als die klassischen Naturrechtstheorien, auf die er sich systematisch bezieht, steht. Ihm ist jedoch nicht wie zum Beispiel neuscholastischen Konzeptionen vorzuwerfen, dass er diese Bedingungen nicht berücksichtigt.

[567] Dabrock, S. 206.

tems muss sich demnach an der gesamten Grundfähigkeitenliste orientieren.

Unter sozialer Integration wird die Anzahl und Qualität sozialer Beziehungen, insbesondere das tatsächliche und potentielle Ausmaß an sozialer Unterstützung verstanden. Soziale Integration ist einerseits eine wichtige Voraussetzung für Wohlbefinden und Lebenszufriedenheit, andererseits beeinflusst sie in hohem Maße die Fähigkeiten eines Menschen, Belastungen und Krankheiten zu bewältigen und stellt damit eine wichtige Gesundheitsressource dar.[568] Um die Einzelnen hinsichtlich zum guten Leben zu befähigen, muss berücksichtigt werden, dass Unterschiede bezüglich der körperlichen Verfassung, wie Behinderung, Krankheit oder Lebensstadien, eine elementare Rolle bei der Verteilung von Gütern spielen.[569]

Die dem jeweiligen Individuum zur Verfügung stehenden leiblichen Möglichkeiten müssen dabei ebenso Berücksichtigung finden wie die sozialen Umstände, innerhalb derer es sich bewegt. Das eigenverantwortliche Handeln vollzieht sich nämlich stets unter individuellen Bedingungen und in sozialen Kontexten; insofern müssen Leistungen relativ zur konkreten gesellschaftlichen Realität und zur körperlichen Verfasstheit definiert und bereitgestellt werden. Der Capabilities approach gibt insofern nur Rahmenbedingungen vor, die sich aus seiner Konzeption substantieller Freiheit ergeben. Der Ansatz löst seinen Anspruch auf Kontextsensibilität ein und verbietet sich gerade deshalb, detaillierte Gestaltungsregeln allgemeingültig für jedes mögliche Versorgungssystem zu formulieren.

---

[568] Der Bereich der psychischen Gesundheit ist dabei von besonderer gesellschaftlicher Bedeutung, da Beeinträchtigungen der psychischen Gesundheit langfristig hohe gesellschaftliche Kosten, einer reduzierten Arbeitsfähigkeit und geringer gesellschaftlicher Innovativität produzieren. Die Kosten zur Verhinderung der Langzeitarbeitslosigkeit sind deshalb geringer als die Kosten zur Reintegration der Langzeitarbeitslosen.

[569] Wenn, wie das in utilitaristischen Ansätzen der Fall ist, persönlichen Präferenzen eine zentrale Stellung innerhalb der Gerechtigkeitskonzeption eingeräumt wird, geschieht keine Umverteilung, sondern eine Anpassung an den Status quo. Das heißt zum Beispiel für den Gesundheitsbereich, dass auf hohem Niveau Ansprüche auf sogenannte Luxusmedizin gestellt werden, auf niedrigem Niveau aber sich mit schlechten Gesundheitszuständen abgefunden wird. Deshalb können Priorisierungsentscheidungen innerhalb des Gesundheitswesens nicht durch die Orientierung an den rein subjektiven Bedürfnissen der Menschen hinsichtlich ihrer psychischen sowie physischen Gesundheit oder der Menge an Gesundheitsleistungen und -gütern, die pro Kopf zur Verfügung stehen, getroffen werden, sondern an der tatsächlichen Fähigkeit jeder Einzelperson, sich – ihren jeweiligen körperlichen Bedingungen entsprechend – guter Gesundheit zu erfreuen.

Ob die Aspekte einer „guten Gesellschaft" die subjektive Lebenszu-friedenheit maßgeblich beeinflussen, ist nicht sicher, da hier eine individuelle Gesamtbilanz gezogen werden soll. Das Ausmaß, in dem Freiheitsrechte, Sicherheit, Chancengleichheit und Gerechtig-keit als verwirklicht gelten, beeinflusst die individuelle Lebenszu-friedenheit wahrscheinlich nur geringfügig. Die Erklärungskraft des Modells ist fast ausschließlich auf die Dimension soziale Gerechtig-keit zurückzuführen. Deshalb erweist es sich als diffizil, von einer individuellen Lebenszufriedenheit auf eine „gute Gesellschaft" zu schließen, zumindest dann, wenn zu den Merkmalen einer lebens-werten Gesellschaft nicht nur materiell hoher Lebensstandard gehö-ren soll, sondern darüber hinaus auch Freiheit, soziale Sicherheit sowie soziale Gerechtigkeit. Und daran sollte kein Zweifel bestehen: Denn was wäre die wohlhabendste Gesellschaft ohne Freiheit und soziale Gerechtigkeit?

So ist auch eine Definition eines guten Lebens nicht allgemeingültig im Detail zu formulieren, sondern immer nur kontextuell. Wenn es notwendig ist, dem Begriff im jeweiligen gesellschaftlichen Kontext auf die Spur zu kommen, bedeutet dies auch, das jeweils kulturell und historisch geprägte Konzept zu durchleuchten. In pluralisti-schen Gesellschaften gibt es legitimer Weise mehrere Varianten von Definitionen und dementsprechend viele Zielbestimmungen. Die für ein bestimmtes Gemeinwesen maßgebliche Definition ist letzt-lich allein im politischen Prozess zu ermitteln.

Die Besonderheit der Konzeption des *Capabilities approach* liegt si-cherlich darin, dass die Wertebasis, auf der letztlich jede sozialethi-sche Theorie argumentiert, durch die starke vage Theorie des Guten offen gelegt und gerechtigkeitstheoretisch relevant wird. Ohne eine Theorie des Guten scheinen Gerechtigkeitskonzeptionen nicht aus-zukommen; es bestehen jedoch Unterschiede im Hinblick auf deren systematischen Stellenwert und deren Inhalt.[570]

Welche politische Zielsetzung ist es, die der Fähigkeitenansatz unter Berücksichtigung der Rahmenbedingungen einer funktional ausdif-ferenzierten, weltanschaulich pluralen Gesellschaft formuliert?

---

[570]   Vgl. Nussbaum (2003), (Anm. 3), S. 17.

5.5.7 Die Befähigung zum guten Leben als politische Aufgabe

Aus der Sozialethik des *Capabilities approach* leitet Nussbaum die politische Konzeption des aristotelischen Sozialdemokratismus[571] ab. Als dessen Leitbild definiert Nussbaum folgende Aufgabe von Politik:

> „Die Politik untersucht die Lebensverhältnisse der Bürger und fragt in jedem Fall, was der Einzelne braucht, um in den verschiedenen Bereichen gut zu leben und zu handeln. Sowohl die Institutionen als auch die Verteilung von Ressourcen durch die Institutionen werden im Hinblick auf die Förderung der Fähigkeiten der Bürger gestaltet"[572].

Politisches Ziel ist also durchaus die Realisierung eines guten Lebens für alle Bürger, wobei Nussbaum daraus nicht eine paternalistische Staatskonzeption ableitet.[573] Die Begrenzung der Staatstätigkeit zugunsten der individuellen Freiheitsspielräume besteht darin, dass die Gesetzgebung ihr Ziel ausschließlich in der Befähigung der von ihr betroffenen Personen sieht.[574] Dies bedeutet für eine politische Rahmenordnung, dass es ihr zum Ziel gemacht werden sollte, die Bürgerinnen und Bürger zur Wahlfreiheit zu befähigen, damit der Mensch „seine natürlichen Anlagen in einer durch menschliche Entscheidungsfreiheit und Rationalität bestimmten Weise"[575] entfalten kann.

Es wird also angenommen, dass selbstbestimmtes Handeln auf gewissen Voraussetzungen beruht, die nicht natürlicherweise jedem zukommen, sondern institutionell gesichert werden müssen. So wird eine Befähigung zur Eigenverantwortung nötig, die sich in der

---

[571] Vgl. z. B. Martha Nussbaum, *Aristotelische Sozialdemokratie. Die Verteidigung universaler Werte in einer pluralistischen Welt – Ein Vortrag für das Kulturforum der Sozialdemokratie*, Willy-Brandt-Haus Berlin am 01. Februar 2002; online unter <http://www.kulturforen.de/servlet/PB/menu/1165334/index.html>, abgerufen am 30.06.2005.

[572] Nussbaum (1999), (Anm. 1), S. 62.

[573] Vgl. Nussbaums Stellungnahme zum Paternalismusvorwurf in: Nussbaum (2003), (Anm.3), S. 14 – 16.

[574] „Die Konzeption zielt nicht darauf ab, Menschen dazu zu bringen, auf eine ganz bestimmte Weise zu funktionieren, Sie zielt vielmehr darauf ab, Menschen hervorzubringen, die zu bestimmten Tätigkeiten befähigt sind und die sowohl die Ausbildung als auch die Ressourcen haben, um diese Tätigkeiten auszuüben, falls sie dies wünschen" (Nussbaum 1999, [Anm. 1] , S. 40 – 41).

[575] Ibid., S. 130.

Bereitstellung bestimmter institutioneller und materieller Bedingungen realisiert.

Der Staat soll in jedem einzelnen Aufgabenbereich die Befähigung zum guten Leben, das heißt zu einem eigenverantwortlichen, entscheidungsfähigen sozialen Leben, materiell und institutionell sicherstellen, wobei die Beachtung des Kontextes unbedingt notwendig ist.[576]

Für eine wohlgeordnete Gesellschaft, die auf das gute Leben jedes Einzelnen ausgerichtet ist, ist also ein umfangreiches staatliches Unterstützungssystem unerlässlich, das allen Bürgern ein ganzes Leben lang eine gute Lebensführung erlaubt.[577]

Im Folgenden soll es nun um die Rahmenbedingungen gehen, die sich aus *dem Capabilities approach* für die strukturelle Ausgestaltung eines Systems ergeben. Hierbei wird das genannte Basiskriterium, nämlich die Befähigung zum eigenverantwortlichen Leben in einem bestimmten gesellschaftlichen Kontext angewendet. Aufgrund dieser Wechselwirkungen und Überschneidungen, die zwischen politischen Ressorts hinsichtlich der Gewährleistung von Grundfähigkeiten bestehen, fordert der Fähigkeitenansatz einen integrativen Blick und verlangt eine größere Durchlässigkeit der einzelnen Politikfelder.

5.5.8 Zur Beteiligungsfrage

Die Beteiligung an sozialen Kooperationsprozessen ist Teil eines eigenverantwortlichen Lebens und insofern ist Beteiligungsgerechtigkeit als eine Komponente der Befähigungsgerechtigkeit anzusehen.[578] Durch eine allgemeine Grundversorgung soll den Bürgerinnen und Bürgern die gesellschaftliche Teilhabe ermöglicht werden; systemintern stellt sich jedoch ebenso die Beteiligungsfrage, und zwar auf der Mikro- wie auf der Makroebene. Auf der Mikroebene muss im Namen der Beteiligungsgerechtigkeit das mündige Individuum als Zielvorstellung gelten. Um die Vorstellung vom mündigen Individuum zu verwirklichen, bedarf es gewisser Rechte, die

---

576   Vgl. Nussbaum (1995a), (Anm. 2), S. 342.

577   Vgl. Nussbaum (1992), (Anm. 1), S. 62.

578   Nussbaum nennt in ihrer *starken vagen Konzeption des Guten* die Grundfähigkeit, soziale Beziehungen aufbauen und unterhalten zu können. Sie betont, dass nach aristotelischer Sichtweise diese Fähigkeit sowohl persönliche als auch politische Beziehungen umfasst und sich somit auf politische Partizipation bezieht (vgl. Nussbaum 1999, [Anm. 1], S. 70).

direkt auf die Befähigung zum selbstverantwortlichen Handeln abzielen und es den Betroffenen innerhalb des Systems die Teilhabe an sozialer Kooperation zu ermöglichen. Dies setzt die Transparenz der Entscheidungsverfahren voraus. Allerdings geht es dabei im Grunde bereits wieder um allgemeine demokratische Entscheidungsprozesse, also um die Möglichkeit der allgemeinen Beteiligung der Bürger an politischen Verfahren.[579]

Nachdem in diesem Abschnitt etwas beleuchtet wurde, wie eine beteiligungsgerechte Gestaltung eines guten Lebens gemäß dem *Capabilities approach* aussehen könnte, wird nun die Frage im Mittelpunkt stehen, nach welchen Kriterien Leistungen und Güter verteilt werden sollen.

5.5.9 Zur Verteilungsfrage

Folgt man dem *Capabilities approach* nach Nussbaum, soll ein System seinen Teil zum guten Leben der Einzelnen beitragen und den Bürgerinnen und Bürgern angemessene Verwirklichungschancen hinsichtlich ihres persönlichen Lebensentwurfs bieten. Aus dem Basiskriterium eines gerechten Systems, nämlich der Befähigung zum eigenverantwortlichen Leben, ist hinsichtlich der gerechten Verteilung zu folgern, dass Grad und Umfang der Hilfsansprüche je nach Befähigungseinschränkung bestehen. Es geht hier jedoch stets um solche Einschränkungen, die sich speziell aufgrund der körperlichen Verfassung des jeweiligen Menschen ergeben, das heißt sich auf seine physische und psychische Konstitution zurückführen lassen. Weil das Kriterium für Priorisierungsentscheidungen qualitativ als Befähigung gefasst wird und es nicht quantitativ um die Gleichverteilung von Gütern geht, werden Unterschiede wie Behinderung, Krankheit oder Lebensstadien bei der Mittelverteilung berücksichtigt. Da Befähigung allgemein auf anthropologischer Basis und nicht aufgrund persönlicher Präferenzen ermittelt wird, fallen rein subjektive Bedürfnisse hinsichtlich der Frage, nach welchen Kriterien Leistungen verteilt werden sollen, nicht ins Gewicht. Werden knappe Ressourcen je nach Befähigungseinschränkung verteilt, so ist gewiss die notfallmedizinische Versorgung erstrangig sicherzustellen,

---

579 Dem *Capabilities approach* zufolge können im Sinne der Beteiligungsgerechtigkeit Anreize für bewusstes Verhalten oder Restriktionen bei willentlichem gefährdendem Verhalten politisch gesetzt werden. Insofern geht man davon aus, dass das Recht auf Beteiligung auch eine Pflicht zur Beteiligung impliziert und somit eine Verpflichtung zur eigenverantwortlichen Vorsorge besteht.

da schließlich Überleben die Voraussetzung für eigenverantwortliches Leben ist. Weiterhin ist vordringlich, eine Versorgung mit Leistungen sicherzustellen, die Krankheiten heilen oder lindern, welche die Möglichkeit selbstverantwortlich zu leben und zu handeln stark einschränken. Die Grundfähigkeitenliste ist zur Bestimmung des Grades der Befähigungseinschränkungen von Fall zu Fall heranzuziehen. Schließlich ist mit dem *Capabilities approach* auch ein privater Markt nicht unvereinbar; es können jedoch ausschließlich die Güter und Leistungen unter rein marktwirtschaftlichen Gesichtspunkten verteilt werden, die für ein eigenverantwortliches Leben innerhalb einer bestimmten Gesellschaft nicht unbedingt notwendig sind. Das heißt, es geht um Leistungen, die keine einzige Grundfähigkeit sicherzustellen vermögen; insofern markiert die starke vage Konzeption des Guten auch die Grenzen der gebotenen Versorgung innerhalb eines öffentlichen Systems.

5.5.10 Fazit

Nussbaum beansprucht einerseits die menschliche Natur zum Fundament der Ethik zu machen, andererseits aber unterstellt sie, dass der Begriff der menschlichen Natur sich durch normative Setzungen konstituiert. Dieser Ansatz fordert zum Widerspruch heraus.

Herlinde Pauer-Studer verweist darauf, dass der Begriff der menschlichen Natur nicht für eine besondere Begründungsweise der Ethik tauge, wenn er als normativer vorgestellt werde, weil sich damit das Begründungsproblem lediglich verschiebe.

> „Der Verweis auf die menschliche Natur bedeutet dann, dass die Ethik mit bestimmten normativen Annahmen arbeiten muss – damit ist aber nicht die allgemeine Frage gelöst, welche normativen Prämissen als gerechtfertigt gelten können. Wenn man Nussbaums einschlägige Ausführungen genauer studiert, so wird auch klar, dass sie einer rekonstruktiven Begründung zugeneigt und nicht einen naturalistischen Begründungsansatz vertritt, nämlich die Rekonstruktion unserer tiefsten moralischen Überzeugungen und deren Absicherung in einer Art Überlegungsgleichgewicht."[580]

Hieran ist sicher richtig, dass Nussbaum eine rekonstruktive Begründungsstrategie vorzieht. Dass sie dadurch aber ihren Naturalismus preisgibt, halte ich für falsch. Im Gegenteil: Die Rekonstruk-

---

[580]   Pauer-Studer, S. 13.

tion unserer moralischen Erfahrungen, die sich, um die Spreu vom Weizen zu trennen, von dem Kriterium der kulturellen Häufigkeit leiten lässt, ist das Mittel, um zur Natur durchzudringen. Das, was häufig an unterschiedlichen Orten und zu unterschiedlichen Zeiten geteilt wird, kann kein Zufall sein, sondern deutet auf Natur hin. Liest man Nussbaum so, dann stellt sich gar nicht die Alternative zwischen einer rekonstruktiven und einer naturalistischen Begründungsstrategie.

Bestreiten kann man allerdings trotzdem, dass Nussbaums Variante eines „internen Realismus" sinnvoll ist. So könnte man argumentieren, dass Nussbaums Formulierung „empirischer Essentialismus" bereits auf der begrifflichen Ebene eine Paradoxie offenbare. Damit meine ich, dass der Begriff eine Contradictio in Adjecto darstellt, weil eine Essenz nicht empirisch sein kann, aber möglich ist es immerhin, vermittels empirischer Analysen auf eine Essenz zu stoßen.

Keineswegs ist es schon aus begrifflichen Gründen unsinnig, bei den Meinungen (doxai) oder gewöhnlichen Vorstellungen (endoxa), die Menschen von sich selbst haben, anzusetzen, um durch Ausscheidung der Unterschiede zu einem Wissen über die menschliche Existenz emporzusteigen. Eine solche Unternehmung ist aber, will sie erfolgreich sein, davon abhängig, dass es einen transhistorischen und transkulturellen ethischen Konsens überhaupt gibt. Dies müsste durch historische und ethnologische Materialanalysen erwiesen werden. Außerdem ist der Rekurs auf Mythen methodisch anzweifelbar. Gewiss, über den methodischen Wert von Mythen und Literatur für die Ethik kann gestritten werden. Und dass Nussbaum ihre Theorie des Guten nicht als das Resultat einer historisch-vergleichenden Analyse ausweisen kann, ist auch richtig. Die Frage, ob ein überkultureller ethischer Konsens möglich ist, wartet noch auf ihre Antwort. Solange diese aber noch aussteht, bleibt Nussbaums Projekt einer empirischen fundierten Theorie des Guten aber methodisch attraktiv.

Martha Nussbaum hat anhand einer Liste existentieller Grunderfahrungen versucht, die Unterschiede zwischen einem bloß menschlichen und einem guten menschlichen Leben zu markieren. Vor Augen hat sie hier etwa die Erfahrungen einer intakten geistigen und körperlichen Verfassung, die Gefühle der Erfülltheit, der Lust und der Abwesenheit von unnötigem Schmerz, Momente des Humors, des Spiels und der Erholung, die Bewahrung eines gelingenden Verhältnisses zur Außenwelt, vor allem aber den Besitz von Autonomie.[581] Listen dieser Art bringen jedoch einige methodische Nachteile mit sich. So ist ungeklärt, ob ein gutes Leben stets alle der jeweils angeführten Merkmale aufweisen muss oder in welchem Verhältnis sich diese gegebenenfalls zu kompensieren vermögen.

Ist eine derart politisch inspirierte Vorstellung von einem guten Leben dann erst einmal umrissen, ergeben sich unweigerlich Forderungen nach einer umfassenden Verteilungsgerechtigkeit.[582] „Umfassend" soll diese insofern sein, als hier nicht bloß spezifisch materielle Güter wie Geld, Nahrung oder Obdach zu möglichst gerechten Güterbündeln zusammengeschnürt werden, sondern all jene, die in den Ermöglichungsspielraum der Politik und des Staates fallen: Man denke da beispielsweise auch an die Menschen- und Bürgerrechte, die Versicherungssysteme oder den Zugang zu Bildung und Information. Theorien dieser Art verfolgen die Absicht, einen staatlichen Verantwortungsbereich abzustecken, der all das umfassen soll, auf was die Mitglieder einer politischen Gemeinschaft einen Anspruch besitzen. Damit steht allerdings sogleich die Frage im Raum, wie das Kriterium beschaffen sein soll, anhand dessen sich diejenigen Elemente eines guten Lebens, für die der Staat begründeterweise zu sorgen hat, von solchen abheben lassen, deren Bereitstellung er schlichtweg gar nicht sichern kann oder von denen er gar gänzlich die Finger lassen sollte. Für so wichtige Elemente eines glückenden Lebens wie gelingende Freundschafts-, Liebes- und Sexualbeziehungen lässt sich vonseiten staatlichen Handelns schwerlich ein Rezept ausstellen.

Daher liegt es nahe, sich das Paket staatlicher Versorgungsleistungen im Sinne eines hypothetischen Vertrages zu denken, der allein diejenigen Aspekte menschlichen Wohlergehens festschreibt, deren Zusicherung wir berechtigterweise voneinander erwarten dürfen.[583] Dazu aber müssten zunächst „Güter" und „Hinsichten" eines solchen Vertrages unterschieden werden. Als Güter fänden darin nur solche Komponenten eines guten Lebens Erwähnung, zu deren vollständiger Gewährleistung wir uns auch tatsächlich verpflichten können. Unter den imaginären Verhandlungstisch fielen daher zunächst all jene „Sozialleistungen", zu denen wir uns deshalb nicht

---

[581] Ein ähnlicher Ansatz findet sich bei Pauer-Studer (1996) und Angelika Krebs (²1998). Beide weisen zudem aus feministischer Perspektive darauf hin, dass eine solche Güterliste durchaus sensibel ist für bislang unterdrückte Bedürfnisse von Frauen.

[582] Sen (1987), Dworkin (1990), Rawls (1992).

[583] Rawls (1992).

zu verpflichten vermögen, weil deren Erbringung – wie eben Liebe oder Freundschaft – auf dem Prinzip der Freiwilligkeit bzw. der Nicht-Erzwingbarkeit beruht.

Auch jene Komponenten guten Lebens, die wir uns deshalb nicht zusichern können, weil sie entweder nicht allein in menschlicher Macht stehen – wie der Bestand unserer natürlichen Umwelt – oder weil deren Sinn darin besteht, dass jeder oder jede sie in eigener Regie ausübt – Prozesse der Kontemplation oder der Selbstverständigung etwa – wären keine vertragsfähigen Güter in diesem Sinne. Es ist zwar durchaus wünschenswert, dass jeder Mensch prinzipiell Zugang zu derlei Lebensmöglichkeiten besitzt, doch wäre es schlicht sinnlos zu verlangen, die politische Gemeinschaft habe uns diese mundgerecht zuzuführen. Dies käme wohl in der Tat einem überhöhten Anspruchsdenken gleich.[584]

Das bedeutet jedoch nicht, dass die damit gemeinten Aspekte des Wohlergehens deshalb gänzlich aus der hypothetischen Vertragssphäre herausfallen müssen. Denkt man an so unterschiedliche Modalitäten guten Lebens wie die Ausübung einer als sinnvoll erfahrenen Tätigkeit oder den Besitz eines weitgehend unproblematischen Verhältnisses zur Außenwelt, so können wir uns deren Verfügbarkeit zwar nicht in Form eines fiktiven Staatsvertrages zusichern, doch taugen diese sehr wohl als wichtige Hinsichten einer derartigen hypothetischen Übereinkunft. Auch mit ihnen ist angegeben, worum es dem politischen Gemeinwesen gehen muss. Der Staat kann diese Lebensvollzüge zwar nicht schon als solche offerieren, doch sollte er – etwa durch die Bereitstellung geeigneter Ressourcen – einen möglichst günstigen Einfluss auf sie ausüben.

Allerdings bleibt der damit markierte Unterschied zwischen Gütern und Hinsichten eines Gesellschaftsvertrages innerhalb der hier genannten Gerechtigkeitstheorien nur zu oft im Dunkeln. Vielmehr laufen diese permanent Gefahr, das Aufgabenfeld staatlichen Handelns durch den Gedanken der Vertragsfähigkeit unnötig zu restringieren. Finden in ihnen beispielsweise allein Güter und damit nicht auch Hinsichten Erwähnung, fällt der Vertragsabschluss viel zu bescheiden aus. Dazu kommt häufig noch ein weiterer, noch grundsätzlicherer methodischer Haken: Woher sollen überhaupt die

---

[584] So schießen Listen Nussbaumscher Prägung dann auch dort über ihr Ziel hinaus, wo sie vom Staat die vollständige Bereitstellung auch von solchen Gütern zu fordern scheinen, für die das politische Gemeinwesen weder garantieren kann noch soll: Zum Beispiel das Vermögen der Autonomie oder die Erfahrung der Heiterkeit (vgl. Nussbaum 1993, S. 342).

konkreten Inhalte für einen solchen imaginären Vertrag stammen? Offenkundig sind mit der abstrakten Idee eines gerechten Abkommens diesem nicht schon irgendwelche Vertragsgegenstände vorgeschrieben. Denn Verträge haben keine verpflichtende Kraft, wenn nicht „hinter den vertragsschließenden Parteien die Gesellschaft steht, die einzugreifen bereit ist, um den von diesen Parteien eingegangenen Verpflichtungen Respekt zu verschaffen."[585] Verträge können die Vereinigung von Menschen zu einer Gesellschaft initial nicht konstituieren, sondern setzen bereits eine dezidierte Solidarität unter Menschen voraus, durch den eine Gemeinschaft bzw. Gesellschaft entsteht. Ähnlich setzt zum Beispiel entsprechend auch der Tausch nach Emile Durkheim voraus,

> „dass zwei Wesen wechselseitig voneinander abhängen, weil sie beide unvollständig sind; er macht diese wechselseitige Abhängigkeit nur äußerlich sichtbar. Er ist also nur der oberflächliche Ausdruck eines inneren und profunderen Zustandes. Weil dieser Zustand aber konstant ist, ruft er einen ganzen Mechanismus von Bildern hervor, der mit einer Beständigkeit funktioniert, die der Austausch gar nicht hat."[586]

Eine Parallele zu diesem aktuellen Ansatz finden wir auch in Durkheims These von der „notwendigen *Einbettung* von ‚Verträgen' in ein gemeinsames, verbindliches Wertesystem"[587]. Unter seinem Lemma der ‚Vertragssolidarität' subsumiert er

> „die Kritik an der utilitaristischen Erklärung von ‚Verträgen' – aktueller: von Regeln, formellen Institutionen, Organisationen, Recht – aus den Interessen Einzelner und vertritt die notwendige gesellschaftliche Einbettung von Regeln."[588]

Durkheim liefert eine Begründung eines *antiindividualistischen* Institutionenbegriffs, der das Problem individualistischer Ansätze löst, indem er die durch das situativ immer wieder neue rationale Nutzenkalkül jeder vertraglichen Bindung durch verpflichtende Moral sprengt.[589]

---

[585] Durkheim (1893: 165). Die Kritik an der Fiktion des gesellschaftsbegründenden Vertrages, die Durkheim (1893: 267ff.) in der Folge weiter ausführt, findet sich in ähnlicher Form bereits bei Hume (1748).

[586] Durkheim (1893), S. 108. Auch dem Tausch geht also ein sozialer Zusammenhalt voraus, statt diesen zu legitimieren.

[587] Dallinger (2007), S. 67.

[588] Ibid., S. 68.

[589] „Wenn durch institutionelle Reformen eine neue Moralökologie ausgebildet werden kann, die ein reibungsloses Zusammenspiel von Berufsgruppen,

Wo der individualistische Ausgangspunkt ein individuelles *Interesse* an der Einlösung von Regeln aufgrund ihrer Vorzüge annimmt,

> „setzt Durkheim die ‚Autorität gemeinsamer Glaubensvorstellungen' und die Überzeugung von der Legitimität der Regeln ein und hebt die Vorrangigkeit alles Sozialen hervor. Er lehnt kategorisch ab, dass *allgemein gültige* Regeln und Normen jemals den *partikularen* Interessen Einzelner entspringen könnten."[590]

Mutmaßlich scheint sich Durkheim über die Steuerbarkeit moderner Marktbeziehungen durch Moral getäuscht haben; der Signifikanz aber, den Durkheim gerechten Verträgen einräumt, lässt sich explizieren,

> „dass es ihm nicht um qua Tradition bindende Werte, sondern um spezifisch moderne Normen ging. Denn Gerechtigkeit impliziert, dass Bürger die Regeln anerkennen können sollen. Es geht Durkheim um legitimen Zwang, nicht um tradierte, gemeinschaftliche Moral. Aber der individualistische Zug bei Durkheim ist schwach."[591]

Durkheim bestimmt Institutionen als kollektive Glaubensvorstellungen und Verhaltensweisen mit eigener Realität, die moralisch über den Individuen und historisch vor den Einzelnen stehen. „Durkheim sah durchaus, dass soziale Regeln oder kollektive Handlungsweisen durch menschliches Handeln entstehen."[592] Institutionen, so Durkheim, „seien etwas eigenständig Soziales, weil sie aus der *Vereinigung* der Tätigkeit von Individuen hervorgehen.[593] Die Synthese

---

demokratischem Staat und individualistischem Ideal gestattet, dann, so seine (Durkheims, Anmerkung M. K.) Überzeugung, wird Arbeitsteilung organische Solidarität erzeugen und soziale Integration sicherstellen." Hans-Peter Müller, S. 316 in: *Durkheim* (1999).

[590] Dallinger (2007), S. 72. Genau das wird von utilitaristischen Konzepten anders gesehen. Auch die Maximierung des Eigennutzens anstrebende Akteure entwickeln ein Interesse an Verträgen, Organisation, Recht oder Normen etc. (z. B. Ullmann-Margalit 1977; Hechter 1987; Ostrom 1990; Baurmann 2000).

[591] In seinen weiteren Schriften dominiert die Auffassung der von *gesellschaftlichen Werten* abhängigen Verträge und Institutionen.

Ibid., S. 72f.

[592] Ibid., S. 73f.

[593] Durkheim ist überzeugt, „dass es mittels einer gesteigerten Arbeitsteilung möglich ist, die Werte der Französischen Revolution – Freiheit, Gleichheit, Brüderlichkeit – zu verwirklichen und die organisierte Gesellschaft auf der Basis von Selbstentfaltung, Chancengleichheit und Solidarität zu vervollkommnen. Durkheim bleibt in dieser Hinsicht ein später Erbe der französi-

individueller Strebungen Vieler ergebe *emergente* Phänomene jenseits des Einzelwillens."[594]

Auch in puncto des Aspektes auf die Rolle von Institutionen in gegenwärtigen Diskursen ist zweierlei bemerkenswert: Erstens werden

> „Institutionen als Regeln und Mittel der Ermöglichung von Kooperation betrachtet: Institutionen stellen Sekurität und Verbindlichkeit her, machen das Handeln anderer erwartbar und erlaubten es, selbst ‚kooperative Strategien' zu wählen."[595]

Zweitens: Auch nunmehrige Determinationen des Institutionsbegriffs begreifen – wie auch bei Durkheim – eine Variationsbreite an Festlegungen von Verhalten, wie rechtliche und organisatorische Strukturen, aber auch Gewohnheiten und Sitten, mit ein.[596]

Für Emile Durkheim gebieten sozial definierte Verhaltensweisen eine Realität ‚sui generis'[597], d. h. eine eigene, nicht irreduzible Realität in Bezug auf das individiduelle Wollen. Gegen die utilitaristische Mutmaßung, Vertragsregeln würden wegen dem Nutzen friedlichen Austauschs eingehalten, setzt Durkheim Institutionen als äußeren Zwang.

> „Wenn Durkheim betont, dass Institutionen *über* den individuellen Interessen stehen müssten, dann hat er Legitimität und Stabilität im Blick. Ohne ‚äußeren' Zwang würden sie gekippt, sobald dies rationalen Egoisten opportun erscheint. Auch das Modell einer Aggregation der Interessen Vieler durch den ‚Gesellschaftsvertrag' akzeptiert Durkheim nicht als Erklärung von Kooperation. Da dieser von Interessen ab-

---

schen Aufklärung, der unbeirrt an die Perfektibilität von Mensch und Gesellschaft glaubt und seine theoretische Argumentation durchgängig vor diesem Hintergrund entwickelt. Diese Orientierung an den Standards gelungener Vergemeinschaftung ließ Durkheim zu einem der eminentesten Wegbereiter eines integegrationstheoretischen und gleichzeitig funktionalistischen Denkens in der Soziologie werden, dessen Einfluss noch heute wirksam ist." Müller, Hans-Peter; Schmid, Michael, (²1996), S. 519f.

[594] Dallinger (2007), S. 73f.

[595] Dallinger (2007), S. 74. Siehe auch Esser (2000); Lange/Schimank (2005).

[596] Vgl. dazu auch March/Olsen (1989), S. 22; Meyer (2005), S. 8.

[597] Durkheim (1970), S. 94f.

hänge, sei er instabil und damit keine Lösung für das Problem friedlicher Kooperation."[598]

Nicht zuletzt aus Gründen dieser Art erscheint es mir sinnvoll, gewissermaßen umgekehrt zu verfahren: Statt von der Idee eines gerechten Vertrages ausgehend nach dem zu suchen, was deren hypothetische Partner sich darin garantieren können, bedarf es zunächst einer möglichst umfassenden, wenn auch formalen Vorstellung von einem guten Leben, damit klarer wird, worum es in diesem Vertrag gehen kann. Ist diese Vorstellung erst einmal gefunden, muss dann allerdings im einzelnen geprüft werden, nicht so sehr, welche Aspekte sich davon vertraglich absichern lassen, als vielmehr, inwiefern deren Ermöglichung in der Macht von Politik und Staat stehen kann und muss. Eine politische Philosophie der hier anvisierten Art reformulierte nicht erst in einem zweiten Schritt die hinter dem Prinzip der Gerechtigkeit steckenden „Ideen des Guten"[599].

Indem nun aber eine formale Theorie des Guten politische Relevanz erhält, wird die Forderung nach Nicht-Partikularität um den Anspruch des Anti-Paternalismus erweitert. Politisches Handeln lässt sich unter den heutigen Umständen nur noch unter der Bedingung rechtfertigen, dass es den Mitgliedern des Gemeinwesens nicht ein Leben „aufdrückt", das diese – in einem wohlverstandenen Sinne – nicht leben wollen können. Ein Staat hat institutionelle Bevormundungen dieser Art zu unterlassen. Daraus folgt jedoch gleichermaßen das Verbot des Zwangs zu einem guten Leben. Zwar sollte das politische Gemeinwesen alles nur Machbare tun, um seinen Mitgliedern ein gutes Leben zu ermöglichen, doch ob und, wenn ja, in-

---

[598] Dallinger (2007), S. 74f. Mit seiner Untersuchung zum Selbstmord erhärtet Durkheim den überindividuellen Zwangscharakter sozialer Institutionen. „Ohne die Begrenzung ungezügelter individueller Begierden durch gesellschaftliche Institutionen wie die Ehe oder kollektive Vorstellungen über angemessene Ungleichheit fehle dem Einzelnen die Grenze" (ibid.).

[599] Vgl. Rawls (1992), Dworkin (1990). Dem Guten Vorrang vor dem Rechten einzuräumen und von der Universalisierbarkeit einer solchen Konzeption des Guten auszugehen, wie dies Nussbaum in ihrer Version des *Capabilities approach* tut, muss sicherlich kritisch betrachtet werden. Die Brisanz einer solchen klassisch-naturrechtlichen Argumentation kann jedoch nicht nur durch das oben genannte theorieinterne, geschichtsbewusste und kontextsensible Vorgehen entschärft werden, sondern auch dadurch, dass der anthropologische Entwurf sowie die Konzeption der Fähigkeiten in die demokratischen Prozesse eingebracht werden. Vgl. dazu: Habermas (2004), S. 324.

wieweit diese das ihnen unterbreitete Angebot dann tatsächlich nutzen wollen, muss ihnen überlassen bleiben.[600]

Die in dieser doppelten Hinsicht antipaternalistisch eingeschränkte Idee beinhaltet, dass das Gemeinwesen das Wohlergehen seiner Mitglieder zu begünstigen oder gar zu ermöglichen habe. Diese steht dann auch im Mittelpunkt jener Beiträge, die weniger der Politischen Philosophie als vielmehr einer zeit- und kulturdiagnostisch ausgerichteten Sozialphilosophie zuzurechnen sind.[601]

Einstweilen mag es da naheliegen, sich die Gesellschaft als eine Art Subjekt im Großformat vorzustellen und in Analogie zu einer individuell gelingenden bzw. verfehlten Existenz auch kollektive Formen des Zusammenlebens als gut bzw. misslungen zu kennzeichnen. Ein solcher Versuch muss sich jedoch deshalb – zumindest methodisch – als äußerst problematisch erweisen, weil er von vornherein die Möglichkeit einer gewissen „Eigenlogik" sowohl des Individuellen als auch des Gesellschaftlichen verneint. Nicht zuletzt um diese Problematik zu umgehen, setzt die sozialphilosophische Kritik sinnvollerweise so an, dass sie den Grad der Störanfälligkeit oder gar der „Krankheit" einer Gesellschaft lediglich daran bemisst, inwieweit deren historisch gewachsene Institutionen und kulturell sich wandelnden Praktiken auf ihre Mitglieder und deren Bedürfnis nach einem guten Leben einen schädlichen Einfluss besitzen.[602]

Angesichts des theoretischen Anspruchs, anti-paternalistisch zu verfahren, wäre eine derartige Forderung nach Offenheit und Unabgeschlossenheit nur konsequent. Der hier gesuchte Begriff des Guten dürfte weder zu weit gehen, noch sollte er zu kurz greifen, damit er den Menschen nicht in eine zu enge „Form" presst.

Zunächst ist dabei noch einmal von der bereits angeklungenen Einsicht auszugehen, dass die Suche nach dem Glück anderen Gesetzen folgen kann als denen der Moral. Während die erstere eine sporadische Nichtbeachtung gesellschaftlicher Normen nicht von vornherein ausschließt, sind wir bei der letzteren gerade um den unbefan-

---

[600]   Nussbaum (1999), Krebs (²1998).

[601]   Diese hat es ihrem Anspruch nach, folgt man Axel Honneth (1994), mit der Bestimmung von „Pathologien des Sozialen" zu tun: Die Sozialphilosophie ist eine Instanz zur Diagnose solcher gesellschaftlicher Fehlentwicklungen, die als Beeinträchtigung der Möglichkeiten, ein gutes Leben zu führen, verstanden werden müssen.

[602]   Vgl. Honneth (1994), Seel (1996), Kap. 11.

genen Ausgleich divergierender Vorstellungen von einem guten Leben bemüht.

Der präferentielle Standpunkt des Guten ist somit offensichtlich nicht identisch mit der Personen übergreifenden Prüfinstanz des moralisch Richtigen. Zu einem Konflikt zwischen dem Wunsch nach einem guten Leben und den Forderungen der Moral kann es nun offensichtlich allein deshalb kommen, wenn und weil eine betroffene Person das jeweilige Eigenrecht dieser Standpunkte und damit die Triftigkeit zumindest einiger der hier genannten Gründe bereits anerkannt hat.

Aufgrund der intersubjektiven Konstituiertheit und der in dieser Folge perspektivisch dezentrierten Struktur einer jeden reflektierten Selbstbeziehung vermag ein Individuum immer schon beide Einstellungen einzunehmen[603]: Die Haltung einer an ihrem eigenen Wohlergehen interessierten ersten Person, aus der heraus der hier gemeinte Konflikt offenbar als ein präferentieller zu beschreiben ist, sowie die hypothetisch zu beziehende Warte einer beliebigen zweiten Person, von der aus gesehen es sich immer schon um eine moralisch zu entscheidende Angelegenheit handelt.[604] Demzufolge ist der Umstand, dass ich die Interessen anderer in meine Überlegungen einzubeziehen habe, moralischer Natur. Die Frage aber, inwieweit ich diese anderen in einer konkreten Handlungssituation tatsächlich berücksichtigen will, besitzt präferentiellen Charakter. Und indem wir beide dieser Einstellungen wahlweise einzunehmen vermögen, lassen wir uns bei jedem Perspektivenwechsel auf Gründe grundsätzlich verschiedener Art ein. Moralische und präferentielle Argumente lassen sich also nicht in einem rationalen Sinne austauschen oder gegenseitig widerlegen. Im Konfliktfall können sie zwar gegeneinander abgewogen werden, nicht selten können sie sich dabei sogar korrigieren, letztlich aber bedarf es einer Entscheidung zwischen ihnen.[605]

Auch schon Durkheim war sich der Problematik bewusst, dass „das psychische Leben"[606] und die Genese des Bewusstseins prinzipiell mit der sozialen Entität des Menschen zusammenhängt. Daraus ge-

---

603   Vgl. Habermas (1988), Kap. 8.
604   Joas (1997) verabsolutiert die erste Ansicht, Seel (1995) und Kim (1998) die zweite.
605   Vgl. Joas (1997).
606   Durkheim (1893), S. 412f.

neriert sich nach Durkheim notwendigerweise Moralität. Er hält es für

> „unmöglich, dass Menschen zusammenleben und regelmä-
> ßig miteinander verkehren, ohne schließlich ein Gefühl für
> das Ganze zu entwickeln, das sie mit ihrer Vereinigung bil-
> den, ohne sich an dieses Ganze zu binden, sich um dessen
> Interessen zu sorgen und es in ihr Verhalten einzubeziehen.
> Nun ist aber diese Bindung an etwas, was das Individuum
> überschreitet, diese Unterordnung der Einzelinteressen un-
> ter ein Gesamtinteresse, die eigentliche Quelle jeder morali-
> schen Tätigkeit. Damit sich nun dieses Gefühl präzisieren
> und bestimmen und auf die gewöhnlichsten oder bedeut-
> samsten Umstände auswirken kann, überträgt es sich in be-
> stimmte Formeln; und infolgedessen entsteht ein Korpus
> moralischer Regeln."[607]

Gesellschaft stellt für Durkheim nichts anderes dar als gelebte Solidarität zwischen den Individuen und diese Verbundenheit wird als
Moral erlebt.

> „Solidarität scheint nach Durkheim das zu sein, was Gesell-
> schaft eigentlich ausmacht: Gesellschaft ist Solidarität, sie ist
> das, wozu der der Individualität entgegengesetzte Pol der
> menschlichen Natur hinstrebt."[608]

Moralische Regeln können einer Gesellschaft nur dann zugrunde
liegen, wenn jene sich durch Solidarität und gegenseitigem Respekt
zwischen den Akteuren auszeichnet.

---

[607] Ibid., S. 56.

[608] Morel, Julius (⁷2001): *Soziologische Theorie. Abriss der Ansätze ihrer Hauptvertreter*, München/Wien/Oldenbourg, S. 16.

6. Resümee und Ausblick

Die Prämisse, dass die bürgerlich-kapitalistischen Gesellschaften immer noch als Arbeitsgesellschaften[609] gekennzeichnet werden müssen, führt in die grundsätzliche Fragestellung, ob der viel beschworene Marktmechanismus des Kapitalismus überhaupt in der Lage sein kann, „den tatsächlichen Bedarf an Arbeit zu identifizieren und innerhalb von Formen gesellschaftlich anerkannter Arbeit zu befriedigen"[610]. Dabei dreht sich die Diskussion über „soziale Exklusion und Prekarisierung" um die Frage, ob eine (relative) Abkopplung der Erwerbsarbeit von der Teilhabe an sozialen Rechten nicht die adäquate Antwort auf die gesellschaftlichen Herausforderungen der Zukunft sein könnte, da die

> „im kapitalistischen Sinne bis jetzt produktive Arbeit demnach im Gegensatz nicht nur zu einer sozialen Anerkennung steht, sondern auch zum Wert gesellschaftlicher Tätigkeiten, die nicht mehr in die vorhandenen Formen der Anerkennung und der Wertschätzung passen."[611]

Diesen Umstand kann man als eine „umständliche Ideologie des Wertes der Arbeit"[612] bezeichnen, vor allem dann, wenn die Geschäftsgrundlage dieser Arbeitsgesellschaft zerfällt und der Arbeitsmarkt der hochindustrialisierten Gesellschaften nicht so restrukturiert werden kann, dass die Subjekte in der gesellschaftlichen Arbeit die benötigte soziale Anerkennungsform finden. Soziale Exklusion haben wir als einen Mangel „an begehrten Gütern von ökonomischem, sozialem und symbolischem Kapital charakterisiert"[613], der durch „keinen Zustand des Außens innerhalb der Gesellschaft"[614] gekennzeichnet werden kann.

Die technische Zivilisation eröffnet zwar den Horizont für ein Selbstverständnis der Moderne, das bestimmte Idealisierungen der menschlichen Arbeit infrage stellt. Seit der Neuzeit war der Mythos

---

[609]   Vgl. Morgenroth, S. 18.

[610]   Habermas (1985), S. 72.

[611]   Ibid. Denn „Arbeit" als Form sozialer Anerkennung muss aus Sicht einer Gesellschaftskritik zumindest hinterfragt werden, wenn die wirtschaftlichen Bedingungen es nicht länger zulassen, dass alle arbeiten können und die soziale Inklusion und Individualisierung damit nicht gewährleistet sind.

[612]   Dahrendorf, S. 1064.

[613]   Bude/Lantermann, S. 235.

[614]   Ibid., S. 235.

eines schöpferischen Menschen verbreitet, der als Ingenieur, Staatslenker oder Wissenschaftler seine Zwecke setzt und sie zu verwirklichen weiß. Doch gleichzeitig existiert seit den Anfängen der Moderne die gegenläufige Einsicht, dass die technischen Mittel nicht selten Wirkungen erzeugen, die gerade nicht bezweckt und nicht einmal vorhergesehen wurden. Seit den zwanziger Jahren des letzten Jahrhunderts ist die Eigendynamik der Technik zu einem Topos geworden.

> „Unleugbar haben die Leitprinzipien der neuen Ökonomie –
> Beschleunigung, Mobilität, Flexibilität – ein gutes Stück des
> überlieferten ‚Sozialkapitals' aufgezehrt, auf das die bürger
> gesellschaftliche Solidarität zwingend angewiesen ist. Prak
> tizierter Gemeinsinn etwa erfordert Zeit. Wahrscheinlich
> braucht Gemeinsinn nicht nur Zeit, sondern auch einen fes
> ten Ort, braucht Erfahrung, braucht Vertrauen. Das alles ist
> nur in dauerhaften, stabilen Strukturen und Räumen zu ha
> ben, die der hochbewegliche Globalisierungsmensch längst
> mit großer Geste hinter sich gelassen hat."[615]

Die neue Herausforderung, vor der die Demokratie heute steht, macht es erforderlich, über die Erweiterung der Kriterien von Teilhabe und Ausschluss nachzudenken.[616] Weil soziale Ausgrenzung weithin erfahren wird, ist es notwendig, über einen moralischen Fortschritt nachzudenken, der jenseits der unterschiedlichen sozialen Missachtungserfahrungen liegt, die die Anerkennungsform „Arbeit" für viele Menschen, vor allem für junge Menschen, produ

---

[615] Walter, S. 32f.

[616] Eine freie Wahl der Lebenswege und individuelle Zukunftsinvestitionen benötigen materielle und institutionelle Basissicherheiten. Struck, S. 29: „Wenn bestehende Flexibilisierungsanforderungen mehr Chancen als Risiken für alle Menschen bieten sollen, dann sind (steuerfinanzierte) universelle Grundsicherungen gefordert, die ausreichend und statutsorientiert zentrale Risiken des Lebens sichern. Neben der Sicherung bei Krankheit und Alter kann damit die Basis für flexible Lebensverläufe gelegt werden. Individuen können dann autonomer und gesicherter als bisher zwischen Phasen selbstständiger und nicht-selbstständiger Erwerbsarbeit, beruflicher Neuorientierung und Weiterbildung sowie Familienphase oder soziales Engagement wählen." Viele Menschen sind materiell, sozial und kulturell unterausgestattet. Hieraus erwachsen prekäre Lebenslagen, die selbst dann, wenn sie von den Menschen immer wieder irgendwie – d. h. kurzfristig-instrumentell – gemeistert werden, keine Chance zu biographischen Selbstbestimmung bieten.

ziert.[617] Angesichts der Vielfältigkeit von sozialer Ausgrenzung muss Politik deshalb gleichsam vielseitiger als bisher nach Gegenstrategien suchen. Der eigentliche moralische Fortschritt liegt deshalb in der Ablösung des Anerkennungsmusters „Arbeit" in der Sphäre der sozialen Wertschätzung. Zwar hat Arbeit oftmals eine intrinsische Motivation, ist persönlich befriedigend, befördert die Autonomie und doch handelt es sich bei der Arbeit um eine geschichtlich gewachsene, in bürgerlich-kapitalistischen Gesellschaften vorherrschende Anerkennungsform, und nicht um eine transhistorische Anerkennungsform einer anthropologischen Notwendigkeit.

Gerade diesem Leistungsprinzip zu Grunde liegende evaluative Bezugssystem ist immer noch in Kraft, denn Erwerbsarbeit ist in unserer heutigen Gesellschaft nach wie vor das zentrale gesellschaftliche Integrationselement, wie auch die Jugendlichen in den Interviews zum Ausdruck bringen. So habe ich herausgearbeitet, dass Erwerbsarbeit und soziale Rechte aufeinander verweisen und eng miteinander verknüpft sind.[618] Denn vor dem Hintergrund der Umbrüche in der Erwerbsarbeit werden zwar die Bürgerrechte nicht entzogen, aber sie verlieren an Substanz.

Damit stellt sich die Frage, wie sich Erwerbsarbeit und soziale Rechte auf neue Weise miteinander verbinden lassen, wenn die Verteilung gesellschaftlich anerkannter Arbeit nicht mehr funktioniert, weil der Markt eine solche Verteilung nicht (mehr) herstellt. Die Einführung neuer Anerkennungsformen in der „Arbeitsgesellschaft" besteht in der Entwicklung eines Gegenmodells der über die Jahrhunderte gewachsenen Deutungen der Arbeit, die über die Relativierung des bislang eingespielten Anerkennungsmusters hinaus geht.[619]

---

617   Indessen: „Um eines der aufregendsten Großexperimente der Neuzeit zu beginnen, (...) fehlt es derzeit am gesellschaftlichen Einvernehmen und an der kritischen Masse." In: Engler, S. 180.

618   „Der Gedanke, dass persönliche und politische Rechte durch soziale Rechte ergänzt werden müssen, damit die Individuen ihre persönliche Integrität wahren und ihren politischen Einfluss wahrnehmen können, ist mittlerweile zu einer Grundüberzeugung in modernen Demokratien geworden. Ja, die demokratische Qualität eines Landes bemisst sich geradezu daran, wie weit sie diese Verbindung der Rechtsarten ihren Mitgliedern gewährleistet" (Kronauer 2003, S. 6).

619   Vgl. hier die Entwürfe von André Gorz 2000, 1998. Engler, S. 174 folgert: „Eine gesellschaftliche Konsequenz daraus ist die Forderung nach einem Bürgergeld für jeden." Seine Begründung dazu lautet: „Jede und jeder hätte

Dies ist ein anspruchsvolles gesellschaftstheoretisches Unternehmen, denn die Implementierung einer neuen Anerkennungsform erfordert eine gesellschaftliche Transformationsleistung, die über die Erweiterung der Inhalte des traditionellen Arbeitsbegriffs weit hinaus geht[620], da das Anerkennungsmuster „Arbeit" von einem anderen Anerkennungsmuster abgelöst werden müsste, damit die Gesellschaft nicht mehr als Arbeitsgesellschaft verstanden werden könnte.

Das heißt, eine wirkliche Ablösung der Arbeit als Anerkennungsform kann nur gelingen, wenn alternative Formen der Lebensgestaltung an Gewicht gewinnen und nicht nur als subversive Praktiken.[621] Eine derartige progressive Widerspruchsverarbeitung entsteht aber nicht allein durch den anklagenden Verweis, dass es die gesellschaftlichen Widersprüche gibt.[622]

---

ein gesichertes Auskommen, materiell und kulturell; da es sich um einen Anspruch ohne Begründung handelte, müsste niemand um die Mittel, ein eigenes Leben führen zu können, buhlen; Verteilungs- und Überwachungsinstanzen, die Bedürftigen wie Kontrolleuren das Leben vergällen, könnten aufgelöst werden, ohne die freigesetzten Mitarbeiter existentiell in Bedrängnis zu bringen."

[620] Die dynamische Entwicklung des kapitalistischen Wirtschaftssystems steht dabei naiven Umdeutungsversuchen von gewachsenen Anerkennungsmustern entgegen. Der Wert der Arbeit hat seine normativen Wurzeln aber nicht nur im kapitalistischen Wirtschaftssystem, sondern das normative Geflecht des Arbeitsbegriffs ist auch mit einer religiösen Komponente verwoben. Erst durch die ethisch-religiöse Aufwertung der Berufsarbeit kommt das bürgerlich-kulturelle Leitbild der individuellen Leistung auf. Vgl. als Ansatzpunkt dazu die immer noch faszinierende Studie *Die Protestantische Ethik und der Geist des Kapitalismus* von Max Weber (2004).

[621] „Die theoretische Tagesordnung wurde" auf dem 21. Deutschen Soziologentag 1982 ,Krise der Arbeitsgesellschaft' „schnell erweitert, um ,Thesen zum garantierten Mindesteinkommen' etwa oder um Vorschläge zur Verkürzung der Arbeitszeit und zur Ausgestaltung des bürgerschaftlichen Sektors; ein wirklicher Umschwung der öffentlichen Meinung trat auch diesmal nicht ein." Engler, S. 189. Kritisch ist aber zu fragen, ob das Modell der Grundsicherung einen Sinn ergibt, da nach wie vor der Aspekt der über Erwerbsarbeit vermittelten materiellen Absicherung sowie die Erwerbsarbeit an sich das zentrale gesellschaftliche Integrationselement in unserer heutigen Gesellschaft ist.

[622] Die soziale Widerspruchsentwicklung mit ihren grenzenlosen, vernichtenden Zumutungen wird auf solchen ideologischen Grundlagen häufig fatalistisch, wie eine reine Naturkatastrophe zur Kenntnis genommen. Beschränkungen hinsichtlich übermäßiger Spitzengehälter und gegen eine Kultur der Selbstbereicherung neuer Kultur- und Wirtschaftseliten sowie gegen unverhältnismäßige Einkommensungleichheit lässt sich als Mindeststandard verstehen und zugleich als Mittel zur Inklusion und sozialen Integration der

Nicht zuletzt im Bereich der Ethik hinterlässt der widersprüchliche Prozess der Globalisierung seine Spuren. Auch moralische Normen und Werte, die ja zweifellos zur kulturellen Tradition gehören, unterliegen den gegenläufigen Tendenzen der Universalisierung und Partikularisierung. Die elektronisch vermittelte Gleichzeitigkeit und die Fülle der Informationen über immer mehr Wissen und der damit immanenten Orientierungslosigkeit als dem „Ende der Eindeutigkeit" und „Unbestimmtheit" der „Unordnung der Neuen Welt" charakterisierte Habermas mit dem Begriff der „neuen Unübersichtlichkeit".[623]

Diese Diagnose zeitigt moralische Konsequenzen dahingehend, dass in der „Moderne von einem Pluralismus (...) ausgegangen werden muss" und

> „sich die realen Geltungsansprüche von Moral im politischen Diskurs so erweisen, dass sie erst dann wirksam werden, wenn ihre Gültigkeit weitgehenden Konsens findet und im rationalen Einverständnis der Betroffenen selbst steht, was nicht bedeutet, dass die Geltung von moralischen Prinzipien von deren Akzeptanz abhängig ist. Vielmehr muss

---

Menschen. Darüber hinaus ist es überlegenswert, ob ein bedingungsloses Grundeinkommen seitens der Bürger eingefordert werden kann. Hans Ruh verteidigt die Einführung einer Grundsicherung wie folgt: „Arbeitslosigkeit und Niedriglohnpolitik haben zur Folge, dass die davon betroffenen Menschen gar nicht in der Lage sind, durch ihr Tätigsein oder ihre Arbeit ihren Lebensunterhalt zu sichern. Es ist deshalb nur konsequent, wenn eine Gesellschaft, die vielen ihrer Mitglieder aus strukturellen Gründen diese Unterhaltssicherung verunmöglicht, kompensatorisch die Sicherung eines Sockelbetrags für den Lebensunterhalt übernimmt" (Ruh, S. 32). Und Ralf Dahrendorf (in: Schmid 1986, S. 134.) legitimiert die Forderung nach einem Minimaleinkommen durch Rekurs auf Staatsbürgerrechte: „... wenn es nicht zu den Grundrechten jedes Bürgers gehört, dass eine materielle Lebensgrundlage garantiert wird, dann zerfällt die Staatsbürgerschaft. Anders gesagt, zur Definition des gemeinsamen Fußbodens, auf dem alle stehen, ist in der Tat die Entkopplung des Einkommens von der Arbeit nötig. Hier reicht weder die reine Wohlfahrt noch die Wiederbelebung des Spruchs, dass wer nicht arbeitet auch nicht essen soll. Das garantierte Mindesteinkommen ist so notwendig wie die übrigen Bürgerrechte, also die Gleichheit vor dem Gesetz oder das allgemeine, gleiche Wahlrecht."

[623] Die Genese zum homo sapiens sapiens ist eine Entwicklung tiefgreifender Transformationsprozesse. (Für diesen und für andere konstruktive Hinweise bin ich Karsten Meyer sehr dankbar.) Auch unsere Gegenwartsgesellschaft zeichnet sich durch eine Beschleunigung an Modernisierungsprozessen aus, die in „neuer Form und ungeahnter Schärfe hervorgetreten" sind und mit Sicherheit noch weiter hervortreten werden und zu einer Komplexität und neuen Form ungeahnter Schärfe führt, die eine „neue Unübersichtlichkeit" (Habermas) inkludiert.

genau zwischen Geltung und Gültigkeit von Normen und Prinzipien unterschieden werden."[624]

Weil aber die neoliberale ökonomische Theorie das zentrale Anliegen der gesamten bürgerlich-humanistischen Tradition ignoriert, dass jede freie (d. h. nicht despotische) Regierungsform einer starken Identifikation vonseiten ihrer Bürger bedarf, verlangt dies nach einer Neukonzeption eines *contract social* (Rousseau), in dem jeder Bürger das Recht auf ein anständiges Leben (Margalit) hat, d. h. auf volle Partizipation in der Gesellschaft, sowohl in wirtschaftlicher als auch in politischer Hinsicht.[625] Ich stimme deshalb mit Charles Taylor[626] überein, wenn er in seiner Antwort auf die Frage „in welchem spezifischen Verhältnis die Bürger eines demokratischen Gemeinwesens zueinanderstehen", aufzeigt, dass keine der beiden am weitesten verbreiteten Theorien der Demokratie deren Lebensfähigkeit richtig zu begründen vermag, auch wenn jede dieser Theorien einen bestimmten Aspekt demokratischer Erfahrung zutreffend formuliert.

Die Frage, ob sich dann noch „Maßstäbe für eine sozialwissenschaftsfähige Konstruktion der guten Gesellschaft" finden lassen, bejaht Hans-Peter Müller, betont aber, dass diese „normativ so voraussetzungsvoll und empirisch unwahrscheinlich" seien, dass „sie den Horizont einer fachgebundenen Soziologie überschreiten"[627] würden. Die globale Vernetzung und die neuen technischen Systeme haben das Bewusstsein der Kontingenz moralischer Pluralitätsanschauungen weiter verstärkt und auf diese Weise hat sich auch die wissenschaftliche Selbsteinschätzung und wohl auch politische Überschätzung gewandelt. An die Stelle des lange Zeit dominanten Schöpfermythos ist die nüchterne Beurteilung verbliebener Handlungsspielräume getreten. So stellte noch Georg Simmel die „Weichen für den impliziten Normativismus der Soziologie" durch „nach außen mit den faktischen Gegebenheiten der modernen Gesellschaft rechnend" auf, indem er „seine Phänomenologie der Bausteine des modernen Lebens nach innen auf die Selbstverwirklichungschancen des modernen Menschen"[628] richtete.

---

[624] Mack, S. 12f.

[625] Die Auseinandersetzung (Konfrontation) um die Interpretation der Universalität der Menschenrechte ist so alt wie deren erste schriftliche Fixierung, siehe dazu u. a. Marcel Gauchet, Jens Hinkmann.

[626] Vgl. v. a. seine kulturhistorisch fundierten Zeitdiagnosen in Taylor (1993).

[627] Müller, S. 247.

[628] Ibid.

Um die Phänomene, die das sozial-moralische Gewebe der Gesellschaft bedrohen, einzuschränken und um sozial lebensfähig zu bleiben, bedarf es eines demokratischen Systems, das in der Tat sowohl in der Lage sein muss, „auf die Zielsetzungen und Wünsche seiner Mitglieder einzugehen"[629], als auch imstande zu sein, in den Bürgern das Gefühl zu wecken, dass sie an etwas teilhaben, für das es wert ist, sich aufzuopfern.[630] Denn die Bedingungen für eine lebendige Demokratie erschöpfen sich nicht darin, die Entwicklung demokratischer Institutionen zu fördern; zu diesen Bedingungen gehört auch das sich ständig reproduzierende Gefühl des Großteils der Bürger, dass dies ihre Institutionen sind, welche es auch dann zu verteidigen gilt, wenn sie keinen direkten Nutzen erbringen oder sogar schwere Opfer fordern. Mit anderen Worten, es geht um die Entwicklung von Patriotismus in seiner alten Bedeutung, dessen Korrelat nicht ein wie immer auch definierter *ethnos*, sondern die Gemeinschaft der unter dem Schutz gleicher Gesetze lebenden Bürger ist. Noch anders ausgedrückt: Es geht darum, die Demokratie zu einer, wie Durkheim sagte, „Quelle des moralischen Lebens" zu machen und zu einem System von Institutionen, die die Bedürfnisse der Bürger zu befriedigen imstande ist.[631]

Für die politischen Institutionen, die an einer normativen Rückmeldung seitens der Soziologie interessiert sein müssten, liefert die Sozialethik des *Capabilities approach* nach Martha Nussbaum eine schlüssige Begründung eines unbedingten Rechts auf Grundversorgung. Diese Normbegründung erhält ihre Plausibilität letztlich durch den grundlegenden anthropologischen Rekurs, auf dessen Fundament eine allgemeine Theorie des Guten entwickelt wird. Eine öffentliche Grundversorgung, die nach Maßgabe der Befähigungsgerechtigkeit strukturiert wird, unterscheidet sich von Systemen, die auf der Grundlage liberaler bzw. utilitaristischer Ethikkonzeptionen gestaltet werden.

---

[629]   Taylor (1993), S. 22.

[630]   Die emanzipativen Bewegungen haben uns für den Gedanken sensibilisiert, dass Menschen ein ungeheures Potential haben können, aber durch subtile, in unserer Gesellschaft verankerte Hürden daran gehindert werden, sich entsprechend ihren Möglichkeiten zu verwirklichen.

[631]   So verstehe ich den humanistischen Sozialismus als eine Ideologie mit einem regulativen Konzept, das den Einbau sozialer, ökologischer und demokratischer Struturelemente in die Architektur der kapitalistischen Risikogesellschaft darstellt. Ich verstehe ihn nicht als eine ökonomische Theorie, sondern als eine im Grunde genommen moralische Kritik des Kapitalismus, aus der sich stets neue aktuelle Fragen für die Sozialpolitik ergeben, deren Ziel die Umverteilung der Güter ist.

Die Stärke des Fähigkeitenansatzes nach Nussbaum liegt vor allem darin begründet, dass dieser ein überzeugender Weg ethischer Begründung sozialer Anspruchsrechte impliziert. Zudem lassen sich mit Blick auf die Grundfähigkeiten gewisse Rahmenbedingungen für die strukturelle Ausgestaltung eines Versorgungssystems formulieren, die auf die Befähigung zum eigenverantwortlichen Leben abzielen. Im Mittelpunkt des *Capabilities approach* steht das gute, und das heißt das menschenwürdige Leben. Apodiktisch anzumerken ist, dass die starke vage Theorie des Guten trotz ihres Anspruchs auf Universalisierbarkeit wie jede andere Konzeption vom guten Leben zwangsläufig perspektivisch ist. Das Menschenbild sowie die darauf aufbauenden Fähigkeiten behalten aber trotzdem ihre gerechtigkeitstheoretische Bedeutung und somit auch ihre politische Relevanz.

Mit der Konstruktion der starken vagen Theorie des Guten können wir mit Bourdieu fordern: Gleiche Verteilung von ökonomischen, sozialem und kulturellem Kapital, denn unter Beachtung der Grundfähigkeitenliste ist es politisch geboten, eine Grundversorgung so zu gestalten, dass sie ihren Anteil zum Schutz des menschenwürdigen Lebens jedes Individuums beiträgt.

Friedhelm Hengsbach überträgt dieses sozialethische Ideal auf das Concerto grosso, einer Konzertform, in der zwei verschiedene Klangkörper gegeneinander gestellt werden:

> „Das Concerto grosso, die Vermittlung von Wettstreit und Zusammenspiel, von Konkurrenz und Kooperation sehe ich als Modell einer pluralen und wertgebundenen Gesellschaft, die sich von einem krankhaften Konkurrenzfieber verabschiedet und sich in die Richtung vermehrter Kooperation bewegt."[632]

Bekanntermaßen umfasst „vermehrte Kooperation" als soziale Gerechtigkeit neben der Grundlage einer gesellschaftlichen und sozialen Sicherung nicht allein nur die Höhe der Verteilung von Geld und Gütern, sondern vielmehr die Möglichkeit von gleichen Lebenschancen und einem gleichberechtigten Zugang zum kulturellen und sozialen Leben.[633]

---

[632] Hengsbach (1995), S. 226.

[633] Diesem von Hengsbach konzipierten Modus Vivendi ist die Wechselseitigkeit sozialer Nahbeziehungen gesellschaftlicher Zugehörigkeit inhärent. Bei aller Berechtigung zur Einmischung in die Verteilungskämpfe unterschiedlicher Gruppen hierzulande dürfen wir nicht vergessen, dass es soziale Ge-

Übersetzt bedeutet das, dass, wenn wir eine Gesellschaft anstreben, die sich nicht den Gefahren eines antihumanistischen Relativismus oder gar einem neuen Sozialdarwinismus, einem „freien Spiel der Kräfte" überlässt, konzipieren, müssen wir – ob wir es wollen oder nicht, uns auf das Wagnis des Denkens einlassen, ja sich gerade durch dieses – im Sinne des Blochschen Diktums „Denken ist Überschreiten"[634] – provoziert fühlen.

„Wenn wir nicht mehr an ein besseres Leben glauben, sondern wollen, aber nicht vereinzelt, sondern mit vereinigten Kräften wollen, so werden wir auch ein besseres Leben schaffen, so werden wir wenigstens die krassen, himmelsschreienden, herzzerreißenden Ungerechtigkeiten und Übelstände, an denen bisher die Menschheit litt, beseitigen ..."[635]

---

rechtigkeit weltweit für alle Menschen geben muss. Unsere sozialen Standards dürfen nicht zu Lasten anderer Menschen begründet sein.

[634] Vgl. Bloch, S. 15. Denken als die Utopie des erfüllten Augenblicks. Gegenstand der Blochschen Philosophie ist die utopische Hoffnung auf eine bessere Welt. Seit der Antike wurden Utopien entwickelt, z. B. Ordnungsutopien (Platon und Campanella), die aufgrund der Kritik am gegenwärtigen Staatszerfall Formen eines gerechten Staats aufzeigen, oder Freiheitsutopien (Thomas Morus). Diese Utopien zeigten größtenteils jedoch nur mögliche bessere Zustände auf, ohne den Weg zur Verwirklichung anzugeben. Utopien sind nie überholbar, eher kann man sie als modern oder unmodern bezeichnen, aber sie sind zeitlos. Erst mit der Theorie des dialektischen Materialismus ist nach Bloch aber die Grundlage für einen neuen Utopiebegriff geschaffen, in dem das Utopische nicht bloßes Wunschdenken bleibt. Das Aufsuchen utopischer Vorstellungen wird von Bloch verstanden als Teil verschiedener, auf Neues zielender Tendenzen, die in den realen Möglichkeiten der objektiven gesellschaftlichen und natürlichen Wirklichkeit schon vorhanden sind; hierin zeigt sich Blochs Materialismus. Auf diesem Hintergrund wirft er orthodoxen Marxisten und Freudianern vor, die Träume und das Unterbewusste nur als Symptome für den Ballast der Überlieferung bzw. für Verdrängtes oder Vergessenes aus der Kindheit (Gesamtausgabe Bd. 5, § 14) auszulegen. Dass die Blochsche Utopiephilosophie vor allem auf der Schrift „Die Revolution" von Gustav Landauer basiert (bis hin zu wörtlichen Formulierungen), ohne dass Bloch sich an irgendeiner Stelle in seinem opus magnum explizit auf Landauer beruft, hat u. a. Bernhard Braun (1991) in seiner Dissertation „Die Utopie des Geistes. Zur Funktion der Utopie in der politischen Theorie Gustav Landauers" überzeugend herausgearbeitet.

[635] Ludwig Feuerbach, in: Schuffenhauer, S. 187. Die theoretische Leistung Feuerbachs besteht unter anderem darin, dass der Mensch bei ihm wirkliches Subjekt und Objekt ist, im Gegensatz zu dem absoluten Ich, der Idee des deutschen Idealismus, von dem er sich abgrenzt. Aber: Der „sinnliche Mensch", den Feuerbach zur Geltung brachte, war letztlich doch wieder nur ein allgemeiner, ein unbestimmter Mensch. Nirgendwo hat Feuerbach das Wesen des Menschen, das nur aus seiner sozialen Struktur heraus begriffen werden kann, näher untersucht, sodass für ihn der Mensch gleich Mensch –

Dieser idealistische Vorgriff auf eine Zukunft wird aber erst denkbar und potenziell, wenn unsere Arbeitsgesellschaft entmythologisiert wird, wenn man zugesteht, dass die Gesellschaft, in der wir existieren, nicht die beste aller Möglichen (Leibniz)[636] ist.

Das, was ein Ding ist, beschreibe ich, indem ich seine Idee nenne, also beschreibe ich sein Sein durch seine Idee. Die Ideen sind also charakterisiert durch Sein, im Unterschied zu Entstehen und Vergehen. Diese Teilhabe, dieses angebliche Gleichsein, was doch nicht Gleichsein ist, das ist das Wesen des Sinnlichen, welches entsteht und vergeht. Das Gleiche selbst aber ist sich selbst immer gleich, ist unvergänglich, immer dasselbe.[637] Die Griechen hatten dafür den

---

der Deutsche, der Franzose, der Christ, der Jude war. Unter diesem Gesichtspunkt reduzierte sich bei ihm auch die Mannigfaltigkeit der komplizierten gesellschaftlichen Beziehungen, in denen der Mensch lebt, die er hervorbringt, durch die aber auch ein geistiger und sittlicher Habitus geformt wird, auf das einfache Verhältnis von Ich und Du, dessen Hauptinhalt er in der Liebe, in der Geschlechterliebe, sah." Biedermann, S. 40f. Darauf beruht dann die Leistung seines Nachfolgers Karl Marx.

[636] Es ist schon erstaunlich, wie so ein genialer Kopf wie Gottfried Wilhelm Leibniz auf die Idee kommt zu behaupten, wir lebten in der besten aller möglichen Welten (vgl. Lebniz, *Monadologie*, veröffentlicht 1714). Wären die Bedingungen auf unserer Erde nur ein wenig anders, hätte menschliches Leben sich nie entwickeln können. Ob dies ein Zufall ist oder ob vielmehr ein Schöpfungsplan dahinter steht, sei dahingestellt. Aber der Leibnizsche Optimismus im Angesicht der Theodizee ergibt keinen Sinn (außer einen zynischen), denn „möglich" setzt eine Welt unter anderen Bedingungen voraus, in der das konkrete Wesen Mensch aber nicht existieren kann. So kann unsere Welt also nicht die ‚Beste aller möglichen Welten' sein. Man lese dazu Voltaires Replik *Candide ou l'optimisme* (1759) (dt.: *Candid oder die Beste der Welten*), die unter dem Eindruck des großen Erdbebens von Lissabon (01.11.1755) verfasst wurde.

[637] An die Stelle der bloß betrachtenden Erkenntnis setzt z. B. Ernst Bloch die vorgreifende Hoffnung als Erkenntnisideal und misst ihr damit eine Erkenntnisfunktion zu. Dem Utopischen oder Noch-Nicht-Bewussten als erkenntnistheoretischer Kategorie entspricht auf ontologischer Ebene der Begriff des Noch-Nicht-Gewordenen. Bloch, Gesamtausgabe Bd. 5, § 15. Blochs Kritik an der traditionellen Philosophie zielt auf deren Verständnis von Erkenntnis als Betrachtung oder Schau. Das Wissen werde in solchem Verständnis immer nur auf etwas bezogen, das in irgendeiner Form bereits vorliegt und als solches schon feststeht bzw. vollendet ist. Bloch möchte gerade in den Tagträumen, Phantasien, Märchen und Wunschvorstellungen das utopische Potential entdecken. In ihnen liegt ein Erbe, das nicht durch rationalistisches Erklären überwunden, sondern als solches bewahrt werden soll. Seine Philosophie stellt sich als offenes System dar (Gesamtausgabe Bd. 15, S. 24 – 31). Bloch betont, dass das utopische Streben kein unendliches Streben sei, sondern der Wunsch nach erfülltem gegenwärtigem Dasein; es richtet sich auf den erfüllten Augenblick. Ihm steht als stärkste Nicht-Utopie der Tod entgegen (Gesamtausgabe Bd. 5, § 52).

Begriff ‚idea', die ‚Gestalt' des Gleichen. Ich bezeichne diese als anthropologische Anamnesis des Sozialen, die als solidarischer Imperativ das Postulat einer humanen Gesellschaft einfordert. Diese insistente Konzeption in puncto Abwendung einer imminenten Plutokratie hat Johann Wolfgang von Goethe in der Schlusssentenz seines Gelegenheitsgedichtes[638] „Ilmenau"[639] mit folgenden Zeilen umschrieben:

> *„So wandle du – der Lohn ist nicht gering – Nicht schwankend hin, wie jener Sämann ging, Dass bald ein Korn, des Zufalls leichtes Spiel, Hier auf den Weg, dort zwischen Dornen fiel. Nein! Streue klug wie reich, mit männlich steter Hand, Den Segen aus auf ein geackert Land; Dann laß es ruhn: die Ernte wird erscheinen Und dich beglücken und die Deinen."*

Goethe formuliert hier einen solidarischen Imperativ[640], der als tertium comparationis neben dem Entschluss zur Entsagung um des

---

[638] In der Gedankenlyrik tritt das erlebende Ich zurück; die Ideen werden in einer reflektierenden, allegorisch bilderreichen Poesie besungen. Neben der Gedankenlyrik findet sich bei Goethe auch die Erlebnislyrik, die das persönliche, biographische Erlebnis des Dichters über den Augenblick hinaus ins Ewige bannt.

[639] Datiert: „am 3. September 1783". Das Gedicht schrieb Goethe zum 26. Geburtstag seines Freundes Carl-August Herzog von Sachsen-Weimar. Ilmenau war der Ort genialischer Jugendstreiche des Herzogs und seines Kreises zu Beginn seiner Regierungszeit gewesen, wurde später dann aber auch der Ort ernsthafter ökonomischer Bemühungen des Herzogs und Goethes um die wirtschaftliche Hebung des Landes (Bergwerk zu Illmenau: Arbeiten für den Wiederaufbau seit 1777). So bringt das Gedicht neben den Wünschen für die Zukunft auch den Willen zur freiwilligen Beschränkung des Herzogs und der Seinen von ungestümer Freiheit zur Pflichterfüllung und zur ernsten Ruhe zum Ausdruck.

[640] Der solidarische Imperativ dazu lautet: Erkenne Deine Grenzen! Bekenne und handle als Teil der sittlichen Gemeinschaft, der du angehörst. Sokrates, der die Pythia aufsuchte, um zu erkunden, wer der weiseste Mann sei, fand die Antwort in der Inschrift am Apollontempel zu Delphi: Γνῶθι σεαυτόν (Gnothi seauton) „Erkenne dich selbst!" Platon, *Apologie* 29 Bf.; von Platon den Sieben Weisen zugeschrieben. Vgl. auch Platon, *Protagoras* 343 A f., *Charmides* 164 Dff., *Philebos* 48 C. In anderer Variante bei Platon: Μηδὲν ἄγαν (Meden agan): „Nichts im Übermaß!" Vgl. Platon, *Protagoras* 343 A f. Die lateinische Version „Nosce te ipsum!" findet sich bei Cicero, *Tuskulanische Gespräche* 1,22,52, bei Seneca, *Briefe an Lucilius* 94, 28. Dies war der Beginn des Philosophierens mittels des Dialoges. Vgl. Platon, *Apologie* 21 B-23 B, Xenophon *Mem.* IV 2,24 – 30. Als Resultat seines Fragens steht bei Sokrates der Ausspruch: Οἶδα οὐκ εἰδώς (Oida uk eidos). Vgl. Platon, *Apologie* 21 B. In seiner Verteidigungsrede stellt Sokrates die Einsicht in die Nichtigkeit aller menschlichen Erkenntnis dem nicht stichhaltigen Schein-

Gemeinwohls willen, die Beschränkung durch das Gesetz fordert.[641] Der Wille, sich dem Anspruch des Sittlich-Humanen zu stellen, wird hier zum Ausdruck gebracht.[642]

Nach Emile Durkheim ist es Aufgabe der moralischen Leitwissenschaft Soziologie sicherzustellen, dass soziale Integration durch organische Solidarität erzeugt wird, denn nur durch letztere ist soziale Gerechtigkeit (für alle) in einem Gemeinwesen (mit dem sich alle Bürger identifizieren können) herzustellen.

> „Die Interessen des Individuums sind nicht identisch mit den Interessen der Gruppe, der es angehört, und oftmals stehen beide sogar im Gegensatz zueinander … Daher bedarf es einer Instanz, die den Einzelnen an diese Interessen erinnert, die ihn zwingt, sie zu respektieren, und bei dieser Instanz kann es sich nur um eine moralische Disziplin handeln. Denn jede Disziplin dieser Art ist ein Korpus von Regeln, die dem Individuum vorschreiben, was es tun muss, um nicht gegen die kollektiven Interessen zu handeln und seine eigene Gesellschaft zu destabilisieren. Überließe der

---

wissen seiner Mitbürger gegenüber. „Ich weiß, dass ich nichts weiß." Nach Platon bedeutet ein „Sich selbst Erkennen" als ein Aufruf zu Besonnenheit, zu maßvollem Denken, Reden und Handeln; dies nicht im Sinne der modernen Psychoanalyse gemeint, sondern im Sinne der delphischen Theologie an die engbegrenzte Maß der Menschendinge.

[641] Dem Menschen wird die Freiheit sittlicher Entscheidung zugesprochen und als Abbild des Göttlichen in der sichtbaren Welt anerkannt, ja er wird aufgefordert, durch sein sittliches Handeln lehrreiches Beispiel für die Wirklichkeit der Götter zu sein: Nur die edle Tat des Menschen kann den Glauben an ein Göttliches in uns über der Welt erhalten und beleben. Nun aber gehorcht sittliches Handeln immer einem Gesetz, bedeutet Entsagung, Anerkennung einer beschränkenden Ordnung, die allein das Nützliche und Rechte zu schaffen vermag.

[642] Vgl. dazu auch die am 13. Juli 1524 von Thomas Müntzer in der Kapelle des Allstedter Schlosses gehaltene *Fürstenpredigt*, anhand der exegetischen Interpretation des Buches Daniels, die nach fast anderthalb Jahrtausend nichts an ihrer normativen Kraft eingebüßt hat. Der Zweck der Fürstenpredigt ist darauf gerichtet, die Repräsentanten der Macht aus Müntzers Sicht vom dringend Notwendigen zu überzeugen, ja sie regelrecht zu beschwören, ihre Verantwortung und ihre Möglichkeiten für das Gemeinwohl zu erkennen. Sein Gedankengebäude bot die Möglichkeit einer Alternative zur Gewalt: Die Besserung der Welt durch Einsicht, innere Selbsterfahrung, Bescheidenheit des Menschen und die Besinnung auf das Wesentliche, das das menschliche Leben ausmacht. Von Müntzer sind recht viele Texte überliefert. „Sie alle sind untrennbar mit dem historischen Kontext von Reformation und Bauernkrieg verbunden, in dem Müntzers Gedankengut sich entwickelte." Fellenberg, Peter (1998): *Thomas Müntzer – Die Fürstenpredigt*, S. 11.

Einzelne sich seinen natürlichen Neigungen, so hätte er keinen Grund, sich nicht ohne Rücksicht auf die anderen zu entfalten oder zumindest den Versuch dazu zu machen und sich dabei nicht um die Störungen zu kümmern, die er um sich herum verursacht. Erst die moralische Disziplin setzt ihm Grenzen, sagt ihm, wie sein Verhältnis zu den anderen beschaffen sein soll, wo die Schwelle zu einem unrechtmäßigen Übergriff überschritten ist und welche Leistungen er der Gemeinschaft zu deren Erhaltung schuldet."[643]

Diese Feststellung, die gleichsam den Ariadnefaden dieser Arbeit bildete, kann als Rückweg aus der verworrenen Lage des neoliberalen Sozial- und Gesellschaftslabyrinths helfen, das singuläre Leben wieder als das Licht der Gesellschaft zu betrachten.[644]

So formuliert, identifiziert die „Diskrepanz zwischen der Universalität unserer moralischen Sichtweise und der geringen Reichweite unserer moralischen Motivation"[645] als den Stoff, aus dem die hier anvisierten Konflikte sind. Erst in der konkreten Alltagspraxis wird sich herausstellen können, ob sie tatsächlich wegweisende, wenn auch formale Orientierungsmarken zu setzen vermag auf der Suche nach jenem Land, „wo Milch und Honig fließt". Das wird nicht zuletzt davon abhängen, ob es ihr gelingt, auf überzeugende Weise einen mindestens vierfachen theoretischen Anspruch zu verteidigen: Eine Ethik des guten Lebens muss heute sowohl erstens nicht-neutral als auch zweitens nicht-partikularistisch verfahren. Sie sollte drittens den Standpunkten des präferentiell Guten und des moralisch Richtigen einen wechselseitigen Vorrang einräumen und schließlich viertens in der Art der von ihr nahe gelegten praktischen Konsequenzen möglichst frei von paternalistischen Ambitionen sein.

Meine Ausgangsthese war, dass die antike Philosophie mit der Frage nach dem *guten Leben* regelrecht mit einem Emanzipationsprozess[646] identisch ist. Da die Frage nach dem guten Leben unaus-

---

643   Durkheim (1999), S. 27f.

644   Vgl. dazu auch Joh. 1,4:
       „ἐν αὐτῷ ζωὴ ἦν, καὶ ἡ ζωὴ ἦν τὸ φῶς τῶν ἀνθρώπων."
       Die Transformation der johannischen Theologie in eine Gesellschaftstheorie wurde meines Wissens noch nicht ausgearbeitet, wäre aber ein lohnendes Unterfangen.

645   Tugendhat (1993), S. 281.

646   Von lat. *emancipatio*, förmliche Entlassung des Sohnes aus der väterlichen Gewalt, Selbstständigkeit (vgl. dazu auch Georges). Das römische Recht verstand darunter die Befreiung des Sohnes aus der väterlichen Gewalt (*pa-*

weichlich die Bejahung der Möglichkeit von begründbaren Werturteilen anhand von bestimmten Wertmaßstäben (Kriterien) impliziert, möchte ich abschließend als Fazit folgenden Grundparameter eines guten Lebens anführen, den wir in Bezug auf das gute Leben in den neueren Debattenbeiträgen der politischen Philosophie als solidarischen Imperativ formuliert finden, auch als Erinnerung daran, dass die Politik und die gesellschaftlichen Institutionen unserer demokratischen Rechtsstaaten zuallererst den Lebensmöglichkeiten ihrer Mitglieder gegenüber in der sozialen Verantwortung stehen.[647] Die metá hodós der ars vivendi findet sich schon in der vor zweitausenddreihundert Jahren gestellten Assertion von Epikur wieder:

*„Οὐκ ἔστιν ἡδέως ζῆν ἄνευ τοῦ φρονίμως καὶ καλῶς δικαίως
οὐδὲ φρονίμως καὶ καλῶς καὶ δικαίως ἄνευ τοῦ ἡδέως
ὅτῳ δὲ τοῦτο μὴ ὑπάρχει, οὐκ ἔστι τοῦτον ἡδέως ζῆν."*[648]

Damit ist die Konstellation benannt, die ein subjektives Maximum an Lebenszufriedenheit zuließe. Voraussetzung dafür ist eine emanzipatorische Gesellschaft, die die freie und individuelle Zielsetzung im Kontext einer chancengleichen Solidargemeinschaft gewährt. Die Genese der vorliegenden Arbeit war auch von der Aspiration geleitet, diese Zielerreichung im Sinne *rerum cognoscere causas* zu eruieren.

---

tria potestas). Dies impliziert in erster Linie einen negativen Freiheitsbegriff, der eine hinreichende Bedingung der Entität emanzipativen Handelns darstellt.

[647] An diese klassisch-aristotelische Forderung knüpft heute vor allem Martha Nussbaum an, deren Forderungen einer demokratischen Politik ich skizziert habe und die Bedingungen für die Verwirklichung dieser Prinzipien anhand der Rekonstruktion der aristotelischen Staatstheorie als eine im Interesse aller liegenden Vorstellung von einem guten Leben ich aufgezeigt habe.

[648] „Es ist nicht möglich, lustvoll zu leben, ohne vernünftig, anständig und gerecht zu leben, und auch nicht vernünftig, anständig und gerecht, ohne lustvoll zu leben. Wem dies aber nicht möglich ist, der kann auch nicht lustvoll leben" (Epikur, Maßgebende Sätze, V, in: Epikur 2003).

Literatur

Achenbach, Gerd (2003): *Vom Richtigen im Falschen. Wege philosophischer Lebenskönnerschaft*, Freiburg i. Brsg.

Allmendinger, Jutta (2001): *Eröffnung*, in: Allmendinger, Jutta (Hrsg.), *Gute Gesellschaft? Verhandlungen des 30. Kongresses der Deutschen Gesellschaft für Soziologie in Köln 2000*, Teil A, Opladen, S. 3 - 5.

Annas, Julia (1988): *Platon*, in: Fetcher; Iring und Münkler, Herfried (Hrsg.), *Pipers Handbuch der politischen Ideen*, München, S. 369 - 395.

Annas, Julia (1993): *The Morality of Happiness*, Oxford/New York.

Apel, Karl-Otto (1997): *Ethnoethik und universalistische Makroethik. Gegensatz oder Komplementarität?*, in: *Eine Welt – eine Moral? Eine kontroverse Debatte*, hrsg. v. Wilhelm Lütterfelds und Thomas Mohrs, Darmstadt.

Apel, Friedmar (1998): *Deutscher Geist und deutsche Landschaft. Eine Topographie*, München.

Aristoteles (1999): *Nikomachische Ethik*, übers. von Franz Dirlmeier, Stuttgart.

Aristoteles (²2003): *Politik*, übers. von Franz Susemihl, neu hrsg. von Ursula Wolf, Reinbek.

2. Armuts- und Reichtumsbericht der Bundesregierung (2005): *Lebenslagen in Deutschland: Armuts- und Reichtumsberichterstattung der Bundesregierung/Bundesministerium für Gesundheit und Soziale Sicherung*, hrsg. und verl. vom Bundesministerium für Arbeit und Sozialordnung, Berlin/Bonn.

Arneson, Richard J. (1994): *Gleichheit und gleiche Chancen zur Erlangung von Wohlergehen*, in: Honneth, Axel, *Pathologien des Sozialen*, Frankfurt a. M.

Aulinger, Barbara (1999): *Die Gesellschaft als Kunstwerk. Fiktion und Methode bei Georg Simmel*, Wien.

Avenarius, Hermann; Ditton, Hartmut; Döbert, Hans; Klemm, Klaus; Klieme, Eckhard; Rürup, Matthias; Tenorth, Heinz E.; Weishaupt, Horst; Weiss, Manfred (2003): *Bildungsbericht für Deutschland. Erste Befunde*, Wiesbaden.

Ballauf, Helga (2006): *Im Dschungel der Warteschleifen. Übergangssystem ist für viele junge Menschen eine Sackgasse*, in: *Erziehung und Wissenschaft. Zeitschrift der Bildungsgewerkschaft*, 9/2006, Frankfurt a. M., S. 16 - 17.

Bardeleben, Renate von (2000): *Ausbildungsfinanzierung heute – Ergebnisse der Untersuchungen des Bundesinstituts für Berufsbildung (BiBB)*, Bonn.

Barlösius, Eva (1997): *Was ist Armut? Über den „Kampf um Klassifikationen".* In: Barlösius, Eva (Hrsg.) (1997): *Distanzierte Verstrickungen. Die ambivalente Bindung soziologisch Forschender an ihren Gegenstand. Festschrift für Peter Gleichmann zum 65. Geburtstag*, Berlin.

Barlösius, Eva (2006): *Pierre Bourdieu*, Frankfurt a. M.

Beck, Ulrich (1986): *Risikogesellschaft. Auf dem Weg in eine andere Moderne*, Frankfurt a. M.

Bensel, Norbert (2002): *Moderne Dienstleistungen am Arbeitsmarkt. Vorschläge der Kommission zum Abbau der Arbeitslosigkeit und zur Umstrukturierung der Bundesanstalt für Arbeit*, Berlin.

Bertelsmann Stiftung (2005): *Jugend und Beruf – Repräsentativumfrage zur Selbstwahrnehmung der Jugend in Deutschland*, Gütersloh.

Berth, Hendrik (Hrsg.) (2007) unter Mitwirkung von Peter Förster, Elmar Brähler, Yve Stöbel-Richter: *Einheitslust und Einheitsfrust. Junge Ostdeutsche auf dem Weg vom DDR – zum Bundesbürger. Eine sozialwissenschaftliche Längsschnittstudie von 1987 – 2006*, Gießen.

Beuster, Frank (^{2}2006): *Die Jungenkatastrophe. Das überforderte Geschlecht*, Reinbek bei Hamburg.

Biedermann, Georg (1998): *Zum Begriff des Atheismus bei Ludwig Feuerbach*, Neustadt.

Bloch, Ernst (1985): *Das Prinzip Hoffnung*, Werkausgabe Bd. 5, Frankfurt a. M.

Bloch, Ernst (^{2}1989): *Atheismus im Christentum. Zur Religion des Exodus und des Reichs*,Frankfurt a. M.

bmb+f (2000): *Berufsbildungsbericht 2000.* Bundesministerium für Bildung und Forschung Berlin–Bonn.

Böhnisch, Lothar (1994): *Das Scheitern jugendlicher Lebensbewältigung bei Arbeitslosigkeit. Konzeptionelle Leitfragen der Sozialpädagogik in der Bekämpfung der Arbeitslosigkeit benachteiligter Jugendlicher*, in: *Benachteiligte Jugendliche in Europa: Konzepte gegen Jugenderwerbslosigkeit*, hrsg. von Bernd Steinmetz; Heinz A. Ries; Hans Günther Homfeldt, Opladen, S. 43 – 52.

Böhnisch, Lothar; Funk, Heide (2002): *Soziale Arbeit und Geschlecht. Theoretische und praktische Orientierungen*, Weinheim/München.

Böhnisch, Lothar (2003): *Die Entgrenzung der Männlichkeit. Verstörungen und Formierungen des Mannseins im gesellschaftlichen Übergang*, Opladen.

Bornkamm, Günther (⁷1993): *Paulus*, Stuttgart/Berlin/Köln.

Bosch, Gerhard; Zühlke-Robinet, Klaus (2000): *Der Bauarbeitsmarkt. Soziologie und Ökonomie einer Branche*, Frankfurt a. M.–New York.

Bosch, Gerhard (2001): *Die Zukunft der Arbeitsmarktpolitik für Jugendliche in Deutschland*, in: *Strategien gegen Jugendarbeitslosigkeit im internationalen Vergleich: auf der Suche nach den besten Lösungen. Strategies against youth unemployment*, hrsg. von Claus Groth; Wolfgang Maening, Frankfurt a. M., S. 21 – 45.

Bosch, Gerhard; Knuth, Matthias (2003): *Das deutsche Beschäftigungssystem im 13. Jahr nach der Vereinigung*, in: WSI Mitteilungen 5/2003, S. 275 – 283.

Bourdieu, Pierre (1979): *Entwurf einer Theorie der Praxis*, Frankfurt a. M.

Bourdieu, Pierre (1982): *Die feinen Unterschiede. Kritik der gesellschaftlichen Urteilskraft*, Frankfurt a. M.

Bourdieu, Pierre (1983): *Ökonomisches Kapital, kulturelles Kapital, soziales Kapital*, in: Kreckel, Reinhard (Hrsg.), *Soziale Ungleichheiten*. Sonderheft 2 der Sozialen Welt, Göttingen, S. 183 – 198.

Bourdieu, Pierre (1985): *Sozialer Raum und ,Klassen'. Leçon sur la leçon. Zwei Vorlesungen*, Frankfurt a. M.

Bourdieu, Pierre (1987): *Sozialer Sinn. Kritik der theoretischen Vernunft*, Frankfurt a. M.

Bourdieu, Pierre (1992): *Rede und Antwort*, Frankfurt a. M.

Bourdieu, Pierre; Wacquant, Loic J.D. (1996) : *Reflexive Anthropologie*, Frankfurt am Main.

Bourdieu, Pierre et al. (1997): *Das Elend der Welt. Zeugnisse und Diagnosen alltäglichen Leidens an der Gesellschaft*, Konstanz.

Bourdieu, Pierre (1998): *Kapitalismus als konservative Revolution*, in: *Die Zeit* v. 22.1.1998.

Brähler, Elmar; Laubach, Wilfried; Stöbel-Richter, Yve (2002): *Belastung und Befindlichkeit von Arbeitslosen in Deutschland*. In: Schumacher, Jörg (Hrsg.), *Mensch unter Belastung. Erkenntnisfortschritte und Anwendungsperspektiven der Stressforschung*, Frankfurt a. M., S. 201 – 214.

Braun, Bernhard (1991): *Die Utopie des Geistes. Zur Funktion der Utopie in der politischen Theorie Gustav Landauers*, Idstein.

Bronnenmeyer, Veit (2006): *Integrativer Übergang Schule-Ausbildung: Vertiefte Berufsorientierung während der Schulzeit*, in: *Jugendliche mit besonderem Förderbedarf*, Berufsbildung in Wissenschaft und Praxis (BWP), 35. Jahrgang, Heft 1/2006, hrsg. vom Bundesinstitut für Berufsbildung (BiBB), S. 50 – 52.

Buber, Martin (1995): *Ich und Du*, Stuttgart.

Bude, Heinz (2001): *Gerechtigkeit als Respekt*, in: Berliner Debatte INITIAL, Jg. 12, Heft3, S. 28 – 37.

Bude, Heinz (2004): *Das Phänomen der Exklusion. Der Widerstreit zwischen gesellschaftlicher Erfahrung und soziologischer Rekonstruktion*, in: Hamburger Institut für Sozialforschung (Hrsg.), *Mittelweg 36*, Ausgabe 4/2004, S. 3 – 13.

Bude, Heinz/Lantermann, Ernst-Dieter (2006): *Soziale Exklusion und Exklusionsempfinden*, in: Kölner Zeitschrift für Sozialpsychologie, Heft 2, Jg. 58, S. 233 – 252.

Bundesagentur für Arbeit (2006), Amtliche Nachrichten der Bundesagentur für Arbeit, Arbeitsmarkt 2005, 54. Jg., Nürnberg, 24. August 2006.

Butterwegge, Christoph (2003): *Krise, Umbau und Zukunft des Sozialstaates*, in: Zeitschrift für Sozialistische Politik und Wirtschaft (spw), Heft 132, Ausgabe 4/2003, Dortmund, S. 54 – 56.

Castel, Robert (2000): *Die Fallstricke des Exklusionsbegriffs*. In: *Mittelweg 36*, 9. Jg., Heft 3, 11 – 25.

Châtelet, François (1973): *Platon*, in: *Geschichte der Philosophie*, Bd. 1, *Die heidnische Philosophie*, Frankfurt a. M., S. 67 – 127.

Chomsky, Noam (³2000): *Profit over People. Neoliberalismus und globale Weltordnung*, Hamburg/Wien.

Coser, Lewis (1992): *Soziologie der Armut: Georg Simmel zum Gedächtnis*, In: Armut in modernen Wohlfahrtsstaat, Sonderheft 32/1992 KZfSS, S. 34 – 47.

Dabrock, Peter (2001): *Capability-Approach und Decent Minimum. Befähigungsgerechtigkeit als Kriterium möglicher Priorisierung im Gesundheitswesen*, in: Zeitschrift für evangelische Ethik 45, S. 202 – 215.

Dahme, Heinz-Jürgen; Rammstedt, Otthein (Hrsg.) (⁴1992): *Georg Simmel. Schriften zur Soziologie. Eine Auswahl*, Frankfurt a. M.

Dahme, Heinz-Jürgen; Rammstedt, Otthein (Hrsg.) (²1995): *Georg Simmel und die Moderne. Neue Interpretationen und Materialien*, Frankfurt a. M.

Dallinger, Ursula (2007): *Die Wiederentdeckung sozialer Regeln — Institutionen bei Durkheim und North*, in: Österreichische Zeitschrift für Soziologie, Volume 32, Number 1/März 2007, VS Verlag für Sozialwissenschaften Wiesbaden, S. 66 – 93.

Dahrendorf, Ralf (2000): *Die globale Klasse und die neue Ungleichheit*, in: *Merkur. Deutsche Zeitschrift für europäisches Denken*, 54. Jg., Nr. 11.

Deutsches Jugendinstitut e. V. (2004): Förster, Heike: *Prozesse der beruflichen und sozialen Integration von Jugendlichen. Regionen im Vergleich*, in: Förster, Heike (Hrsg.) *Berufliche und soziale Integration im sozialen Raum. Ausgewählte Beiträge zum Handlungsfeld.* Arbeitspapier 4/ 2004, München/Halle, S. 7 – 23.

Dillmann, Rainer (2006): *Zum Begriff Gerechtigkeit aus biblischer Sicht*, in: Werner Wertgen, Elisabeth Jünemann (Hrsg.) *Herausforderung soziale Gerechtigkeit*, Paderborn, S. 141 – 154.

Dierbach, Stefan (2001): *Rechte Gewalt bei Jugendlichen. Erklärungsansätze und Strategien pädagogischer Prävention*, Hamburg.

DIW (2000): *Die Integration junger Ausländer in das deutsche Bildungssystem kommt kaum noch voran*, in: *DIW-Wochenbericht* Nr. 29/2000.

Döbert, Rainer (1997): *Welche Weltsysteme/Weltbilder überleben den diskursiven Test?*, in: *Eine Welt – eine Moral? Eine kontroverse Debatte*, hrsg. v. Wilhelm Lütterfelds und Thomas Mohrs, Darmstadt.

Döring, Diether (Hrsg.); Hauser, Richard (1995): *Soziale Sicherheit in Gefahr. Zur Zukunft der Sozialpolitik*, Frankfurt a. M.

Dörner, Dietrich (¹⁵2002), *Die Logik des Mißlingens. Strategisches Denken in komplexen Situationen*, Reinbek bei Hamburg.

Durkheim, Emile (1984): *Erziehung, Moral und Gesellschaft. Vorlesung an der Sorbonne 1902/1903*, Frankfurt a. M.

Durkheim, Emile (²1988): *Über soziale Arbeitsteilung. Studie über die Organisation höherer Gesellschaften*, Frankfurt a. M.

Durkheim, Emile (1999): *Physik der Sitten und des Rechts. Vorlesungen zur Soziologie der Moral*, übers. von Michael Bischoff, hrsg. von Hans-Peter Müller, Frankfurt a. M.

Dworkin, Ronald (1990): *Bürgerrechte ernstgenommen*, Frankfurt a. M.

Eckstein, Franz (⁶1974): *Abriß der griechischen Philosophie,* Frankfurt a. M.

Eichler, Daniel (2001): *Armut, Gerechtigkeit und soziale Grundsicherung. Einführung in eine komplexe Problematik*, Wiesbaden.

Einstein, Norbert (1984): *Der Alltag. Aufsätze zum Wesen der Gesellschaft*, Zürich.

Engelhardt, Klaus (Hrsg.) (1997): *Fremde Heimat Kirche. Die dritte EKD-Erhebung über Kirchenmitgliedschaft*. Gütersloh 1997.

Engler, Wolfgang (2002): *Die Ostdeutschen als Aventgarde*, Berlin.

Enggruber Ruth (Hrsg.) (2005): *„Moderne Dienstleistungen am Arbeitsmarkt" – ausgewählte berufs- und sozialpädagogische Reflexionen*. In: ders. *Soziale Dienstleistungen am Arbeitsmarkt. Soziale Arbeit zwischen Arbeitsmarkt- und Sozialpolitik*, Weinheim/München, S. 65 – 84.

Enke, Thomas (2003): *Sozialpädagogische Krisenintervention bei delinquenten Jugendlichen. Eine Längsschnittstudie zu Verlaufsstrukturen von Jugenddelinquenz*, Weinheim/München.

Epikur (2003): Wege zum Glück, griechisch-lateinisch-deutsch, hrsg. und übers. von Rainer Nickel, Düsseldorf/Zürich.

Eschke, Hans-Günter (1999): *Eine Revolution zur Verwirklichung der Würde des Menschen. Die Idee der Menschenwürde im Frühwerk Karl Marx*, Neustadt am Rübenberge.

European Commission (2001): *The Employment Guidelines for 2002*, Brüssel.

Europäische Union (2001): *Gemeinsamer Bericht über die soziale Eingliederung*, Brüssel.

EUROSTAT (1998): *Eurostat Statistik kurzgefaßt. Bevölkerung und soziale Bedingungen*, Nr. 13/98. *Von der Schule ins Berufsleben: Fakten zur Jugendarbeitslosigkeit*, Brüssel.

Fahrun, Joachim (2007): *Jeder sechste Ostdeutsche wünscht sich die DDR zurück*, in: *Die Welt* vom 16.01.2007.

Finegold, David (2000): *Skills, Work Organisation and Economic Performance in Germany*. In: Peter Berg (ed.), *Creating Competitive Capacity: labour market institutions and workplace practices in Germany and the United States*, Berlin, S. 121 – 130.

Förster, Heike (Hrsg.) (2004): *Berufliche und soziale Integration im sozialen Raum. Ausgewählte Beiträge zum Handlungsfeld*, Deutsches Jugendinstitut e.V., München/Halle, Arbeitspapier 4/2004.

Franz, Dietrich–E. (1987): *Saint-Simon. Fourier. Owen. Sozialutopien des 19. Jahrhunderts*, Leipzig/Jena/Berlin.

Friedrich, Michael (2006): *Jugendliche in Ausbildung: Wunsch und Wirklichkeit. Chancen der Jugendlichen 2005 erneut verschlechtert*, in: *Jugendliche in Ausbildung*, Berufsbildung in Wissenschaft und Praxis (BWP), Heft 3/2006, hrsg. vom Bundesinstitut für Berufsbildung (BiBB), S. 7 – 11.

Funder, Maria (Hrsg.) (2006): *Arbeit und Geschlecht im Umbruch der modernen Gesellschaft. Forschung im Dialog*, Wiesbaden.

Fürle, Arnold (1979): *Kritik der Marxschen Anthropologie*. Eine Untersuchung der zentralen Theoreme, München.

Galtung, John (1982): *Strukturelle Gewalt. Beiträge zur Friedens- und Konfliktforschung*, Reinbek.

Gauchet, Marcel (1991): *Die Erklärung der Menschenrechte. Die Debatte um die bürgerlichen Freiheiten 1789*, Reinbek.

Geißler, Rainer (2000): *Bildungsexpansion und Bildungschancen*, in: *Informationen zur politischen Bildung*, Heft 269, Bonn, S. 39 – 45.

Geißler, Rainer ([4]2006): *Die Sozialstruktur Deutschlands. Zur gesellschaftlichen Entwicklung mit einer Bilanz zur Vereinigung*, Wiesbaden, in: Neugebauer, Gero (Hrsg.), *Politische Milieus in Deutschland. Die Studie der Friedrich-Ebert-Stiftung*, Bonn 2007, S. 15.

Geyer, Carl-Friedrich (2000): *Epikur zur Einführung*, Hamburg.

Georges, Ernst Karl (1998): *Ausführliches Lateinisch-Deutsches Handwörterbuch*, Bd. 1, Hannover [8]1913, Nachdruck.

Giddens, Anthony (1995): *Konsequenzen der Moderne*. Frankfurt a. M.

Gilberg, Reiner; Hess, D.; Schröder, H. (1999): *Wiedereingliederung von Langzeitarbeitslosen. Chancen und Risiken im Erwerbsverlauf*, in: *Mitteilungen aus der Arbeitsmarkt- und Berufsforschung*, Heft 3, Nürnberg, S. 281 – 299.

Giese, Katrin (2007): *Kinderarmut verlangt nach Dialog. Positionspapier des Kinder- und Jugendrings Sachsen-Anhalt e. V.*, in: *Neue Chancen für Kinder*, Heft: Erziehung und Wissenschaft, Nr. 11/2007.

Goethe, Johann Wolfgang von (2003): *Maximen und Reflexionen*, Frankfurt a. M.

Gorz, André ([2]1998): *Kritik der Ökonomischen Vernunft. Sinnfragen am Ende der Arbeitsgesellschaft*, Hamburg.

Gorz, André (2000): *Arbeit zwischen Misere und Utopie*, Frankfurt a. M.

Grimm, Holger; Tarnai, Christian (2001): *Exploration von Vorstellungen zu dem Begriff 'soziale Gerechtigkeit' in einer regionalen Bevölkerungsumfrage*, in: Allmendinger, Jutta (Hrsg.), *Gute Gesellschaft? Verhandlungen des 30. Kongresses der Deutschen Gesellschaft für Soziologie in Köln 2000*, Teil B, Opladen, S. 905 – 932.

Grün, Klaus-Jürgen (2000): *Arthur Schopenhauer*, München.

Habermas, Jürgen (1985): *Die neue Unübersichtlichkeit*, Frankfurt a. M.

Habermas, Jürgen (1988): *Nachmetaphysisches Denken*, Frankfurt a. M.

Habermas, Jürgen (1991): *Erläuterungen zur Diskursethik*, Frankfurt a. M.

Habermas, Jürgen (1996): *Die Einbeziehung des Anderen. Studien zur politischen Theorie*, Frankfurt a. M.

Habermas, Jürgen (2004): *Wahrheit und Rechtfertigung. Philosophische Aufsätze*, Frankfurt a. M.

Harris, Thomas, A. ([35]2000): *Ich bin o.k. – Du bist o.k. Wie wir uns selbst besser verstehen und unsere Einstellung zu anderen verändern können. Eine Einführung in die Transaktionsanalyse*, Reinbek.

Hartmann, Michael (2004): *Elitensoziologie. Eine Einführung*, Frankfurt a. M.

Hartz, Peter (2002): *Job revolution. How new jobs will be generated*, Frankfurt a. M.

Heidemann, Winfried (Hrsg.) (2000): *Beschäftigung und Ausbildung für Jugendliche in Europa*. In: Arbeitspapier 21 der Hans-Böckler-Stiftung, Düsseldorf.

Heitmeyer, Wilhelm (Hrsg.) (1995): *Gewalt. Schattenseiten der Individualisierung bei Jugendlichen aus unterschiedlichen Milieus*, Weinheim/ München.

Heitmeyer, Wilhelm (Hrsg.) (1997): *Was treibt die Gesellschaft auseinander?*, Frankfurt a. M.

Heitmeyer, Wilhelm (Hrsg.) (2002): *Deutsche Zustände. Folge 1*, Frankfurt a. M.

Heitmeyer, Wilhelm (Hrsg.) (2003): *Deutsche Zustände. Folge 2*, Frankfurt a. M.

Heitmeyer, Wilhelm (Hrsg.) (2005): *Deutsche Zustände. Folge 3*, Frankfurt a. M.

Hengsbach, Friedhelm (1995): *Abschied von der Konkurrenzgesellschaft. Für eine neue Ethik in Politik, Wirtschaft und Gesellschaft*, München.

Hengsbach, Friedhelm (2003): *Ende der Legenden. Die Deutschen leben nicht über, sondern unter ihren Verhältnissen.* In: *zeitzeichen. Evangelische Kommentare zu Religion und Gesellschaft,* Heft 11/2003, S. 8 – 10.

Herkommer, Sebastian (Hrsg.) (1999): *Soziale Ausgrenzungen. Gesichter des neuen Kapitalismus.* Hamburg: VSA Verlag.

Hinkmann, Jens (1996): *Philosophische Argumente für und wider die Universalität der Menschenrechte,* Marburg.

Hinsch, Wilfried (1997): *Politischer Konsens in einer streitbaren Welt,* in: Philosophische Gesellschaft, Bad Homburg.

Hinsch, Wilfried (Hrsg.) (1997): *Zur Idee des politischen Liberalismus. John Rawls in der Diskussion,* Frankfurt a. M., S. 9 – 38.

Hoebel, Thomas (2006): *Arbeit und Exklusion. Arbeitsmarktreformen in der Bundesrepublik Deutschland,* in: http://elib.ub.uniosnabrueck.de/publications/ELibD148_Arbeit_Exklusion.pdf

Höffe, Otfried (2001): *Gerechtigkeit. Eine philosophische Einführung,* München.

Hofsäss, Thomas (Hrsg.) (1999): *Jugend – Arbeit – Bildung. Zum Krisenmanagement mit arbeitslosen Jugendlichen,* Berlin.

Hondrich, Karl Otto (Hrsg.) (1982): *Soziale Differenzierung. Langzeitanalysen zum Wandel von Politik, Arbeit und Familie,* Frankfurt a. M, New York.

Honneth, Axel (1992): *Kampf um Anerkennung. Zur moralischen Grammatik sozialer Konflikte,* Frankfurt a. M.

Honneth, Axel (1994): *Pathologien des Sozialen,* Frankfurt a. M.

Honneth, Axel (2001): *Wie ist eine gute Gesellschaft denkbar und gestaltbar? Thesen zu einer unübersichtlichen Diskussionslandschaft,* in: Allmendinger, Jutta (Hrsg.), *Gute Gesellschaft? Verhandlungen des 30. Kongresses der Deutschen Gesellschaft für Soziologie in Köln 2000,* Teil B, Opladen 2001, S. 1322 – 1329.

Horn, Christoph (2003): *Einführung in die Politische Philosophie,* Darmstadt.

Hradil, Stefan (1987): *Sozialstrukturanalyse in einer fortgeschrittenen Gesellschaft. Von Klassen und Schichten zu Lagen und Milieus,* Opladen.

Hurrelmann, Klaus; Klocke, Andreas; Palentin, Christian (1999): *Armut im Kindes- und Jugendalter,* in: Das Parlament (18), S. 33 – 38.

Hurrelmann, Klaus; Linssen, Ruth; ;Albert, Mathias; Quellenberg, Holger (2003): *Eine Generation von Egotaktikern? Ergebnisse der bisherigen Jugendforschung*, in: 14. Shell-Jugendstudie, Jugend 2002. *Zwischen pragmatischem Idealismus und robustem Materialismus*, Frankfurt a. M.[4] 2003, S. 31 – 51.

Irrlitz, Gerd (2001): *Das Bild des Weges in der Philosophie*. Abschiedsvorlesung an der Humboldt-Universität zu Berlin vom 11. Juli 2000, Herausgeber: Der Präsident der Humboldt-Universität zu Berlin, Prof. Dr. Jürgen Mlynek, veröffentlicht in: Heft 106 der Forschungsabteilung der Humboldt-Universität zu Berlin, Berlin.

Irrlitz, Gerd (2002): *Kant-Handbuch. Leben und Werk*, Stuttgart.

Jaeger, Werner (1928): *Platos Stellung im Aufbau der griechischen Bildung. Ein Entwurf*, Berlin.

Jagodzinski, Wolfgang; Meulemann, Heiner (2001): *Forum: „Die Kirchen und die Soziologie vor der Frage nach der guten Gesellschaft"*, in: Allmendinger, Jutta (Hrsg.), *Gute Gesellschaft? Verhandlungen des 30. Kongresses der Deutschen Gesellschaft für Soziologie in Köln 2000*, Teil B, Opladen, S. 1101 – 1118.

Joas, Hans (1997): *Die Entstehung der Werte*, Frankfurt a. M.

Jung, Mathias (2005): *Einander anerkennen – ein Weg zum Glücklichwerden*, in: Kast, Verena (Hrsg.) *Inspirationen für ein gutes Leben. Heil sein – heil werden*, Freiburg i. Brsg., S. 40 – 47.

Jütte, Robert (2000): *Arme, Bettler, Beutelschneider. Eine Sozialgeschichte der Armut in der Frühen Neuzeit*, Weimar.

Kaiser, Michael (2006): *Die Gestaltpsychologie im historischen Kontext ihrer Anfänge*, published by Lulu.

Kant, Immanuel (1969), *Idee zu einer allgemeinen Geschichte in weltbürgerlicher Absicht*, Werkausgabe Bd. XIII, Berlin/Leipzig.

Kant, Immanuel (1974): *Kritik der praktischen Vernunft. Grundlegung zur Metaphysik der Sitten*, Werkausgabe VII, hrsg. von Wilhelm Weischedel, Frankfurt a. M.

Kant, Immanuel ([6]2005): Werke in sieben Bänden, Bd 2: *Kritik der reinen Vernunft*, hrsg. von Wilhelm Weischedel, Darmstadt.

Karstedt, Susanne (2001): *Recht, Rechte und kulturelle Identität*, in: Allmendinger, Jutta (Hrsg.), *Gute Gesellschaft? Verhandlungen des 30. Kongresses der Deutschen Gesellschaft für Soziologie in Köln 2000*, Teil B, Opladen, S. 1002 – 1016.

Kaesler, Dirk (1996): *Suche nach der guten Gesellschaft*, in: Fritz-Vannahme, Joachim (Hrsg.), *Wozu heute noch Soziologie?*, Opladen, S. 21 – 29.

Kaesler, Dirk (²1998): *Max Weber. Eine Einführung in Leben, Werk und Wirkung*, Frankfurt a. M./New York.

Kast, Verena (Hrsg.) (2005): *Inspirationen für ein gutes Leben. Heil sein – heil werden*, Freiburg i. Brsg.

Katschnig-Fasch, Elisabeth (Hrsg.) (2003): *Das ganz alltägliche Elend. Begegnungen im Schatten des Neoliberalismus*, Wien.

Kaufmann, Franz-Xaver (1997): *Herausforderungen des Sozialstaates*, Frankfurt a. M.

Kersting, Wolfgang (2000): *Rechtsphilosophische Probleme des Sozialstaats*, Baden-Baden.

Kersting, Wolfgang (²2006): *Platons ,Staat'*, Darmstadt.

Kim, Scott (1998): *Kantische Moral und das gute Leben*, in: Steinfath, Holmer (Hrsg.), *Was ist ein gutes Leben? Philosophische Reflexionen*, Frankfurt a. M.

Kieselbach, Thomas/Beelmann, Gert (2003): *Arbeitslosigkeit als Risiko sozialer Ausgrenzung bei Jugendlichen in Europa*, in: *Aus Politik und Zeitgeschichte* (B 06-07/2003), Bonn, S. 32 – 39.

Kneer, Georg (Hrsg.) (2001): *Klassische Gesellschaftsbegriffe der Soziologie*, München.

Kracauer, Siegfried (2006): *Soziologie als Wissenschaft*, Frankfurt a. M.

Krämer, Hans (1992): *Integrative Ethik*, Frankfurt a. M.

Krebs, Angelika (²1998): *Werden Menschen schwanger? Das „gute menschliche Leben" und die Geschlechterdifferenz*, in: Steinfath, Holmer (Hrsg.), *Was ist ein gutes Leben? Philosophische Reflexionen*, Frankfurt a. M.

Krefeld, Heinrich (⁷1993): *Hellenika*, Berlin.

Kronauer, Martin (1999): *Die Innen-Außen-Spaltung der Gesellschaft. Eine Verteidigung des Exklusionsbegriffs gegen seinen mystifizierenden Gebrauch*, in: SOFI-Mitteilungen Nr. 27/1999, S. 7 – 14.

Kronauer, Martin (2002): *Exklusion. Die Gefährdung des Sozialen im hoch entwickelten Kapitalismus*, Frankfurt a. M.

Kronauer, Martin (2003): *Integration und Ausschluss: Neue Formen der sozialen Ungleichheit, neue Fragen für die Forschung*, Vortrag in der Eröffnungsveranstaltung des Schwerpunkts „Integration und Ausschluss" des Schweizerischen Nationalfonds, Bern, 12. Sept. 2003. Quelle: www.suz.unizh.ch/fux/vorlesungen/ETH_2/Vortrag_Kronauer_Kick_off.pdf

Krüger, Heinz-Hermann (Hrsg.); Grunert, Cathleen (2002): *Handbuch Kindheits- und Jugendforschung*, Opladen.

Kühn, Manfred (⁵2004): *Kant. Eine Biografie*, München.

Lachmayr, Norbert (2006): *Jugendliche ohne Lehrstelle – Softskills besonders förderungsbedürftig*, in: *Jugendliche mit besonderem Förderbedarf*, Berufsbildung in Wissenschaft und Praxis (BWP), 35. Jahrgang, Heft 1/2006, hrsg. vom Bundesinstitut für Berufsbildung (BiBB), S. 47 – 49.

Leibniz, Gottfried Wilhelm (1998): *Monadologie*, Stuttgart.

Lenk, Kurt (²1993): *Methodenfrage der politischen Theorie*, S. 991 – 1016, hier: *Der Beitrag Max Webers zur Methodendiskussion*, S. 991 – 997. in: Lieber, Hans-Joachim (Hrsg.) (²1993): *Politische Theorien von der Antike bis zur Gegenwart*, Schriftenreihe der Bundeszentrale für Politische Bildung; Bd. 299: Studien zur Geschichte und Politik, Bonn.

Lévinas, Emmanuel (1995): *Das Ich kann nicht vertreten werden. Die Ethik als die Verantwortlichkeit für den Anderen*, in: *Frankfurter Allgemeine Zeitung* vom 15.04.1995.

Luhmann, Niklas (1986): *Ökologische Kommunikation. Kann die moderne Gesellschaft sich auf ökologische Gefährdungen einstellen?*, Opladen.

Luhmann, Niklas (⁵1994): *Soziale Systeme. Grundriß einer allgemeinen Theorie*, Frankfurt a. M.

Luhmann, Niklas (1995): *Jenseits von Barbarei*, in: Niklas Luhmann, *Gesellschaftsstruktur und Semantik. Studien zur Wissenssoziologie der modernen Gesellschaft*, Band 4, Frankfurt a. M.

Luhmann, Niklas (1997): *Die Gesellschaft der Gesellschaft*, Frankfurt a. M.

Lüdemann, Gerd (2001): *Paulus, der Gründer des Christentums*, Lüneburg.

Lütterfelds, Wilhelm (1997): *Sind Universalismus und Kontingenz der Moral miteinander verträglich?*, in: *Eine Welt – eine Moral? Eine kontroverse Debatte*, hrsg. v. Wilhelm Lütterfelds und Thomas Mohrs, Darmstadt.

MacIntyre, Alasdair (1987): *Verlust der Tugend*, Frankfurt a. M.

Mack, Elke (2002): *Gerechtigkeit und gutes Leben. Christliche Ethik im politischen Diskurs*, Paderborn.

Margalit, Avishai (1997): *Politik der Würde. Über Achtung und Verachtung*, Frankfurt a. M.

Marshall, Thomas Humphrey (1992): *Bürgerrechte und soziale Klassen. Zur Soziologie des Wohlfahrtsstaates*, Frankfurt a. M./New York.

Mau, Steffen (2004): *Soziale Ungleichheit in der Europäischen Union*, in: *Aus Politik und Zeitgeschichte*. Beilage zur Wochenzeitung *Das Parlament*, Heft B 38/2004, S. 38 – 46.

Menge-Güthling (²⁷1991): *Langenscheidts Großwörterbuch Altgriechisch-Deutsch*, Berlin/München.

Merten, Roland (2004): *Inklusion/Exklusion und Soziale Arbeit. Überlegungen zur aktuellen Theoriedebatte zwischen Bestimmung und Destruktion*, in: Scherr, Albert (Hrsg.) *Inklusion und Exklusion in der Sozialen Arbeit*, Wiesbaden, S. 99 – 118.

Miller, Max; Soeffner, Georg (Hrsg.) (1996): *Modernität und Barbarei. Soziologische Zeitdiagnose am Ende des 20. Jahrhunderts*, Frankfurt a. M.

Miller, Max; Eßbach, Wolfgang (2001): *Die gesellschaftliche Konstruktion der guten Gesellschaft* in: Allmendinger, Jutta (Hrsg.), *Gute Gesellschaft? Verhandlungen des 30. Kongresses der Deutschen Gesellschaft für Soziologie in Köln 2000*, Teil A, Opladen 2001, S. 199 – 203.

Möhring-Hesse, Matthias (2004): *Die demokratische Ordnung der Verteilung. Eine Theorie der sozialen Gerechtigkeit*, Frankfurt a. M./New York.

Morel, Julius (⁷2001): *Soziologische Theorie. Abriß der Ansätze ihrer Hauptvertreter*, München/Wien/Oldenbourg.

Morgenroth, Christine (2003), *Arbeitsidentität und Arbeitslosigkeit – ein depressiver Zirkel*, in: *Aus Politik und Zeitgeschichte*, B 6-7, S. 17 – 24.

Müller, Hans-Peter; Schmid, Michael (²1996): *Arbeitsteilung, Solidarität und Moral. Eine werkgeschichtliche und systematische Einführung in die „Arbeitsteilung" von Emile Durkheim*, in: Durkheim, Emilie (²1996): *Über soziale Arbeitsteilung. Studie über die Organisation höherer Gesellschaften*, Frankfurt a. M., S. 481 – 521.

Müller, Hans-Peter (2001): *Die Artisten der Zirkuskuppel, ratlos? Sozialwissenschaftliche Projektionen der guten Gesellschaft*, in: Allmendinger, Jutta (Hrsg.), *Gute Gesellschaft?. Verhandlungen des 30. Kongresses der Deutschen Gesellschaft für Soziologie in Köln 2000*, Teil A, Opladen, S. 245 – 266.

Müller, Siegfried (2001): *Erziehen – Helfen – Strafen. Das Spannungsverhältnis von Hilfe und Kontrolle in der sozialen Arbeit*, Weinhein/München.

Münch, Richard (1998): *Globale Dynamik, lokale Lebenswelten. Der schwierige Weg in die Weltgesellschaft*, Frankfurt a. M.

Müntzer, Thomas (1998): *Die Fürstenpredigt*, bearbeitet von Peter Fellenberg, Erfurt.

Nassehi, Armin (2006): *Die Frage ist, wie sich Werte in lebbare Praxisformen implementieren lassen. Gespräche über Werte und Werte-Diskurse aus soziologischer Sicht*, in: *Amos. Gesellschaft gerecht gestalten. Internationale Zeitschrift für christliche Sozialethik*, Sozialinstitut Kommende Dortmund (Hrsg.), Heft 4/2006, Münster, S. 26 – 35.

Negt, Oskar (²2002): *Arbeit und menschliche Würde*, Göttingen.

Neugebauer, Gero (Hrsg.) (2007): *Politische Milieus in Deutschland. Die Studie der Friedrich-Ebert-Stiftung*, Bonn.

Nida-Rümelin, Julian (1997): *Über die Vereinbarkeit von Universalismus und Pluralismus in der Ethik*, in: *Eine Welt – eine Moral? Eine kontroverse Debatte*, hrsg. v. Wilhelm Lütterfelds und Thomas Mohrs, Darmstadt.

Nozick, Robert (1991): *Vom richtigen, guten und glücklichen Leben*, München/Wien.

Nussbaum, Martha C. (1995a): *Menschliches Tun und soziale Gerechtigkeit. Zur Verteidigung des aristotelischen Essentialismus*, in: Micha Brumlik/Hauke Brunkhorst (Hrsg.), *Gemeinschaft und Gerechtigkeit*, Frankfurt a. M., S. 323 – 361.

Nussbaum, Martha C. (1995b): *Human Capabilities, Female Human Beings*, in: Jonathan Glover (Hrsg.), *Women, Culture and Development*, Oxford, S. 61 – 104.

Nussbaum, Martha C. (1999): *Gerechtigkeit oder Das gute Leben*, Frankfurt a. M.

Nussbaum, Martha C. (2000): *Vom Nutzen der Moraltheorie für das Leben*, Wien.

Nussbaum, Martha C. (2003): *Frauen und Arbeit. Der Fähigkeitenansatz*, in: *Zeitschrift für Wirtschafts- und Unternehmensethik* 4/1, S. 8 – 31.

Otto, Regine (Hrsg.) (²1983): *Herders Briefe in einem Band*, Berlin/Weimar.

Pauer-Studer, Herlinde (1996): *Das andere der Gerechtigkeit*, Berlin.

Paugam, Serge (2000): *Le salarié de la précarité*, Paris.

Petersen, Thomas et Mayer, Tilman (Hrsg.) (2005): *Der Wert der Freiheit. Deutschland vor einem neuen Wertewandel?*, Freiburg i. Brsg.

Platon (1991): *Sämtliche Werke*, Griechisch-Deutsch, Bd. I – VI, übers. v. Friedrich Schleiermacher, Frankfurt a. M.

Popper, Karl R. ([6]1980): *Die offene Gesellschaft und ihre Feinde. Der Zauber Platons.* Bd. 1, Tübingen.

Prais, S.J.; Wagner, K. (1983): *Some practical aspects of human capital inveshnent: training standards in five occupations in Britain and Germany.* In: National Institute Economic Review, 105, p. 46 – 65.

Rademacher, Jeanne (2003): *Arbeitslosigkeit und Identität im Erwachsenenalter.* Hamburg.

Rapp, Christof (1997): *Vorsokratiker*, München.

Rawls, John (1975): *Eine Theorie der Gerechtigkeit*, Frankfurt a. M.

Rawls, John (1992): *Die Idee des politischen Liberalismus*, hrsg. von Wilfried Hinsch, Frankfurt a. M.

Rehberg, Karl-Siegbert (2001): *Eine Wiederbegegnung von Politik und Soziologie? Einführung in die Abschlussveranstaltung*, in: Allmendinger, Jutta (Hrsg.), *Gute Gesellschaft? Verhandlungen des 30. Kongresses der Deutschen Gesellschaft für Soziologie in Köln 2000*, Teil B, Opladen, S. 1317 – 1321.

Reckwitz, Andreas (2001): *Die Ethik des Guten und die Soziologie*, in: Allmendinger, Jutta (Hrsg.), *Gute Gesellschaft? Verhandlungen des 30. Kongresses der Deutschen Gesellschaft für Soziologie in Köln 2000*, Teil A, Opladen, S. 204 – 224.

Reinberg, Alexander (2003): *Gering Qualifizierte – Modernisierungsverlierer oder Bildungsreserve?* In: ivb, Nr.12, 11.6.2003, S. 1646f.

Reinberg, Alexander (2004): *Gering Qualifizierte – Modernisierungsverlierer oder Bildungsresurve?* In: Loebe, Herbert; Severing, Eckart (Hrsg.): *Zukunft der einfachen Arbeit – Von der Hilfstätigkeit zur Prozessdienstleistung*, Bielefeld, S. 61 – 75.

Rentsch, Thomas (1990): *Die Konstitution der Moralität. Transzendentale Anthropologie und praktische Philosophie*, Frankfurt a. M.

Richter, Horst-Eberhard (2002): *Das Ende der Egomanie. Die Krise des westlichen Bewusstseins*, Köln.

Rifkin, Jeremy (2004): *Das Ende der Arbeit und ihre Zukunft. Neue Konzepte für das 21. Jahrhundert*, Frankfurt a. M.

Ruh, Hans (1995): *Anders, aber besser. Die Arbeit neu erfinden – für eine solidarische und überlebensfähige Welt*, Frauenfeld.

Rulff, Dieter (2003): *Eine Frage der Augenhöhe. Exklusion als neue soziale Frage*, in: Die Neue Gesellschaft/Frankfurter Hefte, Heft Nr. 9/2003, Bonn, S. 8 – 12.

Sachsen-Anhalt-Monitor 2007. Politische Einstellungen zwischen Gegenwart und Vergangenheit, Everhard Holtmann, Ossip Fürnberg, Tobias Jaeck, http://www.sachsen-anhalt.de/LPSA/index. php?id=26088

Sächsisches Staatsministerium für Wirtschaft und Arbeit (2000): *Entwicklungsrichtungen und Kapazitäten der beruflichen Erstausbildung im Freistaat Sachsen*, Gutachten des ifo-Instituts München und der Universität Chemnitz, Institut für Wirtschaftsforschung, München.

Schmid, Thomas (Hrsg.) (²1986) *Befreiung von falscher Arbeit. Thesen zum garantierten Mindesteinkommen*, Berlin.

Schmid, Wilhelm (2000): *Schönes Leben? Einführung in die Lebenskunst*, Frankfurt a. M.

Schmidt, Volker H.; Hartmann, Brigitte K. (1997): *Lokale Gerechtigkeit in Deutschland. Studien zur Verteilung von Bildungs-, Arbeits- und Gesundheitsgütern*, Opladen.

Schönig, Werner (2000): *Langzeitarbeitslosigkeit und Kinderarmut*, in: Butterwege, Christoph (Hrsg.) (2000): *Kinderarmut in Deutschland*, Frankfurt a. M., S. 197 – 220.

Schopenhauer, Arthur (1977): *Die beiden Grundprobleme der Ethik: Über die Freiheit des menschlichen Willens. Über die Grundlage der Moral*, Kleinere Schriften II, in: Zürcher Ausgabe: Werke in zehn Bänden, Zürich.

Schrader-Klebert, Karin (1968): *Der Begriff der Gesellschaft als regulative Idee*, in: *Soziale Welt*, Heft 19, München.

Schubert, Klaus/Klein, Martina (³2003): *Das Politiklexikon*, Bonn.

Schuffenhauer, Werner (1958): *Der Mensch schuf Gott nach seinem Bilde. Kritisches über Religion, Theologie und Kirche von Ludwig Feuerbach*, Berlin.

Schultheis, Franz (1997): *Deutsche Zustände im Spiegel französischer Verhältnisse*. Nachwort zur deutschsprachigen Ausgabe, in: Bourdieu, Pierre et al, *Das Elend der Welt. Zeugnisse und Diagnosen alltäglichen Leidens an der Gesellschaft*, Konstanz, S. 827 – 838.

Schulz, Kristina; Schultheis, Franz (Hrsg.)(2005): *Gesellschaft mit begrenzter Haftung. Zumutungen und Leiden im deutschen Alltag*, Konstanz.

Schütze, Fritz (1977): *Die Technik des narrativen Interviews in Interaktions-feldstudien. Dargestellt an einem Projekt zur Erforschung von kommu-nalen Machtstrukturen*, Bielefeld.

Schwingel, Markus (1995): *Bourdieu zur Einführung*, Hamburg.

Seel, Martin (1991): *Eine Ästhetik der Natur*, Frankfurt a. M.

Seel, Martin (1995): *Versuch über die Form des Glücks. Studien zur Ethik*, Frankfurt a. M.

Seel, Martin (1996): *Ethisch-ästhetische Studien*, Frankfurt a. M.

Seel, Martin (²1998): *Freie Weltbegegnung*, in: Steinfath, Holmer (Hrsg.), *Was ist ein gutes Leben? Philosophische Reflexionen*, Frankfurt a. M., S. 275 – 296.

Seifert, Hartmut (2005), *Was bringen die Hartz-Gesetze?* In: *Aus Politik und Zeitgeschichte* (APuZ 16/2005), S. 17 – 24.

Sen, Amartya (1987): *The Standart of Living*, Cambridge.

Sen, Amartya (2000): *Ökonomie für den Menschen. Wege zu Gerechtigkeit und Solidarität in der Marktwirtschaft*, München/Wien.

Sennett, Richard (1998): *Der flexible Mensch. Die Kultur des neuen Kapitalis-mus*, Berlin.

Sennett, Richard (2000): *Der flexibilisierte Mensch – Zeit und Raum im mo-dernen Kapitalismus*. In: Ulrich, Peter; Mark, Thomas (Hrsg.), *Die Wirtschaft in der Gesellschaft. Perspektiven an der Schwelle zum 3. Jahr-tausend*, Bern/Stuttgart/Wien, S. 87 – 104.

Shell Deutschland Holding (Hrsg.) (⁴2003): *Jugend 2002. 14. Shell Jugend-studie. 14. Shell Jugendstudie. Zwischen pragmatischem Idealismus und robustem Materialismus*, Hurrelmann, Klaus (Hrsg.), Frankfurt a. M.

Shell Deutschland Holding (Hrsg.) (2006): *Jugend 2006. 15. Shell Jugend-studie. Eine pragmatische Generation unter Druck*, Hurrelmann, Klaus (Hrsg.), Frankfurt a. M.

Silver, Hilary (1994): *Social exclusion and social solidarity. Three paradigms*, in: *International Labour Review*, 133, S. 531 – 578.

Simmel, Georg (1900a): *Zu einer Theorie des Pessimismus*, in: *Die Zeit* (Wien) vom 20.01.1900.

Simmel, Georg (1900b): *Sozialismus und Pessimismus*, in: *Die Zeit* (Wien) vom 03.02.1900.

Simmel, Georg (1904): *Kant. 16 Vorlesungen, gehalten an der Berliner Univer-sität*, Leipzig: Duncker & Humblot.

Simmel, Georg (1906): *Die Religion*, Frankfurt am Main: Literarische Anstalt Rütten und Loening, zweite veränd. u. verm. Aufl.

Simmel, Georg (1908): *Soziologie. Untersuchungen über die Formen der Vergesellschaftung*, Leipzig: Ducker & Humblot.

Simmel, Georg (³1917): *Grundfragen der Soziologie. Individuum und Gesellschaft*, Berlin.

Simmel, Georg (1992): *Soziologie. Untersuchungen über die Formen der Vergesellschaftung*, hrsg. von Otthein Rammstedt, Frankfurt a. M.

Singer, Peter (1994): *Praktische Ethik*, Stuttgart.

Soeffner, Hans-Georg (1998): *Handeln im Alltag*, in: Schäfers, Bernhard; Zapf, Wolfgang (Hrsg.): *Handwörterbuch zur Gesellschaft Deutschlands*, Bonn, S. 276 – 287.

Solga, Heike (2005): *Ohne Abschluss in die Bildungsgesellschaft. Die Erwerbschancen gering qualifizierter Personen aus soziologischer und ökonomischer Perspektive*, Opladen.

Sölle, Dorothee (⁴2001): *Mystik und Widerstand*, Hamburg.

Sophokles (1995): *Antigone*, griechisch/deutsch, übers. und hrsg. von Norbert Zink, Stuttgart.

Sozialbericht 2005, hrsg. vom Bundesministerium für Gesundheit und Soziale Sicherung, Referat Information, Publikation, Redaktion Bonn: Bundesministerium für Gesundheit und Soziale Sicherung, Bonn/ Berlin 2005.

Spaemann, Robert (1989): *Glück und Wohlwollen. Versuch über Ethik*, Stuttgart.

Steinfath, Holmer (Hrsg.) (²1998): *Was ist ein gutes Leben? Philosophische Reflexionen*, Frankfurt a. M.

Stemmer, Peter (²1998): *Was es heißt, ein gutes Leben zu leben*, in: Steinfath, Holmer (Hrsg), *Was ist ein gutes Leben? Philosophische Reflexionen*, Frankfurt a. M., S. 47 – 72.

Strasser, Johanno (1999): *Wenn der Arbeitsgesellschaft die Arbeit ausgeht*, Zürich.

Strasser, Johano (2002): horizonte Nr. 1: Soziale Gerechtigkeit, Schwerin, S. 19 – 20.

Streeck, Wolfgang (1987): *Vielfalt und Interdependenz: Probleme intermediärer Organisationen in sich ändernden Umwelten*, Berlin.

Strube, Gerhard (1984): *Assoziation. Der Prozess des Erinnerns und der Struktur des Gedächtnisses*, Berlin/Heidelberg/New York/Tokyo.

Struck, Olaf (2006): *Prekäre Freiheiten der Lebensführung. Biographische Selbstbestimmung benötigt soziale Sicherheit*, in: spw: *Zeit, dass sich was dreht* ... Heft 150, Ausgabe 4/2006, Dortmund, S. 26 – 29.

Sutter, Tilmann (2003): *Sozialisationstheorie und Gesellschaftsanalyse. Zur Wiederbelebung eines zentralen soziologischen Forschungsfeldes*, S. 45, in: Wenzel, Ulrich (Hrsg.) (2003): *Subjekte und Gesellschaft. Zur Konstitution von Sozialität. Festschrift für Günter Dux*, Weilerswist.

Tamm, Peter (2005): *Assoziation und Sozialkapital: Differenzierung, Demokratie und Gemeinsinn*, in: Zeitschrift für Philosophie und Sozialwissenschaften, ZPS, Nr. 1/2005, S. 134 – 176. Flensburg.

Taylor, Charles (1993), *Wieviel Gemeinschaft braucht die Demokratie?* in: *Gute Gesellschaft*, Transit Heft 5, Frankfurt a. M.

Taylor, Charles (1994): *Quellen des Selbst. Die Entstehung der neuzeitlichen Identität*, Frankfurt am Main.

Taylor, Charles (1995): *Das Unbehagen an der Moderne*, Frankfurt a. M.

Tenbruck, Friedrich (1958): *Georg Simmel*, in: *Kölner Zeitschrift für Soziologie und Sozialpsychologie*, Heft 19, Köln.

Tenbruck, Friedrich (1995): *Nachwort*, in: Max Weber, *Wissenschaft als Beruf*, Stuttgart.

Tillich, Paul (1991): *Der Mut zum Sein*, Berlin/New York.

Troltsch, Klaus (2006): *1,6 Millionen Jugendliche im Abseits? Strukturelle Ausbildungslosigkeit in Deutschland*, in: *Jugendliche in Ausbildung, Berufsbildung in Wissenschaft und Praxis*, Heft 3/2006, S. 44 – 46.

Trumpp, Peter (2000): *Gesundheit und psychische Befindlichkeit von Kindern in Armutsverhältnissen*, in: Kamensky, Jutta; Heusohn, Lothar; Klemm, Ulrich (Hrsg.): *Kindheit und Armut in Deutschland*, Ulm, S. 76 – 86.

Tugendhat, Ernst (1984): *Antike und moderne Ethik*, in: ders. *Probleme der Ethik*, Stuttgart.

Tugendhat, Ernst (1993):*Vorlesungen über Ethik*, Frankfurt a. M.

Vester, Frederic (⁵2002), *Ideen und Werkzeuge für einen neuen Umgang mit Komplexität. Ein Bericht an den Club of Rome*, München.

Vester, Michael (2003): *Die Vertrauenskrise der Sozialdemokratie. Die Erwartungen sozialer Gerechtigkeit*, in: Zeitschrift für Sozialistische Politik und Wirtschaft (spw), Heft 132, Ausgabe 4/2003, Dortmund, S. 32 – 36.

Vogel, Berthold (2000): *Am Rande der Arbeitsgesellschaft*, in: *Verhaltenstherapie und Psychosoziale Praxis*, Heft 3, S. 359 – 366.

Vogelgesang, Waldemar (2005): *Jugend, Alltag und Kultur. Eine Forschungsbilanz*, Wiesbaden.

Voltaire (1992): *Candid oder die Beste der Welten*, Stuttgart.

Walter, Franz (2006): *Träume von Jamaika. Wie Politik funktioniert und was die Gesellschaft verändert*, Köln.

Weber, Marcus (2006): „*Erstmal die Würde des Bürgers beachten*". *Unterwegs mit dem Berliner ‚Sozialermittler' Peter Rudzki*, in: spw: *Zeit, dass sich was dreht ...* Heft 150, Ausgabe 4/2006, Dortmund, S. 46 – 49.

Weber, Max (1968): *Gesammelte Aufsätze zur Wissenschaftslehre*, hrsg. von Johannes Friedrich Winckelmann, Tübingen.

Weber, Max (1988): *Die ‚Objektivität' sozialwissenschaftlicher und sozialpolitischer Erkenntnis*, in: ders. (1922): *Gesammelte Aufsätze zur Wissenschaftslehre*, Tübingen, S. 146 – 214.

Weber, Max (1995): *Wissenschaft als Beruf*, Stuttgart.

Weber, Max (2004): *Die Protestantische Ethik und der Geist des Kapitalismus*, München.

Wegener, Bernd (2001): *Anmerkungen zum Verhältnis normativer und empirischer Gerechtigkeitsforschung*, in: Allmendinger, Jutta (Hrsg.), *Gute Gesellschaft? Verhandlungen des 30. Kongresses der Deutschen Gesellschaft für Soziologie in Köln 2000*, Teil B, Opladen, S. 879 – 904.

Weidenfeld, Werner (Hrsg.)(1992): *Der Schutz der Grundrechte in der Europäischen Gemeinschaft*, Bonn.

Weiß, Johannes (2001): *Einführung zur Mittagsvorlesung von Frau Getrud Nummer-Winkler*, in: Allmendinger, Jutta (Hrsg.), *Gute Gesellschaft? Verhandlungen des 30. Kongresses der Deutschen Gesellschaft für Soziologie in Köln 2000*, Teil A, Opladen 2001, S. 169 – 171.

Wenzel, Ulrich (Hrsg.) (2003): *Subjekte und Gesellschaft. Zur Konstitution von Sozialität. Festschrift für Günter Dux*, Weilerswist.

Wickert, Ulrich (1994): *Der Ehrliche ist der Dumme. Über den Verlust der Werte. Ein Essay*, Hamburg.

Wiener, Bettina; Meier, Heike (2006): *Vergessene Jugend? Der Umgang mit einer arbeitslosen Generation. Beobachtungen und Schlüsse*, Berlin.

Wildt, Andreas (1986): *Die Anthropologie des frühen Marx*, Studienbrief der FernUniversität Hagen, Hagen.

Witzel, Andreas (1982): *Verfahren der qualitativen Sozialforschung. Überblick und Alternativen*, Frankfurt a. M./New York.

Wolf, Ursula (1996): *Die Suche nach dem guten Leben. Platons Frühdialoge*, Reinbek.

Wolf, Ursula (1999): *Die Philosophie und die Frage nach dem guten Leben*, Reinbek.

Wolf, Frieder Otto (2003a): *Humanismus und Philosophie. Vor der westeuropäischen Neuzeit. Elf Lektüren zur Vorgeschichte des modernen Humanismus*, Berlin.

Wolf, Frieder Otto (2003b): *Soziale Gerechtigkeit. Warum ein durchaus zweideutiger Begriff nicht fallen gelassen werden sollte*, in: Bund demokratischer Wissesnchaftlerinnen und Wissenschaftler e. V. (BdWi) (Hrsg.), *Forum Wissenschaft*, Heft Nr. 4, Oktober 2003, 20. Jg., Marburg, S. 6 – 9.

Wohlrab-Sahr, Monika; Karstein, Uta; Schaumburg, Christine (2005): *‚Ich würd' mir das offenlassen'. Agnostische Spiritualität als Annäherung an die ‚große Transzendenz' eines Lebens nach dem Tode*, in: Zeitschrift für Religionswissenschaft, ZfR 05/2 13. Jg., Marburg, S. 153 – 173.

Woyke, Wichard (Hrsg.) (⁴2000): *Handwörterbuch des politischen Systems der Bundesrepublik Deutschland*, Opladen.

Ziegler, Jean (2002): *Der Rauptierkapitalismus und seine Folgen – wo ist die Hoffnung?*, in: *Eine andere Welt ist möglich! Dokumentation des Attac Kongresses vom 19. – 21.10.2001 in Berlin*, hrsg. von Attac Deutschland, Hamburg, S. 80 – 90.

www.ingramcontent.com/pod-product-compliance
Lightning Source LLC
Chambersburg PA
CBHW020501270326
41926CB00008B/695

9 7 8 3 8 2 8 8 2 4 3 2 4